INQUIRING EDUCATION

교육학의 탐구

유평수 · 서재복 · 최지은 · 김보경 · 신인수 공저

도서출판 학이당

머리말

교육학의 개론서는 교육의 가장 기본적이고 중핵적인 분야로서 교육의 전반적이고 기본적인 제 지식과 원리를 습득하고, 교육학에 대한 일반적인 이해를 돕고 교사로서 갖추어야 할 중요한 자질을 기르는데 필요한 교과목이다. 특히, 〈교육학개론〉은 교육에 대한 수많은 이론과 실제를 체계적으로 정리하여 교육학을 처음 접하는 학생들의 필요와 요구를 충족시켜야 하며, 교육학에 대한 흥미를 유발시키고 유지시키는데 일정 부분의 역할을 담당하여야 한다.

지금까지 발간된 많은 교육학 개론서들은 저자들의 견해 차이나 학문적 영역에 따라 강조점이나 주장이 다르게 부각될 수밖에 없었다. 나름대로 특색을 가지고 있으며, 다루는 내용의 범주와 깊이도 차이가 있음을 알 수 있다. 이에 이 책은 기존의 개론서들이 가지고 있는 단점을 보완하여 보다 객관적인 시각과 관점에서 다루어질 내용의 범위와 깊이를 선정하였으며, 개론서의 기능을 제대로 수행하고 학습자의 욕구와 교육학에 대한 흥미유발을 강화하는데 역점을 두었다.

오늘날 급변하는 사회는 교육과 관련하여 우리에게 많은 시사를 던져주고 있다. 우리 자신과 관련된 현실적 문제를 해결 하는 일 뿐만 아니라 다음 세대에게 무엇을, 어떻게 가르칠 것인가를 결정하는 일 또한 중요한 과제 중의 하나가 되고 있다. 미성숙한 학생들을 대상으로 한 초·중등교육에서 우리는 만능키와 같은 하나의 열쇠로 모든 문제를 풀 수 있는 것이 아니라 다양한 특성을 가진 학생들의 다양한 문제를 해결해야하는 어려운 숙제를 안고 있는 것이다. 가정에서 어린 자녀를 양육하든 학교에서 학생들을 교육하든 교육적인 관점에서 모든 문제를 해석하고 인간 삶의 바른 방향을 제시할 수 있는 핵심적인 원리와 기술을 습득하는 일이 대단히 중요한 과업이다. 이 책은 이러한 과업을 수행하는데 도움을 주고 교육에 대한 이해의 폭을 넓혀주기 위한 목적을 가지고 있다.

이 책은 전체 12장으로 구성되어 있다. 제1장은 교육에 대한 기초적인 지식 습득을 위해 교육의 개념 등을 정의하였다. 제2장부터 제11장은 교육학의 세부영역에서 가장 기본적으로 학습하고 이해해야 하는 내용으로 교육철학, 교육사, 교육심리학, 교육사회학, 교육과정, 교육공학, 교육평가, 생활지도와 상담, 교육행정 및 교육재정, 교직과 교원윤리, 그리고 평생교육의 이해 등으로 구성하였다.

이 책은 교육학의 입문서로서 간명하면서도 독자들의 이해의 폭을 넓히도록 쉽게 기술하고자 노력하였으나 독자들의 수준에 따라 다양한 평가가 있을 수 있다. 우리 저자 일동은 독자들의 아낌없는 충고와 지도를, 선배·동료·후학들의 비판과 조언을 소중하고 겸허한 자세로 수렴하여 많은 학습자들의 요구를 충족시키는 방향으로 계속적인 노력을 기울일 것을 약속합니다. 끝으로 이 책의 출판에 도움을 주신 학이당 한은택 사장님과 직원 여러분의 노고에 감사함을 전합니다.

2013년 1월

저자 일동

차례

제1장 교육의 이해

본 장은 교육에 대한 개념화를 위하여 교육에 대한 동서양의 어원과 학자들의 정의를 학습한다. 그리고 교육의 가능성과 본질적 한계를 이해하며 교육의 요소와 형태에 대해서 살펴보고자 한다. 이를 통해 교육의 어원과 다양한 정의를 이해하고, 교육에 대한 자신의 철학이 담긴 개념화를 한다.

제1절 교육의 의미

1. 교육의 개념

교육은 그 의미의 다양성 때문에 언제나 논쟁의 내상이 되어 왔다. '교육이란 무엇이냐?' 라는 물음, 즉 교육의 본질에 대해서는 교육을 어떠한 관점과 기준으로 보느냐에 따라 다른 의견과 학설이 제기되고 있다. 이렇게 교육에 대한 해석과 설명이 달라질 수밖에 없는 것은 교육이라는 현상이 너무 광범위하고 그 속에 복잡한 요소가 깃들어 있기 때문이다.

그러므로 교육학을 처음 접하는 사람들은 교육에 대해 자신만의 개념화를 먼저 하는 것이 중요하다. 많은 교육학자들이 교육에 대해 다양하게 정의한 것들을 이해한 후 교육에 대한 자신의 철학을 가미한 교육의 개념화 작업이 교육학을 공부하기 이전에 반드시 선행되어야 한다. 그렇지 않고는 교육과 관련된 다양한 개념들을 일관성 있게 이해하지 못하며 교육 관련 서적들을 읽어내기 쉽지 않기 때문이다.

교육이라는 용어는 우리에게 아주 익숙하게 느껴지는 보편적인 용어로 받아들여지고 있고, 그래서 대부분의 사람들은 교육에 대해서 잘 알고 있다고 생각하고 있다. 그러나 실제에 있어서는 교육이라는 개념이 정확히 인식되고 있지 못함을 볼 수 있다. 운전 교육이니, 예비군 교육이니, 꽃꽂이 교육이니, 소매치기 교육이니 하는 것들이 그러한 예이다.

가. Peters의 교육 개념

Peters(1966)는 교육이라는 용어는 다양한 의미를 가지고 있기 때문에 어떠한 방식에 의해서도 정확한 정의를 할 수는 없다고 하였다. 그러나 교육의 주요한 용법에 충분한 주의를 기울인다면, 교육에 관한 기준은 설정될 수 있다고 보았다. 즉 교육이라는 개념 자체에서 다양한 교육적 활동 내지 과정이 부응해야 할 세 가지 준거 즉 규범적 준거, 인지적 준거, 과정적 준거를 제시하였다.

1) 규범적 준거(normative criterion)

교육은 무엇인가 가치 있는 것을 도덕적으로 받아들여질 수 있는 방식에 의해 의도적으로 전달되어져야만 한다. 예컨대, 한 사람이 교육을 받았음에도 불구하고 도덕적 또는 윤리적으로 전혀 개선되지 않았거나, 자녀의 교육을 통하여 가치 있는 것을 전달하려고 시도하지 않는다면 그것은 논리적인 모순이기 때문이다. 따라서 교육은 가치 있는 것을 전달하여 그것에 헌신하는 사람을 만든다는 뜻을 가진다.

2) 인지적 준거(cognitive criterion)

교육은 이해 내지는 인식적인 어떤 요소에 관여해야만 한다. 왜냐하면 우리는 단순히 특정한 기술을 습득했다거나 박식한 사람을 교육받는 사람이라고 부르지 않기 때문이다. 다시 말해 교육은 지식과 이해, 그리고 모종의 인식적 전망을 길러 주는 일이다.

3) 과정적 준거(procedural criterion)

교육은 이끌어내는 종류의 절차에 관여해야 한다. 이것은 교육이 학습자의 의도성과 자발성을 전제로 한다는 점에서, 적어도 몇 가지 전달 과정을 배제해야 한다는 것을 말한다. 세뇌, 혹은 조건반사의 과정을 교육이라고 부르지 않는다. 교육은 인간으로 하여금 교육에 핵심이 되는 이러한 가치 있는 일들을 스스로 이해하고 터득하는 데 관여해야만 한다는 것이다. 따라서 학습자의 자발성과 의도가 도외시된 절차는 교육으로 간주될 수 없다.

Peters가 제시한 교육의 준거에 근거하면 실제로 교육이 아닌 활동들이 많이 있다. 예를 들어, 고문하는 방법을 가르칠 경우를 생각해 보기로 하자. 이러한 활동을 하는 가운데서 가치 있는 것이 전달되지 않는다면 우리는 교육이라 부르지 않을 것이다. 이것은 해로운 활동이기 때문에 간단하게 규정된다. 그러나 이와는 다른 경우를 생각해 보자. 독일어를 가르치는 교사가 몸이 아파서 불어를 가르치는 교사가 대신 수업을 했다고 가정해 보자. 불어를 가르치는 교사는 칠판에 불어의 불규칙 동사를 쓰고 나서 학생들에게 암기하도록 했다. 그런데 학생들은 불어를 배운 적이 없다. 그렇다면 불어의 불규칙 동사는 학생들에게 무의미한 기호에 불과한 것이다. 가치 있는 것은 하나도 전달되지 않았으므로 이 학생들은 교육이란 활동에 참여한 것이 아니게 된다.

그러나 Peters의 기준에 근거하면, 읽기나 쓰기를 가르치는 것과 같은 것은 그 자체가 가치 있는 것이 아니라 다른 활동을 하기 위한 선행 조건이므로 교육이라고 부를 수 없게 된다(성기산, 1982). 그러나 읽기나 쓰기는 분명 우리에게 필요한 교육이다. 이처럼 Peters가 교육을 규범적 의미를 기준으로 하여 개념을 분석한 것은 ① 전달해야 할 바람직한 것은 무엇이며, ② 어떤 전달 방법이 도덕적으로 인정될 수 있는가? 하는 두 가지 중요한 문제를 설명하고 있지 않았다는 비판을 받고 있다. 그럼에도 불구하고 이와 같은 Peters의 개념분석방법은 교육에 관한 논의를 하는데 하나의 길잡이가 되고 있다.

나. 정범모의 교육 개념

정범모(1968)는 우리나라 최초로 교육의 개념과 교육학을 체계화한 것으로 평가되고 있다. 그는 Peters가 교육을 규범적으로 개념화한 것과는 달리 교육을 과학적으로 개념화하였다.

그는 교육의 개념을 "인간 행동의 계획적인 변화"라고 정의하였다(정범모,

1968). 그가 제시한 교육의 정의에서 교육의 세 가지 준거인 '행동', '계획적', '변화'를 도출해볼 수 있다

1) 행동

행동이라고 하면 가장 먼저 '행동주의'가 떠오르나 본 정의에서의 행동은 행동주의의 관찰 가능한 행동만을 의미하는 것이 아니다. 성태제 등(2012)은 정범모의 정의에서의 행동이란 과학적 또는 심리학적 개념으로서 바깥으로 드러나는 외현적 행동뿐만이 아니라 지식, 사고력, 태도, 가치관, 동기, 성격 특성, 자아개념 등과 같은 내면적 특성을 포함하는 개념이라고 하였다. 교육은 그 대상이 인간이지만, 인간에 대한 관심은 그들의 행동으로 구체화되어야 한다.

2) 계획적

교육은 교육자의 의도적 계획이 포함되어야만 한다. 시간의 흐름에 따른 성숙으로 인한 피교육자의 변화나 학습은 정범모의 정의에 따르면 교육에 포함되지 않는다. 때문에 교육은 교육자의 자질이 매우 중요하다. 교육자가 피교육자의 바람직한 변화를 의도하고 체계적으로 계획하는 능력이 교육의 질을 좌우할 수 있기 때문이다.

3) 변화

교육은 인간의 행동을 변화시켜야 한다. 그리고 얼마나 변화되었는가는 얼마나 교육이 이루어졌는지를 측정할 수 있는 기준이 된다. 그러나 그의 정의에는 이 변화의 옳고 그름에 대한 가치판단은 포함되어 있지 않다. 때문에 교육자의 자질과 역할이 또 한 번 강조된다. 또한 변화의 크기와 속도에 따라 교육의 효과와 효율성을 측정할 수 있다.

2. 교육의 어원과 정의

관점과 기준에 따라 달라질 수 있는 다양한 교육적 현상과 교육의 개념을 보다 더 합리적으로 이해하는 것이 필요하다. 이를 위해 동서양에 걸친 보편타당성 있는 교육에 대한 개념을 각국의 언어에서 비롯되는 교육의 뜻에서부터 살펴보고자 한다.

가. 교육의 어원 고찰

교육에 대한 정의가 아무리 어렵더라도 사람과 사회의 발전과 가치를 결정하는 요인으로 인식되고 있는 이상 정확한 의미의 탐색을 포기할 수는 없다. 그 탐색적 노력의 하나가 어원 고찰이다.

1) 한자 어원

우리가 일반적으로 사용하고 있는 교육이란 말은 한자인 '教育'에서 빌려 온 말이다. 동양에 있어 교육이란 말이 처음으로 문헌에 나타난 것은 맹자의 진심편(盡心篇)에 나오는 군자유삼락장(君子有三樂章)의 한 구절에서 비롯되었다.

> 즉 君子有三樂이니 而王天下不與存焉이니라. 父母俱存하고 兄弟無故함이 一樂也요, 仰不愧於天하며 俯不怍於人함이 二樂也요, 得天下英才하야 而教育之三樂也라 '함이 그것이다.

이 말을 풀이하면 '군자에게는 세 가지 즐거움이 있으되 천하에 왕이 된다 해도 이는 세 가지 즐거움에 들 수 없다. 부모가 생존하고 형제가 무고한 것이 첫 번째 즐거움이요, 하늘을 우러러 두려움 없는 것이 두 번째 즐거움이요, 천하의 영재를 얻어 교육하는 것이 세 번째 즐거움이다.' 라는 뜻이다.

그러면 여기서부터 쓰이기 시작한 「教育」의 정의는 무엇인가? 「教」는 노인

(老)+자녀(子)+글(文)을 합친 글자이다. 그러므로 教는 윗사람이 아랫사람에게 글을 가르친다는 의미이다. 즉 윗사람이 모범을 보이면 아랫사람은 모방을 하는 것이다. 「育」은 기른다는 의미로 작은 것을 크게 키우기 위해서 돌보고 아껴서 성장 발달시킴을 뜻한다. 그러므로 교육의 동양적 어원은 윗사람이 아랫사람을 성장시키기 위해 모범을 보이는 것이라고 볼 수 있다.

2) 서양 어원

서양에서는 다양한 언어로 교육을 칭해왔다. 이 중 education, erziehung, pedagogy만을 살펴보고자 한다. 먼저, 영어의 education이나 불어의 ducation은 라틴어의 educare에서 온 것으로 '밖으로 끌어낸다'는 뜻이다. 즉 사람 속에 내재되어 있는 소질이나 잠재가능성을 끌어내는 계발 또는 개발의 뜻을 함축하고 있다. 둘째로, 독일어의 erziehung은 '끌어올린다'는 뜻으로 불완전한 상태로부터 완전한 상태로 향상시킨다는 의미를 지니고 있다. 마지막으로, 그리스어인 pedagogy는 어원인 paidagogos에서 온 말로 paida(어린이)+gogos(이끌다)의 합성어로 오늘날의 가정교사와 비슷한 교업(教僕)을 의미한다. 그리스어 pedagogy는 아동을 이끌고 인솔한다는 뜻을 포함하고 있다.

3) 우리말 어원

순수한 우리말인 '가르치다'는 고어로는 '까링치다' 였다. 본래 이 말은 '가르치다'는 教의 뜻과 '가르키다' 指의 두 가지 뜻을 함께 가지고 있었지만 오늘날은 '가르치다'는 教의 뜻으로만 쓰이고 있다.

이렇듯 각국의 용어에서도 교육에 대한 개념이 다소 다른 모양으로 표현되고 있다. 이제 우리는 한 나라의 언어로서의 제한된 뜻을 초월한 보편타당성 있는 교육의 개념을 생각해 볼 필요가 있다.

나. 교육의 정의

교육에 대한 정의는 교육을 보는 입장과 의도에 따라 달라진다. 어떤 이는 교육의 내용에, 어떤 이는 교육의 활동이나 기능에 초점을 두고 교육을 정의한다.

교육을 그 의도나 목적을 두고 보면 교육은 훌륭한 사람, 된 사람 또는 사람다운 사람, 즉 인격을 완성한 사람을 기르는 의도적인 활동이다. 교육의 활동에 초점을 맞추고 보면 가르치고 배우는 활동이며, 교육의 기능이 무엇이냐에 초점을 맞추고 보면 지식 또는 문화유산을 다음 세대에 전달하고 계승·발전시켜 새로운 문화를 창조하는 일이다.

또한 교육을 한 개인에 초점을 맞추어 보면 교육은 자아를 실현하도록 돕는 활동, 또는 인격을 완성하도록 돕는 활동이기도 하고, 사회에 초점을 두고 보면 인간을 사회화하는 일이나 문명화된 삶의 세계로 입문시키는 활동이기도 하고, 종교에 초점을 맞추어 보면 신의 의시를 실현하는 과정이 된다.

구체적으로 말하면, Kant는 '인간을 인간답게 형성하는 작용', Rousseau는 '인간의 자연적 발달을 위한 모든 조성 활동', Spranger는 '비교적 성숙한 사람이 미성숙한 사람을 자연의 상태에서 이상의 상태로 끌어올리기 위하여 문화재를 통하여 유의적(有意的), 구체적, 계속적으로 이끌어 주는 작용', Dewey는 '계속적으로 경험을 재구성해 나가는 과정', Peters는 '교육받은 사람이 장차 거기에 헌신할 가치 있는 것을 전수해 주는 일'로, 정범모는 '인간 행동의 계획적인 변화'라고 교육을 정의하고 있다. 이처럼 그 정의가 다양하지만 세 주류로 분류해서 정리해 볼 수 있다(이수덕 외, 1984).

1) 교육의 기능적 정의

기능적 정의(functional definition)란 교육을 어떤 목적을 달성하기 위한 수단으로 규정하는 입장이다. 기능적 정의에서는 교육을 사회 문화의 계승 및 발전의 수단으로 규정한다. 따라서 교육이 봉사하는 초점을 사회, 경제, 문화적 발전, 인간 성장 발달, 종교 등에 두고 그 초점에 따라 기능적 정의가 다르게 표현되고 있다.

'교육은 경제발전에 필요한 수단이다.', '교육은 사회문화의 계승 및 발전의 수단이다.', '교육은 신의 뜻을 실현하는 수단이다.', '교육은 개인의 사회적 출세를 위한 수단이다.' 등 교육이 필요하다고 생각되는 대상에 따라 수많은 기능적 정의를 내릴 수 있다. 이러한 기능적 정의는 교육의 도구적 가치를 중요시하는 입장이다.

2) 교육의 규범적 정의

규범적 정의(normative definition)에서는 교육을 정의할 때 교육의 궁극적인 목적과 결부시켜서 규정하려는 입장을 취한다. 예컨대, 교육의 궁극적 목적을 진・선・미・성과 같은 어떤 진리나 가치에로의 지향 또는 근접과정으로 생각한다. 이 정의에 의하면 '교육은 민주적 시민이 갖추어야 할 자질을 함양하는 과정이다.', '교육은 영원한 진리나 가치에로의 협조과정이다.', '교육은 인간을 인간답게 형성하는 과정이다.' 등이 대표적인 예이다.

규범적 정의는 교육의 가치실현을 위한 교육자체의 발전에 더 비중을 두는 입장이다. 국가・사회적 차원에서와 개인적 차원에서 모두 인격완성이나 자아실현이라는 내재적 가치의 실현 또는 영원한 진리나 가치를 추구하는 것을 교육의 중요한 목표로 내세우고 있다. 따라서 교육에 대한 규범적 정의는 기능적 정의와 상반되는 입장에 있음을 알 수 있다.

3) 교육의 조작적 정의

조작적 정의(operational definition)란 교육을 기술적 또는 조작적 관점에서 정의하는 것을 말한다. 이러한 입장에 속하는 학자들은 교육은 인간행동 특성을 계획적으로 변화시키는 과정이라고 정의한다. 조작적 정의에서는 교육을 인간 행동의 계획적인 변화 과정으로 정의한다. 대표적으로 앞에서 언급한 정범모(1968: 18)의 정의가 있다.

교육에 대한 조작적 정의가 다른 정의보다 더 포괄적으로 잘 정의된 것이라고 하기는 어려울지도 모른다. 그러나 교육의 과정이라는 관점에서 보았을 때 비교적 합리적이고 과학적이며 조작적으로 내려진 정의라고 할 수 있다.

이홍우(1991)가 교육의 개념을 논한 그의 저서에서 정범모의 '공학적 개념', Peters의 '성년식 개념'과 Durkheim의 '사회화 개념'을 고찰하였다. 그리고 그는 교육을 정의할 때 우리가 사용하는 특정의 한 개념체계는 성격상 교육의 전체를 파악하는 것을 용납하지 않기 때문에 하나의 개념체계로는 오직 교육의 한 측면만을 파악할 수 있게 되어 있다

제2절 교육의 필요성과 한계

1. 교육의 필요성

인간은 본래가 교육적 존재로서 일생 동안 교육을 필요로 하는 존재이다. 비록 인간이 만물의 영장이라 하지만 태어난 대로의 인간은 아직 다만 만물의 영장이 될 수 있는 가능성을 가지고 있을 따름이고, 이것을 자연대로 방임하여 둔다면 어떻게 될는지 전혀 예측할 수 없을 것이다.

일찍이 Platon이 "사람에게 바른 교육을 하면 만물 중에서 가장 온순하고 신성한 동물이 될 것이나, 교육을 시키지 않고 방임해 둔다든지 혹은 그릇된 교육을 가한다면 세상에서 가장 통제하기 어려운 동물이 될 것이다." 라고 말한 바와 같이 선천적 소질의 우열로 인하여 인간의 장래의 운명이 결정될 수는 없을 것이다. 이는 Averyron의 야생아나 인도의 늑대 어린이와 같은 실례에서도 찾아볼 수 있다. 이 사례에서 인간이 외부 영향을 받지 않고서는 인간으로 성장하지 못하며, 나쁜 영향을 받았을 때 이것을 시정하기란 그리 쉬운 일이 아니라는 교훈을 얻게 된다. 다시 말해, 한 어린이가 아무리 뛰어난 소질과 재능을 지니고 태어났다고 하더라도 인간사회의 교육적 영향을 전혀 받지 않거나, 교육을 받지

않는다면 그 어린이는 인간화되지 못하고 다른 동물과 다름이 없게 된다.

인간은 그 출생의 때에 스스로 젖을 물 능력조차 없을 정도로 연약한 존재로 태어난다. 태어난 후 어떤 도움도 주지 않는다면 곧 죽음에 이를 수밖에 없다. 때문에 인간은 생명을 유지하기 위해 가장 긴 보육 또는 교육이 필요한 존재이다. 여기서 인간과 동물의 차이가 교육의 필요 유무에 있다는 것을 알 수 있다. 하등동물일수록 출생할 때 이미 아무런 도움 없이 스스로 생활해 갈 수 있는 능력을 갖추고 있다. 반면에 고등동물인 인간은 가장 오랜 기간 다른 사람의 도움이나 교육을 필요로 하고 있다.

이와 같은 인간의 특성을 일찍이 간파한 Rousseau는 그의 저서 '에밀(Emile)'에서, "우리 인간은 약하게 태어난다. 우리 인간에게는 힘이 필요하다. 우리 인간은 태어날 때 무력해서 다른 사람의 조력이 필요하다. 또한 인간에게는 판단력이 필요하다. 출생 시에는 아무런 판단력이 없지만, 성장함에 따라 교육을 통해서 필요한 것들을 얻을 수가 있다." 라고 함으로써 인간에게 교육은 필수 불가결의 요소라는 것을 시사해 주고 있다. 또한 Kant가 "인간은 교육받지 않으면 안 될 유일한 피조물이다." 라고 한 사실도 인간에게 교육의 가능성이 잔재해 있음과 이를 키워 주지 않는다면 인간으로서의 형성이 불가능하다는 것을 강조한 것이다. 우리나라 조선 시대의 석학 율곡도 '격몽요결(擊蒙要訣)'에서 "사람이 세상에 나서 학문이 아니면 사람이 될 수 없으므로, 제왕이 힘쓸 것은 오직 학문을 육성하고 교육을 키우는 일" 이라고 하였다.

이처럼 옛날이나 오늘날이나 그 정도의 차이는 있을지 모르나, 본질적으로 인간에게 교육이 필요한 것은 다를 바가 없다고 하겠다. 그런데 오늘날처럼 우리 인간에게 교육의 필요성과 중요성이 요청되는 때도 인류 역사상에 일찍이 찾아볼 수 없었던 것 같다. 현대와 같이 지식이 폭발적으로 증가되고, 과학기술의 발달이 가속화되고 있는 현대인은 빠른 변화와 발달에 적응하며 살아가야한다. 또한 개인적으로나 국가적으로 볼 때, 날로 치열해져만 가는 국제 경쟁에서 보다 유리한 위치에서 생존하기 위해서는 더 많은 교육과 보다 우수한 교육을 보다 긴 기간 동안 필요로 하는 시대에 우리는 살고 있는 것이다(이수덕 외, 1984).

2. 교육의 한계

교육이란 그 분야에 대해 아직 미성숙한 사람들 대상으로 한다. 특히 초·중등교육에서는 삶에 대한 경험과 통찰이 부족한 아동과 청소년이 교육의 대상이 된다. 교육은 학생을 바람직한 상태로 이끌어가는 가치 있는 활동임에도 불구하고 교육활동에 대한 학생들의 지지를 얻지 못하는 경우가 있다. 때론 강한 저항에 부딪히게도 된다. 이런 경우 교육자들은 교육의 어려움에 봉착하게 된다. 이러한 어려움은 교육 그 자체에 대한 한계점이 되어 교육자들이 극복해야 하는 하나의 걸림돌이 된다. 교육의 한계점에 대해서는 이홍우(1998)가 지은 '교육의 목적과 난점(제6판)'의 18장 교육의 근본제약과 그 극복, 19장 교육의 어려움의 내용을 기반으로 제시하고자 한다.

교육이란 학생과 교사가 교육내용을 가지고 교육의 현장에서 연결되는 만남이라고 볼 수 있다. 그러나 만남에서는 두 개체가 서로 연결되는 도구가 필요하다. 한 공간에서 있다 하더라도 서로 연결되는 물리적 또는 심리적 도구가 없다면 얼굴을 마주보고 있으나 그것은 만남이 아니다. 서로 다른 공간에 있다 하더라도 인터넷의 화상회의 시스템이나 전화와 같은 도구를 활용하여 특정 주제를 가지고 서로의 의견을 주고받을 수 있다면 그것은 만남이라고 볼 수 있다. 그러므로 어떤 도구에 의해 연결되어 만남이 이루어졌다 하더라도 서로의 생각과 가치관이 그 도구에 의해 교환되어야 진정한 만남이라고 할 수 있다. 그리고 만남의 결과 각 사람의 생각과 사고에 변화가 있어야 한다.

이홍우(1998)는 가장 이상적인 교육의 상태를 모체가 태아를 임신한 상태에서 탯줄을 통해 영양분을 공급하고 태교를 통해 좋은 영향을 끼치는 상태에 비유하였다. 즉 성숙한 개체가 미성숙한 개체에게 좋은 것을 공급하면 미성숙한 개체는 탯줄을 통해 하나도 흘림이 없이 그대로 받아 흡수하는 것을 말한다. 탯줄이 건강하다면 그 영양분은 마치 빨대로 음료수를 빨아먹을 때처럼 하나도 버려지지 않는다. 그러나 문제는 아기가 뱃속에서부터 나아와 모체와 분리되면서부터 발생한다. 이제는 엄마와 아기가 끊을 수 없는 연결고리와 같은 것이 물리적으로 존재할 수 없게 된다. 엄마가 주는 음식을 아기가 거부하기도 하고,

아기가 배가 고파도 엄마가 제때 음식을 공급해주지 못하기도 한다.

교육의 근본제약이란 마치 모체에서 떨어져 나온 태아처럼 교사와 학생이 물리적으로 한 몸이 되지 않은 상태에서 교육이 이루어져야 한다는 것이다. 교사가 아무리 좋은 것을 주고자 하여도 그것이 학생의 욕구와 맞지 않거나 또는 학생이 요구하는 시기와 일치하지 않는다면 공급되는 지식, 기술, 태도 등이 제대로 학생에게 전달되지 못한 채 흘려지고 말 것이다.

이홍우(1998)는 이러한 교육의 근본제약을 극복할 수 있는 하나의 대안으로 '효(孝)'를 제안하였다. 최근에는 아랫사람들에게 효를 강조하는 윗사람들을 보기 어렵다. 언제부터인가 윗사람이 아랫사람들에게 자신을 공경하라고 강요하는 일이 일종의 권위적인 일로 취급되기 시작하였기 때문이다. 고리타분하게 느껴질지 모르나 효 사상만이 물리적으로 끊어진 탯줄을 연결시킬 수 있는 하나의 심리적 대안이 될 수 있다. 아랫사람인 학생이 윗사람인 교사에게 효심을 가지고 공경한다면 교사로부터 흘러나오는 지식, 기술, 태도를 한 방울도 흘림이 없이 배울 수 있을 것이다. 교사 또한 양심이 있다면 공경심을 가지고 자신을 대하는 학생에게 허투루 가르칠 수 없을 것이다.

교사와 학생이 한 몸이 되지 못한다는 교육의 근본적 제약 때문에 교실수업 붕괴, 학교폭력, 집단 따돌림 등의 문제가 일어난다. 교사를 공경하지 않는 학생들에게 수업이나 인성지도를 해보아도 그 효과는 미미할 것이기 때문이다. 이러한 근본적 제약을 극복하기 위해서는 다양한 교육정책도 중요하지만 그 이전에 교사와 학생의 관계를 바로 세우는 일이 우선되어야 한다. 그렇지 않다면 다양한 교육 정책들이 성공적으로 시행될 수 없기 때문이다.

제3절 교육의 기능

교육이 성립하기 위하여 반드시 필요한 것은 ① 교육을 하는 사람, ② 교육을 받는 사람, 그리고 ③ 교육내용으로 볼 수 있다. 교육을 하는 사람은 교사인데, 이는 교육의 주체라고도 한다. 그리고 교육을 받는 사람은 학생인데, 이는 교육의 객체라고도 한다. 그리고 교육하는 내용은 곧 교재를 의미한다. 이들 세 가지 중 어느 것이 빠져도 교육이 성립될 수 없으므로, 교육주체로서의 교사, 교육 대상으로서의 학생, 교육내용으로서의 교재 등 세 가지를 전통적으로 교육의 3요소라고 불러왔다.

1. 교육의 기능 분류

인류 생활이 단순하였던 원시시대부터 그 사회를 유지할 수 있는 교육이 수행되어 왔으며, 문명이 발달하고, 사회가 복잡하게 구성되고, 문화의 양이 증가됨에 따라 그 기능은 의도적인 학교교육을 통해 점차 강화되어 왔다. 앞에서 살펴보았듯이 교육이 다양한 의미를 갖게 되는 것만큼 기능 또한 다양할 수밖에 없다. 따라서 단 몇 가지 사항의 제시를 통해 교육의 기능을 말할 수 있다는 것은 대단히 어려운 일이다. 교육의 필요와 기능을 그리고 지향하는 목적을 고려하여 볼 때, 그 기능은 다음과 같이 분류할 수 있다.

- 교육의 기능
  - 개인적 기능
    - 개체의 생명보존 기능
    - 인격의 조화적 발달 기능
    - 삶의 보람을 창조하는 기능
  - 사회적 기능
    - 문화유산의 계승발전 기능
    - 사회화 기능
    - 사회통합 기능
    - 사회혁신 기능

[그림 1.1] 교육의 기능 분류

가. 교육의 개인적 기능

1) 개체의 생명보존 기능

Rousseau가 인간은 어떤 동물에 비교하여 보아도 가장 연약하게 태어난다고 하였고, 생물학자 Portman은 인간은 선천성 생리적 조산동물이라고 규정하였다. 그래서 인간은 생명유지를 위하여 어떤 동물보다도 긴 시간 동안 생물학적인 보호와 육성이 요구되는 존재다.

2) 인격의 조화적 발달 기능

교육은 하나의 현실적 인간이 이상적인 인간으로서의 가치를 발휘하게 하는 수단으로서의 기능을 하는 것이다. Pestalozzi는 교육을 인간의 조화적 발전의 조성작용 즉, 인간성 안에 내재하고 있는 여러 소질을 조화롭게 발전시키는 일이라고 하였다. 그가 생각한 내재적 소질은 지성적인 힘, 정서적인 힘, 신체적인 힘을 가리킨다. 이 세 힘을 고루 발달시켜 조화로운 인간을 만든 다는 것이 '지육・덕육・체육'을 포함하는 삼육론이다. Socrates는 사람은 먹기 위하여 사는 게 아니고 살기 위해서 먹으며, 또 그저 사는 게 아니고 올바르게 살기 위해서 먹으며, 또 그저 사는 게 아니고 올바르게 살기 위해 산다고 하였다. Kant는 교육이란 현실적 존재(sein)를 이성적 당위로 끌어올리게 하는 일이라 했다.

이러한 사상은 모두 교육이란 자연적 인간이 천부(sollen)의 내재적 소질을 조화롭게 발전시킴으로써 이상적인 인간이 되게 사랑의 손으로 돕는 일이며, 손으로 받쳐 주는 일임을 뜻한다.

3) 삶의 보람을 창조하는 기능

교육은 궁극적으로 개인의 삶을 보람 있게 형성하여 준다. 교육은 인간들의 삶 속에서 나타났으며, 이 삶과의 관련 아래서 발전했으며, 이 삶을 위해서 존재하기 때문이다. 어떤 사람이 도덕성, 창조성, 개척정신, 협동정신의 필요를 절실히 깨우치고, 그것의 실현을 위하여 최선을 다 한다고 할 때 그 사람은 그런 것에 의해서, 개인적으로 흐뭇한 삶을 느낄 것이고, 사회적으로 환영받는 기회를 맞이할 것이다. 교육은 그와 같이 사람이 개인적인 삶의 보람을 느낄 수 있는 자아실현의 목적을 위하여 필요한 기능을 발휘하는 것이다.

나. 교육의 사회적 기능

1) 문화유산의 계승 발전 기능

사람은 사회 속에서 좋은 문화재를 유산으로 향유할 때 삶이 풍부해진다. 여기서 사용하는 문화재라는 용어는 넓은 의미에서 정치, 경제, 교육, 사회, 종교, 예술, 과학, 사상을 포함한 문화적 생활경험에서부터 오늘의 초현대식 과학적 생활기구의 원리들, 그리고 원시 부족들의 간단한 전통과 종교적인 의식에서부디 현대의 복잡 나양한 가지관늘을 포함한다. 문화재는 기성세대로부터 후배세대에 전승되고 선별되고 개선되어 진다. 이와 같은 문화재의 계승을 좀 더 유능하게 시행하기 위하여 교육이 요구되고 교육기관이 발생되고 교육지원체제가 강화되어 온 것이다. 이처럼 교육은 인류의 수 천 년의 역사를 통해 축적되어 온 여러 영역에 걸친 좋은 경험 즉, 문화유산을 다음 세대에 계승 유지시키고, 나아가서 그들의 창의적 활동을 통해서 발전·확장시키는 기능을 갖는다.

2) 사회화 기능

사회화(socialization)란 개인이 자기가 속해 있는 사회집단의 행동양식, 가치관, 규범 등을 습득하여 내면화함으로써 그 사회집단의 유능한 일원으로서 원만히 적응해서 살아가는 데 필요한 여러 가지 요소를 체득해 가는 과정이다. 사회화는 개인이 사회에 잘 적응할 수 있도록 도와주고, 사회가 계속적으로 발전할 수 있도록 통합해 주고, 개인과 사회 사이에서 일어나기 쉬운 갈등을 해소시켜 주고 전체사회의 기능이 원활하게 수행될 수 있도록 도와준다.

Brameld는 학교가 사회화를 촉진시키는 방법으로는 ① 직접적인 교수를 통하여 사회규범이나 가치를 전달하는 것 ② 학생들이 사회적 기술을 습득할 수 있는 사회적 단체를 구성해 주는 일(사회적 사교기술 및 인간관계를 배우는 장소로서의 학교) ③ 교사 및 상담자 등 학생들이 본받을 만한 규범적 존재로 생각되는 인물을 공급하여 주는 일 ④ 사회적으로 수락되는 행동을 학생들에게 발달시키기 위하여 부정적 제재 또는 긍정적인 조장을 가하는 일 등이 있다고 하였다.

3) 사회통합 기능

교육의 사회통합 기능이란 사회의 이질적 요소들이 각기 고유의 기능을 유지하면서, 전체적으로는 모순과 갈등이 없이 조화를 이루면서 발전해 가도록 하는 기능을 의미한다(박용헌 외, 1980). 사회통합 기능은 사회화를 통하여 공인된 사회 가치관, 규범, 태도 등의 생활양식이나 행동양식을 육성하게 하고, 사회의 총의를 형성하게 하는 점에 있어서는 문화전승의 기능과 같은 의미를 갖는 것이다. 사회통합 기능은 보다 강제성을 띠는 사회적 통제(social control) 또는 사회적 규제의 기능을 수반하는 의미에서 문화전승 기능과 구분된다.

학교교육을 통하여 개인은 시간과 규율을 지키고 순종성, 근면성 등의 생활태도를 배우며, 그 사회가 요구하는 중핵가치, 규범, 태도 등을 습득함으로써 사회 일원으로서의 자격과 역할을 잘 수행할 수 있다. 모든 국가들이 의무교육제도를 통하여 국민의 지적 수준과 문화수준을 향상시킴으로써 새로운 국가목표를 일반화시키고, 국민형성(nation building)을 꾀하는 것도 이러한 맥락으로 해석할 수 있다.

4) 사회혁신 기능

교육은 인간으로 하여금 새 가치, 새 체제, 새 문화의 창출을 꾀하는 사회혁신적 기능을 갖는다. Dewey는 교육의 사회발전과 혁신적 기능을 중요시한 교육학자로 그는 『나의 교육학 신서』에서 다음과 같은 다섯 가지의 교육적 기본 이념을 제시하고 있는데 이는 교육의 사회혁신적 기능을 설명하는 데 적절한 기준이 된다.

① 교육이란 무엇인가? 그것은 사회진보를 갖게 하는 일이다.

② 학교란 무엇인가? 개인을 사회화하는 기관이다. 따라서 학교는 모든 산업

을 집중시킨 소사회적 성격을 띠어야 한다(miniature society).

③ 교육내용은 무엇이 되어야 하는가? 학생의 교육 배경은 사회이다. 따라서 교과서의 내용만을 가르치지 말고 사회적 생활문제를 풀 수 있는 태도와 능력을 키워 주어야 한다(social activity).

④ 교육방법은 어떠해야 할 것인가? 학생은 원래 활동적이다. 따라서 활동하면서 배우도록 해야 한다(learning by doing).

⑤ 교육과 사회진보는 어떤 관련을 갖는가? 교육은 사회진보를 위한 가장 근본적인 수단이다(fundamental method).

이처럼 그는 교육을 통해서만 진정한 사회진보가 이루어진다고 보았다. 소위 재건주의 교육철학자 Brameld도 교육의 사회혁신 기능을 강력히 내세웠다. 그는 교육을 통해서 위기에 처해있는 인류를 구원해야 하며, 그러기 위해서는 문화 및 사회를 뜯어고쳐야 한다고 외친다. 따라서 교육의 주된 목적은 현대의 위기에 대처하기 위하여 사회를 뜯어고치는 데 있다. 이러한 목적을 수행하기 위하여 학교는 전통적인 문명의 기본적인 여러 가치들을 재검토할 필요가 있다고 하였다.

3. 교육의 내재적 · 수단적 기능

교육의 본질적인 측면에서 교육의 기능을 구분하여 보면, 내재적 기능과 수단적 기능으로 나눌 수 있다.

가. 교육의 내재적 기능

내재적 기능이란 교육의 본질적 의미, 즉, 교육의 논리적인 의미 속에서 포함된 가치추구와 관련되는 것으로 교육의 본질적인 목적과 밀접한 관련이 있다.

교육이 자체의 특유한 목적과 기능을 가지고 있지 않을 경우에는 그 자율성을 가질 아무런 근거가 없다(유평수 외, 1996).

교육의 내재적 기능을 강조하는 대표적인 인물로는 Dewey와 Peters 등이 있다. Dewey는 교육을 경험의 계속적인 성장과 과정을 돕는 것이라고 보고 그 이상의 어떤 목적도 목표도 없다고 하였다. 그가 교육에 대한 인간의 변화를 설명하는데 사용한 경험의 개념은 인간의 사고방식과 생활방식, 그리고 모든 태도와 감정과 행동을 포괄하는 것이다. 인간사회가 형성한 지식, 관념, 제도, 관습, 예술, 기술, 등을 경험으로 보고 이들에 관계하는 인간 지력이 하나의 통합된 인격체를 형성시키면서 계속적으로 성장하는 것, 그것이 바로 경험의 성장이며 그 과정을 돕는 것이 교육이라고 주장하고 있다.

Peters는 교육을 목표지향적인 과정으로 이해해서는 안되고, 인간의 활동이 어떤 기준을 만족시키는 상태를 나타내는 말로 이해해야 한다고 주장하면서 교육은 내재적 목적만을 가지며 그것의 본연적 기능만으로 설명되어야 한다고 하였다.

교육이란 것이 수단으로만 인식될 때, 그것은 언제나 기존의 가치관이나 특정한 권위에 의해 결정된 고정적인 삶의 형태만을 유지하고 만다. 인간의 교육은 기존하는 세대 혹은 사회의 삶의 방식을 그대로 답습하는 과정으로 이해될 수는 없다. 교육하는 세대는 교육받는 세대의 삶의 방식을 전적으로 결정할 어떤 특권도 부여받은 것이 아니다. 교육은 오히려 기존 삶의 방식을 제대로 음미하고 검토하되 그것에의 맹목성에서 탈피하여 새로운 창조를 가능하게 하는 것이어야 한다.

나. 교육의 수단적 기능

수단적 기능이란 교육이라는 말이 본질적 의미와는 무관한 교육의 실천적 의미와 관련되는 것으로서 교육의 외재적 목적과 관련되는 기능을 말한다. 인간형성, 인격함양, 인간행동의 변화 등의 개념은 교육의 내재적 기능과 관련이 있으며, 사회의 보존 및 발전, 문화의 전달과 창조, 정치 · 경제 · 사회 · 문화의 발전, 국가의 존속 및 발전 등의 개념은 외재적 기능, 즉 수단적 기능과 관련이 있다고 할 수 있다.

4. 교육의 의의

인간은 교육이라는 형식을 통하여 삶을 이룩하고 문화를 형성해 나간다. 교육이라는 형식을 삶의 세계에서 제거한다면, 거기에서는 인간과 그의 세계의 보존과 발전은 물론이려니와 생존과 성장과 자아실현도 함께 제거되고 말 것이다. 이렇게 볼 때에 교육은 삶의 기본조건이자 필수적 조건이라 할 수 있다. 그렇기 때문에 교육은 그것이 인간 행동의 변화든, 민족의 중흥이든, 국가의 안정이든 간에 삶을 실 수 있는 능력에로의 교육일 수 있을 뿐이다. 다만 상이한 교육의 이념과 목적에 따라서 교육의 방법과 내용과 교육에 대한 가치부여가 상이하게 강조될 뿐이다. 여기서는 이러한 보편적인 생각을 바탕으로 교육의 의의를 규명하고자 한다(이규호, 1972).

첫째, 교육은 사회적 사상이다. 원래 인간은 사회적인 존재이므로 사회 안에서만, 혹은 사회와 더불어서만 성장하고 발전할 수 있다. 인간에게 있어서는 사회성이 본성이다. 왜냐하면 우리가 인간성이라고 말하는 것은 문화의 역사적인 전통을 가진 사회 안에서, 그리고 그 사회로 말미암아 이룩된 것이기 때문이다. 그러므로 인간의 정신발달에 있어서 불가결한 조건은, 사회 안에서 타인과의 접촉 내지는 교섭을 통해서 타인이 보유하는 경험을 수용하는 일이다. 타인의 경험 없이는 사람다운 정신 발달을 이룩할 수 없다. 한편, 사회의 입장에서 이것을 생각한다면, 어린이에게 그 사회가 지니고 있는 경험을 전달함으로써 그 사회를 존속시키고 발전시킬 수 있다. 한 사회가 지니고 있는 경험을 다음 세대에 전달하지 못한다면, 그 사회는 멸망할 수밖에 없을 것이다. 교육은 이런 의미에서 사회적 사상이다.

둘째, 교육은 문화창조의 활동이다. 인간은 대대로 사회 공동생활의 경험을 집적하여 일정한 형식, 즉 문화를 발전시켜 오늘에 이르렀다. 그러나 인간은 단순히 문화유산을 전달하는 일로서 만족하지 아니하고 문화를 변용, 개조하려는 지향성을 가지고 있다. 따라서 교육은 한편으로는 문화전달에 힘쓰는 동시에, 한편으로는 그의 새로운 창조에 힘쓰지 않으면 안 된다.

셋째, 교육은 언제나 원만한 인간형성을 지향한다. 위에서 언급한 사회의 건전한 발전과 문화의 올바른 창조가 이룩되기 위해서는 우리 개개인이 건전하게 발전하지 않으면 안 된다. 개인의 건전한 발전은 그의 전인으로서의 조화로운 발전을 말한다. 그러므로 플라톤 이래로 모든 위대한 교육자의 관심사는 학습과 인격의 전체적인 발달을 통합시킬 수 있느냐에 놓여 있었던 것이다. 그리하여 전인 교육의 이상은 지적, 사회적, 정서적, 육체적 특성의 균형적 발달 개념으로서 설명되어 왔다.

넷째, 교육은 실천적, 조성적 활동이다. 인간의 모든 사회생활은 그 직접적인 목적 여하에 불구하고 교육 작용을 하고 있다. 그러나 이와 같은 무의도적, 비형식적 교육만으로는 어린이를 우리가 원하는 방향에로 교육할 수 없기 때문에 우리는 학교와 같은 형식적인 교육 기관을 설치하여 의도적인 교육을 실시하게 된다. 이러한 형식적 교육에 있어서는 목적의식이 분명한 실천적 활동으로서의 교육이 전개되는 것이다. 이러한 실천적 활동에 있어서 중요시해야 할 것은 뚜렷한 교육목적의 설정과 거기에 부합되는 교육내용, 그리고 적용되어야 할 교육방법 등이다.

제4절 교육의 형태

인간에게 교육이 베풀어지는 형태는 여러 가지가 있다. 인간은 태어나서 가정과 학교, 사회에서 직접 또는 간접적으로 교육을 받고 있다. 여기서는 형식적 교육과 비형식적 교육, 가정교육과 학교교육 및 사회교육, 평생교육을 살펴보고자 한다.

1. 형식적 교육과 비형식적 교육

형식적 교육(formal education)은 일정한 형태, 형식 또는 계획과 의도가 들어 있고, 조직과 체계가 있는 교육기관에 의해서 이루어지는 교육을 뜻한다. 다시 말해 학교와 같은 기관을 세워 인간의 자연적 생활만으로는 접근할 수 없는 경험을 인위적으로 구성하여 이를 제공하는 방식의 교육을 형식적 교육이라 한다. 그래서 이와 같은 유형의 교육을 의도적 교육, 협의의 교육이라고 부르기도 한다.

비형식적 교육은(informal education) 교육에 대한 특별한 계획이나 의도나 체계 같은 것이 없이, 비교적 교육기관 밖의 사회 도처에서 자연스럽게 행해지는 넓은 범위의 모든 교육을 다 지칭한다. 이와 같은 유형의 교육을 무의도적 교육, 광의의 교육이라 부르기도 한다.

형식적 교육은 일관성이 있고 계속적인 데 비하여 비형식적 교육은 비연속적이고 자연발생적으로 나타난다. 또한 형식적 교육은 교육의 주체에 의하여 교육목적, 내용, 방법 등이 계획적, 의도적으로 실행되는 데 비하여 비형식적 교육은 우연적, 돌발적으로 나타났다 사라진다.

역사적으로 볼 때 학교라는 교육기관이 성립되기 이전의 미개사회에서는 비형식적 교육이 우세하였고, 현대에 와서는 학교교육이 극도로 발달하였다. 삼국시대, 교육의 성립과 발전에 영향을 준 유교와 불교를 비교해보면 유교는 학문적 성격이 강화여 형식적 교육 발전에 영향을 주었고, 불교는 비형식적 교육 발전에 기여하였다. 불교는 특히 일반대중의 종교적 신념과 가치관 형성에 큰 영향을 미쳤다(이병승 · 우영효 · 배제현, 2008).

형식적 교육과 비형식적 교육은 상호 보완적인 관계를 가지고 있다. 학교에서 행해지는 교육도 학교 밖의 비형식적 교육의 보충을 받아 전인적 교육이 이루어지는 것이다. 뿐만 아니라 학교 안에서도 교실 밖의 여러 가지 자치활동, 운동경기 등을 통한 비형식적 교육의 성과가 크다. 그러므로 가정, 학교, 사회가 서로 유기적 관계를 가지고 교육을 수행해 갈 때 교육의 효과는 높아진다(교육학사전편찬위원회 편, 1989).

2. 가정교육

가정교육은 인류 생활의 시작과 더불어 행하여진 것으로 인간이 세상에서 최초의 교육을 받는 곳이 가정이다. 사회가 가정을 기초 단위로 하여 구성되고 있는 바와 같이 교육의 가장 기초적인 것 역시 가정에서 행해지게 된다. 가정교육이나 유아교육의 중요성을 새로운 눈으로 보고 인정한 것은 Rousseau, Pestalozzi, Freobel 등의 근대 교육의 선각자들에 의해서였다. 그리고 근자에는 Freud, Jung, Adler 등의 정신분석학자들과 Piaget를 위시한 많은 발달 심리학자들의 거의 일치된 견해와 주장에 따라, '인간 행동의 기본 방향이 만 4, 5세 이전에 형성된다.' 고 믿고 있다. 즉 인간 발달의 기본적인 틀은 가정교육에 의해 거의 결정된다고 믿고 있다. 오늘날 이와 같은 견해와 신념에 입각해서 가정교육이나 유아교육의 중요성이 매우 강조되고 있다.

가정교육은 부모, 형제 등의 혈연관계에 의하여 구성되고 있으므로 지극히 친밀한 인간적인 교섭이 이루어지게 된다. 이와 같은 가족상호 간의 생생하고 직접적인 교섭에 의하여 자연발생적으로 인간성이 양성되는 것이다. 즉 무의도적, 무계획적으로 자연적인 영향을 미치고 받게 됨으로써 생활 자체를 통하여 교육이 이루어지는 것이다. 따라서 가정교육은 지적인 활동을 중심으로 한 교육이라기보다도 정의적 교육이 베풀어지는 교육이라 하겠다.

또한 가정은 인간의 성장 발달의 모든 기초가 되는 신체적 성장 발달에 필요한 모든 요소의 공급원이 될 뿐만 아니라, 사회의 기초 단위로서, 사회생활에서 중요시되는 인간관계를 원만하게 하는데 필요한 사회성을 비롯한 친절성, 예의, 협동성, 신뢰성, 태도, 가치관의 기초 형성에 지대한 영향을 준다. 이처럼 가정교육은 인간형성 과정에서, 신체적 발달뿐만 아니라, 정의적 발달과 사고방식과 가치관 및 태도 등의 지적발달과 성격형성에 중요한 영향을 준다고 하겠다.

이렇게 가정교육은 인간이 일생을 살아가는 데 있어서 필요한 제 요소의 기초를 형성하는 역할을 담당하고 있다고 볼 때, 어떤 의미에서는 학교교육보다도 더 중요한 교육적인 기능을 맡고 있다고 하겠다. Murdock은 가족의 교육적 기능에 대해서 자녀들에게 사회생활에 필요한 지식, 기술, 정보, 도덕성 등을 가르치는 것을 말하며, 특히 가족은 최초의 학교이며 사회생활의 기초로서 부모는 가장 영향력이 있는 교사의 역할을 수행한다고 하였다(이병승 · 우영효 · 배제현, 2007: 189에서 재인용).

그러나 산업이 분화하고, 경제체제의 변화로 부모들이 자녀들과 같이 생활할 수 있는 시간이 줄어짐에 따라서 가정의 교육적인 기능은 학교로 옮겨져서 가정에서의 교육 작용이 제한을 받게 되고, 약화되게 되었다. 가정에서는 자녀들이 학교에서 어떠한 교육을 받고 있는지 무관해지는 경향이 생기게 되었고, 또 학교에서도 어린이들의 현실생활을 떠나고, 그들의 가정생활에 대한 이해 없이 교육하는 경향이 생기게 되었다. 때문에 가정교육의 중요성을 재인식하고 학교와 가정과의 관계를 재조정해야 할 필요가 있다.

3. 학교교육

현대인은 특수한 경우를 제외하고 모든 사람이 학교교육을 받고 있다. 이로 인해 학교는 일정한 제도로서 의식적, 계획적으로 사람에게 작용하고 교육의 힘을 미치게 된다.

학교의 기원은 역사적으로 귀족들의 소일을 위해서 시작되었던 것으로 알려져 있다. 즉 고대 그리스의 귀족계급은 스스로 경작하며 생산할 필요가 없으므로 많은 여가를 가지고 있어, 일정한 장소에 모여 신체를 단련하든지 예술을 즐기며, 학예를 배우며, 인간으로서의 교양에 노력한 것이다. 서양의 학교를 의미하는 말로써 school, schule 등이 그리스어의 schol 라는 '한가(閑暇)'를 뜻하는 말에서 비롯된 것을 통해 학교가 생기게 된 경로를 알 수 있다(이수덕 외, 1984).

학교의 형태가 오늘날과 같은 학교제도로 발전하게 된 것은 자본주의사회 특히 19세기 후반 이후의 일이다. 대학 이외의 학교 역사는 동서양을 불문하고 훨씬 오래되었다. 그러나 의무교육 제도가 성립하고 초등학교나 중학교가 오늘날과 같은 내용으로 존재하게 된 것은 그리 오랜 일은 아니다.

학교의 본질적인 성격 중 하나는 인간형성으로서의 계획적이며 조직적인 교육이 이루어지고 있다는 것이다. 학교교육은 "사회의 주요한 제 기능의 재분배라는 기능을 의도적, 조직적으로 수행하는 제도"라고 정의해도 좋을 것이다. 결론적으로 학교교육은 역사적인 성격을 반영시키고, 정형화된, 조직된 교육을 수행하며 사회적인 기능, 직업적 훈련의 기능 및 문화가치의 내재화의 기능을 다해야 할 것이 요망된다(교육학사전편찬위원회편, 1989).

한편, 학교교육은 가정교육 및 사회교육과 비교해 보았을 때 다음과 같은 특징을 가진다. 첫째, 학교는 교육을 전문으로 하는 유일한 기관이다. 비록 사회 속에서 학교가 때로는 교육 외에 다른 기능을 한다고 할지라도 그것은 부차적인 기능에 지나지 않는다. 그러므로 학교는 교육을 맡아서 전문적으로 시행하는 제도화된 공공의 유일한 기관이라 할 수 있다. 둘째, 학교는 사회교육 기관과는 달리 주로 가소성이 풍부한 일정 연령의 미성년자를 교육의 대상으로 하고 있다. 그리고 자녀만을 대상으로 하고 있는 가정교육에 비해서 일정 연령의 절대 다수의 미성년자를 대상으로 하고 있다. 셋째, 학교에서는 가정교육이나 사회교육과는 달리 어떤 특정한 한 분야의 교육만이 아니고, 다양한 분야의 교육을 체계적으로 병행한다. 끝으로, 학교는 가정교육에서처럼 비계획적이고, 사회교육에서처럼 단기간에 단속적으로 시행하는 교육이 아니라 지속적이고 계획적으로 장기간의 교육을 시행한다는 점이다. 이러한 학교교육의 특성 때문에 학교교육의 실질적인 목표와 내용이 전체 사회에 미치는 영향은 가정교육이나 사회교육에 비하여 강력하다.

4. 사회교육

사회교육의 개념은 크게 둘로 나누어진다. 그 하나는 사회교육을 비교적 넓은 뜻으로 규정하려는 견해이며 다른 하나는 좁은 뜻으로 한정하려는 견해이다. 전자는 평생교육을 크게 학교교육과 사회교육으로 양분하자는 이론이며 따라서 사회교육에는 학교 외의 모든 교육을 포함시키려고 한다. 이 견해에 따르면 사회교육은 학교 외 교육과 동의어가 되며 취학전 교육까지도 포함시키게 된다. 이에 비해 후자는 취학 전 교육을 제외한 청소년 및 성인의 학교 외 교육을 사회교육으로 보려고 한다. 취학전 교육이 이론적으로나 실제적으로 교육의 한 분야를 이루고 있기 때문에 사회교육에 취학전 교육까지를 포함시킬 수는 없다고 본다. 그러나 통상적으로 "사회교육은 학교교육에 의한 교육활동을 제외한 청소년 및 성인에 대한 모든 형태의 조직적인 교육활동"으로 정의된다(김종서 외, 1993).

사회교육은 학교에 다니지 않는 청소년들과 성인들을 주로 대상으로 해서 시대의 변화, 발달에 의해서 실제 생활에 속하는 여러 가지 사회적, 문화적 교양을 향상시키며, 직업생활에 있어서는 새로운 지식과 기술을 향상시켜서 그 능률을 높이기 위하여 계획하고 조직적으로 베푸는 교육이다. 이것을 계획하고 조직하여 실행하는 것은 정부가 주도할 수도 있지만 대부분 민간 주도로서 각종 사회 문화 단체나 각 직장의 주도하에 사회교육이 이루어지고 있다 하겠다.

사회교육의 내용과 방법도 다양해서 도서관이나 박물관, 체육관, 각종 사회단체에서 운영하는 교양, 기술, 취미활동 지도 등의 각종 교육활동이나 신문, 잡지, TV, 인터넷 등의 대중매체를 이용한 광범위한 교육활동 등이 사회교육의 중요한 내용이다.

종전에는 사회교육이 학교교육의 기회를 갖지 못했거나 혹은 학교에 입학할 연령이 지난 성인들을 대상으로 하는 것으로 좁게 생각되었었다. 사회교육하면, 고작 문맹퇴치나 향상된 건강생활을 위한 또 보건상식의 계몽 등 발전된 사회에서 살아가는데 필요한 최소한의 지식과 기술을 전수하기 위해서였다. 그렇기 때문에 그 정도의 교육을 받았다는 사실이 사회적 인정을 더 받는데 별로 도움이 된다고 생각하지도 않았다.

그러나 오늘날처럼 지식이 폭발적으로 증가되고, 과학과 기술의 발달이 가속화되고 있는 시대에서는 제한된 기간의 학교교육만으로는 그 교육적 필요의 증대를 충족시킬 수 없게 되었다. 학교를 주축으로 한 형식적 교육의 한계가 드러나면서부터 사회교육은 학교교육 체제의 하나의 대안으로서의 가능성을 인정받게 된 것이다. 시간과 공간의 제한을 심하게 느끼게 되는 학교교육에서부터, 시간과 공간의 제한을 덜 받는 학교 외 교육 곧 사회 도처에서 필요에 따라 언제든지 받을 수 있는, 사회교육이 가지는 교육적 가능성에 대한 재평가가 있게 된 것이다.

이처럼 교육이 지금까지의 학교를 중심으로 한 형식교육 체제에서 사회교육 또는 평생교육 체제로의 전환이 요구된 것은 오래 전의 일이다. 따라서 오늘의 사회가 요구하고 있는 것은, 지금까지 학교가 독점하다시피 했던 교육의 많은 기능을 학교 밖의 사회와 가정으로 다시 반환해야 한다는 것을 의미한다.

모든 개인에게 필요하고, 그에게 가장 적합한 교육을 베풀기 위해서는, 가정교육과 학교교육뿐만 아니라 이제는 사회 전체가 교육하고 학습하는 사회가 되어야 한다는 것이 우리보다 앞선 선진 국들의 교육정책 방향이다(이영덕, 1981).

5. 평생교육

오늘날 세계적으로 평생교육의 파고가 힘차게 일고 있다. 이는 전통적으로 강조해 온 학교 본래의 교육적 기능이나 역할을 무시하거나 부정하기 보다는 현대 사회가 필요로 하는 교육에 대한 시대적 요청이며, 교육개혁의 한 양태이다.

평생교육의 시창자인 Lengrand은 평생교육은, ① 개인의 출생부터 죽을 때까지 생애에 걸친 교육(수직적 차원)과 ② 개인 및 사회 전체의 교육(수평적 차원)의 통합이라고 말함으로써 평생교육의 통합성과 종합적 교육체계를 강조하고 있다.

Dave는 평생교육은 개인 및 집단의 삶의 질을 향상시키기 위하여 개인의 평생을 통하여 개인적, 사회적, 직업적 발전을 이룩하는 과정이라고 하였다. 그것은 인간의 상이한 단계와 영역에 있어서 가능한 최대한의 발전을 이룩할 수 있도록 계발하고, 증진시키는 정규적, 비정규적, 비형식적 학습을 포섭하는 종합적이고 통합적인 이념이라고 정의하였다(Dave, 1976). 이 정의에는 평생교육의 이념, 평생교육의 영역, 평생교육의 목적이 모두 포함되어 있다.

장진호(1983)는 "평생교육은 개인이 전 생애를 통하여 능동적으로 계속적 학습의 기회를 부여함으로써 인간성의 조화적 발달을 꾀하며 변화하는 현대적 생활에 슬기롭게 대처하고 창조적으로 개척해 갈 수 있는 지식과 기능을 익히며 다른 사람과 더불어 공동체의 복지를 증진시켜 나가는 인간화 교육을 의미한다."라고 정의함으로써 Lengrand과 Dave와 같은 형식적 면에 치우친 정의보다도 평생교육의 내용면, 실질면을 중심으로 정의하고 있다. 특히 이 정의에서 주목할 것은 피교육자를 주체적, 능동적으로 파악하여 교육의 궁극적인 이념을 '인간교육'에 두고 있는 점이다.

김종서 등(1993)은 "평생교육은 인간의 삶의 질의 향상이라는 이념추구를 위하여 태교에서부터 시작하여 유아교육, 아동교육, 청년교육, 성인전기교육, 성인후기교육, 노인교육을 수직적으로 통합한 교육과, 가정교육, 사회교육, 학교교육을 수평적으로 통합한 교육을 총칭하여 말하며, 그것은 개인의 잠재능력에 최대한의 자아실현과 사회발전에 참여하는 능력의 계발을 목적으로 한다." 라고 정의하고 있다.

이처럼 평생교육의 영역과 범위는 대단히 광범히고 포괄적인 개념으로 정의되고 있음을 알 수 있다. 그래서 가끔 평생교육과 관련된 다른 개념들이 혼동되어 사용되기도 한다. 평생교육의 범주에 속하면서 개념상 비슷하거나 다른 의미를 가진 사회교육, 계속교육, 순환교육, 생애교육, 진로교육 등이 그러한 예다.

오늘날 세계적으로 평생교육의 파고가 힘차게 일고 있음은 앞서 밝힌바 있다. 그러나 그것은 과거에 평생교육의 실천이 없었기 때문이 아니라 현대 사회에서 교육이라는 것을 평생교육의 개념으로 재정립해야 할 필요가 나타났기 때문이다. 즉 과학적 지식과 기술의 발달로 인한 사회변화, 매스컴의 발달과 정보의 급증, 경제적 수준의 향상과 여가 시간의 증대, 인간의 평균수명의 연장, 평생 동안에 걸친 교육권의 보장, 생활양식과 인간관계의 균형 상실, 이데올로기에 있어서의 위기 등으로 학교교육만으로 생의 준비나, 생 자체를 영위할 수 없게 되었기 때문이다. 그래서 어떤 의미에서 보면 평생교육의 개념은 교육의 본래 기능을 되찾았다고도 볼 수 있다.

학습과제

1. 교육의 동서양의 어원을 서로 비교하여 설명해보자.

2. Peters가 정의한 교육을 세 가지 준거에 근거하여 설명해보자.

3. 정범모가 정의한 교육을 세 가지 준거에 근거하여 설명해보자.

4. 교육의 기능을 개인적 기능과 사회적 기능으로 분류하여 설명하고 가장 중요하게 생각되는 것들에 대해 토의해보자.

5. 본문에 제시되지 않은 교육의 형태를 조사하여 발표해보자.

학습과제란

참고문헌

교육사전편찬위원회편 (1989). 교육학대사전. 서울: 교육서관.

김종서, 이영덕, 정원식 (1993). 최신교육학개론. 서울: 교육과학사.

박용헌 (1980). 학교와 지역사회. 서울: 교육과학사.

성기산 편역 (1982). 현대교육의 제 문제. 서울: 대은출판사

오천균 (1995). 교육학개론. 서울: 재동문화사.

유평수, 조준수, 최태식, 한숙경 (1996). 교육학개론. 서울: 재동문화사.

성태제, 강대중, 강이철, 곽덕주, 김계현, 김천기, 김혜숙, 봉미미, 유재봉, 이윤미, 이윤식, 임웅, 홍후조 (2012). 최신 교육학개론(2판). 서울: 학지사.

이규호 (1972). 사회화의 주체성. 서울: 형성출판사.

이병승, 우영효, 배제현 (2007). 쉽게 풀어 쓴 교육학(2판). 서울: 학지사.

이수덕 외 (1984). 현대교육원리. 서울: 교육출판사

이홍우 역 (1980). 윤리학과 교육. 서울: 교육과학사.

이홍우 (1991). 교육의 개념. 서울: 문음사.

이홍우 (1998). 교육의 목적과 난점(제6판). 서울: 교육과학사.

장진호 (1983). 평생교육과 사회교육. 서울: 대은출판사.

정범모 (1968). 교육과 교육학. 서울: 배영사.

정호표 (1993). 교육학개론. 서울: 교육과학사

한공우 (1986). 현대교육학개론. 서울: 동문사.

Dave, R. H. (1976). *Foundations of Lifelong Education*. Paris: 〈UNESCO〉 Institute For Education.

Peters, R. S. (1966). *Ethics and Education*. London: George Allen & Unwin.

제2장 교육의 철학적 탐구

인류 역사는 인간 존재에 대한 탐구의 역사다. 인간에 대한 연구는 철학, 심리학, 종교학, 논리학, 교육학뿐만 아니라 모든 학문분야에서 보다 과학적이고 보편적인 해답을 얻기 위한 노력이 계속되어 왔다. 그러나 수많은 노력에도 불구하고 인간존재를 한마디로 정의한다는 것은 실로 불가능한 것으로 보인다.

플라톤의 말처럼 철학은 '모든 연구, 사색, 자기성찰'(Plato, Republic III: 407)로 볼 때, 교육철학은 교육학의 학문적 체계화를 위한 방법과 교육의 본질을 탐구하는 학문이다(김정환, 강선보, 2011). 여기에서는 학습자들의 교육철학적 이해를 돕기 위하여 교육철학의 흐름을 중심으로 기술하였다.

제1절 철학과 교육철학의 탐구

1. 철학과 교육철학의 의미

철학(philosophy)이란 philos(사랑)와 sophia(지혜, 앎)가 결합되어 앎을 사랑함이라는 뜻을 지니고 있다. 지혜는 단편적 지식의 테두리를 벗어나 언제나 폭넓고 전체적인 세계와 인생에 관한 앎이라고 할 수 있다. 지혜는 우리가 아는 지식이 어떻게 우리 인간생활과 관계를 가지고 있는가도 포함되어 있다. 따라서 지혜를 사랑하는 사람은 자기가 어떤 존재며 그 존재를 알 수 있는 방법은 무엇이고 가치 있는 것은 무엇인가 등에 관한 의문을 가지게 된다. 이러한 물음이 탐구의 출발이고 무지의 자각이라 할 수 있다. 철학에서의 물음은 그 답보다 더 중요하며 모든 답은 새로운 물음이 되는 것이다.

철학은 일반성·전체성·궁극성을 탐구하는 학문이다. 즉, '포괄적인 이해'로서, 세계와 삶에 관한 다양한 세부적 사항을 하나의 포괄적인 전체로 파악하는 데에 목적을 두며, 전체성과 궁극성에 관계된다. 전체성이란 세부적인 사항의 통합이 아니라, 다양한 행동들 사이에 균형을 유지하면서 그 행동들이 서로서로 의미를 보충해 주는 것을 의미하며, 궁극성은 경험이 끝났다던가 완결되었다는 뜻이 아니라, 보다 깊은 수준의 의미를 깊이 연구하는 성향, 즉 표면의 밑을 파고 들어가서 사건이나 사물의 관계를 파악하고 그러한 수준에서 사유하는 것을 뜻한다.

이와 같이 철학은 삶의 다양한 현상을 명백히 들어내서 그들 간의 균형을 이룰 수 있는 관점과 방법을 제시하는 일에 관여한다. 교육은 실제로 무엇이 바람직한가에 관한 가설을 제시하는 것으로 그치는 것이 아니라 실지로 필요한 변화를 일으키는 과정이므로 교육은 의도적으로 이루어지는 실제며 철학적 접근은 이를 타당화하는 일에 관여한다. 여러 학자들의 견해에 따르면, 교육 철학이란 '교육 현상을 꿰뚫고 있는 몇 가지 대전제로 교육 현상을 체계화하기 위하여 교육의 실천 원리나 이론 체계를 정당화하는 근거를 분석하고 검토하며 비판하는 일, 교육의 이론과 실천에 사용되는 개념들과 주장들의 논리적 타당성과 가능성을 밝히는 일, 그리고 교육에 관한 여러 이론적 요소들을 통합된 지식 체계로 조직하는 일 등을 하는 탐구 활동으로 종합할 수 있을 것 같다.

교육의 문제는 철학적 탐구를 필요로 한다. 교육의 문제는 경험적 사실에 관한 것도 있고, 규범적 가치에 관한 것도 있으며, 언어의 의미에 관한 것도 있다. 사실에 관한 문제에 대해서는 유용한 정보와 증거를 얻고, 이것들을 적절히 이용하는 일이 중요하다. 가치에 관한 문제에 판단 기준을 세우고, 적절한 평가를 내리는 일이 중요하다. 의미에 관한 문제에 대해서는 불명료한 언어를 제거하고, 용어의 의미를 명료화하고, 나아가 문장의 의미를 적절히 해석하는 일이 중요하다. 그리고 이런 일들은 서로 밀접히 관련되어 있기 때문에 따로 구분하여 생각하는 것보다는 서로 관련지어 고려하는 것이 바람직하다.

실제로 교육에는 가치와 사실과 의미의 문제가 구분되지 않는 상황이 많이 있다. 특히 가치의 문제는 사실과 의미의 문제에 영향을 준다. 그러므로 어떤 교육적인 문제에 대한 주장을 분석할 때는, 그 주장에 사용된 자료의 적절성과 언어의 의미에 주의를 기울임과 동시에 그 주장의 저변에 깔려있는 가치, 태도, 의도 등에도 주의해야 한다. 또한 그 주장이 논리적으로 가정하고 있는 관념들도 면밀히 분석할 필요가 있다. 이러한 가치, 의미, 논리적 가정 등에 관한 문제는 철학적 노력을 요구하는 문제들이다.

철학과 교육과의 관계는 철학이론이 교육적 과정에서 요구되는 원리들을 추출하는 기초가 될 수 있다는 생각에 의해서 성립된다. 교육철학은 철학의 지식을 교육의 이론과 실천에 결합시킨 것으로 형이상학, 인식론, 논리학들의 지식을 교육의 이론적 전개나 실천적 원리의 발견에 적용하는 것이 교육철학이다.

2. 철학의 기본 영역

교육철학이란, 철학적 연구 성과들을 교육 문제에 직접적으로 의의있는 형태로 바꾸거나 철학적 방법을 사용하여 교육 문제를 직접적으로 해결하는 데에 적용하는 것이라고 할 수 있다. 철학의 전통적인 기본 영역을 소개하면 나음과 같다.

1) 존재론

존재론은 우주의 궁극적인 본질 또는 실체 규명에 관여한다. 즉, 변화하는 세계의 배후에 변화하지 않는 실체의 유무에 관한 문제를 탐구한다. 세계의 모습은 무한히 다양하다는 설과 실재는 하나라는 일원론이 있는데, 그 실체가 전신 또는 영혼이라고 보는 관념론(idealism)과 물질 또는 객관적으로 파악될 수 있는 실재론(realism), 우주의 본질은 끊임없는 변화와 발전 그 자체이며 그 이상의 어떤 본질이 별도로 없다는 입장인 프래그머티즘(pragmatism)이 있다.

2) 인식론

인식론은 진리 또는 지식의 근거와 특징을 밝히려는 철학적 노력으로서 앎의 의미가 무엇이며, 참다운 앎이란 어떠한 것을 뜻하는가 등에 관한 탐구 영역이다. 여기에는 참다운 앎에 결코 도달할 수 없다는 입장(자명한 지식을 부정 단순한 의견에 불과)과 참다운 앎(자명하고 확실한 지식)에 도달할 수 있다는 입장이 있다. 이에 비하여 '앎'이란 불변 절대적인 것이 아니라 상대적이고 확률적이며 개선 가능한 것이라는 입장이 있다. 즉, 새로운 것을 발견하는 것이 아니라 이 세계 안에서 이루어지고 있는 현상을 설명하기 위해 인간들이 만들어낸 인식의 도구 또는 설명의 도구에 불과한 것이다. 그러므로 이 입장에 따르면 지식은 인간의 이해와 경험의 폭에 따라서 개선・변화될 수 있는 대상이다.

3) 가치론

가치론은 좋은 것(善)과 나쁜 것(惡), 옳은 것(正)와 그릇된 것(邪), 아름다운 것(美)과 더러운 것(醜), 가치있는 것과 없는 것, 목적과 수단 등의 문제와 관련지어 그 근거와 판단 기준과 대상 등을 밝히는 철학적인 노력으로 미학과 윤리학이 이 분야에 속한다. 윤리학은 인간의 개인적・사회적 행위의 질과 도덕성을 다루며, 선한 인간, 좋은 사회, 훌륭한 삶의 본질과 기준 등을 밝힌다. 미학은 인간의 삶과 경험에서 미의 본질과 기준을 탐구한다.

4) 논리학

논리학은 어떤 결론이 그에 도달하기까지의 사고 과정이 타당한 것이었는가를 검토하는 여러 가지 규칙과 기준을 밝히는 일이다. 논리적 방법으로서 연역법(deductive method)은 보편적 원리에서 구체적・특수적 원리를 이끌어내는 추리이며, 귀납법(inductive method)은 개개의 구체적 사실에서 보편적인 원리나 법칙을 이끌어내는 추리과정이다. 논리학을 기본으로 하여 성립된 철학 사조에는 논리실증주의와 분석철학이 대표적인데, 논리실증주의는 문장의 논리적 검증을 통하여 진위를 검증하는 반면에, 분석 철학에서는 하나의 진술이나 개념이 그 인간과 사회 등의 맥락에서 어떠한 의미를 갖는가를 밝힌다. 이는 철학의 이론 체계라기보다는 철학적 방법론으로 여겨진다.

3. 교육철학의 기능

일반적으로 교육철학의 기능은 분석적 기능, 평가적 기능, 사변적 기능, 그리고 조화적 기능으로 구분된다.

1) 분석적 기능

분석적 기능은 이론적 혹은 일상적 언어의 의미와 거기에 포함된 논리적 관계를 명백히 하여, 각종 판단기준을 밝히는 행위를 가리킨다. 즉, 교육의 실천적 과정이나 이론적 탐구에서 사용되는 언어의 애매성과 모호성에 대해 개념의 의미를 명백히 밝히는 기능이다.

2) 평가적 기능

교육철학은 교육현상이나 교육적 논의에 대하여 비판적인 입장을 취한다. 평가적 기능은 분석적 기능의 도움으로 이루어질 수 있다. 평가하고자 하는 내용의 개념이 엄격히 분석되어야 한다는 것이다. 개념을 분석하는 것은 평가적 요구가 무엇인가를 명백히 하는 것이기 때문이다.

3) 사변적 기능

사변적이란 의미는 사색, 사고, 사유, 사변, 반성적인 의미를 내포한다. 즉, 교육에 있어서 사색, 사고, 사유, 사변, 반성의 요소를 포함시켜 교육철학이라 결론짓게 된다는 뜻이다. 사변적 기능은 이론적, 실천적 문제를 해결하기 위하여 새로운 가설과 제언을 성립시키거나 제시하는 것을 말한다. 교육의 과정에서는 추구해야 할 새로운 가치를 제언하고 문제해결의 새로운 방향을 모색하는 것은 보다 나은 교육을 위하여 요구되는 필연적 조건이다.

4) 조화적(통합적) 기능

조화적 기능은 하나의 현상이나 과정을 전체로서 파악하고 여러 부분과 차원을 조화하여 이해하려는 행위이다. 교육철학의 조화적 기능은 여러 가지 다른 기능들을 절충함으로써 수행된다. 어느 한 가지에만 집착하는 것은 결코 조화로운 것은 아니다. 절충은 항상 교육적 대상의 대중성을 고려하여야 할 필요가 있을 것이다.

제2절 전통철학과 교육

전통철학에 있어서 사상적 원류는 이상주의와 실재주의를 들 수 있으며 실용주의가 사상적 조류를 형성하게 된 것은 현대의 일이다. 여기서는 이상주의, 실재주의, 그리고 실용주의적 입장에서 교육을 밝히고자 한다.

1. 이상주의 교육

이상주의(idealism)에 의하면 인간의 궁극적 실재는 정신이며 물질적 사물들은 정신적 실재의 표상에 불과하다고 보았다. 따라서 이상주의는 인간을 정신적 존재로서의 가치를 중시하였다. 인간은 정신적 존재기 때문에 자유의지를 구사할 수 있는 능력이 있고 자신의 행동을 책임져야 한다고 생각한다. 인간의 정신은 신에 의하여 창조된 것으로 인간은 정신적 목적을 가진 존재다. 따라서 아동교육에 있어서도 다른 사람의 정신적 가치를 존중할 줄 알도록 가르쳐야 하며, 아동은 정신의 내재적인 일부분이기 때문에 교육은 아동과 정신계 요소간의 밀접한 관계를 유지시킬 것을 주장하며 인간과 우주간의 내재적인 조화를 강조하였다.

이상주의에서는 모든 인간이 신의 형상에 의하여 창조되었기 때문에 인간은 신격(神格)에 도달할 수 있는 잠재력을 지니고 있다고 보았다. 이상주의 창시자인 플라톤은 현실과 실재 사이의 구별을 강조하고 이데아만이 참된 실재라고 보았다.

이상주의자들은 인간의 육체와 마음을 구별한다. 그들은 마음과 정신의 능동성을 믿고 인간의 육체는 마음에 비해 열등한 것으로 마음이 육체를 지배할 수 있어야만 인간이 될 수 있다고 보았다. 이상주의가 교육에 미친 영향은 지대하다. 이상주의에 입각한 교육은 마음을 훈련하고 정신을 함양하며 이데아에 숙달되게 하는 것을 강조한다. 이상주의를 주장하는 교육자들은 지식이란 실재의 기초가 되는 정신적 원리며, 이 지식은 이데아의 형태를 취한다. 그들은 만일 지식이 선험적이고 보편적 이데아에 관한 것이라면 교육은 이데아를 학습자의 의식 속에 가져오는 지적 과정이라고 말한다. 그리고 학교는 학생들이 진리를 탐구하고 발견하는 사회기관으로 본다. 이러한 해답은 비록 잠재되어 있지만 우리의 마음속에 존재하고 있기 때문에 깊은 반성과 성찰이 필요하다고 주장하였다. 그렇게 함으로써 비로소 진리를 찾을 수 있다고 보았다.

이상주의 교육원리로는 다음과 같은 것을 들 수 있다.

첫째, 교육은 단지 지식의 전달이어서는 안되며 학교의 모든 교육활동은 흥미를 바탕으로 해야 한다.

둘째, 교사는 어린이의 교육환경과 어린이의 영감의 창조자로서 창조적 활동과 고상한 인격의 모델을 제시해 주어야 하며, 학습자의 능동적 반응을 추구해야 한다.

셋째, 아동의 개성을 절대적으로 존중하며 인격교육, 도덕교육, 정신교육을 강조하였다.

넷째, 교육내용에 있어서는 논리학, 형이상학, 미술, 문학 등 이상적 교과를 중시하였다.

다섯째, 교수방법은 학생들에게 의문이 생겨 스스로 그것을 풀려는 마음이 생기도록 하는 것이어야 하며, 이를 위해 질문과 토론의 방법을 중시하였다.

2. 실재주의 교육

실재주의(realism)에 의하면 이 세계는 인간의 마음으로부터 독립해서 그 자체의 법칙에 의해 존재하며 변화하고 발전한다는 것이다. 따라서 이 세계를 파악하고 이해하기 위해서는 물질세계를 관찰하여 그 법칙을 발견함으로써 가능하다고 본다. 즉 인식의 대상은 인식작용의 의식이나 주관에서 독립하여 존재하며 그것에 대한 객관적 파악에 의해서 참다운 인식이 성립된다는 것이다.

실재주의에 있어서 지식은 과학적으로 증명되어야 한다. 대부분의 실재주의자들은 기본가치들이 근본적으로 영원하다는 점에서는 이상주의자들과 뜻을 같이한다. 실재주의는 주장하는 입장에 따라서 합리적 실재주의와 과학적 실재주의로 구분되며, 합리적 실재주의는 고전적 실재주의와 종교적 실재주의로, 과학적 실재주의는 신실재주의와 비판적 실재주의로 구분된다.

고전적 실재주의자들은 인간의 이성에 의해서 발견될 수 있는 보편적인 도덕적 법칙들이 있으며, 그러한 법칙들은 이성적인 존재로서의 모든 인류를 하나로 묶는 일을 한다고 보았다. 종교적 실재주의자들은 인간의 이성에 의해 도덕적 가치를 이해할 수 있는데, 도덕적 가치를 이해케 하는 이성적 능력은 신에 의해 주어졌다는 주장이다. 따라서 인간은 신의 도움없이 도덕적 법칙을 이해할 수 있을 지라도 원죄에 의해서 인간성이 부패되어 있기 때문에 신의 도움 없이는 그 법칙을 실천할 힘이 없다는 것이다. 종교적 실재주의자들은 인간의 의지와 지성의 훈련을 다 같이 강조한다. 신은 인간에게 구원을 제공하지만 인간은 그의 자유의지로 그것을 받아들일 수도 거절할 수도 있다는 것이다. 따라서 우리의 의지가 올바른 선택을 할 수 있도록 습관을 들이는 것을 중시하였다.

과학적 실재주의자들은 가치에 대한 초자연적인 개입을 부인한다. 선은 인간을 환경에 적응・조화시키는 것이며, 악이란 인간과 환경과의 화해 또는 조화를 깨뜨리는 것이다. 과학적 실재주의자들은 옳고 그름은 우리의 자연이해에서 오는 것이지 종교적 원리에서 온다고 생각지 않았다. 도덕성은 과학적인 연구를 통해서 인간에게 유익하다고 밝혀진 바에 기초해야 한다는 것이다.

이러한 실재주의의 교육적 의의로는 첫째, 자연에 대한 올바른 가치관을 심어 주었다. 실재주의에서는 지식이란 감각과 지각을 통해서 얻어지는 것이므로 자연의 관찰을 통해서 참된 지식을 가질 수 있으며, 이렇게 얻은 지식은 선한 것이라고 본다. 둘째, 현대 교육에서 과학교육을 강조하게 되었다. 많은 과학자들이 진리를 만드는 것이 아니라 발견하는 것으로 생각하는 것은 실재주의의 입장을 취하는 것이다. 그러나 실재주의는 경험적 지식의 강조에 따른 창조적 이성을 소홀히 했으며 수학과 물리학을 강조한 나머지 인문학을 경시한 점에 있어서 한계성을 지닌다.

3. 실용주의 교육

실용주의(pragmatism)에서 인간은 생물적·사회적인 환경 속에서 생을 영위하는 하나의 자연적인 유기체로 본다. 특히 인간성의 사회적 요소를 강조하며 인간의 바람직한 발달은 다른 사람과의 상호작용에 따라서 좌우된다고 본다. 그리하여 대부분의 실용주의자들은 인간을 정신적 존재라는 주장을 부정하고 인간은 고도로 복잡하고 세심한 기계에 불과하다고 주장을 하고 있다.

실용주의자들은 가치란 상대적인 것이며 윤리적·도덕적 규범은 영원불변한 것이 아니라 사회와 문화의 변동에 따라 수정된다는 것이다. 따라서 이상주의나 실재주의와는 달리 이들은 인간성이 융통성을 가지고 있기 때문에 교육을 통하여 인간성이 결정된다고 보았다. 그리하여 아동의 경험을 재구조화하고 재평가함으로써 그들은 능동적으로 사고하는 유기체로 성장시켜야 한다는 것이다.

실용주의자들은 교육은 단순히 지식을 가르치고 전달하는 것보다는 지식을 획득하고 적용하고 개선할 수 있는 능력을 길러주는 일에 보다 더 중점을 둘 것을 주장한다. 따라서 지식과 경험을 계속적으로 재구성함으로써 인류가 발전하고 진보하는 것이므로 교사는 학생들의 경험의 폭을 넓혀주고 그들이 그러한 경험을 재구성해 나갈 수 있도록 도와주어야 한다. 또한 학습과정에 있어서 학생의 능동적인 역할과 참여를 중시하고, 문제 해결학습을 장려함으로써 지식은 그 자체가 목적이 아니라 인간이나 인류의 당면하는 문제들을 해결하기 위한 하나의 도구라고 보았다.

결국, 실용주의에 있어서 지식이란 인류가 그들의 문제를 해결해 오는 과정에서 얻어진 생각들을 체계적으로 정리한 것이다. 그러나 인간의 삶에 있어서는 문제해결 능력보다도 문제를 인식하는 것이 중요할 수도 있다. 따라서 아동에게 인류의 삶에 보다 가치 있는 기여를 할 수 있는 문제들을 발견하는 능력을 키워줄 필요성이 제기된다.

교육에 있어서 실용주의는 근대 과학적 방법을 실험실로부터 인간의 사회생활과 개인생활 등 전 영역으로 확대시켰으며, 개인과 사회의 조화적 공존의 가능성에 입각하여 낙천적 사회관을 통해 민주주의 이념을 토착화시켰다. 그러나 실용적인 지식을 강조한 나머지 꼭 알아야할 기본적인 가치와 지식에 있어서는 철저하지 못했다는 비판이 있다.

제3절 현대 교육철학

19세기까지의 교육사상은 유럽을 중심으로 이루어졌으나 20세기에 이르러 미국중심의 교육사상으로 변화가 이루어졌다. 20세기에 이르러 정치, 경제, 사회의 각 분야에 있어 급속한 발전이 이루어졌다. 교육에 있어서는 교육의 기회균등에 따라 교육목적, 교육내용 및 방법에 있어서도 큰 변화가 이루어졌다. 특히 참된 인간을 육성하고자 하는 교육내용의 민주화는 현대 교육으로서의 사상적 흐름의 변화를 가져왔다. 여기에서는 오늘날 우리 교육에 많은 영향을 주고 있는 현대교육철학인 진보주의, 항존주의, 본질주의, 그리고 재건주의 교육에 대해 고찰한다.

1. 진보주의 교육

진보주의 교육(progressive education)은 실용주의, 도구주의, 실험주의 사상을 토대로 성립된 교육철학이다. 진보주의 교육사상은 역사적으로 고대 그리스의 교육사상이나, 14, 15세기의 인문주의 사상, 17세기의 실학주의에서도 그 연원을 찾을 수 있다.

특히, 자연주의는 진보주의 교육에 가장 큰 영향을 주었다. 진보주의 교육은 어린이의 개성을 계발하여 완전한 인간으로 성장·발달시킴으로써 사회생활에 유용하게 적응할 수 있도록 하는데 그 목적을 두고 있다. 따라서 개성의 계발은 개인으로서의 개성의 계발이 아니라 사회가치를 실현할 수 있는 개성의 계발을 의미한다.

진보주의자들은 변화를 당연한 것으로 받아들이며 사회를 개선하기 위해서는 새로운 방안을 계속적으로 시도해야 한다고 주장한다. 이 세상에는 불변의 지식이란 없기 때문에 교사는 학생들에게 지식의 축적을 요구하기보다는 문제해결에 필요한 태도와 능력을 키우는 일에 관심을 가져야 한다고 보았다. 따라서 진보주의 교육과정은 체계적인 지식을 담은 독립된 교과가 아니라, 직접 학생들이 해결해야 할 문제나 경험해야 할 과제로 구성된다. 교육내용에 있어서도 직접적인 경험을 통한 교육을 중시하고 교육이란 미래에 대한 준비뿐만이 아니라 현재의 학교생활에 있어서 도움이 될 수 있는 내용으로 구성해야 한다고 보았다.

이러한 진보주의 교육철학의 원리는 다음과 같이 요약된다(Kneller, 1971).

첫째, 교육은 활동적이어야 하며, 아동의 흥미와 관련되어야 한다.

둘째, 학습이란 문제를 해결하는 계획으로부터 시작되어야 하며 교과목의 흡수에서부터 시작되어서는 안 된다.

셋째, 어린이들의 교육은 생활을 위한 준비가 아니라 생활 그 자체이어야 한다.

넷째, 아동은 그들의 요구와 흥미에 따라서 배워야 함으로 교사는 학습의 안내자나 조력자로서 행동하여야 한다.

다섯째, 각 개인이 서로 대립적이기보다는 협동적일 때 더 많은 성취를 가져온다.

여섯째, 교육과 민주주의는 서로 중대한 의미를 지니고 있다. 따라서 교육은 어디까지나 민주적으로 운영되어야 한다.

2. 본질주의 교육

본질주의 교육의 출발점은 진보주의 교육의 비판에서 시작되었다. 1936년 Bagley를 중심으로 한 본질주의자들은 진보주의 교육의 지나친 아동중심주의와 자유주의 교육을 내세운 결과, 개인주의적인 자아중심으로 교육이 전락되어 버렸고, 미래에 대한 방향 감각을 상실했음을 비판하고 본질주의 교육을 주장하였다.

본질주의 교육의 사상적 배경은 실재주의와 이상주의를 절충하고 있다. 진보주의가 과정(process)과 변화(change)를 중시하는데 비해서 본질주의는 전통과 역사성을 중시하였다. 따라서 본질주의는 사회에서 소용되는 본질적 습관, 기술 및 지식을 젊은 세대로 하여금 지니게 하고, 사회질서의 영속과 안정을 위하여 문화유산으로서 가치있는 요소의 보전을 강조하였다.

본질주의란 과거 인류의 핵심적인 경험, 즉 문화유산 가운데서 가장 본질적인 것을 선정하여, 조직적인 학교교육을 통해서 다음 세대에 계승시키자는 교육사상이다. 따라서 본질주의는 기본적인 교과를 학습함으로써 인간의 지적 능력을 개발할 수 있고, 새로운 상황에 부딪쳤을 때 문제를 해결하고 적응해 나갈 수 있다고 보며, 학교는 학생들에게 지적 능력을 키워주어야 한다는 것이다.

이러한 본질주의 교육은 다음과 같은 특징을 지닌다.

첫째, 아동의 자유는 충분히 허용되어야 하지만 지나친 자유는 방종이므로 아동의 자유에는 스스로 한계가 있어야 한다. 경우에 따라서는 교사의 통제가 필요하다.

둘째, 민주사회의 시민은 자유를 향유하여야 하지만 동시에 사회 공동생활에 필요한 훈련을 시켜야 한다.

셋째, 아동은 어디까지나 미성숙자로 교사의 지도가 필요하다. 따라서 교육에 있어서 교사의 주도성이 인정되어야 한다.

넷째, 교육에 있어서 아동의 흥미뿐만이 아니라 노력이 요구된다.

다섯째, 교과내용의 구성에 있어서 아동의 흥미중심으로 구성되어서는 안 된다. 교육과정은 인류의 문화재 가운데서 현재 생활에 사용될 필수적인 내용을 뽑아 구성하여야 한다.

여섯째, 교육은 사회적 요구와 사회적 관심을 중심으로 행해져야 한다. 교육의 궁극적 목적은 사회의 유능한 시민을 양성하는 것으로 개인의 관심이나 요구에 국한되어서는 안 된다.

이와 같이 본질주의는 학습의 훈련성, 교사의 주도성, 문화유산 및 경험의 계승 그리고 교육내용의 조직성 등을 기본원리로 삼고 있다.

3. 항존주의 교육

항존주의(perennialism) 교육사상은 진보주의 교육에 대한 비판에서 출발하였다. 항존이란 항구적 영원한 등의 의미를 포함한 것으로 항존주의는 진리의 절대성과 불변성을 믿고, 변화성과 일시성을 거부한다. 따라서 항존주의 사상은 자연법칙의 통일성과 절대성에 기초를 두고 있다. 통일성과 절대성은 변화하지 않기 때문에 불변적이고 항구적이다. 따라서 항존주의의 입장은 변화성, 상대성을 강조하는 진보주의에 대립된다.

항존주의의 사상적 연원은 고대 그리스의 Platon과 Aristoteles의 형이상학적 교육사상과 중세의 Thomas Aquinas의 스콜라 철학에서 비롯되었다. 따라서 항존주의는 스콜라 철학과 형이상학에서 이론적 원리를 토대로 절대적·보편적 진리로서의 형이상학에 기초하여 현대문화와 현대교육을 재건하려는데 교육의 목적을 두었다.

항존주의의 대표자로는 Hutchins, Adler, 그리고 Maritain 등을 들 수 있다. 항존주의는 이성을 강조하며, 교육은 인간으로 하여금 이성적으로 살수 있는 존재를 만드는 역할을 한다고 보았다. Maritain은 교육의 기본적인 규범을 다음과 같이 제시하였다.

첫째, 피교육자로 하여금 정신생활을 가능케 하는 근본적 성향을 도야하는 일이다.

둘째, 개성의 내적 심연(深淵)과 의식 발달 이전의 정신적, 역동력에 주의를 집중하는 일이다. 즉, 인성의 정신성을 중시하고, 교육적 영향의 내적 심화를 강조하여야 할 것이다.

셋째, 교육의 모든 작업은 분산보다는 통합에 중점을 두어야 한다. 따라서 교육은 인간의 내적 통일을 향하여 노력을 기울여야 한다.

넷째, 수업은 지성을 해방하는 것이어야 하고, 이를 억압하는 것이 되어서는 안 된다. 따라서 수업은 그 내용을 기초로 하여 이성의 능력을 배양함으로써 정신을 해방하는 것이어야 한다.

이와 같이 항존주의자들은 교육이란 영원 불변한 진리를 과거의 위대한 고전(the great books)에서 찾아 이것을 모든 아동에게 똑 같이 알게하고, 또 각자가 이런 진리에 입각하여 경건하게 사는 자세를 갖게 하는데 있다고 보았다.

Kneller는 항존주의 교육의 기본원리를 다음과 같이 요약하였다.

첫째, 인간성은 변하지 않기 때문에 교육의 본질도 변하지 않는다.

둘째, 인간의 뛰어난 특징은 이성에 있기 때문에 교육은 이성을 발달시키는 데 집중되어야 한다.

셋째, 교육이 지향해야 할 단 하나의 적응 형태는 보편적이고 불변한 진리에의 적응이다.

넷째, 교육은 생활의 복사가 아니고 생활을 위한 준비이다.

다섯째, 학생은 일정하게 정해진 교과를 배움으로써 정신적으로나 과학적으로 우주의 영원성에 접해야 한다.

여섯째, 이러한 영원성은 영원주의자들이 위대한 책들이라고 부르는 고전을 통해 가장 잘 배울 수 있다.

이러한 항존주의에 대해 Brameld는 과거의 도피, 민주주의에 대한 위협이라고 비판하였으며, Kneller는 금욕성, 비활동성, 귀족성, 고전에 대한 지나친 중시 등에 대해 비판하였다.

4. 재건주의 교육

재건주의(reconstructionism)교육사상은 1950년대 이후 미국에 등장한 새로운 교육사상이다. 재건주의는 Theodore Brameld에 의해 주창된 것으로 진보주의, 본질주의, 항존주의의 한계를 극복하기 위한 사상이다. Brameld는 현대의 세계는 실업과 공항의 불안, 전쟁의 위협 등 다양한 불안이 내재되어 있으므로 언젠가는 인류의 파멸을 가져온다고 보았다. 따라서 이러한 위기를 극복하기 위해서는 다수자인 민중의 지배를 확립하여 보다 나은 사회정의를 실현할 수 있는 민주사회 및 경제의 균등화된 사회를 재건하여야 하며, 교육은 다수자의 이익을 위해야 한다는 문제의식에서 출발하여 새로운 세계질서를 세울 것을 주장하였다.

Brameld의 재건주의는 다음과 같은 전제하에서 출발하였는데, 첫째 미국문화는 현재 심각한 위기에 직면하고 있다고 단정한다. 즉, 인간은 자신을 파괴할 힘을 가지게 되었다. 이것은 바로 과학이 낳은 결과이므로 이것을 방치해서는 안 된다. 둘째, 기존의 교육으로는 이 위기를 회복할 수 없다고 보았다. 즉 진보주의 교육은 전통주의 교육의 지식중심, 교사중심, 주입식교육을 과감히 시정하려 하였으나 지나친 아동의 흥미와 자유로운 현재생활 자체의 강조로 목표 없는 교육 내지 무정부주의를 가져 와서 학생의 지적 저하를 유발하였고, 본질주의는 전통과 문화유산을 강조하여 보수주의적 측면을 탈피하지 못했고, 항존주의는 절대적 가치와 고전적 가치를 숭상하였으나 과거지향적이고 종교적이었다는 것이다.

따라서 새로운 사회질서를 수립하고, 교육적 위기를 극복하기 위해서는 재건주의 교육 철학에 의해 가능하다고 보았다. 재건주의의 가치관은 사회적 실현을 포괄적 가치로서 존중하였다. Brameld는 자아실현을 주장하였는데, 자아는 사회집단과 결부되어 있기 때문에 사회적 자아라고 하였다. 사회적 자아는 개인과 사회 양자의 요구를 최대한으로 만족시키는 것을 말한다. 그리하여 사회적 자아실현에 의하여 경제적, 교육적, 과학적, 심미적 목표가 성취되며, 민주주의를 이룰 수 있다고 보았다.

현대교육철학의 시대적 지향점을 보면 항존주의는 과거중심적이며, 진보주의는 현재중심적이며, 재건주의는 미래에 가깝다. 그리고 본질주의는 과거와 현재의 사이, 즉 항존주의와 진보주의의 사이에 위치한다고 볼 수 있다.

제4절 새로운 교육이론

1. 실존주의와 교육

실존주의(existentialism)는 존재(existence), 즉 인간존재에 관한 철학으로서 대표자는 Jean Paul Sartre이다. 그는 무신론자로서 존재가 본질에 선행한다는 것을 강조하였다. 인간은 독립된 존재로서 의지할 것은 신이 아니라 인간 자신밖에 없으며, 인간은 생활을 스스로 형성하는 자유를 가지고 있다고 보았다.

실존주의 교육철학은 어떠한 객관적이고 보편적이고 이상적 인간을 만든다는 교육의 작용과 그 목적을 철저히 비판하며, 어떠한 인간을 만드는데 교육의 목적을 두지 않고 어떻게 하면 사람으로 하여금 자기의 본질적인 생을 살도록 함으로써 자기 존재의 의의와 가치를 찾게 하는데 교육의 목적을 두고 있다. 따라서 실존주의자들은 인간의 존재를 무시하는 어떠한 권위도 배격하고 학생들이 자신의 선택에 따라 교과를 선택해야 한다고 믿기 때문에 교과목 내에서 교과의 내용분석과 같은 체계적인 학습을 위한 어떠한 자료도 필요하지 않다고 주장한다.

실존주의가 추구하는 기본적인 원리에 대해 Kneller는 다음과 같이 요약하였다.

첫째, 철학은 철학적 문제를 다루는데 있어서 전통적 철학처럼 객관적 입장에 임해서는 안 된다. 철학은 인생 영생(永生)의 문제와의 열정적인 회전(會戰)이어야 한다.

둘째, 실존주의는 존재가 본질에 선행한다고 단정한다.

셋째, 우주자체로는 의의나 목적을 가지고 있지 않다. 인생은 우주의 한 부분이 아니며 우주로부터 이탈된 존재이다.

넷째, 인간이 우주적 체계의 일부분이 아니기 때문에 그에게는 절대적 자유가 있다.

다섯째, 인간은 자유인이므로 철학자는 관망자로서가 아니라, 자신의 견해에 정열적으로 충성을 다하는 자로서, 이 자유를 저해하는 사람을 인간화하는 20세기의 모든 경향을 폭로하여야 한다. 즉 실존주의의 관심은 전통적인 철학들처럼 광대한 우주의 원리를 탐색하는 것보다는 우리에게 좀 더 절실한 관계가 있는, 사람 자신의 존재와 그 의의에 대해 관심을 갖는다.

2. 분석철학과 교육

분석철학은 20세기에 전개된 서양의 현대 철학사상으로서 종래의 사변적, 선험적, 종합적 철학방법을 거부하고 모든 과학과 일상적 지식의 개념과 명제의 의미를 분석적 방법에 의해 엄밀하게 밝히는 것을 목적으로 하는 철학이다. 따라서 객관적이고 엄격한 과학정신과 논리의 방법을 중요시한다. 그러므로 분석철학은 교육에 있어서의 중요한 개념들의 의미를 명백히 함으로써 교육현상에 대한 참다운 이해를 도우며, 교육의 실천원리들이 교육적으로 타당한가를 평가할 수 있는 비판적 안목을 갖도록 해주는 데 그 의의가 있다.

이처럼 분석철학은 새로운 사실이나 원리를 발견하는 데 있지 않고, 사람들이 사실이나 원리라고 믿고 있는 것을 그들의 말을 통해 점검하며, 그릇된 언어사용을 바로잡아 줌으로써, 그들이 보다 정확한 사고를 할 수 있게 도와주는 데 교육의 목적을 둔다.

그리고 분석철학에서 중요시하는 교육내용은 무엇보다도 객관성 있는 지식이어야 하며, 신뢰할 수 있는 지식이어야 한다. 그러므로 증거가 불충분한 경우에는 그 이상의 자료가 발견될 때까지 판정이 보류되어야 한다. 그리고 교사는 모든 규범적인 명제를 신중히 검토하여 그것이 과연 무엇을 의미하는가를 밝혀야 한다. 따라서 교육방법상에 있어서 ① 교사는 교육내용을 명확하게 전달하여야 한다. ② 교사는 논리학의 공식과 법칙을 준수하여 일관성 있게 추리하여야 한다. ③ 교사는 모든 논의와 다른 사람에게 사용되는 언변과 규율을 명백히 하여야 한다. ④ 귀납법이 가설, 개념, 이론을 실증하는 데 적용되어야 한다. ⑤ 불분명한 정의와 표어 및 은유 등을 바로잡기 위하여 분석법을 사용하여야 한다.

그러나 일반적으로 분석철학에 대한 비판도 없지 않다. 즉, 바람직한 세계관이나 윤리관의 확립에 별 도움을 주지 못한다든지, 체험적, 가치판단적, 사회, 역사적 요소를 배제하고 있다든지, 정의적 차원의 실재와 그 의의를 긍정적으로 수용하지 못하고 있다는 점등이 비판거리로 거론된다. 분석철학자로는 M. Schlick, B. Russell, L. Wittgenstein, A. J. Aer, G. Ryle, R. S. Peters 등이 있다.

3. 포스트모더니즘과 교육

포스트모더니즘(postmodernism)은 1960-70년대에 모더니즘으로 설명될 수 없는 새로운 문화적인 양상이 건축, 문학, 예술분야에서부터 생겨나자 이를 설명할 수 있는 새로운 이론적 틀로서 생겨났다. 모더니즘은 근대시민사회 이후 이 사회를 이끌어온 합리주의적 계몽주의의 이념으로 보편성, 총체성, 단일성을 추구한다.

그런데, 20세기 후반에 접어들면서 이 지구촌에는 커다란 변혁을 맞게 된다.

자본주의적 소비사회화, 디지털 영상정보화, 탈이데올로기화, 신중간계급의 대두 신과학운동 등 대중문화의 특성이 급격한 변화를 가져왔다. 이러한 새로운 문화 전반의 변동은 모더니즘의 틀로는 설명해 낼 수가 없었다. 이러한 사회변화를 해석하고 수용할 수 있는 이론적 틀로서 포스트 모더니즘이라는 단어가 학술적 용어로 채택되었다. 그러므로 포스트모더니즘은 모더니즘의 특성과 상반되긴 하지만 모더니즘의 단절 보다는 후기 현대의 새로운 양상을 설명해내는 사상이라고 이해해야 한다. 대표적 학자로는 리오타르(Lyotard), 라캉(Lacan), 데리다(Derrida), 푸코(Foucault), 로티(Rorty)등이 있다(노상우, 2011).

포스트모더니즘의 철학적인 특징은 모더니즘에서 당연시 되어온 사유지반에서 벗어난다. 즉 주체, 의미, 진리, 총체성으로 대표되는 모더니즘적 특징들은 해체되고 파편화 된다. 주체를 해체시켜 객체를 인정해 주고, 의미란 독자적으로 존재하는 것이 아니라 맥락속에서 존재하는 것이며, 진리란 절대적인 것이 아니라 상대적이고 다양함을 인정하고, 단일적, 총체성에서 벗어나 다양성을 추구하는 것이 포스트모더니즘의 특징이라 할 수 있다.

이러한 포스트모더니즘은 현대교육을 비판하고 나선다. 최근의 대중교육체제는 합리성, 개인적 자율성, 통합된 자아, 국가역사 위계적 조직, 진보 등을 강조하는 현대의 고안물이라는 것이다. 포스트모더니즘의 교육에 대한 문제는 다음과 같은 몇 가지로 논의된다.

첫째, 거대서사(grand narratives)의 거부다. 리오타르는 모더니즘의 이론체계를 거대서사라 부르고 포스트모더니즘은 거대서사를 거부하고 그 동안 거부되고 억압되어온 소서사에 관심을 둔다. 이는 공교육의 거부고 해체를 의미한다. 포스트모더니즘은 컴퓨터, 과학지식, 선진기술, 전자서적 등의 확산현상은 현대의 총체화된 거대서사와 단절하려 하고 다양성, 국부성, 특수성, 우연성을 부각시킨다. 현재의 학교양식은 생산양식과 같은 공장모형에 어울리는 것이며 정보양식이 발달한 포스트모던 조건에서는 시대착오적이라는 것이다. 따라서 공교육은 현재 위기를 맞고 있고 해체되어야 한다는 것이다.

둘째, 정전(text)의 다수성과 타자성을 주장한다. 현재 정전은 유렵형 기독교 백인문화를 담고 있으며, 이는 선택된 규범, 거대지식으로 그 동안 하나의 신앙으로 추앙 받아 왔다. 포스트모더니즘은 이러한 절대화된 정전의 해체와 타자성의 인정을 주장한다. 이는 다양한 정전과 다양한 학교형태의 가능성을 주장한다.

셋째, 역리(paralogy)와 차별(difference)을 통하여 진리에 대한 무한한 열린 해석의 가능성을 주장한다. 이는 자기한계의 인식 태도에서 나온다. 푸코에 의하면 자기한계의 인식은 보편적인 완벽한 합리적 계몽이 아니라 주체가 세계 속에서 특수하게 성찰하고 경계를 넘어서는 독특한 사유양식이고 존재방식이다. 즉, 세계를 둘러싸고 말하고 사고하고 행위하는 인간주체가 전체속에서 타자성과 국부성을 인정하는 태도다. 고정되고 절대적이고 일원론적인 종래의 사고를 버리고 유동적이고 상대적이고 다원적인 열린 태도를 갖는 것이다. 이때 타자에 대한 새로운 인식과 상호인정을 통하여 스스로 경직된 사고방식으로부터 해방된다.

이러한 포스트모더니즘의 교육철학 논의는 교육문제를 인식하게 해 주었고, 교육목표, 내용, 방법적인 면에서의 획일성을 지양하게 해 주고 학생들을 중심으로 이끌어내는데 시사점을 제공한다. 한편, 포스트모더니즘을 비판하는 학자들에 의하면 포스트모더니즘의 최대 약점은 총체성 보편성을 파편화시켜 이 사회가 나아갈 길, 즉 방향성을 제시하지 못하고 있다는 것이다. 특히 교육에서 공교육의 해체, 자유교양교육의 거부는 교육이 공동선을 추구해야 한다는 입지를 거부하는 것이다. 따라서 공교육의 문제점은 드러내야 하지만 공교육은 새롭게 재개념화 되어야 하고 자유교양교육도 문화의 다원성 속에서 선택적인 전통의 존속이 교육의 전략 속에 포함되어야 한다.

4. 신자유주의와 교육

서구에서는 1980년대 이후 신자유주의 사상이 사회전반에 커다란 변화를 가져왔다. 1979년 영국의 대처수상(토리당)이 정권을 잡게 되고, 미국에서는 1982년 레이건(보수당)이 정권을 잡게 되면서 신우익의 사회재구조화 프로젝트가 기획, 추진되었다. 신우익의 프로젝트가 바로 신자유주의와 신보수주의다. 신자유주의는 한마디로 시장근본주의를 말하고 신보수주의는 사회, 도덕적인 면에서 보수주의를 지향하는 것이다. 즉 보편적인 규율과 규제를 통하여 와해된 사회 규범과 가치관을 바로잡겠다는 의도다. 이 프로젝트는 1960년대 인권의 논리에서 만들어졌던 복지국가를 해체하고 시장논리와 보수적 가치를 사회 전영역에 복원시키는 것이었다.

신자유주의를 이해하기 위해서는 고전적 자유주의를 먼저 이해해야 한다. 고전적 자유주의는 Locke의 개인의 자유와 재산권을 중시하는 자유주의에서 찾을 수 있다. 개인은 자율적 인간본성을 가지고 자유를 실천하는, 이익을 추구하는 개인(universal egoism)으로 특징지어진다. 국가는 이러한 개인의 대표자, 대리인으로서 개인의 요구에 기반을 두고 있으므로 국가역할은 제한적이고 최소화된다. 그래서 고전적 자유주의를 자유방임주의 laissez-faire라는 정치적 격언으로 표현한다.

이에 비해 신자유주의는 국가의 역할이 시장이 작동하는데 필요한 조건과 법률과 제도를 제공한다는 특징을 가진다(Apple, 2001). 이는 국가가 앞장서서 시장근본주의를 내세우지만, 그 이면에는 고전적 자유주의처럼 개인의 자유를 인정하기 때문이 아니라 개인을 조종하겠다는 의도가 은폐되어 있다. 복지국가 시스템에서 국가는 게으름피우는 잠재적 노동자들을 인권이라는 차원에서 먹여 살렸다. 이제는 그들을 조종하여 경제적 개인주의를 만들겠다는 것이다. 그들의 무능력은 사회구조의 문제가 아니라 그들의 책임이므로 국가가 손을 떼겠다는 의도이다. 따라서 신자유주의는 기업에 대한 규제를 철폐하고 국유화된 기업을 민영화시키고 사회복지정책을 축소하여 국가가 안고 있는 짐을 좀 들어버리겠다고 하지만 사회제도를 감독하고 그 성취를 평가하는 등 일반적인 통제는 계속하고 있다.

이러한 형성 배경을 가진 신자유주의는 개인주의, 시장의 효율성, 시장의 자유경쟁을 강조한다. 신자유주의자들에 의하면 시장은 신분이나 인종에 의한 특정 집단의 이익이 관여할 수 없는 평등한 곳으로 경제행위자들이 자신의 재능을 활용하여 개인의 이익을 추구할 수 있고, 또 스스로 시장질서가 조정가능한 곳으로 보았다. 이런 전제로 신자유주의는 전지구적 무한 경쟁이라는 세계화시대에 적합한 패러다임으로 받아들여졌었지만 신자유주의의 본고장인 영국에서조차 중도좌파를 지향하는 제3의 길로 정치적 노선을 바꾸고 있는 것이 현실이다.

교육부문에서도 신자유주의 시장논리는 피해 갈 수 없었다. 신자유주의는 교육에 시장경쟁논리를 도입하면 국가의 간섭과 규제가 줄어들어 단위학교의 자율성이 증가할 것이고, 수요자들은 구미에 맞는 교육과정을 자유로이 선택할 수 있으며, 교육을 민영화시켜 학교간의 경쟁을 유발하면 각 단위학교들이 살아남기 위해 교육의 질을 향상시킬 것으로 믿었다. 그렇게 되면 국가는 교육재정을 줄일 수 있으면서, 국가의 교육수준도 향상시킬 수 있는 금상첨화의 시장논리 프로젝트였다. 이러한 신자유주의 교육개혁은 많은 학자들의 비판을 받고 있지만 차트스쿨[1], 바우처 프로그램[2], 마그넷 스쿨[3] 등 변형된 형태로 교육에 접목되기도 하였다. 특히 90년대 이후로는 자본의 경쟁이 더욱 치열해 지고 초국적 자본의 세계적 주도권이 전면화되면서 신자유주의 교육개혁이 각 국마다 강력하게 추진되고 있다. 우리교육도 1995년 5.31교육개혁안에서부터 신자유주의 논리가 접목되었고, 갈등을 빚고 있는 자립형 사립고교 설립, 7차 교육과정, BK21, 교직성과급 등이 신자유주의의 대표적인 교육개혁이라 할 수 있다.

신자유주의 교육개혁이 위에서 논한 자율성, 선택, 교육의 질 향상으로만 이해하면 그들의 수사학에 속아 넘어간다. 이러한 자율성과 선택의 이면에는 국가수준에서 교육과정을 통제하고 학업성취를 평가하겠다는 논리가 통합되어 있다. 이는 교육의 자율성을 침해하고 평가위주의 교육으로 교육의 본질적인 목적을 간과한 정치 경제적인 논리에 의한 교육개혁이다. 교육 본질적인 차원에서 공교육을 민영화한다는 것은 모순된다. 공교육의 목적은 공동체 삶을 살아가야 하는 사회구성원에게 보편적인 사회화가 큰 비중을 차지한다. 이러한 공공성은 민영화된 교육에서는 불가능함을 인식해야한다.

1) 학부모, 지역주민, 학교가 협력하여 학교운영을 계획하여 정부와 계약을 맺은 학교로 성과가 저조하면 그 계약이 파기되는 형태의 학교로 정부로부터 교육재정을 지원 받는다.
2) 학교형태는 아니며 재정적인 이유로 사립학교를 갈 수 없는 학생이 사립학교에 가기를 원할 때 정부에서 교육비가 담긴 티켓을 학부모에게 제공하는 프로그램이다.
3) 특정 프로그램을 개발하여 운영하는 특성화 학교의 형태로 외국어, 요리, 디자인, 만화 등을 전문으로 교육하는 학교형태다.

학 습 과 제

1. 교사에게 교육철학은 왜 중요한가?

2. 교육철학의 기능을 약술하시오.

3. 진본주의와 본질주의 공통점과 차이점은 무엇인가?

4. 실존주의 철학을 설명하시오.

5. 신자유주의 교육을 설명하시오.

학습과제란

참고문헌

김정환, 강선보 (2011). 교육학개론. 서울: 박영사.

노상우 (2011). 교육의 역사와 사상. 서울: 교육과학사.

서재복 (2008). 교육사·교육철학. 서울: 학이당.

신득렬 (2003). 현대교육철학. 서울: 학지사.

신득렬, 이병승, 우영효, 김회용 (2004). 교육철학 및 교육사. 서울: 양서원.

연세대학교 교육철학연구회 (1999). 위대한 교육사상가 V. 서울: 교육과학사.

연세대학교 교육철학연구회 (2000). 위대한 교육사상가 IV. 서울: 교육과학사.

오인탁 (1990). 현대교육철학. 서울: 서광사.

최정웅, 조용태 (2002). 교육의 철학과 역사. 서울: 교육과학사.

Brameld. T. (1956). *Toward a reconstructed philosophy of education.* New York. Holt. Rinehart and Winston.

Brubacher. J. S. (1947). *A history of the problems of education.* New York. McGraw-Hill.

Kneller. G. F. (1971). *Introduction to the philosophy of education.* New York. John Wiley and Sons. 정희숙 역 (1990). 교육철학이란 무엇인가. 서울: 서광사.

Monroe. P. (1928). *A brief course in the history of education.* 조종인 역(1994). 교육사개설. 서울: 교육과학사.

제3장 교육의 역사

역사는 변화를 전제로 하지만 그 변화 속에 어떤 질서를 구하며, 하나의 계통적인 진화, 발전의 발자취를 말한다. 역사는 인간의 경험이며 하나의 생명이다. 즉, 역사는 바로 인간 생활이며, 인생의 경험이기 때문에 지속성을 지니고 있다. 따라서 역사에 속하는 사건들도 모두 일종의 지속성을 가지고 있는 사건들이다. 그러한 사건들은 과거에서부터 현재에 이르기까지 계속되어 왔을 뿐만 아니라 미래에도 끊임없이 지속될 것이다. 역사를 연구하는 것은 결코 사건을 밝히는 것뿐만 아니라, 과거를 근거로 하여 현재를 이해하는 것이며, 나아가 미래까지도 알려주는 것이다. 따라서 우리는 교육사 연구를 통해 과거의 교육을 바탕으로 미래의 교육을 예견할 수 있을 것이다. 이 장에서는 학생들로 하여금 교육사에 대한 이해를 바탕으로 한국교육사, 한국의 사상사, 그리고 서양교육사에 대해 간략히 제시하였다.

제1절 교육사의 이해

교육사란 교육의 역사다. 교육사는 교육현상을 통하여 이루어지는 어떤 활동의 결과를 총칭하는 것이다. 따라서 교육사는 교육의 발생, 사상, 제도 등에 관한 교육과정의 역사 또는 그것을 연구하는 학문이다. 교육사는 과거의 삶의 현상으로써 교육현상을 역사적으로 규명하고, 규명된 역사적 사실을 바탕으로 교육현상을 관통하는 여러 가지 법칙이나 경향을 살펴보고 이를 통해 교육현상을 보는 안목을 길러서 현재의 교육실천을 풍부하게 하고 미래의 교육을 전망할 수 있도록 해 주는 연구 분야다.

교육사 연구의 필요성에 대해서는 여러 학자들이 밝힌 바 있다. 박도순 등(2000)은 창조에서 계승된 훌륭한 교육의 유산은 비록 외형이 초라하게 보이는 것일지라도 영구한 교육적 생명을 지니는 것이다. 이것은 오랜 옛날의 것이면서도 그것을 오늘에 받아들이는 사람들의 가슴속에 공감을 불러 일으켜 용기와 자부의 근원이 되고 또 다시 창조를 생산하게 되는 것이다. 따라서 훌륭한 교육은 자기 나라의 역사를 통하지 않고서는 성공하기 어렵다. 계승해야 할 교육적 전통을 창조로 연결시키는 교육사적 작업이야말로 무엇보다도 훌륭한 교육과 사회를 만들 수 있을 것이다(서재복, 2008).

개인으로서의 가장 큰 무지는 자기 자신을 모르는 것이며, 국민으로서의 가장 큰 무지는 제 나라의 역사를 모르는 것이라고 할 때 교육을 받는 입장에서는 교육사를 모르는 것이 가장 큰 무지일 수 있다. 따라서 배우는 학생들은 우리의 교육사를 반드시 알아야 할 것이다.

교육사 연구를 통해서 첫째, 우리의 교육사관을 정립할 수 있으며, 둘째로 계승해야 할 교육적 전통을 발굴하고 이를 창조할 수 있으며, 우리에게 맞는 교육적 이론의 전개뿐만 아니라 우리 교육의 미래에 대한 예언적 관찰이 가능할 수 있기 때문이다(차하순, 1988).

따라서 교육사 연구를 통해서 현재의 교육현상을 바르게 이해할 수 있는 자료와 근거를 찾을 수 있을 뿐만 아니라 교육의 미래상을 예언함으로써 삶의 지혜와 방법을 찾을 수 있을 것이다.

제2절 한국교육사의 이해

1. 원시사회 교육

교육은 인류의 역사와 그 연원을 같이하지만 교육기관이 생겨난 것은 훨씬 이후의 일이다. 원시시대의 교육은 학교라는 교육기관이 없었기 때문에 모든 교육이 가정이나 생활의 장에서 이루어졌을 것이다. 따라서 교육은 군집생활 속에서 가족구성원 뿐만 아니라 주위 연장자들에 의해 그들이 살아가는데 필요한 것들을 가르쳤던 것이다.

원시시대 교육내용은 그들이 생존하는데 필요한 제반적인 지식, 즉 실생활과 직결되는 실제적인 교육내용을 배웠다. 따라서 그들은 교육에 있어서 목적의식이 뚜렷했을 뿐만 아니라 학습동기도 강했으며 자신들의 흥미와 학습의욕에 따라 학습시간을 조절할 수 있었다. 이와 같이 원시시대의 교육은 비록 그 교육내용이나 교육방법에 있어서 현대 교육과 비교될 수 없을지라도 교육의 목적이나 교육원리에 있어서는 오늘날 교육에 시사하는 바가 크다.

2. 삼국사회의 교육

삼국시대는 고조선의 멸망과 한사군(漢四郡)의 설치를 전후로 4세기 초에서 7세기 중엽까지 고구려, 신라, 백제가 정립한 시기다. 삼국의 성립은 중국에서 전래한 철기문화와 정치제도를 바탕으로 성장하였으며, 유교와 불교가 도입되어 전통적인 무속신앙과 낭가(郎家)사상이 조화를 이루면서 정치와 교육 문화 전반에 큰 영향을 주게 되고, 윤리의식의 발달과 아울러 정치제도의 발달을 촉진시켰다. 특히 유교의 수용과 더불어 한자의 도입은 이후 배우고 가르치는 형식적 교육기관인 학교교육의 성립과 발달을 촉진시켰다.

고구려는 삼국 중 고대국가로 가장 먼저 발전하였고, 또한 지리적으로 중국과 인접해 있었으므로 중국 문화의 영향을 많이 받아 가장 먼저 학교교육이 발달하였다. 학교교육에 관해 고구려 소수림왕 2년(372)에 태학이 설립되었다는 기록으로 보아 태학은 우리나라 학교교육의 시초며, 한국 유학의 기원으로서 교육사적 의의가 크다. 태학의 설립 목적은 관리의 양성에 있었으며, 입학자격은 귀족의 자제들로 한정되었다.

백제에 학교가 있었다는 직접적인 기록은 발견되지 않고 있다. 그러나 사료로 미루어 고구려에 못지 않은 문화를 지녔을 것이라고 짐작된다. 그 근거로는 첫째, 박사제다. 박사란 '敎學之任'을 맡은 관직, 즉 벼슬의 이름을 말하는 것으로 이들은 학자로서 가르치는 일을 주임무로 하였다. 둘째, 백제의 중앙관제를 살펴보면 학교가 성립되었을 가능성이 발견된다. 백제의 육좌평이라는 중앙관제 가운데 내법좌평은 의례를 관장하는 부서인데 이것은 조선왕조의 예조에 해당된다. 이와 같이 백제는 기록상으로 학교교육이 전해지지는 않지만 학교교육이 있었을 것으로 보여진다.

신라는 지리적으로 보아 고구려나 백제에 비해 중국 문화의 유입이 다소 늦었을 것으로 보인다. 통일신라 이전의 학교교육이라는 형식교육은 없었지만 화랑도의 교육에 있어서 고구려의 태학과 같은 형식교육의 역할을 담당하였다. 화랑도의 기본사상은 민족고유의 풍류도와 유, 불, 선의 3교를 주체적으로 융합한 세속오계를 기본으로 하였다. 그 결과 현명한 지도자와 선량한 백성이 화랑도 교육을 통하여 양성되었으며, 이는 당시의 신라가 지정학적으로 가장 어려운 처지였음에도 불구하고 삼국통일을 이룰 수 있었던 것이다.

신라가 국토를 통일하는 대업을 성취하고, 당나라와의 접촉을 더욱 긴밀히 하는 동안 그 문화는 크게 발전하였으며, 682년(신문왕 2)에 국학을 세워 인재양성에 주력하고자 했다. 국학의 교육내용은 유교 경전이 주가 되었으며 논어와 효경은 필수이고 나머지는 3가지 유형으로 구분하였다. 그 이외에 잡학교육으로 의학, 율학, 산학 등이 있었다.

3. 고려사회의 교육

고려사회는 불교가 내세를 지향하는 종교로서 확고한 삶의 지침이 되어 있는 가운데 유교는 치국을 위한 현세적 이상의 실용적 차원에서 수용되어 신흥국가를 운영하기 위한 귀족 관료적인 정치체제와 함께 유교적인 교육제도를 마련하게 되었다. 이러한 의미에서 고려사회는 불교와 유교가 상호 보완적으로 병존하는 이중구조를 유지하였던 것이다.

고려의 교육은 신라와 당, 송대의 교육을 수용하였다. 고려의 교육은 신라의 교육보다 분화되어 서울 및 지방에 교육기관이 설립되었고, 교육기관의 수준도 초등교육기관 부터 고등교육기관 까지 다양하였다. 고려의 대표적인 교육기관으로는 관학으로 국자감과 향교, 사학으로는 12도와 서당이 있었다.

고려에 이르러 광종 9년(958)에 당의 제도를 모방한 과거제도가 실시되었는데, 과거제도는 고려 초기의 취약한 왕권을 강화함과 더불어 유교적 교양을 지닌 인재를 선발하는 기능을 수행하는데 목적을 두었다. 과거는 문과, 무과, 잡과로 구분되며 시험절차는 차이를 보였다.

사상적으로는 이시기에 성리학이 전래됨에 따라 침체되어 유학의 부흥을 꾀하며 새로운 학풍이 일어나게 되었다. 그러나 이미 고려의 정치적·사회적 불안은 교육현상의 부진 상태를 회복시키지 못하였다. 성리학은 조선조에 이르러 숭유억불정책에 힘입어 절대 교육으로 나타나게 된다. 당시 고려시대에 있어서 대표적인 학자로는 최충(984-1068), 안향(1243-1306), 이색(1328-1396), 정몽주(1337-1392) 등을 들 수 있다.

4. 조선사회의 교육

조선사회는 양반 사대부가 집권층으로 자리잡아감에 따라 우리 역사상 가장 엄격한 신분적 계급 질서가 유지되었으나, 후기에 오면서 세습 양반의 수는 증가하고 관직은 한정되어 있으므로 이와 같은 신분제는 정치적·사회적 혼란의 한 원인이 되었고, 엄격한 신분질서도 점차 무너지게 되었다. 이와 같은 질서 속에서 교육은 과거를 통한 입신출세를 위한 주된 수단이 되었고, 조선의 교육은 지나치게 성리학만을 숭상하여 과학기술의 발달이나 생산 기술의 향상을 제약하는 결과를 초래했다. 그러나 조선의 학문적 수준은 매우 높은 것이었고, 학문과 예의를 숭상하고 교육을 중시하는 전통을 낳았다. 특히 세종이래 학문을 장려하고 학자를 우대하는 전통은 훌륭한 학문적 성과를 이룩하였다.

한편, 임진왜란 이후 청나라의 고증학의 영향과 서양 문물의 전래와 일부 지식인의 반성으로 인하여 실용적이고 실증적인 학문을 추구하는 실학운동이 일어나 근대화의 싹을 엿볼 수 있었다. 이후 실학사상은 개화사상으로 연결되어 교육 근대화의 사상적 맥을 잇게 되었다.

조선시대의 교육기관과 학제의 기틀은 고려의 것을 계승했으나, 이를 더욱 발전시키고 장려했다. 조선시대의 대표적인 교육기관으로는 관학인 성균관, 사학(四學), 향교와 사학으로 서원, 서당을 들 수 있다. 조선사회의 대표적인 사상으로는 성리학과 실학을 들 수 있는데 이러한 사상은 조선의 교육사상에 지대한 영향을 끼쳤다.

조선시대의 대표적인 교육사상가로서는 권근(1352-1409), 조식(1501-1572), 이황(1501-1570), 이이(1536-1584), 유형원(1622-1673), 이익(1681-1763), 박지원(1737-1805), 이덕무(1741-1793), 정약용(1762-1836) 등을 들 수 있다.

5. 근대의 교육

조선은 오랜 동안 성리학을 정치적 지도이념으로 하고 중국과의 사대적 외교를 통하여 체제를 유지해 왔으나, 말기에 이르러 대내적으로 집권층의 갈등과 사회적 혼란, 대외적으로 서세동점의 세계사적 조류와 이에 편승한 일본 제국주의의 침략 야욕에 의하여 문호를 개방하기에 이르렀다. 문호 개방을 반대하는 위정척사운동과 임오군란, 갑신정변, 동학혁명, 갑오개혁 등 정치 사회의 격변은 끝내 한일합방으로 일제의 식민지로 전락하여 국권을 상실하게 되었다.

이러한 시대적 상황 속에서도 우리 민족은 교육입국의 의지를 가지고 각계각층에서 교육 근대화를 위한 노력을 경주했다. 근대학교가 설립되기 전에 이미 근대학교의 전신이라고 할 수 있는 동문학과 광혜원이 설립되었으나 현대적 학교의 설립을 의미하는 것은 아니다. 개화기의 교육 근대화 운동은 정부주도하의 교육개혁, 민족 선각자에 의한 교육구국운동, 종교계의 교육활동 등으로 대별할 수 있다.

개화기는 어느 때 보다도 교육에 대한 민족적 각성과 열의가 높았던 시기로 대표적인 교육사상가로는 이용익(1854-1907), 남궁억(1863-1939), 이승훈(1864-1930), 안창호(1878-1938) 등이 있다.

6. 일제하의 교육

일제는 1905년 을사보호 조약을 계기로 한국을 병합하려는 정책을 실시하였는데, 통감부의 설치(1906)에 따라 일제는 한국인에 대한 문맹정책과 사립학교의 통제를 목적으로 하였다. 식민지화를 위한 준비단계의 교육정책으로 우민화 정책과 친일교육의 강화, 사학의 통제와 교과용 도서의 검인정을 실시하였다. 이에 따라 통감부는 전반적인 학제개편을 단행하여 소학교를 보통학교로 개칭하고 수업기간을 6년에서 4년으로 단축하였으며, 교과목에 일어를 부과하여 친일사상을 고취하였다.

또한 통감부는 교과용 도서의 검인정제도를 실시하고 나아가 사립학교령을 공포하여 사학을 통제하기에 이르렀다. 이는 사립학교령을 공포함으로써 단지 사학을 구속하는 것뿐만 아니라 한국인의 구국을 위한 민족교육을 통제 억압하려는데 그 목적이 있었다. 교과용 도서의 검인정 규정에 따르면 학부에서 편찬한 것, 학부대신의 검정을 받거나 학부대신의 인가를 받은 도서에 한해서만 사용하도록 하였다. 따라서 교과서 검정제가 실시된 뒤에 사용을 금한 도서가 많았으며 특히 애국사상을 고취하며 항일 투쟁을 역설한 지리 교과서가 많았다.

1910년 이후 일제시대 교육의 대표적인 특징으로는 동화정책, 보통교육, 우민화 교육, 사립학교의 통제를 들 수 있다. 일본은 이와 같이 교육을 통해 조선민을 일본인화 하려는 노력을 가하였으며 결국 패망함으로써 망상을 깨치게 되었다.

7. 현대사회의 교육

8.15 해방은 민주교육의 출범이었다. 그러나 민주교육의 이념과 제도를 아무런 주체적 수용의 준비도 없는 가운데 받아들인 부작용은 적지 않았다. 해방 이후 정부수립 전까지의 교육은 민주교육의 기틀이 마련된 시기로서 한국교육의 방향이 설정되었으며 진보주의 교육사조가 소개되었다. 정부의 수립과 더불어 교육법(1949. 12. 31)이 공포되고 우리나라 교육의 방향과 진로가 확정됨으로써 우리의 교육은 홍익인간의 이념 아래 민주생활을 하는 인간양성을 교육의 목적으로 하였다.

동란 이후 교육내용에 혁신을 가하여 교육과정의 생활화와 교과서 개편을 추진하였으며 교육방법에 있어서도 다양한 변화를 가져왔다. 1960년대와 70년대에 이르러 학문중심의 사상이 도입되어 탐구학습과 발견학습에 중점이 가해 졌으며, 70년대는 새마을 교육과 민족주체성 확립을 위한 교육이 강조되었다. 1980년대에 이르러 인간중심의 교육사조가 등장하여 전인교육에 역점을 두었다. 이제 한국의 교육은 7차 교육과정의 개정을 통해 21세기 세계화・정보화 시대를 주도할 자율적이고 창의적인 한국인의 육성에 초점을 두고 있다.

제3절 한국교육사상의 이해

1. 성리학과 교육

고려 말엽에 알려지기 시작하여 조선 중기에 발달한 성리학은 우주의 근원과 인간의 심성을 형이상학적으로 해명하고자 하는 사상이다. 성리학은 태극론, 이기론(理氣論), 심성론, 성격론으로 구분되며 정주학(程朱學), 주자학(朱子學), 이

학(理學)이라고 불리는 유교철학이다. 성리학은 성현을 본받고 배우기 위한 존양(存養)과 궁리(窮理)를 연구하는 것으로, 교육목적은 항상 선량한 마음을 가지고 천부의 자질을 잘 나타나게 하며, 인륜과 도리를 궁리하여 인간의 도덕적 행위를 이상으로 하였다(임창재, 2000).

조선시대 성리학은 주리파(主理派)와 주기파(主氣派)로 구분된다 주리파의 선구자는 이언적이며 대표적인 학자는 퇴계 이황이다. 한편, 주기파의 선구자는 서경덕과 기대승이며 대표적인 학자는 율곡 이이(李珥)다. 주리파와 주기파의 방법론적 차이는 주리파가 내향적・주관적・경험주의라고 한다면, 주기파는 외향적・객관적・지식주의다.

주리파와 주기파의 학문적 대립은 사단칠정(四端七情)에서 두드러진다. 이황과 기대승의 8년간의 논쟁에 이어 성혼과 이이의 6년에 걸친 논쟁이 있었다. 이후 양파의 논쟁은 200년간 계속되었다. 이러한 논쟁은 당쟁과 결부되어 많은 폐해를 일게 하였고, 이러한 논쟁들이 현실과 거리가 있는 공리공담을 만들어 냈다(한국교육사연구회, 1990).

성리학은 근본적으로 존양과 궁리를 핵심으로 하는데, 존양(存養)은 존심양성(存心養性)을 의미하는 것으로 항상 선량한 마음을 가지고 천부의 본성을 기르는 것으로서 인간 본연의 자기수양의 목표를 삼는 것이다. 이 존심양성에 함유되어 있는 본질은 인간의 본심은 선이다. 이 선의 마음, 자기의 양심을 흐트러짐 없이 항상 보존하면 어떠한 경우에도 사악(邪惡)하지 않으며, 자기의 계속적인 노력에 의해 이 천부의 본성을 꾸준히 가꾸고 키워나가는 것이다.

한편, 궁리(窮理)란 도리를 연구한다는 의미로서 지식을 확실하게 한다는 뜻이다. 즉, 인식이라는 말과 같은 의미로 천리와 우주의 근본원리, 천인의 관계 및 인도의 원리를 구명함을 뜻한다. 궁리는 존심양성에 기초하며, 존양과 궁리는 성현이 되는 도인 것이다.

성리학은 우주철학으로 윤리철학을 설명하는 것이며, 교육목적은 윤리도덕을 갖춘 선인의 양성하고, 궁극적으로는 성현의 경지에 도달하는 것이었다. 이러한 목적을 달성하기 위해 교육 방법은 성현의 본을 받도록 하는 방법이었으며, 교과서는 소학, 사서삼경 등이었다. 조선시대 성리학의 발달은 과거제도와 그 맥을 같이한다. 유학의 경전 중심인 과거는 성리학의 발전에 지대한 영향을 끼쳤다(김경식, 1999).

2. 실학사상과 교육

조선 후기의 절박한 사회 상태와 밖으로부터의 서양문명의 전래는 자연히 학자들에게 자기 반성을 요구하게 되었다. 즉 그들이 직면하고 있는 사회의 현실적인 문제에 관심을 기울이지 않을 수 없게 되었고, 이에 이르러서는 사장(詞章)을 주로 하는 경향이나 사변적인 성리학을 배격하고 현실적인 사회 기여의 학문을 주장하기에 이르렀다. 그러므로 실학의 발생에는 정치와 사회의 현실을 개혁하기 위한 정권 담당자들에 대한 비판을 내포하고 있는 것이다. 이리하여 오랜 동안 정권에서 축출되어 있던 남인들과 양반 가운데서도 서얼과 같이 사회적으로 차별을 받고 있던 계층에서 실학자가 많이 나오게 되었다.

실학의 기본 성격은 자유성・과학성・현실성을 지향하고, 그것은 모두 근대지향성과 민족지향성을 갖고 연구되었기 때문에 실학은 객관적인 자연과 사회적인 실천윤리 및 민족적 주체의식으로 나타난 것이다. 그래서 실학자들은 주로 정치・경제・사회 등의 역사와 현실을 밝히는 데 큰 관심을 가지고 있었으며 그러한 학문적 연구를 토대로 하여 이상적 사회를 실현하기 위한 구상을 펴 나갔던 것이다(장덕삼, 1995).

따라서 실학자들은 주로 정치・경제・사회 등의 역사와 현실을 밝히는 데 큰 관심을 가지고 있었으며 그러한 학문적 연구를 토대로 하여 이상적 사회를 실현하기 위한 구상을 펴 나갔다. 이러한 실학의 학문적인 본질은 실사구시・경세치용・이용후생으로서 현실개혁에 주안점을 두었다.

실학의 발전방향은 시기와 강조점에 따라 세 가지 학파로 구분된다. 첫째, 경세치용학파는 유형원과 이익을 대종으로 하는 남인계의 농촌을 배경으로 하는 학자들로 구성되었으며, 정치, 경제, 사회, 제도 등의 개혁을 주장하였고 17세기

말부터 18세기 전반기에 걸쳐 실학을 주도하였다. 둘째, 이용후생학파는 박지원을 대표로 상공업 및 생산기술에 관한 연구와 그 혁신을 주장하는 북학파들로 구성되었으며 18세기 후반 과 19세기초의 실학을 주도하였다. 셋째, 실사구시학파는 김정희를 중심으로 엄격한 경험주의적 학문을 강조하고, 객관적인 고증학에 치중하는 학파로서 19세기의 실학을 주도했다.

실학운동은 정치・경제・사회・문화・과학・교육 등 전 분야에 걸친 르네상스 운동이라고 할 수 있다. 비록 실학자들의 광범위한 주장이 정책화하여 실현되지 못하고 조선 말기에 오히려 쇠퇴하고 좌절되었으나 사대부를 중심으로 하는 봉건 지배 계층의 부패와 모순을 지적하고, 정치・경제・사회・문화에 걸친 광범위한 개혁안을 제시하고 실천하였다는 점에서 역사적 의미는 지대하다. 이와 같은 실학운동의 역사적으로 다음과 같은 의의를 지니고 있다(박의수 외, 2006).

첫째, 교육이념의 근대화에 기여했다. 유형원과 이익의 주장에서 볼 수 있는 바와 같이 신분을 초월한 교육의 기회균등 사상과 민본주의적 개인차의 중시 등은 현대의 보편적 국민교육의 이념으로 통한다고 볼 수 있다.

둘째, 과거제도의 폐단을 지적하고 다각도로 이에 대한 개혁을 모색했다.

셋째, 한글의 보급과 발전에 기여했다. 그 때까지 천시 당하던 한글이 천주교의 포교 수단으로 활용되어 다산은 한글로 교리서를 번역하여 읽혔다.

넷째, 민족주체의식의 제고를 들 수 있다. 몰민족(沒民族) 정신에 자아를 각성할 수 있는 주인정신을 길러 주었다. 특히 그들은 조선의 역사와 지리, 물산 풍토를 연구의 주제로 하였기 때문에 한국학의 뜻이 드러나게 되고, 민족정신이 이에서 자라나게 되었다.

다섯째, 학제 안에서 볼 수 있는 바와 같이 발달단계에 따른 보다 체계화된 학제를 제시했다는 것은 교육 근대화의 중요한 상징으로 교육사적 의의가 크다고 볼 수 있다.

여섯째, 실학자들의 기본 정신은 국민적 평등과 국민생활 안정에 있었기 때문에 우리 사회에 민본주의와 민주적인 사상을 싹트게 하였다.

이와 같이 실학사상은 교육적인 면에서도 새로운 개혁의지를 반영한 근대 교육사상의 맹아(萌芽)로서 주목되고 있다. 실학사상가들은 근대적인 학문과 사회체계에 대한 새로운 인식을 갖도록 하였으며 학문과 기술, 사회제도의 개혁을 통한 민중의 삶의 질을 향상시키는데 노력하였으나 실학 자체의 유학적인 한계와 성리학적 가치관을 극복하지 못했다는 한계점을 지니고 있다.

3. 동학사상과 교육

동학은 조선말기의 사회상황에서 새로운 사회를 건설해 보겠다는 사명의식을 통해서 발생되었다고 볼 수 있다. 동학은 외적으로는 19C 이후 서세동점의 민족적 위협 속에서 국가보위의식의 팽배와 민족구원 사상으로, 서학인 천주교의 위협적 도전을 민족적 주체, 자립의식으로 웅전하려는 자세의 확실성에서 찾아볼 수 있다.

동학의 내적 발생요인으로는 첫째, 18C 이후 변질된 조선왕조 양반사회의 제반 봉건적 정치상황의 모순에 의한 일반민중의 소외현상이 있었다. 둘째, 사회경제적 요인으로 고리대라는 착취수단, 더욱이 국가의 기강인 삼정이 문란하여 그 폐가 극도로 심했다. 설상가상으로 당시에 자연 재해현상까지 겹쳐 민중들의 생활이 더욱 어려웠다. 셋째, 전통사상을 유도·불도 수천년에 운이 역시 다했다고 비판하면서 여러 폐단을 지적하고 있다. 넷째, 실학사상에서의 현실비판과 개혁사상 및 비판사상에 영향을 받은 지배민중의 수준 높은 의식의 자각도 등에서 찾아보아야 한다. 이와 같이 조선시대의 봉건적 제 모순과 외연적 위협이 극대화되고 사상적으로도 무질서하여 여러 가지 미신이 휩쓸고 있던 사회적·시대적 환경 속에서 동학은 생겨났던 것이다(노상우, 2011).

동학의 근본사상은 인본주의사상으로 시천주(侍天主), 양천주(養天主), 인내천(人乃天)으로 대별된다. 즉, 최제우의 시천주, 최시형의 양천주, 손병희의 인내천으로 표현된 사상은 인간의 존엄성에 대한 것으로 1905년 12월 천도교(天道教) 선포이래 공식적으로 확립하였다. 당시 우리 사회는 혼돈과 부패가 극에 도달하였으므로 사회개벽을 통해 민중이 교화되어야 할 것을 주장하였다.

첫째, 정신개벽이다. 정신개벽이라 함은 사회 질병설 중에 개인의 정신적 결함을 치료하는 것을 의미한다. 이것은 인간성 정상화 운동으로, 정신질서 찾기 운동으로, 민족정신 개조운동으로 발전할 수 있는 잠재력을 내포하고 있다.

둘째, 민족개벽이다. 원래 동학사상에서는 자기의 민족만을 우월시하고 다른 민족을 배척하는 편협한 민족주의를 배격하고 있다. 따라서 민족개벽사상은 모든 개벽을 수행하기 위한 단위체로서의 민족을 개조하려는 과도기적인 개벽사상이다. 사대주의적, 보수주의적, 이기주의적인 민족성의 결함을 제거하여 한인 스스로의 번영뿐만 아니라, 전 인류의 번영을 위해서 민족적 자각과 긍지를 되살리자는 목표가 이 민족개벽사상 속에 숨어 있는 것이다.

셋째, 사회개벽이다. 동학사상에서는 사회란 자연히 이루어지는 유기체로 보는 동시에 이 사회에서 이루어지고 있는 모든 길화흉복은 인간의 힘으로 좌우할 수 있는 것으로 본다. 따라서 잘못된 사회는 인간의 노력 여하에 따라 이상적 사회로 재건할 수 있다고 본다.

이러한 동학의 교육사상사적 의의로는 첫째, 인간성 회복의 교육으로 동학이 민중의 도전에 서서 평등한 인간성에 대한 자각을 통해 인간의 존엄성을 인식시킨 것이다.

둘째, 인간해방의 교육으로서 사회구조적 측면에서 해방적 인간화의 원리가 있다. 즉, 사회구조 속에 현존하는 제도・가치・지식의 부적절성을 찾아내고 비판함으로써 사회는 발전 가능성을 가지는 것이다.

셋째, 민족주의 교육이념과 실천적 교육이념을 들 수 있다.

이와 같이 동학교육이념은 조선의 개화와 민주의 교화에 선구적 역할을 하였다. 따라서 동학운동이 조선 근대 개화교육의 발달에 끼친 영향은 실로 크다.

제4절 서양교육사의 이해

1. 그리스 사회의 교육

그리스 시대의 교육목적은 지혜와 행동이 겸비된 사상인을 양성하는데 있었다. 당시 교육은 귀족계급을 위한 것이었기 때문에 이들로 하여금 개인적 탁월성을 지니게 하는 것을 교육의 이상으로 삼았다. 그리스는 수많은 도시국가들로 이루어졌는데, 대표적인 도시국가는 아테네와 스파르타이다. 아테네의 교육목적은 시민의 자격을 얻기 위하여 개인적인 소양에 힘쓰는 것이었는데 시민자격을 취득하기 위한 최선의 준비는 항상 심신의 조화로운 발달을 도모하는데 있었다. 이에 비해 스파르타는 극기와 엄한 규율을 통한 절대 복종적 무사양성을 교육의 목적으로 하였다. 따라서 지적, 심미적인 능력보다는 신체적인 훈련을 중요시함으로써 국가에 대한 절대 복종을 강요하였다(정영근 외, 1999).

교육내용을 보면 아테네의 경우에는 읽기, 쓰기, 셈하기, Homer의 시, Solon, Aesop 등의 작품을 통한 내용을 학습했으며, 후기에는 도덕교육을 강조하였다. 스파르타는 체육과 군사훈련을 주로 하였으며 도덕적·사회적 습관을 강조했다. 읽기·쓰기 교육은 최소한의 필요를 충족시키는 정도였고, 음악은 군가나 전쟁터에서 죽은 영웅들을 찬양하는 내용이었다. 그리스 사회의 대표적인 사상가로서는 소크라테스, 플라톤, 아리스토텔레스 등이 있다.

2. 로마 사회의 교육

그리스 사람들이 학문과 예술에 뛰어나고 심미적이었던 반면에 로마인들은 군사적, 정치적 조직에 뛰어난 현실적이고 실제적인 민족이었다. 그래서 사람들은 비록 로마가 그리스를 군사적으로 정복하였지만 그리스는 로마를 정신적으로 지배하였다고 볼 수 있다. 로마는 기원전 146년 그리스 정복을 기점으로 하여 공화정 시대와 제정시대로 구분된다.

공화정 시대의 교육은 가정교육 중심으로 이루어졌으며, 실제적이고 실용적인 교육이었다. 그리스 정복 전까지만 해도 사립학교에서 읽기, 쓰기, 셈하기, 12동판법 등을 가르쳤으나 그리스 정복 이후 도덕적인 부패와 사치가 만연하여 가정교육으로는 이를 극복할 수 없게되었다.

제정시대의 교육은 그리스식 학교교육 중심으로 전개되었다. 교육의 목적은 주로 지적 지도에 두고 유능한 웅변가를 양성하는데 있었다. 교육의 기능은 국가에 실제적인 봉사를 할 수 있는 선량한 인간을 육성하는데 있었다. 교육내용에 있어서는 초등학교는 읽기 · 쓰기 · 셈하기를 배웠고, 라틴어로 번역된 로마의 작품이 사용되었다. 중등교육에서는 문법 · 문학 · 수사학을 가르쳤으며, 대학에서는 법학 · 의학 · 건축학 · 기계학 등을 가르쳤다.

3. 중세 사회의 교육

중세사회의 교육은 교회에 의하여 통제된 교육이다. 따라서 중세의 교육은 내세중심적 · 신중심적 · 교회중심적 성격을 지닌다. 특히 교회가 학교의 역할을 하였으며, 이성과 철학을 접합한 스콜라철학이 중세 사상을 이론적으로 뒷받침하였다. 중세의 교육은 대부분 서원에서 이루어졌으며, 기독교적인 체계하의 교육이었다. 즉, 종래의 신체적 발달과 수사학적인 능력의 훈련 대신에 도덕적인 규율을 엄격히 훈련시키고 내세에 대한 기본 개념과 자세를 확립시키는데 중점을 두었다. 이러한 이성과 목적을 달성하기 위하여 문답학교, 고급문답학교, 사원학교, 수도원학교를 세웠다.

중세교육에 있어서 대표적 특징은 대학의 성립으로, 중세 대학은 본산학교와 수도원학교를 모체로 탄생되었는데, 십자군 원정으로 인한 시민사회가 출현함으로써 지적인 탐구와 외국 문물에 대한 호기심이 있었던 스콜라 철학자 및 학생들이 학문자치조합으로 출발한 것이 중세의 대학이다. 최초의 대학으로 이태리의 살레르노대학(Salerno, 1060)과 볼로냐(Bomogna, 1088), 그리고 프랑스의 파리대학(Paris, 1109)이 있다.

4. 근대 사회의 교육

서양의 근대교육은 문예부흥기의 교육, 종교개혁기의 교육, 실학주의 교육, 계몽주의 교육, 신인문주의 교육으로 구분된다(서재복, 2008).

가. 문예부흥기의 교육

15세기 문예부흥의 근본사상은 중세 기독교적 복음주의와 내세주의의 제약에서 벗어나, 인간 본연의 자세로 복귀하려는 인문주의 사상이라고 할 수 있다. 인간의 선천적 성장 가능성을 최대한으로 발전시켜 인간중심의 문화를 이룩하려는 사상이다. 즉, 신중심의 세계에서 인간중심의 세계로, 내세주의에서 현세주의로, 금욕주의에서 자연주의로 옮겨 인간을 구속하는 모든 외부적 권위를 박차고 인간으로 하여금 스스로 주인이 되게 하려는 사상이다. 당시 대표적인 교육자로서는 Erasmus, Petrarca, Vocacio, Vibes, Vitorino, Rabelais 등이 있다.

나. 종교개혁기의 교육

문예부흥 운동이 자아의 지각을 통한 인간 재생운동이라면 종교개혁운동은 형식적인 교권주의에서 탈피하여 오직 성서에 의해서만이 구원을 얻을 수 있다는 신앙해방운동이었다. 종교개혁 운동은 서민계급을 기반으로 하여 형식화하고 세속화하고 타락된 기독교 신앙을 바로잡자는 노력에서 그 수단을 교육에서 구했던 것이다. 따라서 이 시기에 있어서는 신교측이나 반동개혁가들이나 한결같이 신앙부흥의 수단을 교육에서 구했다. 이것은 중세 전기에 신앙을 위해서 세속적 학문을 멀리했던 것과는 대조적인 현상이다. 그러나 신앙을 위한 정신에 있어서는 형태만 달랐을 뿐 그 정신은 동일한 것이었다. 종교개혁기의 대표적인 교육사상가로는 Calvin, Zwingli, Luther, Melanchton 등이 있다.

다. 실학주의 교육

실학주의는 17세기 서양의 대표적인 교육사상으로 교육실제의 현실성을 주장한 사상이다. 즉 실학주의 교육사상은 구체적인 지식과 실제적인 기술, 그리고 과학적인 학문의 연구방법을 추구하였다. 실학주의 교육의 목적으로는 실천성을 강조했으며, 교육내용에 있어서는 종교적 신학적 내용과 과학적이고 현실적인 내용을 추구하였다.

실학주의 교육은 그 특징에 따라서 인문적 실학주의, 사회적 실학주의, 감각적 실학주의로 구분된다. 인문적 실학주의는 Milton을 중심으로 고전의 연구를 통하여 실생활에 유용한 인간을 양성하는데 교육의 목적을 두었다. 사회적 실학주의는 Montaigne을 중심으로 실제 사회의 직접적인 접촉을 통해서 유능한 인간을 양성하는데 목적으로 두고 이를 위해 전인교육을 강조하였다. 감각적 실학주의는 실물에 대한 감각을 통해서 얻은 학습이 이론을 통한 학습보다 효과적인 것으로 교육의 원리를 자연속에서 발견하려고 하였다.

라. 계몽주의 교육

계몽사상은 합리적이고 완전한 사회와 인간관계를 구하려는 18세기 서양의 대표적인 사상이다. 계몽운동은 이성에 의한 비판을 기본으로 문예부흥 운동을 통해서 재생되고 현실주의 운동을 통해서 교육에 있어서 큰 변화를 가져오게 했다. 따라서 계몽주의 교육은 자연주의, 합리주의, 실리적 현세주의의 특징을 가진다.

자연주의는 자연의 원리 속에서 인간의 본성에 알 맞는 교육내용과 방법의 탐구를 주장하는 것으로 실물교육과 직관교육을 강조하였다. 합리주의는 인간의 이성과 지정을 존중하는 교육의 주장이다. 실리적 현세주의는 현실세계에서의 구체적 행복을 추구하는 교육을 주장하는 사상이다. 계몽주의 시대의 대표적인 교육사상가로는 Rousseau, Basedow, Salzman 등이 있다.

마. 신인문주의 교육

신인문주의는 18세기의 이성중심의 계몽사상을 반대하고 인간의 감성적 요인을 부각시키고 낭만적 색체를 지니면서 등장한 새로운 사조였다. 18세기말부터 19세기 초에 독일을 중심으로 일어났던 신인문주의 운동은 지나치게 이성만을 강조했던 계몽사상의 모순에 반기를 들고 인간의 조화로운 발달을 바라는 사람들이 인간의 정서와 감정을 바탕으로 전개한 운동이었다.

신인문주의의 특징으로는 첫째, 그리스의 문학과 사상, 인간관, 세계관의 부활을 꾀하였다. 둘째, 고전을 통해 그 속에 담겨진 그들의 세계관, 인생관 그 자체를 중시함으로써 실질적인 생활의 도움을 꾀하였다. 셋째, 신인문주의는 고전문화에 대한 자각적 태도를 지니고 있었다. 고전을 위한 맹목적인 부흥이 아니라 자신과 국민문화를 위해 유용한 고전을 부흥하고자 하였다.

신인문주의의 대표자로는 Pestalozzi(1746-1827), Herbart(1776-1841), Frobel (1782-1852) 등이 있다.

5. 현대 사회의 교육

20세기에 들어서면서 정치, 경제적인 상황이 급변함에 따라서 교육에 있어서도 많은 변화를 겪게 되었다. 19세기의 산업혁명과 시민혁명의 결과 20세기는 교육의 실질적 민주화가 뿌리내리기 시작하였다. 민주주의의 기본사상 뿐만 아니라 교육내용과 방법에 있어서도 좀더 자유롭게 사고하고, 창조하며, 자신의 운명을 개척하려는 인간교육 운동이 전개되기 시작하였다. 이러한 신교육운동은 19세기말부터 20세기 초에 걸쳐 유럽에서 일어나 미국을 비롯한 전 세계의 교육개혁 운동에 영향을 끼쳤다.

아동의 내재적 동기를 유발하고 자발적 학습운동을 조성한다는 이념 아래 근대교육의 이념을 본격적으로 추진하고 현실화시킨 운동이 신교육 운동이다. 신교육 운동의 특징은 학교 교육내용의 개조, 아동의 해방운동, 학습지도법의 개발, 지역사회학교 운동으로 표현된다. 이러한 신교육운동은 미국에서는 진보주의 교육사상으로 나타나게 되었다.

아동중심, 경험중심, 생활중심 교육을 중요시하는 진보주의 교육철학은 20세기 전반기의 사상적 주류를 이루었으며, 1930년대 이후의 본질주의와 항존주의, 그리고 재건주의 사상을 탄생시켰다.

20세기 이후의 인간주의 교육은 과학기술의 문명이 급속도로 발전함에 따라 비인간화를 극복하기 위한 교육적 노력의 소산이라고 할 수 있다. 이러한 교육은 현대 교육사상가들에 의하여 새로운 교육의 방향이 제시되었으며, 21세기 교육의 방향을 제시하는데 결정적인 역할을 하였다. 오늘날 인간주의 교육이 더욱 중시되는 것은 인간주의 교육을 통해 아동의 인격적 자유를 보장하고 아동의 자율적 판단능력을 함양함으로써 그들이 성숙한 인간으로 성장할 때 비로소 21세기가 밝게 빛날 수 있기 때문이다.

학습과제

1. 교육사 연구는 왜 필요한가?

2. 성리학의 공과를 설명하시오.

3. 실학사상의 교육사적 의의를 밝히시오.

4. 동학사상의 주요 내용은 무엇인가?

5. 중세 서양교육의 특징을 설명하시오.

학습과제란

참고문헌

김경식 (1999). 교육사・철학 신론. 서울: 교육과학사.
김정환, 강선보 (2011). 교육학개론. 서울: 박영사.
노상우 (2004). 교육의 역사와 사상. 서울: 교육과학사.
노상우 (2011). 교육의 역사와 사상. 서울: 교육과학사.
박도순, 손인수, 송병순, 연문희 (2000). 신교육학개론. 서울: 문음사.
박의수, 강승규, 정영수, 강선보 (2006). 교육의 역사와 철학. 서울: 동문사.
서재복 (2008). 교육사·교육철학. 서울: 학이당.
서재복 (2011). 교육사입문. 서울: 학이당.
손영호 (1999). 역사의 이해. 서울: 학지사.
오천석 (1975). 한국신교육사(상). 서울: 현대교육총서출판사.
임창재 (2000). 교육사・철학. 서울: 양서원.
장덕삼 (1995). 신교육사철학. 서울: 재동문화사.
정영근, 정혜영, 이원재, 김창환 (1999). 교육의 철학과 역사. 서울: 문음사.
차하순 편 (1988). 역사란 무엇인가. 서울: 청람문화사.
한국교육사연구회 편 (1990). 한국교육사. 서울: 교육출판사.

제4장 교육의 심리학적 탐구

제1절 발달
- 1. 발달의 의미
- 2. 발달 이론

제2절 개인차
- 1. 지능
- 2. 창의성

제3절 학습
- 1. 행동주의 이론
- 2. 인지주의 이론

제4절 학습의 동기

학생들의 잠재력을 극대화시키고, 학업성취도를 높이기 위해서 다각적인 이해와 노력이 요구되지만, 특히 교육심리학은 가장 미시적인 측면의 이해와 관련된다. 즉 개인의 성취와 관련된 학습자의 발달적 특성, 개인차, 혹은 학습 과정 그 자체에 대한 이해의 틀이 그것이다. 본 장에서는 학습과 관련해서 알아야 할 학습자의 발달적 특성, 개인차, 학습과정에 대해 살펴본다.

제1절 발달

1. 발달의 의미

발달에는 성숙에 의한 변화와 학습에 의한 변화라는 두 가지 형태의 변화가 복합적으로 작용한다. 유전적으로 주어진 정보에 의해 이루어지는 변화는 성숙이며 후천적인 경험에 의한 변화는 학습인데 실제 발달은 이 두 가지 변화가 복합적으로 일어난다.

발달은 크기의 변화, 비율의 변화, 새로운 특징의 획득, 기존 특징의 소멸 등이 서로 작용하여 일어나게 된다. 첫째, 신장, 체중, 흉위 등의 증대라든가 심장, 폐, 위, 내장 등 기관의 구조가 크기의 변화를 일으킨다. 둘째, 신생아의 신장, 체중, 흉위, 머리 등은 성장함에 따라 비율에 있어서 변화를 일으킨다. 셋째, 신체적, 정신적 발달이 일어남에 따라 영아기에는 보행의 시작, 유아기에는 언어의 발달, 아동기에는 신체 성장, 청년기에는 성적 발달 등 새로운 특징을 획득하게 된다. 마지막으로 발달함에 따라 여러 가지 신체적, 정신적인 면의 기존 특징이 소멸되기도 한다. 예를 들면, 신생아의 유치, 여러 가지 반사 작용이 없어지는 것 등을 말한다.

개인마다 다양한 발달양상이 나타나지만, 일반적으로 다음과 같은 공통적인 발달 원리가 존재한다(이하 Ormrod, 2010). 첫째, 발달의 순서는 다소 예측 가능하다. 많은 연구결과, 아동은 성장환경이 다르더라도 시간에 따른 변화가 비슷한 양상을 보이는 것으로 나타났다. 이러한 발달의 보편성은 개별 아동의 발달 지표로 이용된다. 아동은 보통 앉은 후에 기게 되고 그런 다음에야 걷게 되는 것이나 덧셈을 배운 다음에야 곱셈을 배울 수 있다.

둘째, 아이들은 서로 다른 비율로 발달한다. 모든 아동이 같은 연령에서 특정한 수준에 이르는 것은 아니다. 어떤 아동은 빨리, 다른 아동은 상대적으로 늦게 특정 발달 수준에 도달한다. 따라서 같은 연령이라도 다양한 성취 양상을 보이므로 연령만으로는 성취 수준을 섣불리 예측할 수 없다.

셋째, 발달은 완만한 성장기와 급등기로 구분될 수 있다. 발달은 일정한 속도로 진행되는 것은 아니다. 예를 들어 한 단어를 말하게 되기까지는 오랜 시간이 걸리지만 일단 어휘를 사용하기 시작하면 급격히 수가 늘어나며 문장도 길어진다. 신장의 경우 초등학교 저학년 시기에는 천천히 자라지만 청소년기가 되면 급격한 성장 추세를 보인다.

넷째, 발달에는 유전과 환경이 상호작용하여 영향을 미친다. 발달은 모든 측면에서 유전인자의 영향을 받는다. 영아는 태어나자마자 기질과 같은 특정한 행동패턴을 보인다. 즉 물리적 자극과 사회적 자극에 반응하는 유전적 성향이 다른 것이다. 유전은 성숙의 과정을 통해 일생에 걸쳐 나타난다. 키와 체격이 주로 유전 특성으로 분류되지만 환경적 영향인 영양 공급이 상당한 영향을 주기도 한다. 아동의 행동도 마찬가지로 기질과 양육 환경 양자의 영향을 받아 결정된다.

2. 발달 이론

16세기와 17세기는 어린이를 어른과 마찬가지로 훈련시킬 수 있는 존재로 여겼다. 이러한 사고는 이후 아동기가 인간의 일생에서 독특하고 중요한 시기라는 근대적 사고로 바뀌었다. 발달이란 아기가 기는 행동에서부터 걷기 시작하는 점진적인 신체의 성장과 충동적인 행동에서 점진적인 자기통제(self-control)를 할 수 있게 되는 인간 정신의 성장이라는 개념은 19세기 이후에야 나타났다. 19세기가 끝날 무렵, 서구사회에서는 어린이의 옷을 어른과 다르게 한다든지 하는 변화를 보임으로써 어린이의 세계를 어른의 세계와 분리하려는 움직임이 중류와 상류 사회를 중심으로 일어났다. 이러한 움직임과 생각은 20세기에 들어와서 나머지 모든 계층으로 확산되었다(Ariès, 1960).

본격적인 아동 연구는 Hall에 의해 이루어졌다. 그는 유럽에서 심리학의 개척자인 Wundt와 심리학을 연구한 후 1880년 '어린이의 마음의 내용'에 관한 연구에 관심을 가지고 미국으로 돌아왔다. 독일에서 배운 설문지 방법을 도입하여 아이들의 응답분포를 표로 나타내었으며 소년과 소녀, 도시 아이와 시골 아이, 각 다른 인종의 아이들 간에 만들어진 반응들을 비교하였다. 이런 연구는 한 어린이의 세부적인 특성을 조사하였던 이전의 연구와 달리 처음으로 집단 자료를 모아 어린이 집단을 비교하였다는 점에서 특징이 있었다.

현대 교육 이론에 많은 영향을 끼친 대표적인 발달 이론들은 1950년 대 이후 형성되었다. 대표적으로 1950년경 Erikson은 아동기로부터 성인기에 이르는 변화의 연속을 전 생애에 걸친 성격 발달의 개념으로 통합하였다. 그는 인간 발달을 알기 위해서는 아동기에서 성인기에 이르는 장기간의 연구가 필요하다는 것을 강조하였다. 1950년 이후 Piaget는 유아에서 성인까지 발달하는 인간의 사고와 지식에 대한 가장 포괄적이고 체계적인 이론을 형성시켰다. 아이의 활동이 인지발달의 기초로써 작용하며, 발달의 서로 다른 단계에서 정신 구조는 질적인 변화가 일어난다고 주장하였다. 1970년대 이후 Vygotsky의 사회문화적 발달이론이 서구 세계에 알려지면서, Piaget의 이론에서 강조되지 않았던 인지발달의 사회문화적 환경의 영향력을 강조하기 시작했다. 즉 그는 인간은 특정한 문화 속에서 서로 상호작용 함으로써 학습하며 학습 내용으로서의 지식은 인간의 문화에서 나온다고 주장하였다.

가. Erikson의 성격발달이론

Erikson은 인간을 심리-사회적 존재로 보았다. 각 발달단계에서 개인이 갖게 되는 생물학적 성숙과 내적 욕구들은 그 사람이 속한 문화에 맞게 적응되어 가며, 또 문화는 아동의 새로운 욕구들에 부합될 수 있는 합의된 방법들을 개발해 간다고 주장하였다.

Erikson은 인간의 성격발달을 전생애 걸쳐 8단계로 구분하고, 각 발달단계마다 개인이 해결해야할 심리사회적 위기(psycho-social crisis)가 출현한다고 주장하였다. 심리사회적 위기란 특정시기에 해결해야 할 발달과업(developmental task)을 의미하는 것으로, 개인이 생물학적으로 성숙해짐에 따라 다르게 부여되는 사회의 요구에서 비롯된다. 이 위기의 해결양상에 따라 양극의 성격이 발달된다고 보는데, 즉 이 위기를 긍정적으로 해결하면 건전한 성격이, 그렇지 못하면 부정적인 성격이 형성될 수 있다. 예컨대, 유아는 기본적인 신뢰와 불신 사이에서 갈등하는데, 이러한 위기가 성공적으로 해결되면 아이는 절망 대신 희망을 갖게 된다. 희망이란 타인과 신뢰로운 관계를 기꺼이 시작할 수 있는 것을 의미한다.

또한 그는 성격발달에서 가장 중요한 시기는 정체감을 확립하는 청소년시기로 보았는데, 이 시기를 정체성 확립과 혼동 사이에서 갈등을 겪는 시기로 정의하였다. 정체성은 자기-기술, 자기-지각 그리고 타인의 가치나 신념 등으로 구성된다. 만일 정체성과 혼동 사이의 갈등이 정체성을 확립하는 쪽으로 해결이 된다면, 그 결과로 성실성(fidelity)을 얻게 된다. 이는 어떤 것에 진심으로 대할 수 있는 능력, 선한 목적을 위해 전심을 다해 헌신할 수 있는 능력을 의미한다.

그의 발달이론을 도표로 나타내면 〈표 4.1〉과 같다.

〈표 4.1〉 Erikson의 성격발달단계

연령	발달단계 psychosocial crisis	주요발달과업	영향 요인
0-1세 infant	기본적 신뢰성 대 불신감 (trust vs mistrust)	모성을 통해 심리적 욕구를 충족하고 세상에 대한 기본적 신뢰감 형성	엄마
2-3세 toddler	자율성 대 수치심과 의심 (autonomy vs shame and doubt)	행동에 대한 통제감 발달, 의도를 행동으로 실행할 수 있다는 인식	부모
4-6세 preschool	주도성 대 죄책감 (initiative vs guilt)	부모의 동일시를 통한 자기감과 자기 행동에 대한 책임감 발달. 자기주도적활동의 보조가 필요	가족
7-12세 school age	근면성 대 열등감 (industry vs inferiority)	또래와 상호작용을 통한 자기 가치감 발달. 과제의 성취와 완성에 몰두	이웃과 학교
13-19세 adolescence	정체성 확립 대 역할혼미 (ego-identity vs role-confusion)	확고한 자아정체성 발달, 다양한 잠재적 자아 중에서 선택하기	또래집단 역할모델
20-34세 early adulthood	친밀성 대 고립감 (intimacy vs isolation)	타인과 친밀한 관계, 결혼에 필요한 친밀감 획득	파트너, 친구들
35-65세 adulthood	생산성 대 침체감 (generativity vs stagnation)	사회에서 성인역할 수행, 공헌하기, 보람 찾기	가족들, 일에서의 동료
65세 이상 old age	통합성 대 절망감 (integrity vs despair)	죽음의 준비, 절망감 극복, 삶의 의미 통찰	인류 또는 “나의 사람들”

나. Piaget의 인지발달이론

1920년대 초반 생물학자이면서 아동 심리학자였던 J. Piaget는 아동을 대상으로 지능검사를 연구하던 중, 연령대별로 틀리는 문제 유형이 유사하다는 점을 발견하였다. 예컨대, 10세경의 아이들은 가상적이고 추상적인 문제보다 구체적이고 일상적인 논리 문제를 더 쉽게 해결하는 반면, 청소년들은 추상적인 문제들도 효과적으로 해결한다는 것이다. 이러한 점에 착안하여 Piaget와 그의 동료들은 아동의 행동과 사고의 틀, 즉 인지 구조는 성인과는 다르며, 이러한 인지 구조는 태어나면서부터 성인기에 이르기까지 계속해서 질적인 구조가 변화한다는 인지발달 단계이론을 제안하였다.

Piaget는 아이들은 자연적으로 환경에 적응하고 사는 방법을 배우려는 선천적인 동기가 있다고 보았다. 따라서 세상에 대해 호기심을 가지고 이해하기 위해 능동적으로 정보를 찾고 탐색해 나간다. 또한 아이들은 자신의 경험으로부터 주어지는 사실이나 지식을 수동적으로 흡수해나가는 것이 아니라(비록 현재 그 아이의 이해 수준, 즉 인지 구조에 제한을 받지만), 능동적으로 구성하는 존재로 보았다. 이런 점에서 Piaget는 구성주의자(constructivist)로 불린다.

유기체의 인지 구조를 Piaget는 스키마(schemes)라고 불렀다. 스키마란 유기체가 환경에 반응할 때 반복적으로 사용하는 비슷한 행동과 사고의 조직화된 패턴을 의미한다. 이 스키마는 영아기에는 주로 운동적인 특성을 지니지만, 연령이 증가하면서 점차 구체성을 갖게 되고 궁극적으로 추상적인 것으로 변화하게 된다(Ormond, 2010). 예를 들면, 유아는 엄지손가락, 장난감 등 여러 물체들을 다룰 때 입으로 가져가는 스키마를 가진다. 7세 아이는 길고 가는 몸, 다리가 없고 미끈미끈한 몸을 갖는 특성으로 뱀을 식별하는 스키마를 갖는다. 이후 13세 정도의 아이는 또래의 옷차림에 대해 '멋지다'거나 '후즐근하다' 는 식으로 분류하는 의상에 대한 스키마를 갖는다.

시간이 지나면서 아이들의 스키마는 경험과 함께 수정되고 다른 것들과 통합된다. 이 과정을 Piaget는 조직화(organization)라고 불렀다. 예를 들면 아이들은 위계적인 대인관계를 고려하기 시작하다거나, 푸들과 코커스패니얼은 모두 개라는 것을 알게 된다. 점진적으로 지식들이 조직화되고 사고 과정은 보다 복잡하고 논리적인 방식으로 사고하도록 변화하는 것이다(Ormrod, 2010).

아이들의 스키마는 시간이 지남에 따라 바뀌지만 스키마가 발달되는 과정은 동일하다. Piaget는 스키마의 발달 과정을 적응(adaptation)으로 설명하였다. 적응이란 유기체가 환경에 직접적인 상호작용을 통해 스키마를 형성해 가는 과정이다. 적응은 동화(assimilation)와 조절(accommodation)이라는 두 개의 활동으로 이루어져 있다. 동화란 기존의 도식을 통해 외부세계를 해석하는 것을 말하고, 반면 새로운 대상이나 사건을 기존의 도식으로 쉽게 관련짓지 못할 때는 조절이 일어난다. 조절은 새로운 대상이나 사건을 설명하기 위해 기존의 도식을 수정하거나 완전히 새로운 도식을 만드는 것이다. 예컨대, 하늘에 날아다니는 것을 새로 알고 있었던 아이는 나비 역시 새로 인지할 것이다(동화), 이 때 나비는 새와 다르다는 것을 배우게 된다면 새와는 구분되는 나비라는 새로운 도식을 형성(조절)하게 될 것이다.

그렇다면, 유기체는 왜 동화와 조절 과정을 통해 환경에 적응하려고 하는가? Piaget는 평형화(equilibrium)라는 개념으로 이를 설명한다. 우리 몸이 추운 외부 환경에 적응하기 위해 스스로 몸에서 열을 발산하여 적정한 수준의 체온을 유지시킨다거나, 체내에 수분이 부족할 경우 갈증을 느끼게 되고 물을 마셔서 일정한 수준의 수분을 유지시키는 현상을 생물학에서는 동질정체성(homeostasis) 원리라고 부른다. 이와 마찬가지로 어린이들의 인지는 평형을 유지하려는 선천적인 경향성이 있다. 즉, 아이들은 나이가 들면서 시야가 확장되어 때로는 현재의 지식과 기술이 부적절한 상황에 직면한다. 그러한 상황은 비평형(disequilibrium)을 초래한다. 비평형이란 아동이 관찰하고 있는 것을 이해하려고 할 때 나타나는 인지적 불균형이다. 아동이 새로운 사건을 기존의 스키마를 사용하여 편히 해석하고 반응하거나(동화), 혹은 기존의 스키마를 대치, 재조직함으로써(조절) 이해의 수준을 높이게 된다. 평형에서 비평형으로 옮겨가고 다시 평형으로 돌아가는 과정을 평형화라고 부른다. Piaget의 이론에서 평형화와 평형을 성취하려는 아동의 내적 욕구는 더 복잡한 수준의 사고와 지식의 발달을 초래하는 중요한 발달기제이다.

Piaget는 이러한 인지발달이 일생 동안 4단계를 거쳐 점차적으로 구성되고 확장된다고 믿었다. 이때의 단계는 건너뜀이 없이 항상 순서대로 나타나며 누구에게나 보편적으로 일어난다. 발달의 순서가 유전적으로 결정되어 있지만 성숙과 경험이 아동의 단계 습득 속도에 영향을 미친다. 왜냐하면 외부 세계와의 다양한 접촉 과정에서 도식을 실행할 기회가 없으면 단계가 진전될 수 없기 때문이다. 그 각각의 단계에서 성취하는 구조의 특징을 간략히 소개하면 다음과 같다.

첫째 단계는 감각 운동기(Sensorimotor Stage: 출생–2세)로 언어가 나타나기 이전의 아동은 사고 활동을 수행할 수 없으며, 단지 신체적인 동작만을 수행할 수 있다. 이 단계에서 아동은 하나의 물체가 잠시 사라졌다가 다시 출현할 수 있다는 이른바 대상영속성을 이해하게 되는데, 이것은 그의 여러 가지 동작이 서로 협응함으로써 비로소 획득되는 것이다.

둘째 단계는 전조작기(Preoperational Stage: 2세–7세)이다. 이 시기의 아동은 영상이나 언어 등과 같은 상징에 의해서 그가 대하는 세계를 표상하는 능력을 획득한다. 이런 상징적 능력의 결과로 아동은 그들의 지능이 작용하는 영역을 시간적으로나 공간적으로 확장시킨다. 그러나 아동은 지각상의 변화와 논리간의 갈등 상황에서 지각상의 변화에 더욱 의존하는 사고를 한다. 가역성의 개념이나 보존의 개념을 습득하지 못하고 있다.

셋째 단계는 구체적 조작기(Concrete Operational Stage: 7세–11세)로 이 단계의 아동은 초보적이나마 논리–수학적인 사고 구조를 가지고 있다. 이 단계에서 이전에 없었던 보존과 가역성의 개념이 생기며, 이 단계의 완성기에 이르면 아동은 논리적 판단을 내릴 수 있게 된다. 그러나 이 단계의 조작은 그들이 적용되는 구체적인 자료의 테두리 안에서만 일어난다. 그들의 보존개념은 그 구체적인 내용에 따라 일정한 시차를 두고 불안정하게 출현한다.

마지막 단계인 형식적 조작기(Formal Operational Stage: 11세 이후)는 "지금과 여기"라는 구체적인 장면에 예속되었던 전단계의 아동들과는 대조적으로 이 단계의 아동들은 구체적인 내용에서 독립된 고도의 형식적이고 추상적인 지적 구조를 획득한다. 이들은 현존한 것을 초월하여 여러 가지 가능한 것을 상정하며, 여러 개의 변인을 동시에 조작하여 연역적으로 가설을 형성하며, 그 가설의 타당성을 입증하는 실험을 체계적으로 수행할 수 있다. 이 단계에서 형성된 이와 같은 능력은 아동들로 하여금 과학적 지식의 무한한 가능성에 적극적으로 참여할 수 있는 길을 열어준다.

다. Vygotsky의 인지발달이론

Piaget는 아이들이 동화와 조절의 두 과정을 통해 스키마를 점차 발달시킨다고 제안하였다. 그의 관점에서 보면, 아이들은 자신의 인지 발달을 스스로 통제할 수 있는 힘이 있다. 반면에 동시대에 살았던 러시아의 심리학자인 L. Vygotsky (1934)는 어떤 사회에서든 어른이 의도적이고 다소 체계적인 방식으로 아이들의 인지발달을 향상시킨다고 믿었다. 그는 인지 발달을 향상시키기 위한 어른의 가르침과 지도의 중요성을 강조하고, 더 나아가 사회적이고 문화적인 요인의 영향력을 강조했다. 이러한 의미에서 그의 이론은 사회문화적 이론(sociocultural theory)으로 불린다.

Vygotsky는 인간의 고등정신의 발달 과정을 설명하고자 했다. 인간의 고등정신은 그 기원이 사회 속에 있으며, 그 사회의 성인이나 보다 나은 또래와 상호작용하는 동안 그 정신들이 개인의 정신 속으로 내면화(internalization)되어 진다. 이 때 아동은 수동적으로 외부세계의 경험이나 지식을 받아들이는 것이 아니라, 적극적이고 능동적으로 구성해 나간다. 이런 의미에서 Vygotsky는 구성주의자이다.

사회적 상호작용을 통해 성인이 그 사회나 문화의 가치, 신념, 지식 등을 아동에게 전달하게 되는데, 이 때 다양한 정신의 도구들이 매개 역할을 하게 된다. 예컨대, 언어, 수학기호, 미술, 음악, 컴퓨터 등이 그 예로 들 수 있다. 이 중에서 Vygotsky(1978)는 언어를 통한 중재가 인간의 고등정신의 발달에 가장 중요한 기능을 한다고 보았다. 성인에게 언어와 사고는 매우 밀접하게 연결되어 있지만, 영아들에게 있어서 사고와 언어는 분리되어 있다. 생의 초기에 사고는 언어와 독립적으로 일어나고, 언어가 나타날 때는 사고의 도구로서가 아니라 의사소통의 수단으로 먼저 사용된다. 2살 경에 이르러 비로소 사고와 언어는 상호 관련되기 시작한다. 아이들은 말을 할 때 자신의 생각을 표현하기 시작하며, 말로 생각하기 시작한다.

사고와 언어가 처음으로 합쳐지기 시작하면서, 대개 7세 이전까지의 어린이들은 가끔 그들이 누구에게 말하고 있는지, 누가 듣고 있는지 상관하지 않고 오직 자신에게 이야기 하는 혼잣말을 하는 경우가 있다. Piaget는 이것을 자기중심적 언어라고 부르고, 타인의 관점을 이해하지 못하는 전조작기 아동의 특성을 반영한다고 해석하였다. 그러나 Vygotsky는 다른 관점을 제시하였고, 이후 많은 학자들의 폭넓은 지지를 얻었다. 그는 이러한 행동은 사적 언어(private speech)라고 지칭하고, 어린이의 인지 발달에서 매우 중요한 기능을 하는 것으로 간주하였다. 즉, 유아들은 어려운 과제를 해결하는 동안, 이전에 어른들에게 안내받았던 전략이나 방식을 자기 자신에게 말함으로써, 사적 언어는 유아 자신의 행동을 안내하고 지시하는 자기 조절적 기능을 한다는 것이다.

아이들은 더 뛰어나고 능력있는 성인이나 또래의 도움을 받을 때 좀 더 도전적인 과제를 수행할 수 있고, 도전적인 과제를 수행할 때 최상의 인지발달을 초래한다. Vygotsky는 아동이 혼자서는 어떤 문제를 해결할 수 없지만, 성인의 지도 또는 보다 유능한 또래와의 협력이 있으면 성공적으로 해결할 수 있는 영역이 있다고 보았다. 이를 근접발달영역(Zone of Proximal Development)이라고 부른다. 근접발달영역이란 스스로 문제를 해결할 수 있는 실제적 발달수준과 누군가의 도움을 통해 해결할 수 있는 잠재적 발달수준 간의 거리이다.

Vygotsky는 독립적으로 이미 할 수 있는 과제를 수행할 때 아이들이 배우는 것은 거의 없다고 보았다. 대신 누군가의 도움과 지원을 받아 성취할 수 있는 과제를 시도할 때, 다시 말해 아동 자신의 근접발달영역 안에서 과제를 시도할 때 아이들은 최상으로 발달할 수 있다(Ormond, 2010). 이 때 다른 사람들의 적절한 도움을 비계설정(scaffolding)이라고 부른다. 비계설정이란 집을 지을 때 임시로 설치하는 비계에 비유하여 성인교사의 역할을 지칭하는 것으로 아동이 학습을 하기 위해 임시로 성인의 도움이 필요하지만 집이 완성되는 과정에서 비계가 철거되듯이 성인의 역할도 점차 감소하게 되는 것을 지칭한다. Wood 등(1976)은 6가지 비계 수업의 요소들을 제안한 바 있다.

- 끌어들이기: 교사는 아이의 주의력과 관심을 끌어들이고 학습동기를 확보해야 한다.
- 과제의 범위 축소: 학습자가 과제 수행의 출발점을 알 수 있는 수준으로 과제의 범위를 축소시켜야 한다.
- 과제의 방향 통제: 과제 참여에 필요한 방법을 아이가 따르도록 항시 도와주어야 한다.
- 주요 특징 밝히기: 교사는 과제가 지닌 특성을 분명히 해줌으로써 학습자 자신이 이룩한 결과를 바람직하고 기대되는 올바른 결과에 비추어 비교할 수 있도록 해야 한다.
- 스트레스 수준 조절: 교사는 과제 참여가 야기시킬 수 있는 스트레스나 좌절이 어느 정도인가를 예측해야 하며 이 같은 스트레스나 좌절을 최소화하도록 노력해야 한다.
- 시범: 교사는 과제의 이상적 수행을 위한 시범을 보여주어야 한다. 이를테면, 가능한 한 효과적이고 효율적으로 과제를 완수해 보이며 문제에 내포된 단계들에 대해 적절한 설명을 해 주어야 한다. 학습자는 교사의 전형적 과제 수행 모형을 세심히 관찰하고 "모방"할 수 있도록 해야 한다.

제2절 개인차

동일한 발달 단계에 있는 학습자라고 해도 개인 간에는 지능이나 창의성과 같이 개인 내부에 존재하는 특성에서 차이를 보인다. 이러한 차이는 개인의 학업성취도와 같은 잠재력 발현의 시기나 정도에 영향을 미친다.

1. 지능

최초의 지능 검사를 만든 스위스의 학자 Binet는 지능이란 '일정한 목적을 세우고 지속하는 경향, 의도한 결과를 성취하기 위해 적응하는 능력, 그리고 자기 비판능력'이라고 정의하였다. 이후 Terman은 '추상적 사상을 다루는 능력'으로, Wechsler는 '유목적적으로 행동하고, 합리적으로 사고하고, 환경을 효과적으로 다루는 개인의 종합적 능력'이라고 정의했다. 심리학자와 교육학자들의 다양한 의견을 종합하면 다음의 세 가지의 능력으로 요약할 수 있다(Gage & Berliner, 1992; 이성진 2003, 재인용). 즉, 지능은 (1) 구체적인 것(기계적 도구, 감각활동)보다 추상적인 것(아이디어, 상징, 관계, 개념, 원리)을 취급하는 능력, (2) 익숙한 사태에 잘 연습한 반응을 하는 것이 아니라 새로운 사태를 취급하는 문제해결능력, (3) 언어나 이와 비슷한 상징을 포함하는 추상적인 것을 학습하고 사용하는 학습 능력을 포함한다.

지능 이론은 지능이 갖고 있는 심리학적 구조를 밝히는 데서부터 시작되었다. Spearman(1927)은 인간의 지적 능력은 일반적인 단일 능력(g요인: general factor)으로 존재하고, 이러한 일반 능력과 환경의 상호작용에 의해 표면적으로는 다른 여러 개의 능력들이 수행에 영향을 미치는 것으로 보았다. 지능검사시 지능이 높은 아동은 일반적으로 거의 모든 형태의 문제를 다 잘 푸는 경향이 있다거나, 팔방미인이니 다재다능하다라는 용어들도 이러한 일반 요인설의 다른 표현이라고 할 수 있다. 한 가지에 뛰어나면 다른 분야도 잘 할 것이라는 기대 역시 이러한 일반 요인설과 같은 믿음이다.

Spearman 이후 지능의 일반 요인설은 Cattell(1963)의 Gf-Gc 이론에 의해 폭넓은 설득력을 얻게 된다. 이 이론은 지능에는 한 개의 일반 요인이 있는 것이 아니라 유동성 지능(Gf: fluid intelligence)과 결정성 지능(Gc: crystallized intelligence)이라는 두 개의 일반 요인이 있다고 본다. 유동성 지능은 생리학적으로 결정되는 것인 반면, 결정성 지능은 환경적으로 달라지며, 경험적으로 결정되고, Gf의 투자에 따른 결과로 가정된다(Cattell, 1963). 유동성 지능은 정보의 내용을 별로 요구하지 않고 대신에 비교적 단순한 관계 사이에 존재하는 보다 복잡한 관계를 파악하는 능력(황정규, 2010)을 요구하는 검사들, 예컨대 언어유추, 기억, 추상적 관계이해, 공간지각력 등이 포함된다. 반면, 결정성 지능은 정보의 내용을 요구하며 개인이 이미 획득하고 있는 지식이나 기능에 많이 의존하는 능력들, 예컨대 어휘이해, 수리력, 일반지식 등을 포함한다.

결정성 지능과 유동성 지능이 절정에 달하는 시기는 각기 다르다. 유동성 지능은 10대 후반에 절정에 도달하고 성년기에는 중추 신경계의 점차적인 노화로 인해 감소하기 시작한다. 반면, 결정성 지능은 교육이나 경험의 축적된 효과를 반영하므로 생의 말기까지 계속 증가한다(정민승 · 이지혜 · 임진영, 2002). [그림 4.1]은 일반지능, 유동성 지능, 결정성 지능의 연령에 따른 변화를 그래프로 나타낸 것이다.

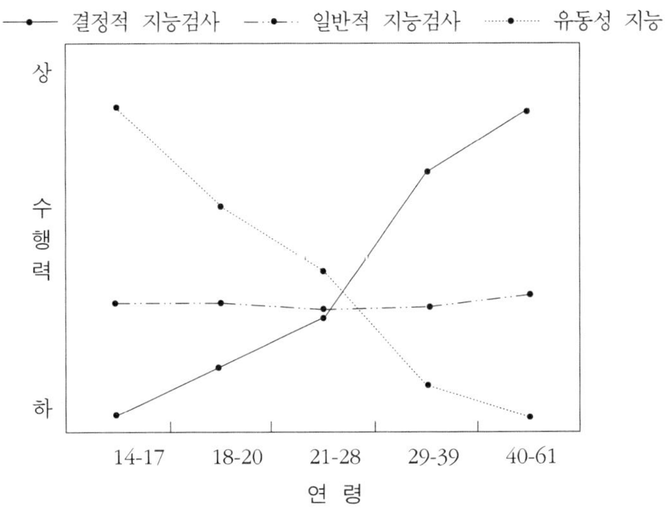

[그림 4.1] 일반지능, 유동성 지능, 결정성 지능의 연령에 따른 변화
(출처: 정민승 외 2002)

앞서 소개된 Spearman의 지능 이론에서 지능의 일반 요인 개념을 살펴보았다. 보편적으로 적용할 수 있는 지적 능력이 과연 존재하는가가 지능을 연구하는 학자들의 오랜 쟁점이 되어왔다. 대표적으로 Jensen(1969)은 지능의 유전 가능성에 관한 문헌들을 분석한 결과 다음과 같은 세 가지 결론을 내렸다. 첫째, 학습 부진아들을 위한 대규모 보상 교육 프로그램이 실시되어 왔지만, 몇몇 소규모 프로그램을 제외하고는 IQ나 학업 성적을 올리는 데 뚜렷한 효과를 얻지 못했고, 둘째, 지능 검사에 의해 측정된 개인차는 80% 정도가 유전적인 것으로 유전에 의한 차이가 우세하며, 셋째, 미국 흑인들은 미국 백인이나 동양계에 비해서 IQ가

낮다는 사실을 통해서 유전 요인을 설명할 수 있다는 것이다. 비록 Jensen이 자신의 주요 관심은 일반 요인의 규명에 있다고 천명했지만(Detterman, 1998), 수십년 간의 지능 연구를 종합하여 지능은 유전되며 인종간 차이가 존재한다는 그의 주장은 이후 학자들 사이에 많은 논란을 일으켰다(Gottfredson, 1998).

그 논란의 중심은 주로 Jensen과 같은 전통적인 지능 이론가들이 사용한 지능검사의 타당성에 관한 것이다. 비판가들의 주요 주장은 첫째, 기존의 지능검사는 한정된 학업적 지능을 진단하는 데 그칠 뿐이므로, 아동의 학교 학습 능력을 예언하는 지표는 되지만, 성인이 실제 사회 생활에서 활용할 수 있는 보다 포괄적인 지적 능력을 보여주지 못한다. 둘째, 기존의 지능검사는 이미 경험하거나 학습된 지적 수준을 진단함으로써 아동이 발휘해낼 수 있는 지적 잠재력을 보여주지 못한다. 이러한 점에서 지능 지수(IQ)는 학업 성취도 검사 점수와 크게 다를 바 없다는 것이다.

이러한 한계점을 극복하려는 시도로 대표적인 현대 지능 이론은 Gardner(1983)의 다중지능이론(multiple intelligences)이다. 그는 뇌상해자에 대한 신경학적 연구, 신동, 자폐증 환자, 백치 천재, 학습 장애아 등 천재와 결손자에 대한 기술, 다양한 문화권의 다양한 종족과 그들의 생활 등에 관한 인류학적 보고, 기타 지능에 관한 문학적 기술 등 광범위한 자료를 종합하여 8개의 차원을 구성하였다(Gardner & Moran, 2006). 즉, 언어 지능(linguistic intelligence), 음악 지능(musical intelligence), 논리-수학적 지능(logical-mathematical intelligence), 공간 지능(spatial intelligence), 신체적 운동 지능(bodily kinesthetic intelligence), 개인내적 지능(intrapersonal intelligence), 대인간 지능(interpersonal intelligence), 자연 관찰 지능(naturalist intelligence) 등이다.

Gardner는 이 지능들을 각각 그 자체로 완비된, 그러나 다른 체계와 연결되어 있는 기본 단위(module)로 설명한다. 예컨대, 말은 잃어버렸으나 음악적 재질은 가지고 있는 사람, 일곱자리 수와 여덟자리 수를 곱하여 순식간에 답을 아는 사람, 그림은 잘 그리지만 다른 것은 아무것도 못하는 사람 등의 경우에서 보듯이 우리 머리 속에는 각각 다른 음악적, 수학적, 미술적 정보 처리 체계가 있다고 볼 수 있다.

이러한 Gardner의 다중지능이론이 기존의 이론들과 차별되는 가장 중요한 점은 지금까지 지능으로 생각하지 못했던 능력들이 지능의 기능을 할 수 있으며 누구나 한 가지 이상의 지능의 강점 영역이 존재한다는 가정이다. 이러한 제안이 사실이라면, 이는 현재 학교에서의 교육이 특정 지능이 우수한 학생에게만 유리하게 작용하고 있었을 가능성이 있다는 점에서 매우 큰 의미를 갖는다. 예를 들어, 음악지능이 높은 학생은 개념이나 지식을 습득하는 과정이 음악적 방법으로 제시된다면 충분히 학업 성취를 이룰 수 있음에도 불구하고, 현재의 교육이 언어적 표현에 집중되어 있기 때문에 불이익을 받을 수도 있다(임규혁 · 임웅, 2008). 따라서 학교에서는 학생들이 가능한 많은 종류의 지능을 활성화시킬 수 있는 방식으로 수용 내용을 제시하는 것이 바람직하다. 그리고 이를 통해 학생들이 각각의 영역에서 자신의 강점과 약점을 이해하도록 돕는 데 초점을 두어야 한다.

2. 창의성

창의성의 정의는 다양하게 시도되었다. 새로운 아이디어 혹은 산물들을 생성하는 정신적이고 사회적인 과정으로 혹은 현존하는 아이디어나 개념들을 새롭게 연합시키는 과정으로 정의된다. 한편으로, 어떤 이들은 창의성이란 의식적인 또는 무의식적인 통찰의 과정에 의해서 이루어진다고 주장하기도 하고, 또 다른 사람들은 단순히 새로운 무언가를 만드는 행위라고 일컫기도 한다.

가장 보편성을 지닌 정의는 창의적 사고란 독창성(originality)과 적응성(appropriateness) 두 가지 요소가 반드시 포함된다. 직관적으로 매우 단순한 현상처럼 생각될지 모르지만, 창의성은 상당히 복합적인 현상이다. 행동 심리학, 사회 심리학, 심리측정학, 인지 과학, 인공 지능, 철학, 역사, 경제학, 디자인학, 사업과 경영 등 수많은 분야에서 창의성에 대해 연구해 왔다. 과학의 다른 분야와는 달리, 창의성에 대한 단일하고도 확고부동한 정의나 관점은 존재하지 않는다. 마찬가지로 다른 심리적 현상과는 달리 표준화된 측정 기법도 존재하지 않는다. 그럼에도 불구하고 모든 분야의 산업에서는 창의적 아이디어를 추구하고 창의성을 개발하는 데 노력을 기울이는 것은 모든 종류의 혁신 또는 개발의 핵심이 바로 창의성이기 때문이다.

창의성 향상기법의 예

【브레인스토밍(Brainstorming)】

1941년에 미국의 광고회사 부사장 A. F. Osborn이 제창하여 그의 저서 〈독창력을 신장하라, 1953〉로 널리 소개되었다. 주요 원리는

① 한 사람보다 다수인 쪽이 제기되는 아이디어가 많다.

② 아이디어 수가 많을수록 질적으로 우수한 아이디어가 나올 가능성이 많다.

③ 일반적으로 아이디어는 비판이 가해지지 않으면 많아진다.

등의 원칙에서 구할 수 있다. 그러므로 브레인스토밍에서는 어떠한 내용의 발언이라도 그에 대한 비판을 해서는 안 되며, 오히려 자유분방하고 엉뚱하기까지 한 의견을 출발점으로 해서 아이디어를 전개시켜 나가도록 하고 있다. 이를테면, 일종의 자유연상법이라고도 할 수 있다. 회의에는 리더를 두고, 구성원수는 10명 내외를 한도로 한다.

【6색 사고모(Six hat) 기법】

de Bono가 개발한 '인지사고프로그램'속의 사고기법으로 어떤 아이디어나 제안을 다룰 때, 열린 마음의 태도로 다루게 하기 위하여 의도적으로 사용하는 방법으로, 결정을 막으려는 것이 아니라, 긍정적 측면, 부정적 측면, 재미있는 측면 등으로 대안의 모든 측면들을 고려해 본 다음 결정하게 하는 것이다.

① 먼저 아이디어 중 좋아하는 점 또는 장점 및 긍정적 요소(Plus)를 쓴다.

② 좋아하지 않는 점 또는 단점 및 부정적 요소(Minus)를 쓴다.

③ 좋아하지도 나빠하지도 않는 점 또는 홍미로운 사실 및 검토해 보아야 할 측면(Interest)를 쓴다.

창의성의 원천은 매우 다양하다. 과거에는 창의성이란 천재들에게만 내려진 신의 선물이라고 여겼던 적도 있었다. 그러나 지금은 사람들의 머릿속에서 일어

나는 새로운 아이디어를 생성하는 데 요구되는 인지적 사고 과정이나 성격적 특성들, 그리고 이러한 아이디어를 지원하는 부모나 학교 더 나아가 사회적 시스템 등이 서로 상호작용하여 출현하는 것(Csikszentmihalyi, 1999)이라고 생각한다. 이에 더하여 아인슈타인이나 고흐 같은 역사적인 창조가가 되기 위해서는 우연히 찾아오는 운 또는 기회가 있어야 함을 부정할 수 없다(최지은, 2010).

창의적인 아이디어는 일상적인 수준에서부터 역사적인 수준에 이르기까지 다양하다. 전자에 관심을 갖는 학자들은 창의성을 우리 모두가 갖고 태어나는 것으로 간주한다. 지능이 0점인 사람이 존재하지 않듯이 창의성이 0점인 사람은 없다는 것이다. 또한 이 입장에서는 단순한 기법들에 의해서 창의성은 학습될 수 있고 향상될 수 있다고 본다(p.112 〈창의성 향상기법의 예〉 참조). 엄마들이 가족들을 위해 조금씩 새로운 조리법을 개발하는 것, 연필과 지우개를 따로 사용하던 아이가 연필 끝에 지우개를 매달아 사용하는 것, 시각장애우를 위해 신호등을 소리로 대치하자는 아이디어를 낸 여학생 등은 일상적 창의성에 해당하는 좋은 예들이다.

후자는 역사적으로 위대한 산물을 생산한 천재들을 통해서 창의적 현상을 연구한다. 천재들의 창의성을 연구한다고 해서 창의성이 반드시 천재들에게서만 나타나는 특별한 현상이라고 보는 것이 아니라, 누구도 부인할 수 없는 창의적인 천재들의 삶으로부터 다른 모든 사람들의 삶이 좀 더 창의적이 될 수 있는 방법을 배우고자 하는 것이다. 예컨대, 찰스 다윈을 연구한 Gruber(1980)는 다윈이 어렸을 때 매우 평범한 학생이었다는 점과 다윈의 진화론에 대한 아이디어는 그의 평생에 걸쳐서 조금씩 진화해 왔다는 사실을 밝혔다. 위대한 천재 또는 창조가로 부르는데 아무도 주저하지 않는 다윈, 그의 삶을 통해 Gruber는 창조란 '신이 내려준 특별한 영감'뿐만이 아니라, 평생에 걸친 헌신과 노력에 의한 것이라는 점을 강조했다.

사람들은 흔히 창의성을 기존에 없는 새로운 것 아니면, 개인이 갖고 있는 성향(traits) 정도로 생각한다. 그러나 창의성을 연구하는 학자들, 특히 역사적 수준의 창의성을 연구하는 학자들은 다른 생각을 갖는다. 그들이 내린 창의성에 관한 정의 하나를 살펴보자.

창의성 검사의 예

Torrance는 미네소타 대학교에서 창의적 행동의 미네소타 연구를 시작했으며, 그 연구를 하면서 표준화된 창의성 잠재력 측정도구를 개발했다(Houtz, 2003). 1966년 처음 출판된 토랜스 창의성 검사는 "창의성이란 간격이나 혼란스런 빠진 요소를 지각하는 과정, 그것들에 대한 아이디어나 가설을 형성하기, 가설 검증하기, 가설 검증한 결과를 전달하기, 그리고 그 가설을 수정하고 재검증하는 과정(Torrance, 1962, p.16, Houtz, 2003에서 재인용)"으로 정의하고 있다. 가장 널리 사용되어온 창의성 검사로서 Torrance의 정의는 이후 창의성 연구에 지대한 영향을 미쳤다.

가장 대표적인 창의성 검사는 Torrance가 1966년에 출판하고 1990년에 개정한 토란스 창의적 사고검사(Torrance Tests of Creative Thinking, TTCT)이다. 창의성 검사들은 수렴적이고 평이한 정답을 구하는 방식에서 벗어나 사고 유형, 즉 확산적 사고를 측정하고 있다. TTCT 검사에는 TTCT(언어)와 TTCT(도형)의 두 가지가 있다. 다음은 언어형 검사의 예시이다.

1. 튼튼한 물건을 생각나는 대로 다 말해 보시오.
2. 초록색이고 재미있는 유동물질을 열거하시오.
3. 사과와 망고의 비슷한 점은 무엇인가?
4. 종이 집게의 용도를 나열하시오.

아동을 대상으로 하는 확산적 사고력 검사를 실시할 때는 그것이 시험이 아니라 '게임'같이 설명하고, 답을 하기 위해 충분한 시간을 주는 것이 좋다. 채점은 아이디어의 유창성, 융통성, 독창성 등 3가지 영역으로 이루어진다.

- 아이디어의 유창성: 생성한 반응의 개수
- 아이디어의 융통성: 생성한 범주의 개수
- 아이디어의 독창성: 다른 피험자들의 답들과 비교해서 독특하거나 비일반적인 아이디어.

'창의적 개인이란 특정 영역에서 오랫동안 헌신하여 어느 누가 봐도 의미 있는 영향을 미친 전문가이다. 또한 새로움뿐만 아니라 가치로운 것이어야 한다는 점에서 창의적 작업이란 그 영역의 미래 작업에 중요한 영향을 미친 것을 의미한다. 그리고 창의적 산물이나 창의적 개인 모두 사회로부터 승인을 받아야만 하는 존재론적 특성을 지녔다는 점에서 '체제적'이라고 본다(Policastro & Gardner, 1999; 최지은, 2001 재인용).'

이 정의는 기존의 관점과는 크게 다르다. 기존의 창의성 연구는 창의성을 단지 '개인(또는 보통의 개인)'으로부터 찾으려고 했다(Lubart, 1999). 즉 창의성 검사에서 높은 점수를 받은 사람과 그렇지 않은 사람을 구분하고, 이들 간의 지적, 성격적, 동기적 특성의 차이점이 무엇인가를 밝히고자 했다(p.114 〈창의성 검사의 예〉 참조). 그러나 역사적 수준의 창의성 연구가들은 창의적 과정을 전문가와 그가 헌신하는 작업 그리고 그것들을 둘러싼 미시적, 거시적 환경과의 상호작용으로 파악한다.

다시 말해 창의성이란 개인의 지적, 성격적, 동기적 성향과 유사한 그 어떤 개인적 특성이 아니라, 이런 것들의 종합체인 개인의 잠재력과 그를 둘러싼 환경 간의 역동적 상호작용을 통해 출현하는 하나의 현상이라고 보는 것이다. 이와 관련하여 창의성에 대해 우리들이 갖기 쉬운 가장 큰 오해는 다음 두 가지 점인 것 같다.

첫째, 우리는 창의성을 단지 '새로운 것'을 만드는 것이다라고 생각하기 쉽다. 다른 사람들이 생각하지 못한 독특한 아이디어 또는 기존에는 존재하지 않았던 어떤 것을 만들어 낸다면 우리들은 그런 사람을 창의적이라고 흔히 부른다. 그러나 어떤 산물이 새롭다라는 특성만 가지고는 창의적인 것으로 간주될 수 없다. 그 이유는 창의성이란 의미 속에는 그것을 만든 사람이 작업하는 분야에서 그 산물의 가치를 인정받아야 하기 때문이다. 이를 '적응적'이어야 한다고 말한다. 적응적이란 말의 의미는 개인에 의해 생산된 새로운 아이디어나 산물이 그가 헌신하는 분야에 속해 있는 사람들, 예를 들어 동료, 교사, 혹은 소비자 등에 의해 그 가치가 인정되었다는 뜻이다.

적응적이라는 말의 의미를 이해하기 위해 몇 가지 예를 들어보자. 오늘날 대부분의 사람들은 반 고흐의 그림이 매우 창의적이라는 것을 인정한다. 그러나 그가 살던 시대의 무식한 부르주아들은 그의 천재성을 알아보지 못하고 비웃었고, 그래서 그를 돈 한 푼 없이 홀로 죽게 내버려두었다. 우리는 백 년 전 만해도 그 그림들을 반사회적 은둔자의 환각적인 (새로운) 작품이라고만 치부했었다는 것을 명심해야만 한다. 그 그림들은 수많은 다른 예술가들, 비평가들, 수집가들이 새로운 기준으로 해석하여 걸작으로 만들어 놓은 후에야 비로소 창의적인 것으로 인식되었다(Csikszentmihalyi, 1999).

창의성은 사회적 평가를 동반할 수밖에 없다. 사회적 평가라는 장치가 없다면, 정말로 창의적인 것과 단지 기괴한 아이디어들을 어떻게 구분하겠는가. 타당하지 않은 아이디어 혹은 생산물에 한에서 독창적이라고는 하지만 창의적이라고는 할 수 없는 것이다. 창의적 잠재력을 풍부하게 지닌 학생들이 유의해야 할 점은 바로 이것이다. 만일 우리가 생산한 산물이 창의적이기를 원한다면, 우리가 헌신하는 분야의 평가 기준을 잘 알고 있어야 한다는 점이다. 예술, 과학, 경제 등 어느 분야를 막론하고, 그 분야 내에는 새로움에 대한 가치 기준이 존재한다. 전문가들은 묵시적으로 이러한 내적 기준들을 훈련받은 사람들이며, 이러한 기준에 의해 새로우면서 가치로운 것과 단지 새롭기만 한 것 간의 차이를 평가할 수 있다.

둘째, 창의성이란 단지 개인의 성향이나 능력으로만 결정된다고 오해하기 쉽다. 물론 창의적인 산물을 생산하는 데 있어서 개인의 공헌은 매우 중요하다. 그러나 개인의 노력만으로 역사적 수준의 산물을 생산하는 것이 과연 가능한 일일까? 만일 그렇다면, 우리는 왜 노벨상 수상자가 단 한 명뿐인가? 그것도 창의성과 크게 관련이 없는 평화상에서만 수상자가 나왔을 뿐이다. 누가 창의적인 인물인지를 평가해주는 세계적으로 가장 권위 있는 시스템은 현재까지는 노벨상이다. 창의성이 개인의 특성만이라고 생각한다면, 한국인들은 노벨상 수상자를 많이 배출한 미국이나 일본인에 비해 창의성 수준이 떨어진다고 말해야 한다. 그러나 우리는 어느 누구도 이러한 생각에 전적으로 동의하지는 못할 것이다.

다른 예를 들어보면, 한국이 낳은 세계적인 아티스트 백남준은 1960년대 뉴욕으로 건너가 그 곳에서 비디오 아트라는 새로운 예술의 장르를 탄생 시켰다. 그 당시 예술의 중심은 파리에서 뉴욕으로 이동하고 있었고, 다양한 생각과 문화가 수용되어지는 뉴욕은 그야말로 예술의 메카였다. 그 당시 전쟁으로 인해 경제적, 문화적으로 열악한 상황에 있던 한국에 백남준이 계속 살았다면, 그의 새로운 예술이 과연 탄생할 수 있었을까? 창의성은 분명 개인에 의해 생산되는 것이다. 그러나 이러한 개인을 지원하는 사회문화적 환경 역시 매우 중요한 원천이다. 부모의 관심과 지원, 교사의 격려, 동료들의 지지, 풍부한 정보, 경제적 지원, 문화적 자극 등이 개인의 창의적 성향과 상호작용하여만 비로소 창의적 산물이 생산되는 것임을 인식할 필요가 있다.

제3절 학습

학습은 인간이 다른 동물에 비해서 상당한 정도로 융통성과 적응성을 갖도록 한다. 학습의 본질에 대한 많은 심리학자들의 생각을 통합할 수 있는 정의는 학습은 '경험의 결과에 의한 정신적 표상이나 연합에서의 장기적인 변화'이다(Ormond, 2008). 이 정의가 담고 있는 의미는 첫째, 학습은 장기적인 변화이다. 다이얼을 돌릴 수 있을 정도만 전화번호를 기억하고 금세 잊어버리는 것처럼 짧고 임시적인 정보의 이용은 학습이라고 볼 수 없다. 그렇다고 학습이 영원히 지속되는 것도 아니다. 둘째, 학습은 정신적 표상(mental representations)이나 연합(associations)을 수반하며, 뇌에 기반을 두고 있다. 셋째, 학습은 생리적인 성숙, 피로, 알코올이나 약물의 사용, 또는 정신병이나 치매의 발병 때문에 생기는 것이 아닌 경험의 결과 일어나는 변화이다.

이 절에서는 다양한 학습의 측면을 이해하는 데 도움을 주는 대표적인 학습 이론들을 살펴본다. 행동주의는 신발끈을 묶고, 뺄셈 문제를 푸는 것과 같은 명백하고 관찰가능한 행동이나 반응의 학습에 초점을 맞춘다. 초기 행동주의자들은 학습을 정신적 변화가 아닌 행동에서의 변화로 정의하였다. 반면, 인지주의에 포함된 다수의 이론들은 학습에 포함된 사고 과정에 초점을 둔다. 예를 들면, 덧셈과 뺄셈 사이의 관련성을 찾는다거나 영어 단어를 기억하기 위해 기억

전략을 사용하는 것들이다.

1. 행동주의 이론

1930년~1960년대 학습에 대한 연구는 행동주의 심리학의 영향을 받아 주로 통제된 실험실에서 이루어졌다. 행동주의 심리학에서는 정신과정은 관찰하기 어렵기 때문에 과학적 법칙을 정립하기 위한 연구에서는 부적합하다고 간주하고, 관찰 가능한 행동만을 연구 대상으로 삼았다. 따라서 학습 연구 역시 인간의 기대, 신념, 태도 등의 개념들은 배제한 채, 몸의 움직임, 몸 속의 내분비, 신경세포의 변화 등과 같이 눈으로 직접 관찰할 수 있는 대상만을 분석하였다. 행동주의 심리학은 복잡한 현상을 간단한 기본단위들로 나누어 분석하는데, 이렇게 나누는 것은 부분들이 합해지면 전체가 된다고 생각하기 때문이다. 이들은 인간을 포함한 모든 종들에게 적합한 이론을 정립할 것을 목표로 했고, 실제 그러한 이론을 만들 수 있다고 가정하기 때문에 인간보다 단순한 행동을 보이는 동물들을 대상으로 연구하기를 좋아했다. 동물연구로부터 나온 결과를 인간들에게 일반화하는데 있어서 어떤 장애도 없다고 생각한 것이다(최지은 · 임진영, 2000).

행동주의 학습이론은 연합주의(associationism) 학습론이라고도 불린다. 이는 그들의 기본적인 신념 또는 핵심적 아이디어를 반영하는 것으로, 즉 학습은 근본적으로 단순한 연합에 기인한다는 연합주의의 신념이 그것이다. 여기서는 초기 행동주의로 분류되는 Pavlov의 고전적 조건형성, Skinner의 조작적 조건형성과 대표적인 신행동주의 이론인 Bandura의 사회인지이론 등을 다룬다.

가. Pavlov의 고전적 조건형성

Pavlov는 러시아의 생리학자로, 그의 유명한 개의 실험 연구로부터 나온 조건반응이론(conditioned learning theory)은 1920년대 미국의 행동주의 심리학의 태동에 큰 영향을 끼쳤다.

개의 소화에 관한 연구를 하던 중에 Pavlov는 개들이 입 속에 음식물이 있을 때뿐만 아니라 다른 때에도 침을 흘리는 현상을 발견했다. 만일에 타액 분비가 음식과 같은 특정 자극에 대해서만 나타나는 반사적 반응이라면, 왜 그러한 자극이 없는데도 반응이 일어나는 것일까? 파블로프는 이와 같은 반응이 실험자가 다가올 때의 모습이나 소리에 대한 반응으로 나타남을 주목하였다. 그는 모든 동물들이 타고난 무조건 반사 외에도 새로운 조건반사를 형성할 수 있는지에 관심을 갖기 시작한 것이다. 파블로프는 뇌 속에서 새로운 연합이 형성되는 방식을 연구할 수 있다는 가정을 하게 되었다. 자극과 음식의 제시를 짝지우고, 짝짓기의 조건이 타액분비에 어떤 영향을 미치는지를 관찰함으로써 뇌 속의 새로운 연합이 형성되는 방식을 연구하기 시작하였다.

이를 위해 방음장치가 된 실험실에서 배고픈 개를 묶어 놓고, '종소리' 를 들려준 직후 음식을 주었는데, 처음에는 종소리에 대해서는 침을 흘리지 않던 개가 나중에는 음식물 없이 종소리만을 들려주었을 때에도 침을 흘리게 되었다. 즉 처음에는 개에게 침을 흘리는 반응을 유발하지 못했던 종소리가 후에 침을 흘리는 반응을 보이게 된 것이다. 이 절차를 도표화하면 다음과 같다.

〈표 4.2〉 고전적 조건형성의 절차

훈련전	음식물(UCS)	→	타액분비(UCR)
	종소리(CS)	→	무반응 혹은 부적절한 반응
훈련중	종소리(CS)	+	음식물(UCS)의 결합을 통해,
	종소리(CS)	→	무반응 혹은 부적절한 반응
		→	타액분비(CR)
훈련후	종소리(CS)	→	타액분비(CR)

Pavlov는 음식으로 유발된 타액 분비는 무조건 반응(unconditioned response: UCR)이라고 불렀는데, 그 이유는 마치 우리가 레몬의 신맛을 생각했을 때 반

사적으로 입에 침이 고이는 현상과 같이 이 반응을 확립하기 위해서 별도의 훈련이 필요 없었기 때문이다. 한편 종소리에 대한 타액 분비는 어떤 훈련의 결과로 생기는 반응인 조건반응(conditioned response: CR)이다. 마찬가지로 음식은 무조건 자극(unconditioned stimulus: UCS)이다. 즉 훈련 없이도 반응을 유발하는 자극이기 때문이다. 종소리는 훈련을 통해 반응을 유발하는 자극이므로 조건 자극(conditioned stimulus: CS)이 된다. 조건 자극에 대한 반응의 증가를 초래하는 조건 자극과 무조건 자극을 짝짓는 전체 절차를 고전적 조건형성(classical conditioning)이라고 부른다.

Pavlov는 고전적 조건형성 과정을 연합주의로 설명하기 위해 특정 자극은 뇌 속의 특정한 중추를 흥분시킨다고 가정하였다. 그래서 CS나 UCS의 제시는 각각 다른 하나의 중추를 흥분시킬 것이라고 생각하고, 한 중추의 흥분이 다른 중추의 흥분에 뒤따를 때마다 이 두 중추간의 연합이 강화될 것이라고 설명하였다. 예를 들어 종소리가 음식과 짝지워지면 종소리 중추와 음식 중추의 연합이 강화되고, 나중에는 종소리 중추의 흥분만으로도 타액선을 자극시켜 침을 흘리게 된다는 것이다.

Pavlov는 타액 분비의 조건형성을 연구함으로써 뇌에서 연합이 어떻게 형성되는지를 연구할 수 있었다. Pavlov의 이론은 중립적이던 자극을 훈련과정을 거쳐 원하는 반응에 연합시킬 수 있다는 가능성을 보여주었다. 고전적 조건형성 과정의 예는 우리가 갖게 되는 대부분의 정서 학습에서 흔히 찾아볼 수 있다. 예컨대, 많은 학생들이 교과목에 대해 가지고 있는 정서는 학습될 수 있다. 학생들은 수학에 대한 부정적 정서를 학습하는데, 산수시간에 칠판 앞에서 문제를 푸는데서 오는 불쾌한 감정을 수학 과목과 결합시키기 때문이다. 수학시간을 두려워하도록 조건형성 된 아동들은 다른 과목의 학습, 더 나아가 학교 안의 모든 활동에 대해 그들의 공포를 일반화시킬 수도 있다.

나. Skinner의 조작적 조건형성

Skinner는 두 종류의 학습된 행동이 있다고 제안하였다. 하나는 고전적 조건형성 이론에서처럼 구체적인 자극에 의해 유발되는 반응이고, 다른 하나는 외부자극에 의해 유발되는 반응이 아니라 유기체에 의해 자발적으로 방출되는 반응, 즉 조작 반응(operant respond)이다. 스키너는 후자에 주목하였다.

조작 반응의 학습은 조작적 조건형성(operational conditioning)의 과정을 거친다. 즉, 조작 반응이 발생하고 강화가 뒤따르면, 그 반응의 발생 가능성은 증가한다.

Skinner는 자신의 연구 대상으로 비둘기를 이용하였다. 스키너 상자(skinner box)라고 불리는 첫 번째 실험장치의 벽은 널빤지로 되어 있으며, 이 벽에는 단추와 이동문이 달려 있다. 만일 비둘기가 이 벽의 단추를 쪼면 이동문이 열리면서 음식이 떨어지도록 고인되어 있다. 비둘기가 단추를 쪼는 반응(R)은 처음에는 우연히 발생하지만, 반응의 결과로써 음식(S)을 받게 되면 마침내 비둘기는 단추쪼기와 음식을 연합하도록 조건화된다. 두 번째 상자는 전류가 통하며 비둘기가 단추를 쪼면 전류가 멈추도록 도안되어 있다. 이 때 전류는 혐오자극인데, 비둘기는 이 혐오자극을 피하기 위해 단추를 쪼는 행동을 증가시킨다. 비둘기의 학습과정은 다음과 같이 표현될 수 있다.

$$R \cdots\blacktriangleright S \cdots\blacktriangleright r\pm$$

이 때 R은 반응, S는 자극, r+는 정적 강화, 그리고 r−는 부적 강화를 나타낸다. 앞에서 설명한 첫 번째 상자에서 비둘기가 음식이라는 자극을 얻기 위해 단추를 쪼는 반응을 증가시킬 때 그 자극을 정적 강화물이라 하며, 정적 강화물로 인해 반응이 증가하는 현상을 긍정적 강화라 한다. 두 번째 상자에서도 마찬가지로 비둘기는 전류라는 혐오스러운 자극을 피하기 위해 단추를 쪼는 반응을 증가시키는데, 이 때의 자극은 부적 강화물이라 하며, 부적 강화물로 인해 반응이 증가하는 현상을 부적 강화라 한다. 이와 같이 어떤 자극을 얻거나 피하기 위해 행동 반응이 증가될 때 그 자극을 '강화물' 이라 하며, 그 자극이 행동을 증가시키는 힘을 '강화(reinfocement)' 라 한다.

부적 강화는 흔히 처벌의 개념과 혼동하는 경우가 많다. 그러나 부적 강화는 반응 빈도가 증가하는 효과를 나타내는 반면, 처벌은 반응 빈도를 감소시키는 효과를 가져온다. 처벌에는 수여성 벌과 박탈성 벌 두 종류가 있다. 가함으로써 처벌하는 것은 어떤 반응 뒤에 혐오자극을 가하는 것으로, 예컨대 수업시간에 떠드는 학생에게 방과 후 청소를 시키는 것이다. 감함으로써 벌하는 것은 어떤 반응 뒤에 정적 강화물을 박탈하는 것으로써 수업 시간에 떠드는 학생을 복도에 나가 서있게 하거나, 성적이 떨어졌을 때 용돈을 삭감하거나 외출을 금지하는 것 등이 있다.

Skinner의 조작적 조건형성이론은 강화에 의해 반응 행동을 변화시키려는 방법이기 때문에 강화이론(reinforcement theory)이라고 불린다. 따라서 강화이론에서는 강화를 어떻게 주는 것이 학습에 효과적인가를 밝히는 연구가 많이 되었다. 주요 연구 결과는 유기체가 원하는 반응을 할 때마다 강화를 주는 것보다는 간헐적으로 강화를 제공하는 것이 반응을 유지하는데 효과적이고, 벌이나 혐오자극에 의한 강화보다는 칭찬, 격려, 상 등의 긍정적 강화물이 학습에 보다 효과적이고, 반응을 보인 후 즉시 강화물을 제공하는 것 등도 반응 유지에 도움이 된다는 점 등을 밝히고 있다.

다. Bandura의 사회인지이론

우리 인간은 타인의 삶이나 매체 등을 통해 다른 사람의 행동을 관찰함으로써 다양한 행동들을 학습한다. 사회인지이론(social cognition theory)은 사람들이 타인을 관찰함으로써 무엇을 학습하는지 그리고 그 과정에서 그들 자신의 행동을 어떻게 제어하기 시작하는가를 설명하는 이론이다(Ormond, 2008). 사회인지이론은 초기에 행동주의에 기반을 두었기 때문에 어느 정도 강화와 벌의 효과를 다루고 있지만, 지금은 그 명칭에서 시사하듯이 지각이나 기대와 같은 인지주의적 관점들이 혼합되어 있다. A. Bandura의 관찰학습 연구로부터 시작된 사회인지이론은 현대 학습 이론 중 가장 활발하게 연구되고 있는 분야 중 하나다.

Bandura, Ross 및 Ross (1961)의 연구는 공격성이 모델의 행동을 관찰함으로써 학습될 수 있음을 보여준 고전적인 예이다. 연구자들은 취학 전 아동들을 3개의 실험집단으로 나누었다. 첫 번째 집단은 한 성인이 방에 들어와 풍선인형을 발로 차는 공격적인 행동을 하는 것을 관찰하게 하였고, 두 번째 집단은 성인이 블록 쌓기를 하는 등의 비공적인 행동에 노출되었으며, 세 번째 집단은 아무런 모델도 관찰하지 않았다. 그 다음 아이들을 다른 방으로 데려가서 그들이 원하는 장난감을 빼앗아버리는 식의 좌절 경험을 하도록 하였다. 이후 아이들은 풍선인형과 방망이 같은 공격적인 장난감과 비공격적인 장난감이 함께 있는 방으로 보내어졌다. 세 집단 중 가장 공격적인 집단은 공격적인 모델을 본 첫 번째 집단이었고, 아무런 모델을 보지 않은 집단의 아이들이 그 다음으로 공격적 행동을 보였으며, 비공격적 모델을 관찰한 집단에서 가장 낮은 공격성을 보였다.

Bandura는 이와 같은 실험을 통해 조작적 조건형성이론에서 주장하는 것과는 달리 직접적인 강화를 받지 않고, 단지 타인의 행동을 관찰하는 것만으로도 학습은 이루어질 수 있음을 실증적으로 보여주었다. 또한 행동주의에서는 학습을 관찰 가능한 행동의 변화로 정의하였지만, 사회인지이론가들은 학습은 행동의 변화를 가져올 수도 있고 가져오지 않을 수도 있는 내적 과정으로 보았다. 예컨대, 공격적인 모델을 관찰한 아동들 모두가 공격적인 행동을 보이지는 않는다. 어떤 아동은 공격적 행동을 그 자리에서 표출하지만, 어떤 아동은 다음 기회에 다른 상황에서 공격적 행동을 나타낼 수도 있고, 또 다른 아이는 전혀 시도하려 들지 않을 수도 있다. Bandura는 이러한 모델링의 과정을 4개의 단계로 설명하였다(Ormond, 2010).

- 주의: 모델의 행동을 관찰해서 성공적으로 학습하기 위해서는 학습자는 모델에게 주의를 기울여야 하며 특히 모델 행동의 결정적인 측면에 주의를 기울여야 한다.
- 파지: 주의를 기울인 후에 학습자는 모델이 행하는 것을 기억해야 한다.

- 운동 재생산: 주의를 기울이고 기억하는 것에 덧붙여서, 학습자는 모델의 행동을 신체적으로 재생산할 수 있어야 한다. 학생이 관찰한 행동을 재생산할 수 없다면, 운동 재생은 분명히 일어날 수 없다. 예컨대, 혀를 꼬부려 r자를 발음하는 것을 배운 적이 없다면, 스페인어 교사의 어려운 발음을 반복하는 데 골치를 앓게 될 것이다.
- 동기화: 끝으로 학습자는 모델의 행동을 시연하려고 동기화되어야 한다. 어떤 학생은 자신이 관찰하고 기억한 것을 간절히 보여주고 싶어할 수 있다. 모델이 어떤 행동을 한 후 강화 받는 모습을 보고 대리 강화될 수 있기 때문이다. 반면 어떤 학생들은 자신이 관찰한 행동을 시연하고자 하는 아무런 동기도 갖지 않을 수도 있는데, 이는 모델의 행동이 자신에게 적절하지 않다고 보기 때문일 것이다.

2. 인지주의 이론

인지주의 학습이론가들은 학습이 단순한 연합이라기보다는 복잡한 사고 과정을 포함한다고 믿는다. 소리가 들리고 수초 후에 음식이 뒤따른다는 것을 학습하는 것처럼 단순한 상황에서도 인지주의자들은 피험자들이 소리가 처음 제시될 때 그 소리에 주의를 기울여야만 하고, 음식을 받았을 때 소리가 제시되었던 것을 회상해야만 한다고 주장한다. 따라서 아주 간단한 학습 상황까지도 기억과 주의와 같은 인지적 과정들을 포함하는 것으로 가정한다.

본질적으로 연합 이론가들과 인지주의자들 간의 차이는 학습이 연합 형성처럼 단순한 과정인가 아니면 기억과 같은 좀더 복잡한 과정들을 포함하는 가이다.

가. 형태주의 심리학

인지학습이론에 중요한 이론적 기초를 제공한 것은 형태주의 심리학이다. 독일의 물리학자 Wertheimer는 1912년 시운동(視運動)에 관한 연구에서 인간은 사물을 부분으로 나누어서 지각하는 것이 아니라 그것들을 연결시켜 의미있는 전체의 '형태(gestalt)' 로 지각하고, 해석하는 경향이 있다고 제안하였다.

형태심리학자들이 강조하는 것은 '전체는 부분들의 단순한 합 이상'이라는 것이다. 예컨대, 깜깜한 방에 촛불이 켜져 있을 때 인간이 지각하는 것을 밝기 정도를 지각하는 것이 아니라 명암을 지각하며, 음계를 들을 때 각각의 음의 강도를 듣는 것이 아니라 음들 간의 관계 속에서 소리의 화음을 듣는다는 것이다. 그런데 통합된 전체라는 것은 분리되어서는 결코 지각될 수 없음을 뜻하는 것은 아니다. 즉 같은 그림을 보면서도 어떤 사람은 그림 속 주인공만을 눈여겨볼 수도 있고, 다른 사람은 주인공 뒤에 서있는 나무만 눈에 띌 수도 있다. 이것은 형(figure)과 배경(ground)이라는 개념으로 설명할 수 있다. 지각에서 형은 게슈탈트로써 사람들이 지각하는 '물체'이면서, 두드러져 보이는 실체이고, 나머지는 배경이 되는 것이다. 지각 장면에서 어느 것이 형이 되고 어느 것이 배경이 되는지는 각자가 어떤 측면에 관심을 갖고 주의 집중을 하는가에 따라 달라진다. 똑같은 상황에서도 서로의 관심이나 경험에 따라 문제를 보는 관점과 해결과정이 다른 것은 바로 이 때문이다.

형태주의심리학이 학습 이해에 가장 크게 기여한 부분은 통찰 연구이다. 학습은 자신이 이제 정말로 이해한다는 느낌을 가지고 있을 때 갑자기 일어난다. 이러한 학습은 특히 잘 망각되지 않고, 새로운 상황으로 쉽게 전이된다. 이러한 학습을 통찰학습이라고 부른다. 또한 게슈탈트 용어로 지각적 재체제화 또는 재구조화라는 용어를 쓰기도 한다. 통찰력이 있는 학습자는 문제상황을 전체적으로 파악하고 문제해결의 수단과 목적 관계를 새로운 방식으로 지각한다.

쾰러(Köhler, 1925)는 침팬지를 몇 개의 상자들이 들어있는 우리 속에 가두고 침팬지가 좋아하는 바나나를 천장에 매달았다. 그의 주된 관심은 침팬지가 이 바나나를 어떻게 따서 먹느냐 하는 것으로, 바나나를 얻으면 학습이 이루어진 것으로 본다. 침팬지는 처음에 바나나 밑에서 껑충껑충 뛰었지만 바나나를 딸 수가 없자 잠시 행동을 중단했다. 얼마 후, 바나나와 상자를 번갈아 보다가 갑자기 상자들을 쌓고 그 위로 올라가 바나나를 땄다.

쾰러는 침팬지가 새로운 학습에 당면해서 맹목적인 시행착오를 거쳐서 해결한 것이 아니라 문제 상황에 대한 지적인 심사숙고의 과정을 거치고, 또한 점진적인 향상이 아니라 갑작스런 통찰을 통해 문제를 해결한다고 주장하였다. 통찰이란 논리적 추론이라기보다는 직관적 해결이다. 행동주의자들이 중시하듯 문제해결과정이 논리적이지도, 객관적으로 관찰가능하지도 않다. 다시 말해 우리들의 문제해결은 종종 갑작스런 해답을 얻어낼 때가 있는데 그것이 바로 통찰의 과정이다.

나. 정보처리이론

행동주의의 연합학습 모형이 학습이론 역사를 오랫동안 지배해왔으나 최근에는 많은 심리학자들이 인지 모형을 선호하게 되었다. 사람들은 자신의 행동의 많은 부분을 지식, 신념, 관념 탓으로 돌리고 있는데, 왜 심리학자들은 오랫동안 이 문제에 관심을 기울이지 않았는가? 1970년대 들어 심리학자들은 신경계의 복잡성에 귀를 기울이기 시작하면서 중추 신경계가 연합론자의 원리에 따라 움직인다는 사실에 회의를 갖게 되었다. 그 결과 인지 원리들이 서서히 인정받게 되었다. 그러나 더 중요한 것은 인지 활동이 과학 세계뿐만 아니라 기술 공학의 일부가 될 정도로 또 다른 발전이 있었는데, 이 발전의 기반은 컴퓨터의 눈부신 활약이었다.

정보처리이론이란 컴퓨터의 발달에 영향을 받아 발전한 일련의 거대한 연구 흐름을 지칭한다. 이 입장에서는 인간의 인지과정이 마치 컴퓨터의 정보처리과정과 같다고 보고, 컴퓨터 유추를 통해 인간의 인지과정을 이해하려고 한다. 일반적으로 정보처리이론은 인간의 정신적 작업과정을 컴퓨터의 작업과정으로 이해하고 설명하려는 학습이론이라 할 수 있다.

그렇다면 정보처리이론은 인지적 접근인가? 그렇지는 않다. 기술적 측면에서 보면, 컴퓨터는 연합주의자의 '유기체'에 해당하며, 전류를 통과시키거나 통과시키지 않는 트랜지스터는 흥분을 하거나 하지 않는 신경계의 뉴런에 해당한다. 그러므로 컴퓨터는 연합주의적 행동을 한다고 볼 수 있다. 반면 우리가 주목하는 것은 컴퓨터가 정보를 저장하고, 인출하며, 논리적으로 추론하고, 문제들을 하위 문제들로 나누고, 그리고 매우 인지적 방식으로 행동하는 능력을 갖고 있다는 점이다. 다시 말하면, 컴퓨터는 기본적으로 인지적 방식으로 작동하도록 프로그램된 연합주의자의 '유기체' 인 셈이다(Hill, 1990). 따라서 정보처리는 내부과정에 대한 인지적 강조와 이런 과정들은 근본적으로 단순하다는 연합적 신념을 결합한 것이다. 역사적으로 좀처럼 관점의 차이를 좁히지 못했던 이 거대한 두 흐름을 종합할 수 있는 능력이 바로 정보처리의 인기를 높이는 주된 요인이다(Hintzman, 1978).

정보처리 접근방법은 인간의 기억현상을 설명하는 것에서 출발하였다. 이 접근방법은 기억이나 다른 인지과정들을 비교적 단순한 연산들이나 과정들의 계열로써 간주한다. 정보처리 이론가들은 인간의 기억은 마치 컴퓨터가 외부의 자극들을 정보처럼 받아들여 그것을 처리 저장해 두었다가 출력으로써 내놓는 것과 같은 과정을 거친다고 가정한다. 즉, 컴퓨터가 자료를 기억할 때 거치는 세 단계들– 즉 입력의 부호화, 저장 그리고 필요시의 인출 –을 그 출발점으로 삼는다.

정보가 제시될 때, 컴퓨터가 하는 첫 번째 일은 그 입력을 처리할 수 있는 형태로 변형, 또는 부호화하는 것이다. 예컨대, 5+5라는 문제를 처리한다고 할 때, 우리는 컴퓨터 자판을 사용하여 더해질 숫자들을 쳐 놓을 수 있다. 컴퓨터가 이 정보를 사용할 수 있기 위해서는 우선 그 정보를 일련의 전기 신호의 형태로 변환하거나 부호화해야 한다. 그 다음에 이 신호들은 컴퓨터의 메모리에 위치한 전자기 칸에 저장된다. 이 과정은 저장이라고 부른다. 마지막으로 더하기와 같은 어떤 목적 때문에 저장된 정보가 필요하게 될 때, 그것은 메모리의 위치로부터 인출되어 컴퓨터의 중앙처리장치(CPU)로 복사되고, 거기서 어떤 요구되는 산술 연산들도 수행될 수 있다. 이것은 인출이라고 한다.

마찬가지로 인간의 기억도 정보의 부호화, 저장 및 인출로써 이해될 수 있다. 다음은 이러한 기억과정에 대한 초기 정보처리모형을 소개한다. Atkinson & Shiffrin(1971)은 기억에 관한 이중저장고모형(dual-Store model)을 제시한 바 있다. 이 모형은 기억을 세 개의 저장소, 즉 정보가 일정한 시간 동안 저장될 수 있는 장소로 간주하였다. 그것은 감각등록기, 단기 기억 저장소, 장기 기억 저장소이다. 이 모형을 그림으로 나타내면 [그림 4.2]이다.

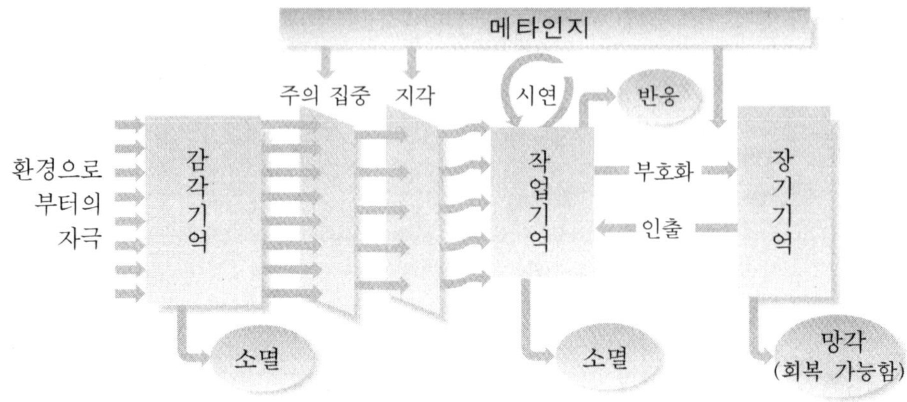

[그림 4.2] 인간기억의 이중저장고 모형

먼저 감각 기관을 통해 들어오는 정보는 감각 등록기에 처음 등록된다. 감각 등록기란 시각, 청각 등의 자극을 단시간동안 기억하는 것이다. 우리가 받아들이는 모든 정보는 시각적, 청각적 방식으로 즉시 감각 등록기로 들어간다. 감각 정보는 거기서 1초 정도 머물러 있다가 주의와 같은 인지전략을 사용하지 않으면 그대로 사라져 버린다. 감각 정보는 수용된 형태 그대로 저장되는데, 눈의 망막에서 생긴 상과 같다.

두 번째 저장소는 비교적 오래 저장하고 있지만, 반드시 원래의 형태로 저장하고 있지는 않다. 이를 단기 기억 저장소로 부른다. 단기 기억 저장소의 정보 중 가장 흔한 예는 전화 번호를 찾아서 다이얼을 누르기까지 그 번호를 기억하기이다. 일시적으로 전화 번호를 기억한 후 전화 걸기가 끝나면 바로 잊어버리게 되는데, 이러한 이유로 단기 기억을 작업 기억(working memory)이라고 부른다. 작업 기억이란 단기 기억 저장소에서 현재 사용되고 있는 기억을 의미한다. 단기 기억에 수용할 수 있는 정보량은 사람의 정신 용량의 한계를 나타낸다. 인지 전략을 통해 정보는 장기기억으로 전송된다. 단기 기억에서의 저장 시간은 약 30초 가량으로, 이 시간동안 시연(reversal)과 부호화를 통해 장기 기억으로 정보를 보낼 수 있다. 시연은 정보를 처리하는 과정에서 정보를 소리 내어 읽든지 혹은 속으로 반복하여 읽든지 간에 계속해서 반복하는 것을 의미한다. 시연하는 반복의 횟수는 기억에 영향을 준다.

마지막 저장소인 장기 기억 저장소는 영구적인 기억의 기초로써 무한한 용량을 가졌으며 그 안에서 아무것도 손실되지 않는다고 가정된다. 장기 저장소에 있었던 어떤 내용을 잊어버리는 것은 그것을 더 이상 찾지 못하기 때문이므로 올바른 검색 전략을 사용하면 찾을 수 있다. 장기 저장소는 마치 도서관처럼 거대한 정보를 체계적으로 저장하고 있다가 필요할 때 인출할 수 있게 되어 있다. 장기기억으로부터 정보를 인출하는 과정은 그 정보를 활성화하는 과정으로 생각할 수 있고, 정보가 활성화되면 그것은 단기 기억 저장소로 가서 다시 작업 기억 상태로 바뀐다.

제4절 학습의 동기

학습의 과정 면에서 볼 때 동기는 학습행동을 일으키게 하는 기능, 학습행동을 일정한 방향으로 나아가게 하는 기능, 그리고 그 행동을 계속 유지시키는 기능을 가지고 있다. 같은 개인조건(지능과 같은)과 환경조건(가정환경과 같은)을 가진 학습자들이라 하더라도 그들이 가진 동기의 종류와 동기의 수준에 따라 행동의 결과는 각각 달라질 수밖에 없다. 따라서 학습자의 동기는 학교에서의 성공과 실패에 영향을 주는 주요 변인 중의 하나로 간주될 수 있다.

일반적으로 동기(motive)란 개인으로 하여금 어떤 목표를 추구하도록 행동을 이끌어가게 하는 내적 추동상태다. 따라서 동기는 일반적으로 목표추구행동 또는 욕구불만을 위한 지향행동을 일으키게 하는 힘, 원동력이라고 할 수 있다. 동기의 종류는 매우 다양하다. 이를 분류하는 방법은 일반적으로 배고픔, 목마름, 성충동과 같은 생리적 욕구를 1차적 동기 또는 추동(drive)이라고 하고, 호기심, 인정 욕구, 공격성과 같이 학습에 의해 획득된 동기를 2차적 동기 또는 학습된 동기(learned motives)라고 일컫는다. 우리가 관심을 갖는 것은 바로 2차적 동기 중 학습과 관련된 동기, 즉 학습동기다. 여기에는 성취동기, 기대수준, 자아효능감 등을 포함한다.

학교학습과 가장 관련이 되는 동기 중 하나는 바로 성취동기이다. 성취동기란 도전적인 과제를 성취함으로써 만족을 얻으려고 하는 의욕이라고 정의할 수 있다. 또한 이를 학교상황에 적용시킨다면 학업성취에 대한 의욕 또는 동기라고 할 수 있다. 성취동기란 상식적으로는 훌륭한 일을 이루어 보겠다는 내적 의욕이라고 말할 수 있으나 엄밀하게는 어떠한 훌륭한 과업을 성취해 나가는 과정에서 만족하는 성취 그 자체를 위한 성취의욕이다. 다시 말하면, 성취결과와는 상관없는 성취를 위한 내적의욕 또는 동기를 중요시하는 개념이다. 성취동기가 높은 사람은 결과적으로 더 많이 성취하게 된다. 그러나 높은 수준의 성취욕구를 가진 사람은 누구나 눈에 띄는 실제적인 성취를 이루어 놓게 된다고는 말할 수 없다. 사실상의 성취는 더 많은 요인에 의하여 결정되는 것이기 때문이다. 따라서 성취동기는 도전적이고 어려운 문제를 마스터하는 과정에서 만족을 얻으려는 기대라고 정의될 수 있다.

성취동기가 높은 학습자들은 낮은 학습자들보다 복잡한 문제에 당면했을 때, 그 문제를 해결하려는 지속력이 더 높았으며 더 쉽게 문제를 해결한다. 또한 성취동기가 높은 사람들은 낮은 사람들보다 실패를 경험하고 있을 때조차도 과제 지속력이 더 길다.

최근 교육현장에서 성취동기를 설명하는데 있어 목표(goal)의 개념이 도입되었다. 즉, 학습자가 분명한 목표를 가지게 되면 그 목표는 학습상황을 해석하는 기준을 제공해 주고 그 상황에 대처할 수 있는 틀을 제공해 준다는 것이다. Dweck(1986)은 학업성취 상황에서 수행목표와 학습목표의 두 가지 목표를 확인하고 목표에 따라 학습자의 행동이 달라진다고 주장하였다. 수행목표는 학습자가 자기의 유능성에 대해 타인으로부터 긍정적인 평가를 받고자 하는 목표이며, 학습목표는 단지 자기자신의 유능성을 증가시키려는 것 자체에 목표를 두는 것이다. 수행목표를 가지고 있는 학습자는 도전적인 과제를 피하는 경향이 강하고 무기력한 태도를 보이기도 하며 학습과정 중 어려움에 직면할 때는 수행이 나빠지는 경향을 보인다. 반면 학습목표를 가지고 있는 학습자는 도전적인 학습과제를 추구하고 새로운 것을 적극적으로 배우고자 하며 실패에 대한 두려움이 없고 실패에 직면하더라도 이를 해결하기 위해 노력하는 경향을 보인다.

한편 성취욕구가 높은 사람과 낮은 사람간의 행동의 차이를 성공 및 실패에 대한 지각의 차이에서 오는 것으로 보는 학자도 있다. 이를 귀인이론(attribution theory)이라고 한다. Weiner(1974)는 학생들이 학습결과(성공 혹은 실패)의 원인을 무엇으로 지각하느냐에 따라 학습동기 및 학습에 대한 기대가 좌우된다고 본다. 성취상황에서 성공과 실패에 대한 지각된 원인으로 바이너는 통제소재, 안정성, 그리고 통제가능성의 세 차원으로 분류하였다.

〈표 4.3〉 귀인차원

통제가능성	내 적		외 적	
	안정	불안정	안정	불안정
통제 가능	지속적 노력	일시적 노력	교사의 편견	타인의 도움
통제 불가능	능력	기분	과제 난이도	운

원인의 통제소재(locus of control) 차원이란 성·패의 원인을 학습자 자신(내부)에서 찾느냐 아니면 환경(외부)에서 찾느냐의 문제로 흔히 내·외차원으로 특징지워진다. 예컨대 능력과 노력은 학습자 자신에게서 발생된 것이기 때문에 내적 차원으로 분류되는데 반하여 학습과제의 난이도와 운은 학습자의 외부에서 발생된 것이기 때문에 외적 차원으로 분류된다.

안정성(stability) 차원이란 찾아진 원인이 시간이 경과하거나 상황이 바뀌어도 항상성을 띠는 안정적인 요인이냐 아니면 상황에 따라 수시로 변할 수 있는 불안정한 요인이냐의 문제로서 안정적·불안정적 차원으로 특징지워진다. 예컨대 능력과 학습과제의 성질은 시간과 상황이 바뀌어도 크게 변화하지 않기 때문에 안정적 차원으로 분류된다. 그러나 노력과 운은 상황에 따라 변할 수 있기 때문에 불안정한 차원으로 분류된다.

통제가능성(controllability) 차원이란 찾아진 원인들이 학습자의 의지에 의해 통제될 수 있느냐 없느냐의 문제로서 통제가능·통제불가능 차원으로 분류된다. 예컨대 노력은 학습자의 의지에 따라 통제되므로 통제가능한 차원으로 분류되는 데 반해 능력, 과제난이도, 운은 의지와는 무관한 것이기 때문에 통제불가능한 차원으로 분류한다.

학습과제

1. 청소년기의 지능과 성격의 발달적 특징에 대해 고려해 보고, 이를 근거로 중, 고등학생들의 학교 적응을 돕기 위한 구체적 방안들을 도출하시오.

2. Cattell의 Gf-Gc 지능 이론에 대해 설명하시오.

3. 지능의 일반요인설과 비교할 때 Gardner의 다중지능이론은 어떤 교육적 함의를 갖고 있는지 논의하시오.

4. 인간이 정서가 학습되는 과정을 고전적 조건형성 절차를 통해 설명하시오.

5. 정보처리이론 중 초기 기억의 저장고 모형은 현대에 이르러 어떻게 변화해 왔는지 조사해 보시오.

6. 성취목표이론이나 귀인이론에서 제시하는 학습동기론을 설명하고, 학생들의 학습동기 향상을 위해서 교사가 취할 수 있는 노력들에 대해 생각해 보시오.

학습과제란

참고문헌

성태제, 강대중, 강이철, 곽덕주, 김계현, 김천기, 김혜숙, 봉미미, 유재봉, 이윤미, 이윤식, 임웅, 홍후조 (2012). 최신 교육학개론. 서울: 학지사.

이성진 (2003). 교육심리학서설. 서울: 교육과학사.

임규혁, 임웅 (2008). 학교 학습을 위한 교육심리학. 서울: 학지사.

정민승, 이지혜, 임진영 (2002). 생애발달과 교육. 서울: 한국방송통신대학교 출판사.

최지은 (2001). 창의성의 체제모델 검증을 위한 시계열분석. 숙명여자대학교 박사학위논문.

최지은 (2010). 창의성과 교육. 서재복 (편). 학부모를 위한 영재교육. 서울: 원미사.

최지은, 임진영 (2000). 교육심리: 학습과 발달의 과정. 박성희 외 (공저). 교육학에의 초대. 서울: 원미사.

황정규 (2010). 인간의 지능. 서울: 학지사.

Aries, P. (1973). *L'enfant et la vie familiale sous l'ancien regime.* 문지영 역. 아동의 탄생. 서울: 새물결.

Atkinson, R. C. & Shiffrin, R. M. (1971). The control of short-term memory. *Scientific American, 225,* 82-90.

Bandura, A., Ross, D., & Ross, S. A. (1961). Imitation of film-mediated aggressive models. *Journal of Abnormal and Social Psychology, 66,* 3-11.

Cattell, R. B. (1963). Theory of fluid and crystallized intelligence: A critical experiment. *Journal of Educational Psychology, 54,* 1-22.

Csikszentmihalyi, M. (1999). Implications of a systems perspective for the study of creativity. In R. J. Sternberg (Ed.), *Handbook of creativity* (pp. 313-335). New York: Cambridge University Press.

Detterman, D. K. (1998). Kings of men: Introduction to a special issue. *Intelligence, 26*(3), 175-180.

Dweck, C. S. (1986). Motivational processes affection learning. *American Psychologist, 41,* 1040-1048.

Gage, N. L. & Berliner, D. C. (1992). *Educational psychology.* Princeton, NJ: Houghton Mifflin.

Gardner, H. & Moran, S. (2006). The science of multiple intelligence theory: A response to Lynn Waterhouse. *Educational psychologist, 41*(4), 227-232.

Gardner, H. (1983). *Frames of mind: The theory of multiple intelligences.* New York:

Basic Books.

Gottfredson, L. S. (1998). Jensen, Jensenism, and the sociology of intelligence. *Intelligence, 26*(3), 291-299.

Gruber, H. E. (1981). *Darwin on man: A psychological study of scientific creativity (2nd ed.).* Chicago: University of Chicago Press. (Original work published 1974).

Hill, W. F. (1990). *Learning psychology.* 이영애 역 (1998). 학습심리학. 서울: 을유문화사.

Hintzman, D. L. (1978). *learning psychology.* 이훈구 역(1990). 학습심리학. 서울: 탐구당.

Houtz, J. (2003). *The educational psychology of creativity.* 김정희 역(2007). 창의성을 부르는 심리학. 서울: 시그마프레스.

Jensen, A. R. (1969). How much can we boost I.Q. and scholastic achievement? *Harvard Educational Review, 33,* 1-123.

Köhler, W. (1925). *The mentality of apes.* NY: Liveright.

Lubart, T. (1999). Componential models. In M. A. Runco & S. R. Pritzker (Eds.), *Encyclopedia of creativity, Vol. 1* (pp. 295-307). San Diego: Academic Press.

Ormrod, J. E. (2008). *Human Learning* (5th ed.). NY: Prentice Hall. 김인규, 외 (역). 인간의 학습. 서울: 시그마프레스.

Ormrod, J. E. (2010). *Educational psychology: Development learners (7th ed.).* NY: Allyn & Bacon. 이명숙 외 (역). 교육심리학. 서울: 아카데미프레스.

Policastro, E. & Gardner, H. (1999). From case studies to robust generalizations: An approach to the study of creativity. In R. J. Sternberg (Ed.), *Handbook of creativity* (pp. 213-225). New York: Cambridge University Press.

Spearman, C. (1927). *The abilities of man: Their nature and measurement.* New York: macmillan.

Torrance, E. P. (1962). *Guiding creative talent.* Englewood Cliffs, NJ: Prentice Hall.

Vygotsky, L. (1934/1986). *Thought and language.* Cambridge, MA: MIT Press.

Vygotsky. L. (1978). *Mind in society: The development of higher of higher psychological processes.* Cambridge, MA: Harvard University Press.

Weiner, B. (1974). *Achievement motivation and attribution theory.* N.J: General Learing Press.

Wood, D., Bruner, J. S., & Ross, G. (1976). The role of tutoring in problem solving. *Journal of Child Psychology and Psychiatry, 17,* 89-100.

제5장 교육의 사회학적 이해

제1절 교육사회학의 학문적 성격과 발달
1. 교육사회학의 개념
2. 교육사회학의 발달과정
3. 교육적 사회학과 교육의 사회학

제2절 교육사회학의 접근 이론
1. 기능이론과 갈등이론
2. 교육사회학의 새로운 동향

제3절 사회화와 교육
1. 사회화의 개념
2. 사회화의 기관
3. 사회화의 방법

제4절 사회계층과 교육
1. 사회계층의 개념
2. 사회계층의 결정요인
3. 사회계층과 교육

제5절 사회변동과 교육
1. 사회변동의 개념
2. 사회변동의 요인과 과정
3. 사회변동과 교육

제1절 교육사회학의 학문적 성격과 발달

1. 교육사회학의 개념

교육사회학의 성격이나 개념을 정리하려는 시도가 교육학자와 사회학자들 간에 이루어져 왔으나 일치된 합의를 이끌어내는데 많은 어려움이 있었다. 그 이유 중의 하나는 교육사회학을 교육학의 한 영역으로 생각하는 교육학자들과 사회학의 한 영역으로 간주하는 사회학자들의 의견이 서로 달랐기 때문이다. 즉 교육사회학이 교육학과 사회학의 두 학문영역을 포함하고 있는데서 그 연유를 찾을 수 있다. 또 다른 이유는 초기의 연구자들이 도덕적이고 철학적인 이론을 중시한 나머지 과학적인 연구를 소홀히 하였기 때문이다. 따라서 그들의 주장을 뒷받침할 실증적인 근거를 제공하지 못하여 학문적인 시각에서 양측 간에 갈등이 초래되었다.

교육사회학의 개념을 정리하기 전에 교육학과 사회학의 성격이나 개념을 살펴볼 필요가 있다. 먼저, 교육학은 본질적으로 바람직한 인간형성을 목적으로 하는 학문이다. 학자에 따라서는 그 본질을 문화유산의 전달로 보거나 사회개혁의 수단으로 보는 경우도 있다. 그러나 일반적으로 교육 내지 교육학의 본질을 바람직한 인간의 형성으로 보고 있다. 교육학이라는 학문은 가치지향적인 당위성(當爲性)과 과학적인 법칙성(法則性)을 모두 가지고 있다. 교육학의 정의에서 바람직한 방향으로 인간을 형성해야 한다는 것은 가치지향적인 측면을 강조한 것이다. 따라서 교육은 나쁜 방향이 아니라 좋은 방향으로 나아가는 도덕성과 깊은 관련이 있다고 하겠다. 또한 정범모(1971)는 교육을 인간행동의 계획적인 변화라고 정의하고 있는데 그의 정의에는 가치지향적인 성격보다 계획적인 변화라고 하는 어떤 법칙성을 강조하고 있다. 즉, 행동의 변화를 인과관계로 파악하는 경험적인 과학성을 말하고 있다. 이상과 같이 교육학은 당위성과 법칙성 모두를 내포한 학문이라고 할 수 있다.

사회학은 사회 안에 있는 집단의 구조와 기능을 이해하고 분석하는데 관심을 두고 있다. 즉, 인간과 집단의 관계를 연구하는 것이 사회학의 본질이라고 할 수 있다. 사회학은 개인과 개인, 개인과 집단, 집단과 집단의 상호작용, 그리고 거기에서 형성되는 사회구조와 그 변화과정 등에 관한 연구를 실험적으로 하기 때문에 교육학에 비해 과학적인 성격이 강한 학문이다.

이처럼 교육학과 사회학의 성격에서 알 수 있듯이 양자 간에는 깊은 관련이 있음을 알 수 있다. 교육이 사회적 현상이기 때문에 사회집단으로부터 많은 영향을 받게 되고 학교조직도 하나의 사회집단이기 때문에 사회학적인 연구의 대상이 된다. 여기에서 교육학과 사회학의 공동 관심 영역으로서 교육사회학이 형성될 수 있다.

그럼, 교육사회학의 학문적 개념을 몇몇 학자들의 예를 통해 제시하고자 한다. Brown(1954)은 "교육사회학이란 사회학적 제 원리를 교재와 활동, 방법, 학급조직, 그리고 측정 등을 포함한 전체 교육과정에 응용하는 하나의 새로운 학문"으로 정의하고 있으며, Prichard(1973)는 "교육사회학은 교육에 대한 사회학적 연구이며 그것은 사회학의 한 하부영역"이라고 보고 있다. 그리고 한준상(1982)은 "교육사회학은 교육의 기능 및 현상을 사회학적으로 파악하는 학문이다. 교육사회학은 변화하는 교육현상을 이해하려고 하며, 유동적인 교육현상에 동원되는 집단, 집단 간의 이해관계 등, 집단체제의 영향력, 교육과정, 교사와 학생간의 관계와 기능을 이론적·경험적으로 파악하는 학문"으로 정의하고 있다.

이상의 정의를 종합해 볼 때, 교육사회학은 교육현상의 사회적인 측면을 과학적인 방법으로 연구하는 학문이라고 할 수 있다. 다시 말하면, 교육사회학은 교육에 대한 사회학적인 연구로서 교육체제와 교육의 과정에서 발생하는 집단의 관계를 사회학적인 연구에서 성취된 지식, 기술, 방법 등으로 연구하는 학문이다(Prichard, 1973).

2. 교육사회학의 발달과정

교육사회학의 학문적 발달은 20세기 초에 구미 학자들이 교육의 사회성, 사회적 조건, 사회적 역할 등의 중요성을 강조하면서 시작되었다. 교육사회학의 발달은 교육사회학이 독자적으로 형성되기 이전에 교육의 사회적 조건과 사회의 교육적 조건을 해명하려는 Natrop나 교육을 사회적 동화 과정으로 규정하는 Kriek, 그리고 교육과 사회와의 관계를 강조한 Dewey 등의 선구적인 업적에 힘입은 바 크다.

특히, 교육사회학의 발달에 가장 큰 공헌을 한 사람은 프랑스의 사회학자 Emile Durkheim이다. 그는 교육사회학이 독립된 그리고 과학적인 학문으로 자리를 잡는데 지대한 공헌을 했다. 그래서 그를 교육사회학의 창시자라고 부른다. 그는 1887년부터 보르노(Bordeau)내학에서 사회교육과 교육학을 기르쳤고, 1905년부터는 파리대학에서 「교육학과 사회학」 강좌를 담당하였다. 그는 인간의 행위를 사회적 행위로 간주하고 교육을 사회학적으로 연구하는데 관심을 기울였다. 그는 당시 프랑스의 사회해체 현상에 커다란 관심을 갖고 교육은 사회화의 기능을 통하여 사회적 통합에 기여할 수 있다는 확신을 가졌다.

그 후 교육사회학이 대학의 강좌로 개설되기 시작한 것은 1907년 Suzzallo가 미국 컬럼비아 대학에서 「교육사회학(Educational Sociology)」 강의를 담당하면서 이다. 그 후 교육사회학의 강좌가 미국의 각 대학에서 개설되기 시작하였다. 1917년에는 Smith 교수가 「교육사회학개론」(An Introduction to Educational Sociology)을 저술하여 강의를 위한 교과서로 사용하였다. 이 책은 최초의 교육사회학의 체계적인 저술로서 그는 교육사회학을 사회학의 응용과학이라고 주장하였다. 1923년에는 미국 교육사회학회가 조직되었고 1928년에 학회 기관지인 「교육사회학회지」가 창간되었다.

미국뿐만 아니라 유럽에서도 교육사회학이 교육학 및 사회학도들이 반드시 이수해야 할 학문의 한 영역으로 되었고, 이에 관한 저서와 논문은 헤아릴 수 없이 많이 나왔다. 우리나라의 경우도 1952년 서울대학교 사범대학에서 교육사회학 강좌가 처음 개설되었으며, 1967년에는 교육사회학연구회가 한국교육학회의 한 분과회로 발족되면서 교육사회학이 더욱 발전될 수 있는 계기가 되었다.

이상에서 살펴본 바와 같이 미국을 비롯하여 여러 나라에서 교육사회학은 교육학의 기초학문으로서 또는 사회학의 한 영역으로 크게 발전하여 왔다. 그러나 교육사회학이 교육학과 사회학의 접점에 위치하고 있기 때문에 초기 발달과정에서 학문적인 성격과 연구방법을 둘러싸고 계속적인 논쟁이 야기되었다. 그 논쟁의 핵심은 이 학문을 교육적 사회학(Educational Sociology)이라고 부를 것인가 교육의 사회학(Sociology of Education)으로 부를 것인가의 문제였다. 이 문제는 절을 바꾸어 살펴보기로 하자.

3. 교육적 사회학과 교육의 사회학

교육사회학의 개념을 정리하고 학문적 성격을 이해하기 위해서는 교육학자와 사회학자들이 주장했던 두 가지 시각을 살펴보아야 한다. 그 하나는 응용사회학적인 성격을 강하게 나타내는 교육적 사회학(Educational Sociology)인데, 이것은 사회학의 이론과 지식을 교육실천에 응용하려는 실천지향적인 조류로서 1910년대~1940년대의 교육사회학의 성격이다. 다른 하나는 1950년대 이후부터 학자들에 의해 받아들여진 경험과학적인 성격을 지닌 교육의 사회학(Sociology of Education)인데, 이는 교육현상에 대한 탐구를 통하여 사회학의 지식과 이론을 넓혀가려는 사회학 지향적 조류이다. 교육사회학의 발달 초기에는 주로 도덕 및 철학적인 이론을 중시하는 학자들에 의해 연구가 이루어져 왔으나 최근에는 경험과학적 이론을 전개해 온 학자들에 의해 연구되고 있다. 여기에서 전자의 학자들은 '교육적 사회학'이라는 용어를 사용하였고, 후자의 학자들은 '교육의 사회학'이라는 용어를 사용하였다(이규환, 1978). Stalcup(1968)에 의하면, 교육적 사회학은 교육행정 및 과정에 사회학의 일반적 원리와 연구 결과를 응용한 학문이라고 한다. 이 조류는 하나의 사회적 단위로서의 교육체제에 교육학의 원리를 적용하려고 시도한다. 이에 반해 교육의 사회학은 교육체제의 사회학적 과정을 분석・연구하는 학문이다. 그리고 교육적 사회학은 연구문제를 교육학에 찾고, 교육의 사회학은 사회학에서 찾으려고 한다.

1950년대 이르러 교육사회학은 응용과학에서 순수과학으로 탈바꿈하기 시작하였고 주된 관심영역이 가치판단의 문제에서 사실분석의 문제로 바뀌게 되었다. 즉, 2차 대전 이전까지는 실제적인 사회관계와 사회적 세력 또는 사회의 교육적 형성력을 연구하려는 학문적인 성격이 강하였다. 그러나 전후에는 교육 사회학을 규범적 또는 응용적인 학문에서 객관도나 정확도가 높은 교육과학으로 재조직하려는 노력이 강하게 나타나기 시작하였다(김병성, 1991). Durkheim(1956)에 의하면, 교육을 사회적 실재로 파악하고, 사회구조의 한 부분으로서 교육의 사회적 기능을 밝히는 것이 교육연구의 핵심이라고 하였다. 1955년 Brookover는 전통적인 교육적 사회학에 새로운 이름을 붙여 「교육의 사회학」(A Sociology of Education)을 처음으로 출간하였다. 그리고 1963년에는 학술지의 명칭이 「교육의 사회학보」(The Journal of Sociology of Education)로 바뀌었고, 학술지의 내용도 전에는 교육실제에 응용될 규범, 정책 등을 주로 다루었으나 그 후로는 실증적인 자료와 과학적인 방법에 기초한 논문들을 주로 게재하였다. 이와 같이 교육의 사회학은 사회학 지향적인 성격과 순수과학적인 성격을 짙게 가지고 나타났으며 교육사회학이 사회학의 한 하위영역임을 확인시켜 주는 계기가 되었다.

특히, 미국에 있어서는 '교육적 사회학'과 '교육의 사회학'을 둘러싼 양자 간의 논쟁이 어느 나라보다 활발하였다. 교육전문가, 교육행정가, 그리고 교육학자들은 교육사회학이 교육학의 한 하위분야에 속한다고 하면서 '교육적 사회학'이라는 용어를 사용하였고, 교육사회학이 사회학의 한 하위영역이라고 주장하는 사람들은 '교육의 사회학'이라는 말을 사용하였다. 그러나 Morrish(1972)는 교육사회학이 사회학의 분야인가 교육학의 분양인가 하는 문제를 토론하는 것 보다는 교육사회학에서 탐색해야 할 중요한 문제가 무엇인지 결정하고 그 해답을 줄 교육학자와 사회학자를 발견하는 일이 더 중요하다고 하면서 교육학자와 사회학자들이 잘 협조하여 다학문적 연구(interdisciplinary approach)를 해야 한다고 주장하였다. 끝으로 교육적 사회학과 교육의 사회학의 차이점을 표로 요약해 보면 다음과 같다.

〈표 5.1〉 교육적 사회학과 교육의 사회학

교육적 사회학	교육의 사회학
· 1910년대~1940년대	· 1950년대~
· 교육학의 한 영역	· 사회학의 한 영역
· 응용과학적	· 경험과학적
· 실천지향적	· 학문지향적
· 가치판단의 문제	· 사실분석의 문제
· 대표자: Suzzallo	· 대표자: Durkheim

제2절 교육사회학의 접근 이론

1. 기능이론과 갈등이론

교육사회학의 연구영역에서 중요시 되는 교육의 사회적 기능, 교육의 기회균등, 사회계층과 사회이동, 직업의 배분 등의 문제는 그것을 보는 학자들의 기본 입장에 따라 서로 다르게 접근하고 있다. 특히 그것이 기능주의적 시각인지 갈등주의적 시각인지에 따라 문제를 접근하는 방식에 상당한 차이점을 나타낸다. 여기에서는 이 두 가지 대조적인 이론이 교육과 사회의 문제를 어떻게 설명하는지 살펴보고자 한다.

가. 기능이론

기능이론(Functional theory)은 Comte와 Spencer로 올라가는 오랜 전통을 가지고 있다. 이들에 의해 기초가 형성된 기능이론은 Durkheim, Pareto, 그리고 Malinowski 등에 의해 발전되었으며, 미국의 대표적인 사회학자 중의 하나인

Parsons에 의해 포괄적인 이론으로 체계화되었다. 기능이론이라는 명칭은 학자에 따라서 합의이론(consensus theory), 구조기능주의이론(structural functional theory), 질서이론(order theory), 균형이론(equilibrium theory)으로 사용하기도 한다.

기능이론은 사회를 하나의 생물학적인 유기체로 비유한다. 사회는 각기 다른 여러 부분으로 구성되어 있으며, 각 부분은 전체의 존속을 위하여 필요한 각각의 기능을 수행한다고 보고 있다. 따라서 구성요소간의 관계는 조화와 협동과 협의의 관계이며, 이를 통해 사회 전체는 질서, 균형, 안정, 통합을 유지하고 추구하게 된다. 그래서 사회의 각 부분은 상호의존적인 성격을 지니며, 전체 사회의 존속에 공헌한다. 기능이론은 사회발전의 전망, 교육과 사회와의 관계, 그리고 교육의 사회적 기능에 대해 거시적인 관점에서 낙관론적인 해석을 내리고 현상유지적 성격을 갖고 있다. 특히, 기능이론에 따르면 사회 내에 존재하는 계층구조는 능력에 따라 선발된 인력들에 대한 차등적 보상체제의 당연한 결과라고 설명한다.

기능이론이 학교교육에 대해 가지는 견해는 학교는 국가 사회체제의 한 구성요소에 지나지 않으나 학교가 하나의 사회체제일 수도 있다는 것이다. 또한 학교보다 더 작은 규모인 학급도 사회체제가 될 수 있다고 한다. 사회체제로서 학교교육의 기능은 크게 두 가지로 들 수 있는데, 하나는 사회에서 필요한 역할을 수행할 수 있도록 사회의 규범, 기술, 문화 등을 전수해 주는 사회화의 기능이다. 다른 하나는 적절한 능력을 가진 사람을 적절한 기능을 담당할 수 있도록 사람들을 분류하고 선발하는 기능이다. 따라서 학생들을 사회화함으로써 사회의 안정과 통합을 유지할 수 있고, 복잡한 산업사회에서 분업을 통해 전문화를 추구할 수 있고, 개인들을 공정한 경쟁을 통해 능력에 따라 분류하고 배치할 수 있게 된다. 이러한 두 가지 기능, 즉 사회화 기능과 선발 기능은 사회의 질서, 균형, 안정을 통하여 사회체제를 유지·존속시키고 있기 때문에 학교의 존재가치와 학교교육의 정당성을 지지해 주고 있다고 할 수 있다.

Durkheim은 모든 사회가 해체되지 않고 응결, 지속되고 있는 원인은 사회질서(social order)라고 생각했고, 이 사회질서의 기초는 성원간의 상호의존성과 합의라고 생각했다. 그는 또한 사회적 존재로서의 인간은 언어·기술·습관 등을 학습할 것과 중핵가치와 이념을 내면화할 것, 그리고 자기중심적 존재로부터 도덕적 시민으로 탈바꿈하는 것을 강조하였다. 그는 사회의 중핵 가치와 이념에 대한 합의가 이루어지는 과정을 도덕교육이라고 하였다. 이런 도덕교육은 사회의 중핵가치와 신념을 내면화시키는 작용이며 이러한 내면화가 사회가치, 규범의 보편화를 도모하여 결과적으로는 사회통합을 가능하게 한다고 보았다. 그는 이러한 중핵가치는 사회화를 통하여 실현되고 그 사회화 기능은 학교에서 담당한다고 하였다(A. P. Parelius & R. J. Parelius, 1978).

이상과 같이 기능론적인 시각은 교육과 사회와의 관계를 낙관적으로 보고 있는데, 기능주의자들의 사회에 대한 기본입장을 비판해 봄으로써 기능이론의 한계를 지적할 수 있다. 기능이론은 ① 존재하는 모든 사회조직을 기능적인 측면에서만 파악한다. ② 사회적 이념, 목표, 규범 등의 보편성과 합의성을 지나치게 강조하고 있다. ③ 실증적이지 못하고 보수적이다. ④ 조직 내에서 이루어지는 변화를 제대로 설명하지 못하고 있다는 비판을 받고 있다.

나. 갈등이론

기능이론이 1950년대 주류를 이루었던 이론이라면 갈등이론(Conflict theory)은 1960년대 이후에 교육사회학을 지배했던 이론이라고 할 수 있다. 갈등이론은 교육과 사회의 관계를 낙관적인 시각에서 보는 기능이론에 대항하여, 그것을 비관적으로 보는 급진적인 관점이다. 갈등이론은 Marx와 Weber 등의 사상에 그 뿌리를 두고, Bowles와 Gintis, Dahrendorf, 그리고 Coser 등에 의해 발전되었다.

갈등이론은 미국 내의 시대적 상황이 변화와 격변의 분위기가 고조되고, 사회적·인종적 갈등과 대립이 일어나고, 고도의 산업화·도시화로 인해 기존의 사회질서에 회의를 느끼면서 나타나기 시작했다. 기능주의자들의 주장과는 달리 갈등주의자들은 사회의 속성을 의견의 불일치, 갈등, 강압 등으로 파악하고, 사회변화의 주된 원인을 권력투쟁의 과정에서 찾고 있다. 갈등이론은 사회를 개인 간 및 집단 간의 끊임없는 경쟁과 갈등의 연속으로 보고 있으며, 싸움자체가 인생이요 사회라고 본다. 즉, 갈등이론에서는 갈등을 비정상적인 것도 아니고 병리적인 것도 아닌, 사회에 중요한 공헌을 하는 것으로 보고 있다. 따라서 기능이론으로는 사회변동을 제대로 설명하지 못하고 정치적 이념에 있어서 보수적인 경향이 짙은데 비하여, 갈등이론은 사회변동의 설명에 적합하고 진보적인 성향이 강하여 변화지향적인 성격을 갖고 있다.

갈등이론은 사회제도를 지배집단과 피지배집단으로 나누는데, 희소가치가 있는 자원의 분배가 불평등한 사회일수록 지배집단과 피지배집단간의 이해관계가 상충되어 갈등이 심화된다고 주장한다. 그래서 지배집단은 기득권을 점하고 현 체제를 유지하기 위해 피지배집단에게 선전, 강압, 권한 등을 행사하고, 피지배집단은 자원에 대한 불평등한 분배에 불만을 품고, 나름대로 집단이나 조직을 형성하여 지배집단에 대항하게 된다. 이러한 과정에서 필연적으로 폭력이 수반되어 현 체제가 파괴되고, 새로운 사회질서가 나타나게 된다는 것이다.

갈등이론의 학교교육에 대한 시각은 학교는 하나의 사회적 불평등을 재생산하는 수단에 불과하다고 본다. 즉, 교육이 사회에 존재하는 모든 계급에게 평등하게 주어지기 보다는 사회저변에 깔려있는 불평등과 불공정성을 강화・유지시킴으로써 평등사회를 실현하는데 결코 도움을 주지 못한다고 주장한다. Bowles & Gintis(1976)는 자본주의 사회에서 학교는 두 가지 기능을 수행하는데 하나는 자본을 축적하는데 필요한 노동력을 재생산하는 것이고, 다른 하나는 노동을 이윤으로 바꾸는데 필요한 신념, 기질, 가치, 태도 등을 재생산하는 기능이라고 하였다. 기능이론이 교육의 사회화와 선발기능에 중점을 두고 공민성을 계발하는데 교육의 목표를 두고 있는데 반하여, 갈등이론은 선전, 교화, 억압 등에 의한 잘못된 사회화를 교정할 수 있는 인간성의 회복에 그 중점을 두고 있다.

이상과 같은 갈등이론은 불평등한 사회구조와 교육과의 관계에 대한 이해의 폭을 넓혀주었다는 점과 학교교육의 본질적인 문제점을 지적해 주었다는 점에서 긍정적인 평가를 내릴 수 있지만, 다음과 같은 몇 가지 문제점 내지 한계를 지적하지 않을 수 없다. 갈등이론은 ① 지나치게 갈등이나 변화를 강조한 나머지 사회파괴나 해체를 유발시킬 가능성이 있다. ② 변동에 대한 대안도 없이 비판만하는 외침으로 전락해 버릴 가능성이 있다. ③ 인간의 의지를 간과하고 자연의 법칙에 의해 사회가 움직인다는 주장은 지나치게 자연과학적이다 라는 비판을 받는다.

2. 교육사회학의 새로운 동향

교육사회학은 기능이론과 갈등이론이 교육과 사회와의 관계를 거시적인 관점에서만 다루고 있는 점을 비판하면서 미시적인 관점에서 교육의 내적 과정을 체계적으로 설명하려는 '신교육사회학'(new sociology of education)이 등장하였다. 신교육사회학의 출현은 1970년에 개최된 영국 사회학회의 교육사회학 회의에서 발표된 '대안적 시각'(alternative perspective)에 관한 논문을 Young(1971)이 편집한 「지식과 통제: 교육사회학의 새로운 방향」(Knowledge and Control: New Directions for the Sociology of Education)이 계기가 되었다. 그는 이 책에서 종래의 교육사회학은 사회계층과 교육의 기회균등 문제에만 집착한 나머지 학교내부의 현상을 파헤치는데 등한시하였으나 이제부터는 교육기관에서 가르치고 있는 지식의 사회성에 눈을 돌려야 하며, 결국에는 교육사회학이 지식사회학의 한 학문임을 인식하게 될 것이라고 역설하였다. 이러한 신교육사회학의 발달은 Young과 Bernstein 등에 의해 주도되었다.

Bernstein(1975)은 사회언어학적인 시각에서 학교교육을 아동의 언어와 관련시켜 연구하는데 지대한 공헌을 한 학자이다. 그는 사회계층간 문화의 상대성을 고려하지 않고 정적 상태로 분류된 교육과정은 아동의 학습가능성을 저하시킨다고 지적하였다. 또한, 그는 계급의 근원은 발생학적인 유전인자에 의해서보다는 계급 자체가 만들어낸 의사소통을 위한 어법에 의해 다음 세대에 전달되는 것에서 찾았다.

Young(1971)은 오랫동안 교육사회학을 지배해 왔던 사회계층과 교육기회에 관한 연구를 비판하였다. 그는 종래의 교육사회학의 연구는 교육되어지는 것이 무엇인가를 문제시하지 않고 단편적인 행정적 개혁 및 교육과정 개혁을 위한 여러 압력요인들에 대해 단지 모호한 정당성만을 제공하였다고 한다. 또한 그는 교육과정에 있어서 교육과정이 규정되는 형식은 곧 사회계층의 이익을 대변하는 과정이라고 주장한다. 즉, 사회계층의 이해관계에 따라 지식의 계층화 현상이 나타난다는 것이다. 교육과정의 개혁에 있어서 항상 변화, 수정의 가능성이 높은 영역은 하류층 자녀들의 교육과 관련이 깊은 하위 지식영역인 기술지식 등이라고 한다. 이것은 지배층의 지식평가 체제를 위협하지 않는 범위 내에서 가능하다고 지적하면서 기능론적 교육과정의 오류, 즉 학교에서 다루는 교육내용의 공평성, 객관성, 보편성을 비판했다. 그리고 학교에서 다루어지는 지식과 교육내용은 특정계층, 특히 지배계층의 가치와 문화를 반영하며 이데올로기적 성격에 따라 억압과 통제의 기능을 수행한다고 보고 있다.

이와 같은 신교육사회학은 종래의 교육사회학이 단순히 외현적으로 나타난 교육의 내용과 문제를 다룬 단점을 극복하려는 노력이라 볼 수 있다. 신교육사회학은 교육의 외적 과정이나 외현적 커리큘럼의 문제보다는 교육과정에 잠재되어 있는 교육의 내적 과정의 분석을 강조하는 입장을 취하고 있다. 신교육사회학의 주요 연구과제는 교육내용으로서의 지식에 관한 연구, 학생-교사간의 상호작용에 관한 연구, 그리고 교육현상과 정치·사회적 현상과의 연관성 문제 등을 주요 연구영역으로 삼고 있다.

신교육사회학이 교육현상을 탐구하는데 종래의 거시적인 관점에서 탈피하여 미시적인 관점에서 학교교육의 문제를 이해하려는 점에서는 그 업적을 인정할 수 있다. 그러나 몇 가지 측점에서 신교육사회학도 비판을 받고 있다. 신교육사회학은 교육문제에 대해 많은 분석을 하고 있으나 방법론상의 한계로 인해 해결책을 제시하지 못하고 있다는 점을 지적할 수 있다. 그리고 지식사회학적인 관점에서 교육현상을 분석하기 때문에 극단적인 상대주의나 이분적인 발상에 집착해 주관적 해석에 치우칠 가능성이 높다는 비판을 받고 있다.

1970년대 이후 기능이론과 갈등이론에 대해 비판을 가하면서 영국을 중심으로 나타난 '신교육사회학'은 1980년대 중반 이후 그 패러다임의 한계를 느끼고 그 대안을 추구하려는 경향이 새롭게 전개되면서 도전을 받기 시작하였다. 새로운 교육사회학의 경향은 신기능주의, 사회저항이론, 포스트 마르크스주의 이론 등이다.

먼저, 신기능주의(new functionalism) 경향을 살펴보기로 하자. 1983년 미국의 교육개혁을 위한 보고서인 '국가적 위기'(A Nation at Risk)가 발표된 이후 확산되기 시작한 신기능주의 혹은 후기 기능주의(neo-functionalism)는 기능주의와 갈등주의 이론을 조정하여 사회 통합과 사회 갈등의 문제를 학교교육의 수월성과 창의성으로 설명하려는 이론적 접근이라고 할 수 있다. 이는 학교교육을 비판하면서도 학교교육의 강화를 주장하는 특성을 가지고 있다. 신기능주의는 사회화의 기능과 고급인력의 훈련 및 훈육을 강조한다는 점에서는 전통적인 기능이론의 주장과 같으나 개인적 차원에서 볼 때 적응, 비판의식, 그리고 창의성 교육을 강조하고 있다는 점에서 차이가 있다. 다시 말해서, 신기능주의는 학교교육의 기능을 강조하면서 개인의 자유의지와 창의성을 강조하고 있다. 그리고 학교교육은 사회개혁과 국가발전의 원동력이라고 믿고 있으며, 고등교육의 중요성을 인식하고 있다.

이러한 신기능주의는 두 가지 흐름으로 나누어 볼 수 있는데, 그 하나는 효율적인 학교운동과 신교사 교육운동이다. 효율적인 학교운동은 학교교육의 기능을 강화하고 고급인력의 질 관리를 강조하는 접근이다. 효율적인 학교운동은 전체사회의 탁월성을 추구하기 위해서는 교육의 탁월성을 통해서만 가능하다고 보고 있으며, 이러한 교육의 탁월성은 학교교육의 수월성을 통해 가능하다고 보고 있다. 한편, 신교사 교육운동은 교사 교육의 강화에 역점을 두고 있는데, 교육의 질을 향상시키기 위해서는 교사의 수월성을 확립해야한다는 견해를 가지고 있다. 이 운동은 미국의 50개 우수 사범대학에서 발표한 '홈스 그룹'(The Homes Group)의 보고서와 카네기재단의 교사교육 강화를 위한 보고서 등에 잘 나타나 있다.

다른 하나는 학교교육의 훈육문제와 참을성을 중시하는 경향이다. 이 경향은 사회 성원의 도덕적 문맹을 염려하고 사회적 가치 붕괴와 인간성 상실의 문제를 중요하게 다룬다. 학교교육은 아동의 사회화기능 뿐만 아니라 훈육의 강화를 통해 도덕성 확립의 기능을 한다고 주장한다. 그리고 교육은 사회의 병폐나 사회 내에 존재하는 모든 문제를 해결하기 위한 수단으로 보고 있다.

두 번째로 사회저항이론을 들 수 있다. 이 이론은 학교교육에서 문제가 될 수 있는 학습자, 교사, 그리고 학습과정에 내포된 사회저항(social resistance)을 설명하려는 이론이다. 여기에서 사회저항이란 교육에 저해가 되는 모든 사회적·문화적 요인을 총칭하는 개념이다. 사회저항의 요인은 사회의 구조적 모순, 문화적 일탈, 그리고 지배적인 이데올로기 등인데, 이러한 요인들은 학교교육의 기능을 저해하는 요인이 될 수 있다. 저항의 개념은 종래의 저항이론에서도 학급내의 문화나 학습자 개개인이 지닌 특성에 대한 연구가 대부분이기 때문에 이때 비행과 저항의 개념이 분명치 않다. 그러나 사회저항이론은 이러한 미시적인 관점과는 달리 학교교육에 대한 사회 전체의 모든 속성이나 구조가 내포하고 있는 교육저항요소를 연구의 주관심사로 삼고 있다. 이때 교육저항요소란 교육에 저해가 되는 모든 교육의 내·외적인 요인을 의미하며 패러다임은 교육과 사회저항요인간의 관계를 설명하려는데 두고 있다(이현청, 1994).

셋째로 포스트 마르크스주의(post-marxism) 이론을 들 수 있는데, 이는 종래의 마르크스주의적 재생산이론을 받아들이는 갈등이론을 비판하고 사회에 존재하는 불평등의 원인을 복합적인 요인에서 찾고 있다. 이 이론은 자본주의 사회에서의 교육은 경제적인 체제와 국가영역 간에 상존하는 모순과 갈등으로 인해 역할 갈등을 겪게 된다고 설명한다. 그리고 사회변혁을 위한 교육의 역할은 평등과 인권 그리고 자본주의 경제구조간의 상호모순과 갈등을 해소하는데 있다고 주장한다. 포스트 마르크스주의 이론은 종전의 마르크스 사회이론이 지니고 있는 학문적 한계를 극복하려는 노력에서 출발하여 자본주의 경제체제와 민주주의체제간의 갈등을 이해하려는 접근이라고 할 수 있다.

이상에서와 같이 1950년대와 1960년대에 주류를 이루었던 기능주의와 갈등주의 이론을 비판하면서 나타난 신교육사회학과 그 이후에 나타난 새로운 교육사회학의 경향을 간단히 살펴보았다.

제3절 사회화와 교육

인간은 다른 동물과는 다르게 지적 능력에 있어서나 심리적 특성에 있어서 무한한 발달 가능성을 가지고 태어난다. 이렇게 발달가능성이 많은 생물학적인 특성을 가진 인간은 점점 자라나면서 사회적·문화적 존재로 변모해 간다. 이러한 변화의 과정을 사회화 과정이라고 할 수 있다.

본 절에서는 첫째, 사회화의 개념을 고찰하고, 둘째, 사회화를 담당하는 기관들을 살펴보고, 셋째, 사회화의 방법에 대해 고찰하고자 한다.

1. 사회화의 개념

사회화란 무엇을 의미하는 것인가? 발달 가능성만을 가지고 태어난 아동은 사회의 한 구성원으로 성장해가면서 그 사회의 구성원들과 상호작용을 통해 새로운 지식, 기술, 태도, 규범, 가치 등을 배움으로써 사회적・문화적 존재로 성장 발달하여 간다. 이와 같이 개인이 자기가 속한 사회집단의 행동양식, 태도, 규범, 가치관 등의 문화를 학습하여 내면화하고, 자신의 독특한 자아를 형성해 가는 과정을 사회화라고 한다(Horton and Hunt, 1980). 다시 말하면 개인이 사회의 한 성원이 되기 위해 필요한 모든 사회적 행동특성을 학습해 가는 과정을 사회화 과정이라고 한다.

사회화의 개념은 학문적 접근 양식에 따라 서로 다르게 논의되고 있다. 문화인류학적 입장에서는 사회화를 한 사회에 속한 모든 사람이 공유하는 행동양식 또는 규범에 따라 행동하도록 그 사회의 문화유형을 습득하는 것으로 이해하여 문화화(enculturation)라고 부르고 있다(이광규 외, 1976). 사회학적 입장에서는 사회화란 사회의 여러 기능을 수행하는데 필요한 행동양식을 습득하는 과정으로 보고 있다. 따라서 유능한 사회성원이 되기 위해서는 사회적 지위에 따르는 역할을 잘 수행할 수 있게 하는 행동양식을 습득하는 문제에 초점을 둠으로써 역할학습을 강조하는 것이다(Brim and Wheeler, 1966). 한편, 사회심리학적 입장에서는 개인의 심리적 측면을 강조하여 자아 형성과정을 사회화 과정이라고 보고 있다. 이와 같이 사회화에 대한 서로 다른 입장에도 불구하고 어떤 공통된 내용을 정리하면, 사회화란 특정사회에 속해 있는 개인이 사회적 학습, 또는 사회적 상호작용을 통해서 그 사회에 적응해가고 그 사회의 성숙된 성원이 되어 가는 과정이라고 할 수 있다. 즉, 사회화란 한 사회의 문제가 개인에게 내면화(internalization)되는 과정이다. 이렇게 볼 때 사회화는 사회적으로는 문화의 전달과정이고, 개인적으로는 개성의 형성과정이다. 개인은 그가 속해 있는 집단의 규범에 따라 행동함으로써 집단의 질서를 유지하고, 그 사회 속에서 독특한 자아를 형성해 가는 것이다.

2. 사회화의 기관

인간이 성장 발달하면서 사회화되는데 직·간접적으로 영향을 주는 매개체를 사회화 기관 또는 사회화의 대행자(socializing agents)라고 한다. 사회화가 개성 형성의 과정이고 문화전달의 과정이기 때문에 사회화의 기관은 수없이 많다. 예컨대 가족, 친척, 친구, 교사, 지역사회, 학교, 교회, 대중매체 등이 있다. 이러한 여러 가지 사회화 기관을 크게 가정, 학교, 매스미디어로 나누어 살펴보면 다음과 같다.

가. 가정

인간은 출생과 더불어 초기 생활의 대부분을 가정에서 보내기 때문에 사회화의 제일차적 기관이며 가장 중요한 기관이다. 가정에서 어린이가 사회화되는 가장 일반적인 형태는 모방인데 그 모방의 대상인 부모나 형제자매의 언어, 행동 등은 어린자녀에 지대한 영향을 준다. 즉, 부모의 자녀양육 방식, 가족 구성원간의 인간관계 구조 및 역할구조는 자녀의 인격형성에 커다란 영향을 미친다고 할 수 있다. 자녀를 지나치게 통제하는 가정에서 자란 어린이는 복종적, 의존적, 지배적인 성격을 형성하게 되고, 방임적인 가정 분위기에서 자란 어린이는 비창조적, 비사회적, 내성적인 성격을, 민주적인 가정 분위기에서는 활동적, 사회적, 진취적인 성격이 형성된다.

가정의 구조와 형태에 따라서도 사회화의 행동특성이 달라진다고 한다. 대가족제에서 자란 아동은 핵가족에서 자란 아동에 비해 의존적인 성향이 강한 반면 사교성이 발달되고, 기독교 정신을 강하게 믿는 가정에서 성장한 아동은 독립심과 성취동기가 강한 행동특성을 가진다고 한다(Brown, 1965). 또한 자녀의 출생순위에 따라서도 사회화되는 행동특성에 차이가 있는데, 장자인 경우는 지배적인 성격이 강하고 책임감이 강하며 지도성이 뛰어나다. 반면 막내인 경우는 독립심이 부족하여 의존적인 성향을 갖게 된다.

오늘날에는 핵가족제도로 말미암아 가정에서의 역할모델이 부족하게 되어 자녀들에게 풍부한 경험을 제공하지 못하는 취약성이 나타나며, 자녀의 수도 적어짐에 따라 지나친 과잉보호나 기대감으로 인하여 자녀의 건전한 사회성 발달에 좋지 않은 영향을 미치는 양상이 드러나고 있다(김준기, 1994).

나. 학교

일차적인 사회화의 기관인 가정을 통해 기본적인 생활습관이나 집단의 규칙 등 기본적인 행동양식을 학습한 아동들은 학교에 입학하여 새로운 조직사회에 접하게 된다. 학교는 가정에 비하여 계획적, 합리적, 의도적인 사회화기관이라고 하겠다. 학생들은 학교생활을 통하여 일반적인 지식, 태도, 기술을 습득할 뿐만 아니라 동료들과의 비공식적 상호작용을 통하거나 교사와의 관계를 통하여 사회적 역할을 배우게 된다. 특히, 교사는 아동이 가정 밖에서 만나게 되는 첫 번째 성인으로서 부모의 대리 역할을 하는 만큼은 교사의 인성, 가치관, 태도 등은 아동에게 중요한 영향을 미친다고 하겠다. 교사의 아동에 대한 사회화의 역할은 사회화의 모델로서의 역할과 바람직한 행동특성을 지니도록 안내, 조력, 조정해주는 행동 수정자로서의 역할을 담당한다.

끝으로 학교의 기능을 사회화의 측면에서 요약하면 첫째, 전 세대의 문화유산을 학습하고 또 이를 계승·발전시키는 태도와 능력을 기르는 기능, 둘째, 학교사회의 집단생활에 필요한 규범이나 행동양식을 가르치는 기능, 그리고 셋째, 장래의 직업 세계에서 필요로 하는 직업에 대한 가치관과 기본 기능을 습득하게 해 주는 직업적 사회화의 기능을 가지고 있다(석태종, 1988).

다. 매스미디어

매스미디어가 지배하는 사회에서는 개인의 성품뿐만 아니라 사고방식 전반에 걸쳐 신문, 방송, TV, 스마트폰 등의 영향을 많이 받게 된다. 종전에는 가정에서 주로 이루어졌던 사회화 기능이 산업이 발달함에 따라 학교로 이관되었다가 매스커뮤니케이션의 발달로 인하여 학교에서 매스미디어로 다시 넘어가게 되었다. 따라서 우리 주위에 범람해 있는 각종 대중매체는 넓은 의미에서 교육 작용의 주체가 되는 동시에, 그 목적에 있어서도 형식적이고 의도적인 교육을 충분히 담당하고 있다.

최근 정보통신정책연구원에서 '2012년 방송 매체이용형태조사' 결과를 발표하였다. 13세 이상 남녀를 대상으로 한 이 조사에서는 1인당 TV 시청량이 하루 평균 3시간 9분으로 나타났다. 스마트폰 이용시간은 1시간 57분, PC노트북은 1시간 50분, 태블릿 PC은 1시간 28분, 라디오는 1시간 1분, 신문은 30분으로 나타났다(방송통신위원위, 2013). 이처럼 TV, 스마트폰, PC, 태블릿 PC는 그것이 교육적이든 비교육적이든 청소년의 행동과 의식에 절대적인 영향을 주고 있음을 알 수 있다.

대중매체의 교육적인 기능은 첫째, 주변에서 일어나는 여러 가지 변화를 알려주는 기능, 둘째, 축적된 사회적 지혜나 문화유산을 한 세대에서 다음 세대로 전달하는 기능, 셋째, 고달픈 삶을 달래주고 즐겁게 해주는 오락의 기능 등을 들 수 있다. 반면에 대중매체의 부정적인 기능은 그 내용이 지나치게 흥미위주로 되어 있어 청소년의 건전한 사고발달을 저해하고 정서적인 불안과 공포심을 유발하고 범죄나 폭력 프로그램으로 인해 공격적인 성격과 범죄행위를 모방하게 된다는 점을 들 수 있다.

어쨌든, 대중매체가 가지고 있는 여러 가지 기능 중에서 청소년들이 긍정적이고 교육적인 영향을 받을 수 있도록 주위에 있는 부모, 교사, 그리고 모든 성인들의 올바른 지도가 계속되어야 할 것이다.

3. 사회화의 방법

사회화의 방법은 어떤 일관되고 독특한 형태가 고정되어 있기 보다는 사회화의 기관에 따라, 시대와 장소에 따라 각양각색으로 나타날 수 있다. 따라서 사회화의 방법을 크게 세 가지로 요약하여 설명하고자 한다.

첫째, 모방학습(modeling)의 방법이다. 모방학습이란 모델이 되는 사람의 행동을 모방하거나 그 사람과 동일시하는 과정을 통하여 학습이 이루어지는 것을 말한다. 어린 시절의 행동은 거의 모두 모방에 의해 이루어진다. 즉, 아동의 사회화는 부모, 형제, 자매의 행동을 모방함으로써 시작된다. 학교에서 학생은 교사나 동료 학생들의 행동을 모방하거나 소설, 영화, TV 주인공의 행동을 모방하여 사회적 행동을 하게 된다. 이러한 모방적 행동은 인간의 학습을 가능하게 하는 가장 기본적이며 본능적인 행동으로 간주된다.

둘째, 역할학습의 방법이다. 이것은 어떠한 지위를 차지한 사람이 그가 차지한 지위에서 요구하고 기대하는 사고, 행동, 그리고 감정을 학습하고 수행하는 것을 뜻한다. 즉, 개인은 각자가 소속한 집단의 지위나 위치에 부여된 역할에 따라 사회적, 집단적 행동을 하게 된다. 부모로서, 자녀로서, 교사로서 해야 할 것을 문화적·제도적으로 혹은 타인에 의하여 기대되는 것이 바로 역할학습의 내용이 되는 것이다. 이러한 역할학습은 가정, 학교, 학급에서만 이루어지는 것이 아니라 동료집단·사회기관·조직 등 인간관계가 형성되는 사회 어느 곳에서나 이루어지는 사회적 학습의 한 형태이다(김병성, 1993).

셋째, 자아형성의 방법이다. 이것은 한 개인이 사회화 과정에서 외부의 규범이나 기준을 점차 자기의 내부적 행동규범으로 바꾸어가는 방법을 의미한다. 즉, 사회적, 문화적으로 규정되는 행동규범을 한 개인이 자기의 행동규범으로 바꾸어 자의적으로 수용하고 발달시켜 나가는 과정이다(김병성, 1993). 이처럼 자아가 형성되어가는 과정은 자아동일시의 과정이며 사회적 존재로 변해 가는 과정이기도 하다. 지금까지는 가정에서는 부모가, 학교에서는 교사나 동료학생이, 직장에서는 상사나 동료직원이 중개자로서 역할을 담당해 주었지만 이제는 자신이 스스로 내재적 가능성을 발휘하여 사회화의 역할을 해가는 과정이라고 할 수 있다.

제4절 사회계층과 교육

1. 사회계층의 개념

사회성원은 그가 속해 있는 집단 또는 사회에서 각각 일정한 지위를 점유하고, 거기에 부수된 일정한 역할을 수행하면서 생활한다. 사람들은 각자가 차지하는 지위나 수행하는 역할에 따라 보수, 상호적 평가, 그리고 역할 수행 등이 달라진다. 이와 같이 위계적인 사회체제 속에서 동일한 또는 비슷한 정도의 희소가치를 향유하는 사람들의 집단, 또는 비슷한 사회적 평가를 받는 사람들의 범주를 가리켜 사회계층(social stratification)이라고 한다. 다시 말하면, 사회계층이란 인간사회의 구조화된 사회적 불평등체계라고 할 수 있다.

사회계층이란 말은 흔히 사회계급(social class)이란 용어와 혼동하여 사용하고 있으나 양자를 간단히 구분하면 다음과 같다. 사회계층은 사회계급에 비해 포괄적인 개념으로서 권력, 재산, 신분 등의 위신 있는 지위의 상・하라는 객관적 서열구조에 의하여 결정되며, 사회적 지위나 노력의 정도에 의하여 제3자와 구별되는 인위적 분류로서 하나의 연속적 전체 속에 설정된 단계적 구분을 말한다. 다시 말하면, 사회계층이란 연속선상에 있는 지위의 서열로서 다원적 지표에 의하여 분류되는 불평등 구조라고 할 수 있다. 반면에 사회계급은 재산, 교육정도, 직업, 사회적 지위 등이 비슷해서, 비슷한 생활습관・태도・행동・가치관을 가지고 있는 사람들의 집단을 말한다. 일반적으로 사회계급은 집단적 응집력이 전제된 개념으로써 생산수단의 소유여하에 따라 결정되고 경제력이라는 단일차원에 의해 구분되는 특성을 가지고 있다. 다시 말하면, 사회계급은 사회 내에 존재하는 실제적이고도 객관적인 지위가 경제력이라는 단일 지표에 의하여 분류된 사회 불평등 구조를 가리키는 것이다(석태종, 1989).

이상과 같이 사회계층과 사회계급을 구분할 수 있지만 학자에 따라서는 양자를 구분하지 않고 사용하는 경우가 많다. 특히, 사회계급이라는 용어는 사회주의 국가에서 많이 사용하는 것으로 생각하여 이의 사용을 일부로 꺼리는 경향도 있다.

2. 사회계층의 결정요인

사회계층을 결정해 주는 요인은 여러 가지가 있겠지만 현대사회에서는 재산과 수입, 직업, 교육수준, 자기 자신의 주관적 평가 등을 들고 있다(Horton & Hunt, 1976). 미국의 사회학자인 Warner는 사회계층을 분류하는 객관적 기준으로 지위특성지표(ISC: Index of status characteristics)를 제시하였다. 그는 이 지표에서 사회계층의 결정요인으로 직업, 가옥의 형태, 거주 지역, 수입액, 소득원, 교육수준 등의 6가지를 들고 있다.

또한, 홍두승(1992)에 의하면 계층의 구성요인을 세 차원으로 구분하였다. 첫째, 계층이 형성되기 위한 객관적 조건, 예를 들어 직업위계서열상의 지위, 소득, 교육수준, 생산수단의 소유여부, 둘째, 객관적 위치에 따른 주관적 인식과 인지적 평가, 셋째, 이것을 바탕으로 해서 나타나게 되는 구체적인 계급행동 또는 계층행동이다. 그리고 Persell(1977)은 부(wealth), 노동시장에서의 지위 즉, 수입 · 작업조건 · 일의 유형 · 자율성 여부 · 사회적 관계 유형 등, 그리고 인종으로 인한 신분제도를 들고 있다.

이상의 내용을 종합해 볼 때, 사회계층의 결정요인으로 중요한 세 가지 기준을 제시할 수 있는데 그것은 재산과 수입, 직업, 그리고 교육정도이다.

3. 사회계층과 교육

한 사람의 일생에 있어서 사회계층이 갖는 중요성은 매우 크다. 우리는 그 사람의 사회 계층적 배경을 앎으로써 일반적인 교육수준, 교육에 대한 야망, 성취동기의 정도 및 학교에서 학생이 이룩할 학업과 행동발달의 정도를 예측할 수 있다. 물론 오늘날에는 계층구조가 개방화됨으로써 과거보다 사회계층의 중요성이 희박해져가고 있지만 아직도 그 힘은 무시할 수 없다고 하겠다(이형행, 1994).

교육은 사회계층을 분류하는데 있어서 중요한 결정요인 중의 하나이다. 그것은 교육이 구체적인 사회계급에서 요구하는 수입과 생활양식을 제공하는 데에 직접 또는 간접적으로 많은 기여를 하고 있기 때문이다. 교육과 사회계층과의 관계는 교육이 사회계급의 형성과 사회이동에 어떠한 역할을 하는가의 문제와 사회계급이 교육에 미치는 영향은 어떠한가 즉, 사회계급에 따라 교육관·학력수준 등은 어떠한가 하는 문제로 집약된다(석태종, 1989: 165).

사회계층과 교육과의 관계에 대하여 Warner과 Martin은 다음과 같은 4가지 중요한 문제를 제시하였다.

첫째, 각 계층은 특유의 문화를 발전시키고 교육에 대한 태도도 다르며 자녀들의 진학, 커리큘럼 선택 등에 반영된다.

둘째, 아동·학생의 인간성, 학교 내·외의 사회적 행동의 배후에는 사회 계층적 배경이 존재한다는 점이다.

셋째, 학교의 교육정책, 교사의 학생에 대한 태도에 있어서 계층적 차별도 볼 수 있다는 점이다.

넷째, 학교는 사회계급에 있어서 사회이동과 관련되어 있다는 점이다.

사회계층은 구체적으로 자녀의 교육기회, 가치관, 지능, 언어, 학업성취도 등에 지대한 영향을 미치기 때문에 학교교육은 사회계층이 아동에게 미치는 부정적인 영향을 극복하고 모든 아동이 바람직한 민주시민이 될 수 있도록 도와야 할 것이다.

제5절 사회변동과 교육

1. 사회변동의 개념

사회변동(social change)이란 말은 흔히 사회변화, 문화변동, 사회진보 등과 유사한 용어로서 같은 뜻으로 사용하는 경우도 있고 구분하여 사용하기도 한다. 그러나 일반적으로 사회학에서는 '사회변동'으로 통일하여 쓰는 경우가 많다.

사회변동은 사회의 구조와 사회관계가 변화해 가는 것을 의미한다. 즉, 사회변동은 사회구성원간의 상호작용관계와 행위양식에 새로운 형태와 의미가 가해져 가는 과정이다. 사회변동의 예는 연령층의 분포, 출산율의 변화, 노동조합의 출현으로 근로자와 사용자간의 관계변화, 핵가족의 출현으로 인해 남편과 아내의 지위역할의 변화 등을 들 수 있다.

한편, 문화변동은 사회관계나 사회구조의 변동 이외에 철학 · 종교 · 과학 · 예술 · 규범 · 가치관 등의 문화가 변동하는 것을 말한다. 예를 들면, 새로운 언어의 창조, 자동차의 발명과 보급, 도덕관념의 변화, 음악, 예술, 무용, 성에 대한 태도의 변화 등을 들 수 있다. 그러나 성에 대한 평등은 남녀 간의 역할과 지위 등의 변화를 초래하기 때문에 사회구조나 사회관계의 변화가 수반된다고 하겠다. 따라서 사회변동과 문화변동을 확연히 구분하기는 어려움이 있다.

변동, 변천, 변환 등의 용어는 모두 어떤 사실이나 현상이 달라져가는 과정이거나 달라지는 상태를 표현하는 것이다. 그러나 엄밀히 살펴보면 약간의 차이가 있다. 변동이란 개념은 어떠한 사실이나 현상이 한 지점에서 다른 자리로 옮겨 달라지는 과정이나 달라지는 상태를 의미하는데, 이는 역동적으로 움직이는 점에 중점을 두고 있다. 변천은 한 사실이나 현상이 시간적인 차원에서 달라져 가는 과정을 표현하는 개념이다. 그리고 변화란 한 사실이나 현상이 자리를 옮기지 않고 그 자체가 변질하는 과정이나 상태를 의미한다. 즉, 변화는 움직여서 변한 상태가 그대로 계속되는 정적인 개념이다(박용헌 외, 1990).

사회현상이 달라진다고 할 때 실제에 있어서는 이같은 세 가지 의미를 다 포함하고 있으나 학문적인 시각에 따라 사회학에서는 변동을, 역사학에서는 변천을, 그리고 교육학에서는 변화의 개념을 즐겨 사용한다. 그러나 어떠한 사회현상이 달라지는 과정에는 시간적・공간적 차원과 양적・질적 차원의 변천, 변동, 변화의 과정을 모두 거친다고 할 수 있다.

2. 사회변동의 요인과 과정

사회변동은 어느 하나의 요인에 의하여 일어난다기 보다는 복합적으로 작용하여 나타난다. 일반적으로 사회변동의 요인으로는 물리적 환경・인구의 변동・경제력・지식・종교적 신념 등을 들 수 있다.

Maclever와 Page(1950)에 의하면, 사회변동의 요인을 세 가지로 요약하고 있는데 이는 자연적・생물학적 요인, 기술적 요인, 그리고 문화적 요인이다.

첫째, 자연적・생물학적 요인은 인구의 증가, 기후의 변화, 환경파괴, 인종문제 등이 있는데 이들은 직・간접적으로 인류의 생존에 영향을 준다.

둘째, 기술적 요인은 기술적 발명, 기술혁신, 새로운 기술의 도입 등이다. 과학적 지식이 인간의 물질적・사회적 생활의 각 영역에 실제로 응용되어 자동차의 발견, 컴퓨터공학, 유전공학과 같은 첨단과학과 기술을 탄생시켜 인간생활에 혁명적 변화를 가져다 주었다.

셋째, 문화적 요인으로는 문화접변, 문화의 전수, 사회구성원간의 가치관과 태도와 현존하는 사회의 문화적 기반 등을 들 수 있다. 이는 한 사회가 다른 사회와 접촉을 통해 나타나는 변동이다.

사회변동의 과정을 발견, 발명, 전파로 보는 견해가 있는데(Horton & Hunt, 1964) 첫째, 발견이란 인류의 확증된 지식의 누적이며 기존의 사실 또는 관계에 대한 인간의 인지 작용이다. 이러한 발견에 의하여 새로운 지식이 새로운 기술을 발전시킬 때 거대한 변동이 따르게 된다. 둘째로, 발명이란, 문화의 낡은 요소의 새로운 사용을 말한다. 셋째, 전파란 집단에서 집단으로 문화특성이 전파 또는 보급되어 나가는 현상을 말한다. 이러한 문화전파는 한 사회 안에서만 진행되어 나가는 것이 아니라 사회 간의 접촉 과정을 통해서도 이루어진다.

Merrill(1962)은 사회변동의 순서를 다음 네 단계로 나누어 설명하였다. ① 기술: 기술은 우리가 살고 있는 물리적 환경을 변경시킴으로써 사회변동에 큰 영향을 미치게 된다. ② 경제기관: 기술이 발달함에 따라 그 영향을 제일 먼저 받게 되는 것이 경제기관이다. 경제기관은 상품과 서비스를 생산하고 분배하는 조직된 사회기관이다. ③ 사회기관: 사회기관은 경제변동에 의해서 많은 영향을 받게 된다. 여기서 사회기관이란 가족・학교・교회・정부 등을 말한다. ④ 사회적 가치: 사회진보의 기준은 가치척도에 달려 있다. 사회적 가치는 사회에 따라 다르고 고정되어 있지 않다.

일반적으로 과학 기술의 변동으로 인한 경제기관과 사회기관의 변동은 비교적 빠르게 일어나는데 비하여 사회적 가치의 변동은 느리게 이루어진다. 그 이유는 사회 구성원들의 가치관이 서서히 변하기 때문이다.

3. 사회변동과 교육

사회변동은 가치관의 갈등, 사회적 해체 및 문화적 지체 등으로 안정적인 사회생활을 방해한다. 그러면 변동하는 사회에서 교육은 어떻게 사회의 안정과 동시에 발전에 공헌할 수 있을까? 이는 변화가 미치는 충격을 되도록 적게 하고 변화의 시간을 줄이거나 변화에 대하여 적응할 수 있는 교육을 실시함으로써 변화가 미치는 바람직하지 못한 영향을 어느 정도 극복할 수 있을 것이다(차경수, 1986).

변화의 충격에 대한 교육의 대처방안을 살펴보면 다음과 같다.

첫째, 교육은 변화의 충격을 줄이기 위하여 전통과 혁신의 균형을 취할 필요가 있다. 급변하는 사회에서 학교가 너무 전통적인 가치관만 고집하는 경우 혁신이 이루어지지 못하여 변화에 잘 적응하지 못하고 사회구성원들은 갈등을 느끼게 되어 사회는 불안과 긴장에 휩싸이게 된다. 다른 한편, 사회가 갑자기 새로운 것만 강조하고 전통적인 규범이나 문화를 경시해서는 안된다. 전통적인 규범과 새로운 규범 사이의 단절은 사회의 가치관이나 기본적인 규범・문화 등을 통해 개인을 통제하거나 통합을 기할 수 없게 만든다. 따라서 학교는 기본적인 사회화의 역할이 흔들리지 않을 만큼 전통적인 문화유산을 전달하고 문화지체가 일어나지 않도록 혁신적인 것을 가르침으로써 변화의 충격을 줄여야 할 것이다.

둘째, 교육은 부분적으로 일어나는 변화를 전체적으로 일어나게 함으로써 변화에서 오는 갈등을 최소화시킬 필요가 있다. 갈등은 변화의 과정에서 일어나므로 과거의 전통적인 사회나 근대화된 서방 선진국가에서는 심하게 일어나지 않는다. 변화가 전 사회에 전파되게 하기 위해서는 대중매체의 역할이 매우 크다 하겠다. 신문, 잡지, TV, 스마트폰 등은 사회에 일어나고 있는 변화를 전체 사회구성원들에게 신속히 알려주기 때문에 부분적인 변화를 전체 사회의 변화로 확산시키는데 지대한 공헌을 한다. 이러한 역할은 지속적인 사회교육을 통해서 가능하다고 할 수 있다.

셋째, 교육은 사회 변화에 적응할 수 있는 능력을 갖춘 인간을 기르는데 힘써야 한다. 급변하는 현대 사회에서는 단편적인 사실이나 지식보다는 사태의 변화에 새롭고 신속하게 대처할 수 있는 능력을 길러 주어야 한다. 다시 말해서, 일반적이고 기본적인 가치, 규범, 개념, 원리 등을 가르쳐 문제해결 능력이나 비판적 사고력을 가질 수 있도록 해야 한다.

이렇게 볼 때 교육의 역할은 급변하는 사회 속에서 일어나는 모든 문제를 해결해야 할 만큼 다양해졌다. 그리고 학교는 지역사회와의 유대를 강화하여 그 지역 사회의 선도적인 역할을 담당해야 하며 계속적이고 체계적인 사회교육의 확대로 개인과 사회에서 발생하는 변화에 잘 적응할 수 있도록 해야 한다.

학습과제

1. 교육사회학의 학문적 개념을 몇몇 학자들의 예를 통해 제시하고 교육사회학을 정의해 보자.

2. 교육적 사회학과 교육의 사회학의 차이점을 설명해보자.

3. 기능이론과 갈등이론의 차이점을 설명해보자.

4. 사회계층을 결정하는 주요인이 무엇인지 본인의 생각을 제시해보자.

5. 사회변화의 충격에 대한 교육적 대처방안을 제시해보자.

학 습 과 제 란

참고문헌

구광현 외 (1994). 교육학개론. 서울: 양서원.

김병성 (1991). 교육사회학. 서울: 양서원.

김병성 (1993). 교육사회학. 서울: 양서원.

김신일 (1993). 교육사회학. 서울: 교육과학사.

김준기 (1994). 교육사회학. 서울: 재동문화사.

박용헌 외 (1990). 교육사회학. 한국방송통신대학 출판부.

방송통신위원회 (2013). 2012년 방송매체이용행태조사 보도자료.

석태종 (1989). 현대교육사회학. 서울: 재동문화사.

송병순 (1993). 현대사회와 교육. 서울: 양서원.

이광규 외 (1976). 문화과정과 교육. 교육과학신서11. 서울: 교육출판사.

이규환 (1978). 교육사회. 서울: 배영사.

이석재 (1988). 현대교육사회학. 서울: 교육출판사

이현청 (1994). 교육사회학. 서울: 양서원.

이형행 (1994). 교육학 개론. 서울: 양서원.

정범모 (1971). 교육과 교육학. 서울: 배영사.

정병도 (1993). 교육사회학. 서울: 재동문화사

한준상 (1982). 새로운 교육학: 교육사회학 이론의 전개. 서울: 한길사.

홍두승 외 (1982). 경제발전과 사회계층에 관한 연구. 한국사회과학연구 협의회.

Bernstein, B. (1971). *Class, codes and control. Vol. Ⅰ*. London: Routledge and Kegan Paul.

Bernstein, B. (1975). *Class, codes and control. Vol. Ⅱ*. London: Routledge and Kegan Paul.

Bowles, S. & Gintis, H. (1976). *Schooling in capitalist america*. New York: Basic Books.

Brim O. G. & Wheeler S. (1966). *Socialization after childhood: Two essays*. New York: John Wiley.

Brown, F. J. (1954). *Educational sociology*. New York, Prentice-Hall, Inc.

Durkheim, E. (1956). *Education and sociology*. translated by Sherwood Fox. Illinois: The Free Press.

Horton P. B. & Hunt C. L. (1964). *Sociology*. New York: McGraw-Hill Book

Company.

Maclever R. M. & Page C. H. (1950). Society: *An introductory analysis*. New York: Macmillan.

Merrill F. E. (1962). *Society and culture*. New Jersey: Prentice-Hall, Inc.

Parelius, A. P. & Parelius, R. J. (1978). *The sociology of education*. New Jersey: Prentice-Hall, Inc.

Persell C. H. (1977). *Education and inequality: A theoretical and empirical synthesis*. New York: The Free press.

Prichard K. W. & Buxton T. H. (1973). *Concepts and theories in sociology of education*. Lincoln, Nebraska: Professional Educators Publications.

Stalcup R. T. (1968). *Sociology and education*. Columbus, Ohio: C. E. Merril Pubblishing Co.

제6장 교육과정

학교사태에서 실제로 이루어지고 있는 일은 학교 교육의 목적을 달성하기 위한 교육과정 구성과 운영이며, 수업의 전개이고 그에 대한 평가이다. 따라서 '교육의 과정(教育의 過程)'은 학교 교육의 핵심이 되는 분야로서 학생, 교사, 학부모의 큰 관심의 대상이다. 이렇게 볼 때, '교육의 과정'에 대한 이해가 중요하다.

교육의 과정은 교육목적에서 평가에 이르기까지의 전체적으로 일관된 흐름이며, 교육의 과정은 교육의 목적에 따라 효과적인 방법으로 지식, 기술, 태도를 전달하여 인간을 형성해 가는 계획이고, 이 과정을 합리적이고 조직적으로 정비하고 체계화하는 것이 교육기술이다. 이 장에서는 학생들로 하여금 교육과정에 대한 이해를 바탕으로 교육의 목적, 교육과정의 개념 및 교육과정 변천에 대한 이해를 돕고자 하였다.

제1절 교육의 목적

1. 교육목적의 정의

교육상황에서 교육이상, 교육이념, 교육목적, 교육목표, 수업목표란 용어를 흔하게 대한다. 그런데 교육관계법과 교육관계의 용어로 교육현장에서 혼용되고 있는 실정이어서 이들 용어에 대하여 먼저 고찰할 필요가 있다. 교육관계법에서는 교육법 제1조에 교육이념을 홍익인간이라고 하여 조문의 총괄 개념임을 나타내고 있다.

교육이상(idea of education)의 개념에 대해 국어사전을 살펴보면 이상(理想)이란 지적, 도덕적, 미적, 사회적으로 생각할 수 있는 가장 완전한 상태, 관념에 있어서 일체의 현실적인 불비(不備)와 결함을 사상(捨象)하고, 바람직한 조건을 모두 완전히 갖춘 상태라 하고 있는데, 생각할 수 있는 가장 완전한 이상적 목표(ideal)라 할 수 있다.

교육이념(idea of education)은 교육목적 및 교육목표의 원천이 되는 교육적 성과에 대한 이상적 관념이라고 하고 있다. 오천석(1973, 16)은 교육적 행위 전체를 지휘하는 근본원리를 교육이념이라고 통칭한다고 하였다. 기본적 교육철학(basic philosophy of education), 최고의 교육이념이라고 할 수도 있으며, 희랍의 보편적 이데아(universal idea)와의 공통점도 있다고 하고, 포괄적, 보편적, 기본적, 일관적, 지속적, 긍정적 특징이 있다고 하였다. 따라서 그 동안 우리 교육은 홍익인간, 일민교육, 민주교육, 민족적 민주주의, 민족중흥 교육 등 다양한 슬로우건이 교육이념으로 학교현판을 장식하였다고 하고 있다(오천석, 1973: 21-23).

교육목적(educational goals or aims of education)은 교육의 여러 가지 조건을 고려하면서 교육을 통해 성취하려고 하는 궁극적인 표적 또는 교육목표와 동의어로 사용하는 경우로서 교육을 통해 성취하려는 구체적인 지향점이다. 그 미래성과 가치성을 보다 강조하는 경우에는 교육의 이상이라고도 한다(교육학용어사전, 1981: 80).

교육목표(objectives of education)는 의도적 교육실제에 있어서 달성하고자 하는 최종적 교육성과라고 하는 교육목적을 보다 구체화한 항목이라고 하였다(교육학용어사전, 1981: 81). B. S. Bloom 등(1956)의 교육목표분류학(taxonomy of educational objectives)은 인지적 영역, 정의적 영역, 심리운동적 영역을 학교교육의 목표로 주장하고 있다.

주안점(principal object)은 교육학 용어로 기재되어 있지 않으나 주되는 요점, 중요한 골자라고 국어사전에 있다. 교육학사전에는 구체적이고 최종적인 목표를 표현하는 용어라고 되어 있는 흔히 학습지도안에서 사용하는 소목표를 표현할 때 사용하는 것으로 구체적이고 명세적인 수업목표를 의미한다.

이와 같이 교육목적과 유사하나 사용이 다르고 차원이 다르며 표현이 다르다. 차원과 표현으로 나열한다면 교육이상이 가장 높은 차원으로 최고의 표현이며 순서대로 교육이념, 교육목적, 교육목표, 주안점으로 위계화 될 수 있다. 교육목적이나 교육목표를 나타내는 교육용어이지만 쓰임이 다르고 차원이 달라

교육상황에서 사용할 때는 주의가 필요하다.

2. 교육목적의 설정과 진술

교육의 과정에서 교육목적은 교육을 통해서 성취하려는 표적 혹은 지향점으로서 가장 핵심적인 단계인데 표현하는 용어가 고차원적이고 철학적이며 형이상학적인 용어임으로 교육상황에서는 구체적인 행동용어로 표현하거나 교육목적 혹은 교육목표를 분석할 필요가 있다. 특히 교육실제에서 교수-학습은 어떤 학습경험이 내용을 통하여 이루어지고 원하는 교육의 목적이나 혹은 교육목표는 행동이기 때문에 이원적 표현이 필요하다.

교육목적 이원분류가 필요한데 교육활동은 간섭활동이므로 세심한 전문적 계획과 노력이 필요하다. 예를 들면 애국심이 교육목적인데 실제 교수-학습을 위해서 필요한 교수-학습 경험은 이순신 장군이나 안창호와 같은 애국자의 내용을 가르치고 이와 같은 경험을 통하여 애국심이 길러지기를 바란다. 이순신 장군의 전적지나 그 연대를 외우는데 그친다면 애국심의 기초가 될 수는 있으나 애국심을 기르지는 못할 것이며, 애국심과 무관한 학습활동을 하는데 그치게 됨으로 교수-학습 활동은 먼저 교육목적을 확인 분석하고, 그 목적을 달성할 수 있는 타당한 교수-학습 경험을 선정하고 효율적으로 달성할 수 있도록 조직하여 교수-학습 활동을 전개하여야 한다. 여기에 교사의 철학적 안목과 심리학적 식견이 필요하다. 교육목적을 이해하고 설정하는 것은 철학적 안목이며 교육목적을 분석하고 그에 적합한 경험을 선정하여 조직하는 것은 심리학적 식견이다.

황정규(1984, 1995)는 학교학습과 교육평가의 입장에서 교수목표의 진술과 세분화라 하였고 교육목표는 교육의 전체과정을 방향지우고 규제하는 역할을 한다고 하며, 김병화(1994: 81-89)는 민주주의 교육이념으로 '정치적 이념, 경제적 이념, 사회적 이념, 도덕적 이념'을 들고 있으며, 미국교육정책위원회(NEA:

1938)는 4대 교육목적으로 자기실현의 목표, 인간관계의 목표, 경제적 효율성의 목표, 시민적 책임의 목표를 들고 있다. 교수학습과 관계시켜 조작주의적 접근의 R. F. Mager(1962)의 제안, R. M. Gagne (1970)의 과제분석적 접근의 제안, J. Piaget(1965)의 지능발달이론에 근거하여 교수목표를 제안한 C. Kamil(1981), 교수목표, 과제분석 등의 여러 제안이 있다. 여기에서는 B. S. Bloom 등(1956), A. Harrow(1972), D. E. Krathwohl 등(1964)이 제안한 교육목적 분류학을 위계적으로 심리학적 배경을 제시하여 일목요연하게 정리해 놓은 장대운(1995: 28)의 연구를 다음 〈표 6.1〉 과 같이 소개한다.

〈표 6.1〉 교육목적으로서 인간행동특성의 위계적 분단과 심리학적 배경

인지적 영역	정의적 영역	심리운동적 영역
6.0 평가 (인간주의) 6.2 외적 준거에 의한 판단 6.1 내적 준거에 의한 판단		6.0 동작적 의사소통 (인간주의) 6.2 해석운동 동작 6.1 표현운동 동작
5.0 종합 (인간주의인지주의) 5.3 추상관계의 태세 5.2 계획 또는 제안된 조작 5.1 독특한 의사소통	5.0 가치에 의한 인격화 (인간주의) 5.2 인격화 5.1 일반화된 태세	5.0 숙련운동 동작 (신행동주의) 5.3 복합적응 동작 5.2 조합적응 동작 5.1 단순적응 동작
4.0 분석 (인지주의) 4.2 관계의 분석 4.1 요소의 분석	4.0 조직화(인지주의) 4.2 조직화된 가치체계 4.1 가치의 개념화	4.0 신체적응 동작 (행동주의) 4.4 기민성 4.3 유연성 4.2 체력 4.1 지구력
3.0 적용 (인지주의 신행동주의)	3.0 가치화 (인지주의) 3.3 가치의 혁신 3.2 가치의 선호 3.1 가치의 수용	3.0 운동지각 변별 (인지주의) 3.5 협응변별 3.4 촉각변별 3.3 청각변별 3.2 시각변별 3.1 근육지각 변별

인지적 영역	정의적 영역	심리운동적 영역
2.0 이해 (인지주의 신행동주의)	2.0 반응 (신행동주의)	2.0 기초적 기본운동 동작 (행동주의)
2.3 추론	2.3 반응에의 만족	2.3 조작운동 동작
2.2 해석	2.2 자진반응	2.2 정지운동 동작
2.1 번역	2.1 묵종반응	2.1 이동운동 동작
1.0 지식 (행동주의)	1.0 감수 (행동주의)	1.0 반사운동 동작 (행동주의)
1.3 현상의 보편성과 추상성	1.3 통제나 선택적 관심	1.3 통합반사
1.2 특수성에 관계된 방법과 수단	1.2 감수의지	1.2 연결반사
1.1 특수성	1.1 인지	1.1 부분반사

〈표 6.1〉에서 알 수 있는 것처럼 교육의 목적은 철학과 심리학적 배경이 전세되는 고도의 전문적 지식이 필요하며 각 영역의 고등정신 기능일수록 인간주의적임을 알 수 있다.

3. 교육법상의 교육목적

교육의 이상과 이념 그리고 교육목적을 규정한 교육법은 헌법의 규정에 의해서 교육에 관한 기본적인 사항을 규정한 것이다. 교육법은 1949년에 제정되어 그동안 여러 차례 개정되었으나, 중요한 기본 방향은 변함이 없다. 교육법 제1조는 한국 교육의 기본방향과 목적을 제시하고 있는데, "교육은 홍익인간의 이념 아래 모든 국민으로 하여금 인격을 완성하고 자주적 생활능력과 공민으로서의 자질을 구유하게 함을 목적으로 한다"고 되어 있다. 홍익인간의 이념을 교육의 기본이념으로 하고, 인격완성, 자주적 생활 능력, 직업・경제적인 능력, 그리고 시민의 책임으로서는 공민의 자질을 갖추도록 하여 민주국가 발전과 세계인류의 공영에 이바지할 것을 정하고 있는 것이다. 개인의 인격완성, 직업・경제적인 능력, 시민의 책임 등을 기본적인 내용으로 규정하고 있는 점에서 미국 NEA의 교육정책위원회가 제시한 교육목적(1938)의 내용인 자기실현의 목표, 인간관계의 목표, 경제적 능률의 목표, 시민적 책임의 목표와 공통점을 가지고 있다.

교육법 제2조는 이상과 같은 교육목적을 실현하기 위하여 7가지의 교육의 기본 방침을 세우고 있는데 이를 교육목표라 할 수 있다. 기본 방침으로서는 신체의 발달과 강건한 기백, 국가발전과 세계평화에 대한 공헌, 민족문화와 세계문화의 발전, 과학적 정신과 합리적 생활, 조화 있는 사회생활, 예술감상, 능률적인 경제생활 등을 규정하고 있다. 교육법 제2조의 교육의 기본방침은 다음과 같다.

① 신체의 건전한 발육과 유지에 필요한 지식과 습성을 기르며, 아울러 견인불발의 기백을 가지게 한다.

② 애국애족의 정신을 길러 국가의 자주독립을 유지 발전하게 하고, 나아가 인류평화 건설에 기여하게 한다.

③ 민족의 고유문화를 계승 · 앙양하며 세계문화의 창조 발전에 공헌하게 한다.

④ 진리탐구의 정신과 과학적 고찰력을 배양하여 창조적 발전과 합리적 생활을 하게 한다.

⑤ 자유를 사랑하고 책임을 존중하고, 신의와 협동을 애경의 정신으로 조화로운 사회생활을 하게 한다. 심미적 정서를 함양하여 숭고한 예술을 감상 · 창작하고 자연의 미를 즐기며, 여유의 시간을 유효히 사용하여 명랑한 생활을 하게 한다.

⑥ 근검절약하고 무실역행하며 유능한 생산자요, 현명한 소비자가 되어 건실한 경제생활을 하게 한다. 한국의 교육이념과 교육목적에 대해서 국민교육헌장을 들 수 있는데, 국민교육헌장도 창의력과 개척정신, 협동정신, 국민정신을 길러 민족의 중흥과 자주독립 및 인류의 공영에 이바지할 것을 교육의 방향으로 제시하고 있다.

교육법과 국민교육헌장에 직접적으로 제시한 것 이외에 한국교육의 기본적인 목적과 방향을 제시한 것은 근본적으로 헌법을 들 수 있다. 헌법은 교육의 목적을 직접적으로 규정하고 있지는 않으나, 헌법 제1조와 전문(前文)에 나타난 대한민국의 교육이상은 민주주의라 하겠다. 또 1980년에 개정된 제5공화국의 헌법 제29조는 제5항에서 "국가는 평생교육을 진흥하여야 한다"라고 하는 조항을 신설하여 평생교육의 방향을 명백하게 하고 있다.

제2절 교육의 내용

1. 교육과정의 개념

가. 교육과정의 의미

1918년 보비트(F. Bobbit)의 '교육과정'에서 처음 사용하였다. 커리큘럼(curriculum) 이란 용어는 라틴어의 쿠레레(currere)에서 기원하였는데, 동사로는 달린다, 명사로는 달리는 코스라는 의미로 아동·학생이 일정한 목표를 향해서 달리는 과정(過程)을 말한다.

1) 개념 및 의의

역사적으로 네 가지 유형으로 정의할 수 있다.

첫째, 내용(content)으로 정의하면, 학생들에게 가르쳐야 할 교수-학습 내용, 영구불변의 교과로 구성되어 있으며, 가장 전통적이고 대표적인 정의라고 할 수 있다.

둘째, 학교에서 교사의 지도 아래 학생들이 갖게 되는 모든 경험(experience)으로 정의하는 것은 진보주의 교육사조라고 할 수 있다.

셋째, 계획(plan)이라는 입장에서 해석하는 것으로, 타일러는 교육목적을 달성하기 위하여 학교에 의하여 계획되는 모든 학습이라 하였고 타바는 모든 학습을 위한 하나의 계획이라고 하였다.

넷째, 교수 · 학습 활동의 결과(outcome)로 강조하는 입장에서 교육과정은 가르치고 배워야 하는 교과내용의 프로그램으로서, 경험의 프로그램으로서, 프로그램의 계획으로서, 그리고 계획적으로 의도된 교육의 결과로서 발전되었다는 것이다.

그러므로 교육과정이란 아동 · 학생의 인지적 · 정의적 · 신체적 영역의 능력을 발전시키는 데 도움을 주기 위하여 교육을 주도하는 기관이 체계적으로 개발하여 제공하는 모든 종류의 교수 · 학습 경험의 계획이라고 할 수 있다.

커리큘럼(curriculum: 教育課程)이라는 용어는 이제 많은 사람들에 의하여 보편적으로 널리 사용되고 있다. 교육과정이라는 용어를 사용하는 경우를 대별하면 세 가지이다. 첫째는 실재적 현상으로 교육과정을 말하는 경우로서, 이때는 "하나의 교육 과정"이라는 표현이 가능해진다. 둘째는 조직화된 학교체제의 하위체제 또는 부분으로서 교육과정을 이야기하는 경우이다. 그리고 셋째는 교육학이라는 폭넓은 학문영역의 한 연구 분야로서 교육과정을 이야기하는 경우이다. 여기에서 논의하는 것은 위의 세 가지 가운데 첫 번째 경우와 같이 사용될 때의 교육과정이다.

일반적으로는 어떤 교육목적을 위하여 어떠한 종류와 양의 경험을 어떤 순서와 계획에 따라 제시할 것이냐의 세 가지의 내용을 포함하는 것이 바로 교육과정이다. 따라서 교육과정은 교과서를 말하는 것도 아니요, 교과서의 제목이나 목차와 같은 내용도 아니며, 학과목도 아니다. 교육과정은 교육이 목적으로 하는 인간을 길러내기 위한 학교와 교사들의 총체적 노력이며 계획인 것이다. 흔히 오해하기 쉬운 교수요목이나 학습지침 같은 문서상의 조목이 아니라, 활동과 경험 그 자체를 모두 포함하는 것이다. 다시 말하면 "교육과정은 교육목적을 달성하기 위하여 학교의 계획에 따라 학생들이 갖게 되는 모든 경험" 또는 "학생 개개인의 자기 실현과 사회적 공헌을 돕기 위하여 학교가 베풀어주는 지도 밑에 그들이 갖게 되는 모든 경험"이라고 정의할 수 있다.

나. 교육과정의 결정의 세 요소

20세기 이전에는 교과가, 진보주의 교육이 우세할 때는 학습자 또는 사회가 주된 축을 차지하였다.

첫째, 사회의 관점에서는 교육과정을 구성하고 있는 요소들(지식, 전략, 태도 등) 하나하나가 사회적 쓸모가 있을 때 가르치고 배울 가치가 있다고 본다. 생활적응 교육과정, 직업준비 교육과정, 중핵 교육과정(사회의 문제와 쟁점 중심), 사회개조 교육과정 등이 이러한 접근의 예이다.

둘째, 학습자(개인) 관점에서 교육과정의 목적은 학습자의 능력과 소질과 적성을 신장하고 그들의 요구와 진로를 만족시키는 교육적인 배려라는 것이다. 학습자는 교육과정이 제공하는 온갖 활동과 내용을 경험할 주체며, 교육과정의 범위와 수준은 학습자의 이해와 발달수준에 의해 결정되기에, 학습자의 서로 다른 경험과 발달단계, 소질과 적성, 요구와 진로 및 애로는 교육과정 구성과 운영의 원천, 그들의 성취 정도에 대한 평가는 교육과정의 성패에 대한 잣대가 될 수 있다. 경험중심 교육과정, 인간중심 교육과정, 인지주의 교육과정 구성주의 교육과정이 학습자의 관점에서 접근하는 입장이다.

셋째, 교과(학문)의 관점에서는 교육과정의 핵심이 되는 내용을 제공한다는 것인데, 포괄성, 정확성, 논리정연성을 요구한다. 교과는 기초적 지식과 당대까지의 학문적 최신 성과의 체계적인 반영, 내용의 폭과 깊이의 균형, 학습내용의 전이력(transferability)등을 지녔다고 한다. 교과중심 교육과정, 학문중심 교육과정, 성취지향 교육과정이 교과의 관점에서 접근하는 입장이라고 할 수 있다.

다. 교육과정의 영역

교육과정의 의미를 현대적으로 이해하고 볼 때 다음과 같은 영역이 교육과정의 일로 포함된다.

1) 교육목적 설정의 문제

교육을 통하여 무엇을 달성하려고 하는가? 교육을 맡은 사람이라면 어떤 인간이 형성되기를 바라는가? 여기에 대한 우리의 자신 있는 대답이 있어야 하거니와, 교육현장의 전체에서 이 목적에 따르는 활동이 전개되어야 할 것이다. 만약 목적에 부합되지 않는 교육활동이라면 주저 없이 수정하지 않으면 안될 것이고, 목적 그 자체가 불합리하다면 합리적인 내용으로 재정비해야 할 것이다. 이와 같이 교육의 근본방향으로서 교육목적의 설정 문제가 바로 교육과정의 문제로 우선 등장된다.

2) 경험선정의 문제

학습경험이란 다름 아닌 교육목적을 달성하기 위한 수단이다. 타당한 교육목적이 설정되었다면, 다음으로 이 목적을 달성하기 위하여 어떠한 학습내용을 준비할 것이냐가 중요한 문제로 등장된다.

교육은 복잡한 감정활동을 하는 인간 유기체의 심리를 주요 대상으로 하는 일이다. 가르치는 것이라고 다 배우는 것이 아니고 가르치는 것만 배우는 것도 아니다. 따라서 단순한 교과과정 정도를 짜놓고 하루생활을 영위하는 활동으로서는 우리의 최종 목적인 민주시민 형성에 도달할 수 없다. 인간 유기체의 여러 심리특성을 파악하여 그에 맞는 종류의 경험을 갖게 함으로써 소기의 목적을 달성할 수 있도록 다양한 노력을 기울이지 않으면 안 된다. 즉, 선정된 교육목적에 도달할 수 있도록 하기 위하여 "어떤 경험을 마련해줄 것인가"라는 문제가 교육과정의 중요한 과제가 된다.

3) 경험의 조직 및 배열의 문제

교육목적 달성에 필요한 경험을 선정해 놓고 체계적인 계획없이 경험시킬 수는 없다. 따라서 어떤 순서와 정도를 요령 있게 정해 놓고 그에 따라 실제 경험을 베풀어 나가야 할 것이다.

먼저 주어야 할 경험, 뒤에 주어야 할 경험이 있는가 하면 많이 주어야 할 경험, 적게 주어야 할 경험도 있게 된다. 선정된 많은 경험을 합리적으로 계획·조직해야 할 문제가 역시 교육과정의 문제로 등장한다.

이처럼 교육활동의 성공을 위하여 교육목적의 설정, 학습경험의 선정, 학습경험의 조직이 바로 교육과정의 3대 과제가 되는데, 이 과제의 훌륭한 수행을 위해서는 올바른 교육철학, 올바른 사회실현의 이해, 올바른 학생 이해가 선행되어야 한다.

2. 교육과정의 유형

가. 교과중심 교육과정

교과중심 교육과정은 가장 오랜 전통을 가진 교육과정의 한 형태로써 고대 그리스 시대의 7자유학예과(七自由學藝科: 3학예–문법·수사학·논리학, 4학예–산술·기하·천문·음악)를 바탕으로 하여 고대로부터 현대에 이르기까지 초등·중등·고등 교육과정에 폭넓고 뿌리깊게 활용되어 왔다. 이 교육과정은 학문의 성질에 따라서 분류되고 있으므로 교과와 교과사이에 의미있는 연계성이 없이 고립적인 토막으로 이루어졌다. 따라서 학문의 발달과 더불어 교과 혹은 학과의 수와 종류는 많아지게 되었다.

교과중심 교육과정을 지지하는 학자들은 교육의 주요 기능은 인류의 문화유산을 다음 세대에 전달하는 것이라고 믿고 있다. 이들은 인류의 문화유산 가운데 가장 가치있고 가장 심오한 내용들을 선정하여 교과를 구성하기 때문에 교과란 이러한 문화유산을 논리적·체계적으로 조직해 놓은 것이라고 주장한다. 지식의 체계를 중요시하는 교과중심 교육과정의 일반적 특징을 들면 다음과 같다.

첫째, 인류의 문화유산이 주된 교육내용이 된다. 교과는 문화유산을 분류하고 논리적으로 체계를 세운 것이라고 할 수 있다. 따라서 교과중심 교육과정은 문화유산 중심 교육과정이라고 할 수 있다.

둘째, 교사중심 교육과정이다. 교육자는 학습자보다 월등히 많은 지식과 기술이 있어야 하며, 이 지식과 기술을 학습자에게 전달하도록 한다.

셋째, 설명 위주의 교수법을 요구하는 경우가 많다. 그것은 교과내용에 관한 교사의 상세한 설명을 필요로 하는 경우가 많기 때문이다. 따라서 교사의 자질 중 설명력이 중요하다.

넷째, 한정된 교과영역 안에서만 교수・학습활동이 이루어진다. 교과중심 교육과정에 있어서는 교과의 선을 중시한다. 따라서 교수・학습활동은 이런 선내(線內)에서 이루어지며 선을 넘어서 다른 교과까지 침범하는 것을 싫어한다.

나. 경험중심 교육과정

교과중심 교육과정에 회의를 느끼기 시작한 것은 1930년 전후의 일이었다. 듀이(J. Dewey. 1859-1952)의 진보주의 교육사조가 풍미하게 됨에 따라 교과중심 교육과정으로는 아동・학생들이 급변하는 사회에 적응할 수 없다는 비판이 일게 되었다. 이러한 비판은 당시 미국의 사회・경제적 상황에 부합해서 쉽게 받아들여질 수 있었다. 따라서 기존 교육과정에 대한 개정작업이 활발히 진행되었는데 이 때에 나타난 것이 경험중심 교육과정이다.

경험중심 교육과정이란 경험의 계열을 존중하는 교육과정으로서 학교의 지도하에 아동・학생들이 체험하게 되는 모든 경험을 말한다. 이것은 교육과정을 교과로 보는 교과 중심 교육과정과는 큰 차이가 있다. 즉 교과중심 교육과정이 모든 아동・학생들에게 공통된 "문서"를 뜻한다면, 경험중심 교육과정은 아동・학생 개개인에 따라서 다르게 나타나는 "경험" 자체를 의미한다.

경험중심 교육과정의 일반적 특징을 들면 다음과 같다.

첫째, 교과활동에 못지않게 과외활동을 중시한다. 교과중심 교육과정은 교실학습 제일주의의 입장을 취한다. 그러나 경험중심 교육과정은 교실학습에 못지않게 소풍・여행・전시회・자치활동・클럽활동 등도 중요시한다.

둘째, 생활인의 육성을 목표로 하고 있다. 1930년대는 미국이 경제공황으로 인하여 시련을 겪던 시기였다. 경제공황은 교과중심 교육과정에 큰 회의를 느끼게 하였으며, 교육은 자아의 실현, 원만한 인간관계, 경제적 능률, 공민적 책임이라는 교육목표 하에 잘 사는 사람으로 육성하는데 역점을 두어야 할 필요를 절감하게 되었다.

셋째, 아동중심 교육을 강조한다. 교과중심 교육과정에서는 "교과를 가르친다"는 입장을 취한다. 즉 국어를 가르치고 산수를 가르친다는 입장이다. 그러나 경험중심 교육과정에서는 "아동을 가르친다"는 입장을 취한다. 따라서 교육은 아동·학생의 필요·흥미·능력에 그 바탕을 두어야 한다고 믿고 있다.

넷째, 사회의 급격한 변화에 적응하는 인간을 육성하고자 한다. 오늘날의 사회는 급격히 변하고 있기 때문에 장래 생활을 예측하기가 매우 어려워지고 있다. 따라서 미래를 위한 준비교육을 하는 경우 어디에 기준을 두어야 할지 막연해진다. 그러므로 교육은 아동·학생들의 현재 생활에 충실할 수 있도록 하는데 중점을 두어야 한다고 주장한다. 즉, 급변하는 사회에 보다 잘 적응하는 인간육성을 강조하는 것이다.

다섯째, 문제해결력의 함양을 강조한다. 경험 중심 교육과정에서는 개인적 또는 집단적으로 부딪히는 문제들을 가장 현명하게 해결할 줄 아는 능력을 배양하고자 한다.

여섯째, 전인교육을 강조한다. 생활인 육성을 그 특징으로 하는 경험중심 교육과정에서 전인교육을 강조함은 논리적으로 당연하다. 지·덕·체의 조화로운 발달을 이룩한 인간이 생활을 올바르게 영위할 수 있기 때문에 전인교육을 강조하고 있다.

다. 학문중심 교육과정

학문중심 교육과정이 대두하게 된 경위에 대해서는 학자들마다 약간씩 견해를 달리하고 있으나 대체로 보아 다음 두 가지로 요약할 수 있다. 그 중 하나는 20세기 후반에 들어와 폭발적인 증가를 보인 지식과 기술의 발전을 들 수 있다. 또 하나는 1957년 소련의 인공위성 스푸트니크(sputnik)의 발사가 계기가 되었다. 스푸트니크 발사의 성공은 미국에 크나큰 충격을 주었다. 종전의 수학이나 과학교육은 사실들만을 강조하고 이것을 습득시키기 위해서는 암기방법이 주가 되었으나, 학문중심 교육과정은 지식의 구조(構造)를 강조하며, 이러한 지식의 구조를 이해하기 위해서는 탐구과정이 중요하다고 주장한다.

학문중심 교육과정에서 지식의 구조라고 하는 것은 학문의 이면에 숨어 있는 기본적 아이디어 · 지식의 기본개념 · 지식의 개념 · 지식의 기본원리 · 지식의 핵심개념 · 일반적 아이디어 · 지식의 탐구과정 등과 동의어로 쓰인다. 이것은 각 학문을 이루고 있는 기본 요소 및 이 요소들이 서로 얽혀 있는 것을 나타낸다.

이러한 지식의 구조를 강조하고 있는 학문중심 교육과정의 일반적 특징을 들면 다음과 같다.

첫째, 학문중심 교육과정은 지식의 구조를 핵심으로 조직한다. 브루너에 의하면, 교육과정은 곧 각 교과가 나타내고 있는 지식의 구조를 가장 명백하게 표현할 수 있도록 그 지식을 체계적으로 조직해 놓은 것이다.

둘째, 학문중심 교육과정은 탐구과정을 중요시한다. 학문중심 교육과정은 전술한 바와 같이 각 학문에 내재해 있는 지식의 탐구과정을 조직해 놓은 것으로 볼 수 있다. 따라서 교과를 가르칠 때 교사가 그 교과에 내재해 있는 핵심개념 · 기본원리를 찾아내어 이것을 아동 · 학생들에게 제시하고 주입하는 것이 아니라, 해당 전공분야의 학자가 한 것과 꼭 같은 "눈"과 "방식"으로 아동 · 학생들로 하여금 탐구하여 찾아내도록 한다. 예를 들면 화학을 공부할 때는 화학자가 한 것과 동일한 일을 아동 · 학생들로 하여금 탐구하여 찾아내도록 한다.

셋째, 학문중심 교육과정은 나선형(螺旋形) 교육과정이 되어야 한다. 나선형 교육과정은 교과를 가장 완벽한 상태로 가상하고 일찍부터 그 교과에 담겨진 핵심개념 · 기본원리를 아동 · 학생들의 사고방식에 알맞게 가르치며 학년의 진전에 따라 점차로 심화 · 확대해 나가는 교육과정을 의미한다. 예를 들면 집합이라는 수학의 기본개념을 종전에는 고등학교 때부터 취급하였으나 학문중심 교육과정에서는 초등학교 1학년 교과서에도 다루게 된다. 즉, 집합이라는 교과 내용은 초등학교 1학년부터 고등학교 3학년까지 동일하되 학년의 진전에 따라 그 수준이 달라지도록 한다는 것이다.

라. 인간중심 교육과정

1960년대부터 학문중심 교육과정이 기초과목으로 교수내용을 강조하여 기술과학 혁신에만 열중한 결과, 교육제도에 대한 논쟁, 학교교육에 대한 비판, 교육본질에 대한 논쟁이 일기 시작하였다. 즉, 교육이란 지식과 기술을 습득하기 위해서만 행해지는 것이 아니라 인간에 대한 이해, 인간성의 개발, 타인과의 관계, 새로운 인간형의 창조 등을 위해 행해져야 하고, 또 그러한 내용들을 교육목표로 삼아야 한다는 전제하에 나타난 것이 바로 인간중심 교육과정이다.

이 인간중심 교육과정의 입장에서 보면 오늘날의 학교교육은 많은 문제점을 지니고 있으며, 그러한 문제들은 시급히 해결되어야 할 것들이다. 그 문제점이란 바로 교수되어야 할 것은 교수되어지지 않고 있으며, 현재 교수 및 평가되고 있는 많은 내용들은 교육적으로 별 의미가 없다는 점이다. 또한 단순한 사실들을 학생들에게 주입시킴으로써 보다 효과적인 결과를 얻으리란 생각은 잘못되었다는 것이다. 학문적 지식을 획득하도록 하는 데에만 동기유발의 초점을 두기보다는 삶, 보다 나은 인간관계, 자아계발을 위해 바람직한 교육적 방향을 결정하는 데 관심을 두어야 한다고 지적하고 있다.

인간을 하나의 독립적인 개별체로서, 또 교육의 범위를 인간의 전반적인 성장을 꾀하는 과정으로 규정하였을 때 인간중심 교육과정의 내용이 지녀야 할 특성은 다음과 같다.

첫째, 자아의 각성이다. 자아에 대한 긍정적인 태도를 가짐으로써 스스로를 개발할 수 있는 힘을 배양할 수 있게 되고, 자아각성이 가능함으로 자아에 대한 태도형성에 도움이 되는 내용의 제시가 무엇보다 필요하다.

둘째, 타인과의 원만한 인간관계이다. 한 인간으로서 상대방에 대한 관심을 갖고, 또 반응을 보이며, 타인의 의사를 존중하고 수용함으로써 형성되는 인간적 관계는 건전한 가치관을 수립하고 생활태도를 형성한다는 점에서 매우 중요하다. 따라서 학교는 인간 관계에 대한 내용을 단순한 보조 수단으로서가 아니라 목적으로서 관심을 가져야 할 것이다.

3. 교육과정의 기본적인 구분

가. 공식적 교육과정

국가교육과정 기준을 담은 문서, 시·도 교육청의 교육과정 지침, 지역 교육청의 장학자료, 교과서를 비롯한 수업용 교재, 학교 교육과정 운영계획, 교사의 수업계획, 실시된 수업, 특별활동, 조회 등은 교육적 목적과 목표에 따라 분명하게 의도되고 계획된 가시적(explicit), 표면적(overt), 혹은 공식적(official) 교육과정이다.

나. 잠재적 교육과정

1) 잠재적 교육과정의 개념

전술한 교과중심, 경험중심, 그리고 학문중심, 인간중심 교육과정은 인간행동의 계획적인 변화를 촉구하기 위하여 학생들의 지적, 행동적인 면에 걸쳐 얼마만큼 어떤 조건에서 변화시킬 것이냐에 관하여 의도적인 내용을 치밀하게 계획해서 설계한 문서화된 교육과정이다. 이러한 교육과정의 구성, 교과서 편찬, 교수요목의 작성 등을 표면적 교육과정(表面的 教育課程, formal or manifest curriculum)이라고 할 수 있다. 즉, 학교가 계획적으로 의도했던 학습의 결과로 초래되는 교육과정으로 교과목 즉 국어, 자연, 수학 등과 같이 문서화된 공식(official)과정을 말한다.

그러나 한편 학생들은 학교에 다님으로써 학교의 의도적인 계획에 담겨 있지 않은 것을 배우는 것이 있다. 이것을 잠재적 교육과정(潛在的 教育課程, latent curriculum)이라고 한다.

2) 잠재적 교육과정과 표면적 교육과정의 비교

김종서는 "교육과정이라는 용어는 종래는 주로 교과에서 의도한 바와 관련되는 경험내용을 가르쳤으나 교육학의 이론이 심화됨에 따라 교과에서 의도한 바와 관련된 경험과 교과에서 의도한 바와 연관되지 않은 경험을 구별할 필요가 생겼으며 전자를 표면적 교육과정, 후자를 잠재적 교육과정이라고 부르게 되었다"고 하였다. 그리고 그는 표면적 교육과정과 잠재적 교육과정의 대조적인 관계를 다음과 같이 설명하고 있다.

첫째로, 표면적 교육과정이 교과에 관련이 있다면, 잠재적 교육과정은 주로 비교과적인 활동에 관련이 있다.

둘째로, 표면적 교육과정이 주로 지적인 것이라면 잠재적 교육과정은 주로 비지적(非知的)인 것과 관련된다는 점이다.

셋째로, 표면적 교육과정은 주로 이론지식에 관련되는 반면에 잠재적 교육과정은 주로 생활기능(survival skills) 및 학교의 문화풍토에 관련된다는 것이다.

넷째로, 표면적 교육과정은 일시적, 단기적으로 배우는데 반하여 잠재적 교육과정은 장기적, 반복적으로 배운다는 점이다.

다섯째, 표면적 교육과정이 주로 바람직한 내용인데 반하여, 잠재적 교육과정은 바람직한 것뿐만 아니라 바람직하지 못한 것도 포함한다는 점이다.

여섯째로, 표면적 교육과정은 학교에 의하여 의도적으로 조직되고 가르쳐지는 반면에 잠재적 교육과정은 학교에 의하여 의도되지 않았지만 학교생활을 하는 동안에 은연중에 배우게 된다.

일곱째로, 표면적 교육과정은 주로 교사의 지적 기능적인 영향을 받으나 잠재적 교육 과정은 주로 교사의 인격적인 감화를 받는다.

여덟째로, 표면적 교육과정과 잠재적 교육과정이 서로 조화되고 상보적인 관계에 있을 때 학생에게 강력한 영향을 미칠 수 있다.

다. 영교육과정

영(null)교육과정은 학교에서 소홀히 하거나 공식적으로 가르치지 않는 지식, 사고양식, 가치, 태도, 행동양식, 교과 등으로서 학습자들이 아직 경험하지 못한 것이다. 교육과정이 선택의 결과 포함과 배제의 산물이기 때문에 영 교육과정은 공식적 교육과정의 필연적 산물이다.

영교육과정은 소극적인 의미에서 보면 학생들이 공식적 교육과정을 배우는 동안 놓치게 되는 '기회 학습' 내용이라고 할 수 있지만, 적극적인 의미에서 보면 의도적으로 특정 지식, 가치, 행동양식을 배제시켜 아예 접할 수 없도록 지워 버린 것이다. 영교육과정은 특정 정치(이념), 경제, 문화(종교) 세력들에 의해 금기시된 것들이므로 새로운 교육과정 내용이 될 수 있는 가능성이 높은 영역이다.

4. 우리나라 교육과정의 변천

우리나라의 교육과정은 1945년 광복 이후 여러 차례의 변화과정을 겪으면서 오늘에 이르게 되었다. 여기서는 1945년 9월 미군정청 학무국이 발표한 교육에 대한 긴급조치인 '일반명령 제4호'로 시작된 우리나라 교육과정의 역사적 변천과정을 교육과정 시기별로 구분하여 기본방침, 편제, 특징 등을 중심으로 살펴보기로 한다. 우리나라 교육과정의 변천과정을 고찰하는 가운데 앞 절에서 제시된 교육과정 개념의 변화와 비교해 보는 것도 의미가 있을 것이다.

가. 교수요목기(1946-1954)

1945년 9월 미군정청 학무국에서는 각 분야 지도자 7인으로 구성된 '한국 교육위원회'의 건의를 받아들여 교육에 관한 '일반명령 제4호'를 발표하였다. 이 명령은 공립소학교와 중학교 이상의 학교들의 개교를 지시하였으며, 개교에 앞서 초등학교와 중등학교의 교과목편제와 시간배당을 각각 발표하고 발표된 교육방침에 의거한 교육내용에 따라 지도할 것을 지시하였다.

'일반명령 제4호'에서 교수 및 과정에 관련된 내용을 보면, '교수용어는 한국어로 할 것과 한국의 이익에 반하는 과목의 설치와 교수를 금하는' 포괄적 지시였으며, 연이어 '일본강점기 잔재의 불식, 평화와 질서의 유지, 생활의 실제에 적합한 지식, 기능의 연마'를 강조한 '교육방침'을 시달하였다.

교육에 관한 응급조치로서 '교육방침'을 발표한 후, 미군정청 학무국은 '교수요목제정 위원회'를 조직하여 교수요목을 제정하는 한편 교과서 제작에 착수하였다. 이때에 제정된 교수요목의 특징은 다음과 같다.

첫째, 교과의 지도내용을 상세히 표시하고, 기초능력을 배양하는 데 주력하였다.

둘째, 교과는 분과주의를 채택하였으며, 체계적인 지도와 지력(知力)의 배양에 중점을 두었다.

셋째, 우리나라의 교육목표인 홍익인간의 정신에 입각하여 애국애족의 정신을 강조했으며, 일본강점시대의 잔재를 정신면에서나 생활면에서 시급히 제거하는 데 각별한 노력을 하였다.

1945년 11월 4일 한국교육의 기본방침을 수립하기 위하여 각계 대표 100여 명으로 구성된 교육심의회 총회가 열렸고, 그 후 여러 차례의 심의회를 열어 교육전반에 대한 건의사항을 결의, 문교당국에 건의하였다. 교육심의회는 교육의 기본이념을 채택, 발표하였는데, 그 내용은 '홍익인간의 건국이념에 기하여 인격이 완전하고 애국애족 정신이 투철한 민주국가의 국민을 양성함을 교육의 근본이념으로 한다'는 것이었다. 이 교육이념은 그 후 여러 차례 논란이 있었으나 그대로 채택되었고, 초등학교 6년, 초급 중학 3년, 고급중학 3년, 대학 4년 등의 기간학제와 교과서의 검인정제, 한자폐지 등의 건의사항은 문교당국에 그대로 받아들여지고 있다.

나. 제1차 교육과정기(1954-1963)

제1차 교육과정은 1954년 4월 20일 문교부령 제35호로 제정, 공포된 '교육과정 시간배당 기준령' 이후, 1963년 2월 15일 문교부령 제120호로 개정된 '교육과정령'이 공포되기까지의 교육과정으로서, 법령상의 명칭이 교과과정이었고, 교과중심 교육과정으로도 불리었다.

시간배당 기준령과 문교부령에서는 '교육과정이라 함은 각 학교의 교과목 및 기타 활동의 편제를 말한다'고 규정하고 있어, 이 시기의 교육과정은 교육과정 개념상 교과 교육과정 또는 교과중심 교육과정이라고 할 수 있다.

새로 제정, 공포된 교과과정에 따라 교과서도 새롭게 마련되었는데, 국정, 검정, 인정 교과서의 종별을 분명히 하였다. 이때의 교과서와 교육과정은 지적인 체계가 중심이 되어 있긴 하였으나, 미국 진보주의 교육의 영향으로 생활중심 교육과정의 개념이 일부 침투되어 있었다. 이러한 성격은 당시 개편된 교과서의 다음과 같은 내용에서 뚜렷이 나타나고 있다.

① 계통적 학습을 중심으로 하던 종래의 교과학습의 배열을 버리고 생활 중심의 단원학습으로 배열한 점
② 종래의 소단원제를 지양하고 대단원제로 시정하여 학습의 생활화와 학습의 효과를 가져오게 한 점
③ 종래의 지식과 암기를 강요하는 주입식 방향을 피하고 학생의 생활과 경험을 토대로 하여 이해와 기능 및 태도를 기르는 방향으로의 전환에 힘쓴 점
④ 아동의 흥미 중심의 작업단원을 되도록 많이 설정하고, 작업을 통하여 능동적으로 자기의 생활경험을 심화, 확충하는 방향으로 개선한 점 등이다.

제1차 교육과정기의 교육과정의 구성방침 및 목표상의 특징으로는 대략 다음과 같은 것들이 지적된다. 첫째, 현실생활을 개선, 향상시킬 사회개선 의지를 나타내고 있다. 둘째, 공포된 교육법에 제시된 교육의 목적을 달성할 수 있는 방도로서의 교육과정임을 강조하고 있다. 셋째, 내용은 최적, 필수의 최소량이어야 한다. 넷째, 반공교육, 도의교육, 실업교육을 특히 강조하고 있다. 다섯째, 민주적 학생활동, 학생의 개별성장, 직업준비 및 이용후생, 학생의 취미에 관한 특별활동시간을 배당하여 전인교육을 지향하였다.

체제 및 편제상의 특징으로는 처음으로 교과활동과 특별활동의 두 개 영역으로 나누어 편제된 점, 사회생활과목에서 다루던 반공, 도의교육을 도덕과목으로 신설하여 필수로 과하게 된 점, 교과목설정에 필수과목과 선택과목을 둔 점, 인

문계 고등학교와 실업계 고등학교의 교과구성에 있어 필수교과는 동일하게 하고, 선택과목에서 실업학교에는 전문교과를 부과한 점 등이다.

다. 제2차 교육과정기(1963-1974)

제1차 교육과정은 우리 손으로 만들어진 최초의 교육과정이라는 점에서 의의가 있지만 교육과정으로서의 체계, 진술형식 등 여러 가지 면에서 미흡한 점이 많이 있었다. 아울러 세계적인 교육개혁의 추세는 교육의 질을 향상시키기 위한 노력으로 구체화되고 있었기 때문에 문교부는 교육과정 개정에 대한 기초조사를 토대로 교육과정을 전면적으로 개편하여 1963년 2월 15일 문교부령 제121호로 공포하기에 이르렀다.

제2차 교육과정에서는 '교육과정은 곧 학생들이 학교의 지도하에 경험하는 모든 학습 활동의 총화를 의미하는 것이다. 따라서 학생들의 경험 여하에 따라 그들이 어떤 인간으로 성장하게 되느냐가 결정되는 것이다'라고 교육과정을 정의하고 그 성격을 밝혔는데, 교육과정의 개념상 생활중심 교육과정 또는 경험중심 교육과정이라 할 수 있다.

이 교육과정 개정의 취지를 보면, 내용상으로는 자주성, 생산성, 유용성을 강조하며, 교육과정 조직면에서는 합리성을 강조하여 학생의 성장 · 발달과정에 적용될 수 있는 통일성 있고 계통성, 발전성을 보장해 주는 역동적인 교육과정 체계를 마련하는 것을 특징으로 하며, 운영상으로는 지역성을 강조하고 있다. 지역성의 강조란, 지역사회의 모든 자원을 학습경험에 효과적으로 이용하고 학습경험의 결과가 지역사회의 개선, 발전에 이용될 수 있도록 교육과정의 일반적 기준만 제시하고 지역사회가 실정에 따라 적용할 수 있도록 충분한 융통성과 신축성을 부여한 것을 말한다.

교육과정 구성방침과 목표상의 특징을 보면, 교육과정의 계열화와 학교 급별 계열화를 통해 일관성 있는 발전적 계통학습을 강조하고, 필요불가결한 최소의 내용을 엄선하여 기초학력을 충실히 할 것을 강조하였다. 또한 학교 급간의 연계성(articulation)과 교과간의 통합성(integration)을 강조하여, 교육과정의 계열화와 학교 급별 계열화를 통하여 일관성 있는 발전적 계통학습이 되도록 했다.

라. 제3차 교육과정기(1974-1981)

1970년 초 교육과정에 대한 분석조사와 여론조사를 거쳐 1974년 제3차 교육과정이 공포되었다. 개정내용을 보면, 교육과정을 구성함에 있어 국민교육헌장의 이념 구현을 기본방향으로 삼고 국민적 자질의 함양, 인간교육의 강화, 지식・기술교육의 쇄신을 기본방침으로 하였다.

이러한 기본방침과 일반목표에 나타난 특징은 다음과 같다.

첫째, 국민교육헌장의 이념을 학교교육 전반에 걸쳐 반영시키는 데 역점을 두었다.

둘째, 다가올 1970년대 또는 1980년대의 시대적 상황을 깊이 통찰하고 이에 대비하는 교육의 목표를 적절하게 제시하였다.

셋째, 학문중심 교육과정으로서의 성격을 분명히 하고 있다.

넷째, 구과정의 피상적인 목적관을 벗어나 보다 구체적인 목적을 제시하였고, 전체적으로 한국적 현실과 국가정책적 의지가 강조되고 있다.

체제 및 편제상으로는 구과정보다 단순화되었지만 교육과정의 체계는 더욱 확고히 되었다.

마. 제4차 교육과정기(1981-1987)

새 공화국 출범을 전후하여 여러 시대적 변화와 정치적, 사회적 변화에 따라 교육과정이 개정되었다. 기본방향은 새 정부가 밝힌 민주주의의 토착화, 정의사회의 구현, 복지사회 건설이라는 국정지표를 토대로 건강한 사람, 심미적인 사람, 능력 있는 사람, 도덕적인 사람, 자주적인 사람을 길러내는데 부합되는 방향에서 교육과정을 구성하도록 하였다.

교육과정 개정의 기본방향은 국민정신교육의 체계화, 전인교육의 강화, 과학기술교육의 심화, 교육내용의 양과 수준의 적정화에 두고 건전한 심신의 육성,

지력과 기술의 배양, 도덕적인 인격의 형성, 민족공동체 의식의 고양을 강조하고 있다.

교육목표상의 특징으로는 각급 학교별 교육목표를 교육과정에 신설하여 제시하고 있다는 점을 들 수 있는데, 이 목표는 종합목표와 영역별 하위목표로 나누어 제시되고 있다. 이 목표를 보면, 첫째, 교육과정 구성방향의 기본정신을 반영하고, 둘째 초・중・고등학교간의 연계성을 충분히 고려하며, 셋째 목표설정의 기준을 개인적 적합성, 사회적 적합성 간에 균형을 유지하는 데 두면서, 넷째 각급 학교급별 교육목표의 일관성, 계열성이 분명하도록 한다는 입장을 취하였다.

교육과정 편제 및 운영상의 특징을 보면, 고등학교의 경우 교육내용의 분량을 조정하여 전체 이수단위를 축소하고, 유사교과목 또는 관련교과목을 통합, 조정하여 학생의 부담을 덜어주려고 하였다. 자유선택과목의 이수단위를 늘리고 선택교과의 수도 확대하였다.

바. 제5차 교육과정기(1988-1991)

제4차 교육과정 개정작업에 착수한 문교부는 개정의 기본방향을 국제화, 다양화되어 가는 사회에 대비하여 '주체성'을, 고도산업화, 정보화 사회에 대응하여 '창조성'을, 인간화, 자율화를 위하여 '도덕성' 등에 강조점을 두었다.

제4차 교육과정에 대한 개정의 필요성은 기초과학교육의 강화, 사회변화에 따른 교육 내용의 변화, 경제적 발전에 부응한 경제교육 요구, 인간교육의 강조 등 교육 내적 요구와, 경제발전과 산업구조의 변화, 국민소득의 향상, 민주화에 대한 열망, 국제화의 촉진과 같은 교육 외적 환경이 변함에 따라 대두되었다.

제5차 교육과정은 생활중심이나 학문중심 등의 어느 한 교육과정을 내세우고 있지 않으며, 교육과정 편제도 제4차 교육과정과 크게 다를 것은 없었다. 다만 차이가 있다면 '교육과정의 효율성 제고'를 내세운 점으로, 이것은 한마디로 '쓸모 있는 교육과정'이 되게 한다는 의미이다. 즉, 국가 수준의 교육과정이 의도하고 있는 것들이 실제 교육 현장에서 제대로 실천될 수 있도록 하는 데 도움이 되는 교육과정이 되도록 한다는 것이다.

이 시기의 교육과정이 강조하고 있는 점은 첫째, 기본적인 교육내용을 선정하여 기초 교육을 강화한다는 것이다. 이에 따라 수학, 과학의 시간배당을 늘렸으며, 국어교육을 강조하였다. 둘째, 정보화 사회에 대응하기 위하여 전 교과에 걸쳐 창조성, 사고력, 판단력을 강조하였고, 정보산업과목을 실업, 가정교과의 한 과목으로 신설하였다. 셋째, 단위배당기준의 지나친 경직성에서 탈피하여 탄력적이고 융통성 있는 교육과정 운영을 가능케 하여 교육과정의 효율성을 제고하고자 하였다.

사. 제6차 교육과정기(1992-1999)

1992년부터 학교 급별로 단계적으로 적용되고 있는 제6차 교육과정은 건강한 사람, 자주적인 사람, 창의적인 사람, 도덕적인 사람을 추구하는 인간상으로 제시하고 있다.

이를 구현하기 위한 교육과정의 구성방침은 다음과 같다.

첫째, 도덕성과 공동체의식이 투철한 민주시민을 육성한다.

둘째, 사회의 변화에 대응할 수 있는 창의적인 능력을 개발한다.

셋째, 학생의 개성, 능력, 진로를 고려하여 교육내용과 방법을 다양화한다.

넷째, 교육과정 편성, 운영체제를 개선하여 교육의 질 관리를 강화한다.

교육과정의 편제를 살펴보면 교과와 특별활동으로 구성되어 있다. 중학교 교과는 필수 교과와 선택교과로 하며, 고등학교에서는 보통교과와 전문교과로 구성한다. 고등학교의 보통교과 중 공통필수과목은 교육부가 결정하고, 과정별 필수과목은 시・도교육청이 편성하며, 과정별 선택과목은 학교가 선택하도록 하여 교육과정 운영상의 효율성을 제고하려는 노력이 나타나고 있다.

아. 제7차 교육과정기(2000-2007)

제7차 교육과정은 2000년부터 학교 급별로 단계적으로 적용・실시되고 있다. 제7차 교육과정은 21세기 세계화・정보화 시대를 주도할 자율적이고 창의적인 한국인의 육성에 초점을 두었다. 제7차 교육과정 개정의 배경 요인은 세계화・정보화・다양화를 지향하는 교육체제의 변화와 급속한 사회변동, 과학・기술과 학문의 급격한 발전, 경제・산업・취업 구조의 변혁, 교육 수요자의 요구와 필요의 변화, 교육여건 및 환경의 변화 등 교육을 둘러싸고 있는 내외적인 체제 및 환경, 수요의 대폭적인 변화라고 할 수 있다. 7차 교육과정의 구성방침을 다음과 같다.

첫째, 건전한 인성과 창의성을 함양하는 기초・기본 교육의 충실

둘째, 세계화・정보화에 적응할 수 있는 자기 주도적 능력의 신장

셋째, 학생의 적성, 능력, 진로에 적합한 학습자 중심 교육의 실천

넷째, 지역 및 학교의 교육과정 편성・운영의 자율성 확대

제7차 교육과정에서는 21세기의 학교 교육 모습을 전망하면서 교육여건과 환경이 조성된 인간적인 학교를 만들기 위하여 지역이나 학교 실정에 알맞은 학교 교육과정이 다양하고 특색있는 운영과 교육과정에 대한 사고와 인식의 전환을 요구하고 있다.

첫째, 교과서 중심, 공급자 중심의 학교 교육 체제가 교육과정 중심, 교육수요자 중심의 교육 체제로 전환됨을 의미한다.

둘째, 학교의 경영책임자인 교장과 수업 실천자인 교사가 교육 내용과 방법의 주인이 되고 전문가의 위치를 확보하게 됨을 의미한다.

셋째, 지역 및 학교의 특성, 자율성, 창의성을 충분히 살려서 다양하고 개성있는 교육을 실현할 수 있게 됨을 의미한다.

결국, 교육과정의 기본 정신을 구현하기 위해서는 국가에서 '주어지는 교육과정'의 틀에 안주해 있기보다는 교육 실천이 이루어지는 학교 현장에서 '만들어가는 교육과정'의 흐름으로 교육과정을 이해하여 나가는 인식과 구조의 전환이 필요하다고 하겠다.

자. 2007 개정 교육과정 (2007-2009)

2007 개정 교육과정은 수시 개정 체제에 따라 개정되었다. 일시적, 전면적인 교육과정 개정방식의 비효율성을 없애고 사회의 다원화 및 급격한 변화에 대응하여 교육 내용을 지속적으로 개선하며, 국민 각계 각층의 요구를 탄력적이고 체계적으로 반영하기 위한 목적으로 수시 개정 체제가 도입되었다.

차. 2009 개정 교육과정 (2009-현재)

2009 개정 교육과정의 특징은 다음과 같다.

첫째, 지나친 학습 부담을 감축하고, 학습 흥미를 유발하며, 단편적 지식 · 이해 교육이 아닌 학습하는 능력을 기르도록 하고, 지나친 암기 중심 교육에서 배려와 나눔을 실천하는 창의 인재를 양성하는 교육으로의 변화를 추구하였다.

둘째, 학년별로 교과별 수업시수를 제시하던 체제에서 학년군별로 교과(군)별 수업시수를 제시하는 체제로 전환하여 초등 1~2학년, 3~4학년, 5~6학년, 중학교 7~9학년 등 4개의 학년군을 제시하였다. 도입근거는 첫째, 교과과정 편성 · 운영의 경직성을 탈피하고 학년간 상호연계와 협력을 통하여 유연성을 부여하며, 둘째, 수업시수가 적은 교과목의 경우 집중이수를 원활하게 하기 위함이다.

셋째, 공통 교육과정에 기존의 10개의 기본 교과를 사회/도덕, 과학/실과, 예술(음악/미술)을 교과군으로 통합하여 7개의 기본 교과군으로 전환하였다.

넷째, 집중이수의 개념으로 중 · 고등학교에서 학생의 학기당 이수 교과목의 수를 8개 이내로 편성하도록 하였다.

다섯째, 단위학교의 교육과정 편성과 운영의 재량권을 확대해 주기 위한 방안으로 학교가 자율적으로 교과군별로 20% 범위 내에서 수업시수를 자율적으로 증감하여 운영할 수 있도록 하였다.

여섯째, 2007 개정 교육과정 이후 운영해 오던 재량활동과 특별활동을 창의적 체험활동으로 통합하였다. 하위영역으로 자율활동, 동아리활동, 봉사활동, 진로활동 가운데 학교의 특성을 살려 집중하여 시간을 배정할 수 있도록 하였다.

제3절 교육의 방법

1. 교수와 학습

수업(instruction)의 개념과 혼동되거나 유사한 개념들이 많다. 그 중에서도 가장 많이 쓰이는 것이 교수(teaching)와 학습(learning)이라는 개념이다. 때로는 교수・학습 과정이라는 말을 쓰는 경우도 있다. 이들 교수, 수업, 학습, 교수・학습과정 등의 개념을 엄격히 구분하기는 매우 어렵다. 왜냐하면 이러한 용어들 속에는 공통적인 개념이 내포되어 있으며 다만 강조점이 다를 뿐이기 때문이다. 우선 누구를 교육의 주체로 보느냐 하는 관점에서 볼 때 교수와 수업은 교사가 가르치는 행동을 말하고, 학습은 학생이 배우는 행동을 말하며, 교수・학습과정은 양자의 행동을 모두 포함한다고 할 수 있다. 이들 중 가장 넓은 개념이 학습이다.

학습이란 개인이 환경과 상호작용하는 과정에서 나타나게 되는 여러 가지 형태의 비교적 지속적인 변화들이다.

수업은 주로 학습자의 지적, 탐구적 특성을 자극하는 내용을 전달하는데 비해, 교수는 학습자의 모든 능력을 자극하는 포괄적 내용의 전달을 의미한다. 또 교수는 학습자가 보인 변화 중에서 의도적인 것과 비의도적인 것을 모두 포함한다는 점에서 수업보다 포괄적이다. 따라서 교수가 수업보다 넓은 개념으로 쓰여지는 경우도 있다.

교수・학습과정은 문자 그대로 교사가 가르치고 학생이 그것을 배우는 과정이라고 할 수 있다. 좋은 수업이란 결국 교수, 학습과정이 잘 일어나도록 환경을 계획적으로 조작하는 과정이라고 말할 수 있다.

이제 수업의 개념을 명백히 하기 위하여 교수와 학습의 특성에 대해 논의하고자 한다. 학교 교육은 교사의 교수와 학생의 학습으로 성립되는 것으로 교수와 학습은 떨어질 수 없는 밀접한 관계에 있는 것이나, 다음과 같은 차이점을 찾을 수 있다.

첫째, 교수에는 일정한 목표가 있어야 하나 학습에는 목표가 있을 수도 있고 없을 수도 있다.

둘째, 교수는 일의적(一義的)이지만 학습은 다의적(多義的)이다.

셋째, 교수에 관한 연구는 교실사태를 연구대상으로 하나 학습에 관한 연구는 동물을 대상으로 하는 경우가 많다.

넷째, 교수는 처방적이지만 학습은 기술적이다.

다섯째, 교재와 교수와 학습이 일치될 때 비로소 좋은 수업이라고 할 수 있다.

2. 교수 · 학습의 조건

가. 교수 · 학습의 조건

교수 · 학습의 효과에 영향을 주는 조건으로는 내적 혹은 외적으로 여러 가지가 있으나 여기에서는 대표적인 몇 가지만 설명하기로 한다.

1) 출발점 행동(出發點 行動)과 준비성(準備性)

출발점 행동(entering behavior)이라는 용어는 글레이저(Glaser)의 교수모형의 한 요소로 교육목표로서의 도착점 행동(到着點 行動, terminal behavior)과 대조되는 개념이다.

출발점 행동이란 학생이 새로운 특정 도착점 행동을 습득하기 전에 이미 습득해 있어야 할 행동을 가리킨 것이다. 즉 교사가 목표한 어떤 학습을 시작하는 단계에 있어서의 학생들이 습득한 지식, 기능, 태도, 학습방법, 분석능력, 종합력 등을 말한다.

출발점 행동 개념에는 준비성(readiness)개념이 적지 않게 내포되어 있다. 준비성을 특정 교육목표에 관련된 학생의 기존능력의 적정성으로 정의한다면 준비성은 출발점 행동의 기술과 비슷하다. 그러나 준비성은 성숙을 가장 중요한 결정요소로 보는 경향이 많다. 근래 브루너(J. S. Bruner)의 준비성 개념에 대한 재정의, 즉 "어떤 교과목도 모든 아동, 모든 발달단계에서 지적으로 정확한 형태로 효과 있게 가르칠 수 있다"고 하여, 개념이나 법칙을 어린이들의 사고형태에 맞게 그리고 그들의 언어로 옮겨 놓으면 더욱 강력하고 정확한 것으로 확대·심화된다는 것이다.

이렇게 보면, 준비성은 고정적인 것으로 보기보다는 촉진시킬 수 있는 것으로 보고, 교수방법의 조절로 어느 정도 극복할 수 있는 것으로 보는 한, 준비성 대신 출발점 행동 개념이 교수활동 구상에 보다 실질적인 공헌을 할 수 있을 것이다.

이상과 같이 새로운 학습내용과 관련되는 선행학습에서 결과된 현재의 성취상태를 출발점 행동으로 보고 그것을 정확하게 판단하는 일이 곧 효과적인 교수활동의 출발이 되는 것이다. 출발점 행동에 영향을 주는 제 요인은 첫째, 학습자에 내재하는 요인으로서 지능, 학습동기, 발달특징 등을 들 수 있고, 둘째, 학습자의 학습에 영향하는 외적요인으로서의 교사특징, 교수법, 교수내용 및 학습자료, 학습분위기 등을 생각할 수 있다.

2) 학습동기

학습동기는 학습자가 스스로 배우려고 하는 의욕을 가지고 적극적·능동적으로 학습활동을 전개하도록 조건을 형성해 주는 것을 말한다. 동기는 아동·학생이 자발적으로 행동을 하고자 하는 근본동인(根本動因)으로서 욕구·희망·긴장·태세·경향·태도·흥미 등 여러 형태가 있으며, 이것들이 개체로 하여금 행동을 일으키게 하는 중요한 요인이 된다. 이것은 개인에 따라 뚜렷한 차이가 있으므로 각자에게 적합한 동기가 연구되어야 한다.

학습동기의 기능은 다음과 같다.

첫째, 학습동기는 학습활동에 활기를 준다.

둘째, 학습동기는 학습에 효과적인 행동을 선택하게 한다.

셋째, 학습동기는 학습목표를 향해서 개체의 에너지를 집중하도록 한다.

따라서 학습동기를 유발하는 효과적인 방법은 개체와 장소에 따라 달라져야 하는데 주로 사용되는 방법은 다음과 같다.

첫째, 상벌・칭찬・질책에 의한 방법

둘째, 성취감과 좌절감을 이용한 방법

셋째, 협동과 경쟁을 이용하는 방법

넷째, 교수・학습 목표나 결과를 알려주는 방법

다섯째, 교수・학습 장면의 설정에 의한 방법

여섯째, 교수・학습 형태를 연구하는 방법

이상과 같은 방법을 적절히 이용하여 교수・학습활동에 활기를 불어넣어 주어야 한다. 한 실험 연구에 의하면, 남학생은 질책에 대해서 격분하여 매우 큰 학습효과를 올리는 수가 있으나, 여학생에 있어서 질책은 자아를 위축시켜 오히려 학습효과를 떨어뜨린다는 것이다. 또한 칭찬만 해주면 오히려 그 효과가 감소된다고 한다. 그러나 일반적으로는 내재적 학습동기 유발 방법이 외재적 방법보다 효과적인 것으로 보고 있다.

3) 전이(轉移)

전이는 어떤 학습내용을 학습한 결과가 다른 내용의 학습에 직접 또는 간접으로 영향을 미치는 것을 말한다. 즉 과거의 학습이 새로운 지식이나 기술의 획득, 문제해결, 습관이나 태도의 형성에 영향을 주는 것을 학습의 전이라고 한다. 이때 선행학습의 결과가 후속된 학습을 촉진시키는 경우를 적극적 전이라고 하고, 반대로 선행학습이 뒤따르는 학습을 방해하거나 능률을 감퇴하게 할 경우를 소극적 전이라고 한다.

전이를 가능하게 하는 요인으로는, 선행학습과 후속될 학습이 서로 비슷할 때, 즉 동일요소가 있을 때 더 큰 성과를 얻을 수 있다. 또 먼저 배운 학습이

철저하고 완전해야 전이효과가 크며 선행학습에서 특히 강조하고 주의한 내용이 후속될 학습에 나올 때 전이가 쉽게 된다. 일반적으로 학습자의 지능이 높을수록 전이효과가 큰 것으로 알려져 있다.

4) 기억

기억은 좁은 뜻으로는 과거의 경험이나 행동이 현재의 경험이나 행동을 규정하는 것을 말하지만 넓은 의미로는 기명(基銘)·파지(把持)·재생(再生)·재인(再認)의 네 단계를 거쳐서 비로소 기억이 이루어진다. 여기에는 먼저 어떤 인상이나 경험이 마음에 새겨져서 각인(刻印)이 되고 이것이 일정한 기간 파지되었다가 얼마 후에 다시 의식으로 나타나는 재생이 일어난다. 이것이 언제 어디서의 경험인가를 확인하는 재인을 하게 되는데, 때로는 재생이 되지 않고 재인이 되는 수도 있으며 재인의 정도에도 차이가 있다. 그런데 이러한 과정에서 재생이 되지 않으면 그것이 곧 망각(忘却)이다.

5) 학습환경

학습환경의 구성문제는 결국 어떠한 학습환경 구성이 학습동기나 효과 및 능률을 향상시킬 수 있느냐 하는 것으로 귀결된다. 바람직한 학습환경을 마련한다는 것은 학습자로 하여금 학습하고자 하는 동기나 의욕을 자극하거나 북돋워주기 때문에 소홀히 생각할 수 없는 문제이다. 바람직한 학습환경 구성을 위한 몇 가지를 들어보면 다음과 같다.

첫째, 학습환경을 일정한 조건하에 둘 적에 학습자의 학습 결과가 어떻게 변화하는가에 대한 관심이다. 이때의 일정한 조건하의 학습환경이란 카프카(Koffka)의 지리적 환경(geographical environment)을 주로 뜻하지만 그렇다고 행동적인 환경(behavioral environment)을 도외시한 학습활동은 있을 수 없다. 진정한 의미의 학습환경은 주체인 학습자가 의식하는 생활공간으로서 외적 존재와 행동적인 환경과의 역동적인 관계에서 양자의 작용을 동시에 고찰하고 규명해야 될 것이다.

둘째, 학습환경 내용을 분류해 보면 물리적 환경, 사회적 환경, 정신적 환경으로 나눌 수 있다.

① 물리적 환경은 공간의 채광, 통풍, 보온, 방음, 실내설비, 실내장식 등의 물리적 공간 및 사태

② 사회적 환경은 학습자의 사회적 관계, 집단의 지적·정서적·사회적 분위기, 가정환경, 근린관계, 학습자 상호간의 대인관계, 학습자와 교사간의 대인관계

③ 정신적 환경은 학습자를 둘러싸고 있는 예술, 문화, 도덕, 종교 등 정신적 가치를 가지고 있는 것들이 학습동기나 의욕, 능률에 어떠한 영향력을 가지고 있는가도 분석·검토해 보아야 할 것이다.

셋째, 환경으로서의 성인, 특히 교사의 역할에 대한 관심을 들 수 있다. 교사 자신이 환경으로서 학습자에게 중요한 영향을 미치고 있다는 점이다.

그런데 학습은 실제로 학급에서 전개되므로 학급환경이 가장 소중한 학습환경의 하나가 된다. 학급환경은 먼저 즐겁고 명랑하고 아름다워야 하며, 생활내용이 풍부하고 문제해결에 도움이 되는 곳이어야 한다. 뿐만 아니라 항상 안정감을 느껴서 균형과 조화가 이루어지고 자유로운 정신적·신체적 생활을 할 수 있는 곳이어야 한다. 학습환경의 구성원리를 살펴보면 다음과 같다.

① 역동균형성(力動均衡性)의 원리: 문화적·사회적·물리적 조건의 복합체로서 조화와 균형화를 통한 생활의 장

② 유용건강성(有用健康性)의 원리: 위생, 색채, 명암 등 학생들의 심신건강 조장과 유용성

③ 입체심미성(立體審美性)의 원리: 입체적·활용성·편리성을 고려, 학생과 교사의 협동구성

④ 협동능률성(協同能率性)의 원리: 발달단계를 고려한 안전 제일주의 구성, 특정 교과에 대한 학습의 동기와 문제 해결 등의 능률적 조성.

나. 교수 · 학습의 원리

교육 · 학습이론이 다양한 것과 같이 교수 · 학습지도의 원리도 학파와 논자에 따라 다르다. 여기서는 자발성 원리, 개별화의 원리, 사회화의 원리, 통합의 원리, 직관의 원리, 목적의 원리 등을 중심으로 간략히 살펴본다.

① 자발성의 원리: 구안법, 문제법, 프로그램 학습 등 자기 활동의 원리, 흥미의 원리, 창조성의 원리를 이용한 자발적 학습 참여

② 개별화의 원리: 달톤 플랜(Dalton Plan), 위네트카 시스템(Winnetka System), 버크스 개별체제(Burk's Individual System), 캠브리지 플랜(Cambridge Plan), 엘리자베드 편집법(Elizabeth Plan of Grading) 등 각자의 요구와 능력에 맞는 학습활동의 기회 마련

③ 사회화의 원리: 페스탈로찌(Pestalozzi)의 협동노작법, 듀이(Dewey)의 축도사회(縮圖社會)로서의 학교, 아리스토텔레스(Aristoteles)의 사람은 사회적 존재, 올센(Olsen)의 지역사회학교(community school) 등 학교 · 가정 · 사회의 삼위일체 원리

④ 통합의 원리: 학습을 종합적인 전체로서 지도하자는 동시학습(concomitant learning)의 원리

⑤ 직관의 원리: 코메니우스(Comenius)의 교수론 등 구체적 사물, 제시, 경험의 시청각적 방법 강조

⑥ 목적의 원리: 학습자의 학습 목표인식과 교사의 목적의식이 분명한 수업

3. 학습지도의 형태(形態)

학습지도의 형태는 시대적인 배경과 학습내용인 교과의 성격, 지도의 대상에 의하여 영향을 받는다. 다시 말하면, 학습지도의 형태는 학습할 교과의 성질, 즉 기초교과 또는 도구교과(국어 · 수학 · 외국어 등), 내용교과(사회과학 등), 기

술과학교과(실과 · 공예 등), 표현교과(음악 · 미술 등)에 따라서 각각 달리 하게 되며, 지도의 대상도 이질적인 개성의 집단이므로 각자의 개성을 존중하는 유효 적절한 형태가 전개되어야 할 것이다.

그러므로 어느 방법이 다른 것보다 더 좋다고 말할 수 없다. 가장 적절한 지도방법은 교육과정에서 진술된 사회적 요구가 교재의 성질, 교육목적, 교사의 특성(인격 · 경력 · 능력), 학습이론, 학생의 개성, 교육과정의 배치, 학습재료, 학습집단의 크기 등 여러 가지 요인에 따라 결정되어야 하는 것이다. 여기에 일반적 학습지도의 형태를 몇 가지 제시한다.

가. 강의법(lecture method)

강의법은 전통적인 교육에서 유일한 교수방법이었으며, 지식을 대량으로 습득하는 면에서 이점이 있으나, 지식을 파지(把持)하는 면에 있어서는 다른 방법보다 불리할 뿐만 아니라, 태도나 사회성 학습에 있어서는 많은 약점이 있다고 말할 수 있다. 그러나 경험을 중시하며 창의성을 강조하는 현대교육에 있어서도 이 방법이 아니고는 도저히 학습하기가 어려울 뿐 아니라, 다른 방법이 미치지 못하는 장점을 지니고 있다는 점에서 아직도 널리 애용되고 있다. 또 이 방법은 사용하는 교사에 따라서 적절하게 그 형태를 바꾸어서 단점을 보완하여 쓸 수도 있다. 즉, [그림 6.1]의 형태를 적당한 시기에 알맞게 활용한다면 더욱 효과적일 것이고, 그것은 교사의 능력에 따라 가능하다.

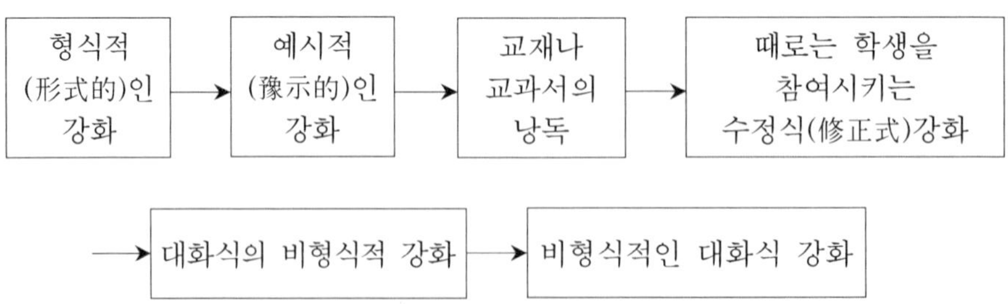

[그림 6·1] 강의법의 형태 변화

강의법의 장·단점을 고려하면서 그 사용상의 유의점 몇 가지를 예로 들면 다음과 같다.

① 학습하고자 하는 목표를 분명히 설정해야 한다.

② 학생들의 입장에서 학습내용을 고려해야 한다. 학생들의 능력이나 상태를 분석하여 내용을 알기 쉽게 설명하고 그들의 흥미를 자극시켜야 하기 때문이다.

③ 구체적인 실물, 실연, 언어 등을 사용하여 단순한 것에서 복잡한 것에 이르는 단계적인 설명을 하도록 해야 한다.

④ 강의 중에 중요한 개념은 판서 혹은 다른 수단으로 강조하여야 한다.

⑤ 특히 화술은 유창하고도 명확하여야 하며, 그 시간의 요점을 분명히 강조해야 한다. 강의의 종결에 가서는 학습된 내용을 요약해야 한다.

⑥ 될 수 있는 대로 필름이나 프로젝트, 레코드 등의 시청각적 보조물을 많이 사용하고 단조로운 시간을 변화 있게 하도록 질문·토의·대답의 기회를 마련하는 것이 좋다 .

나. 질문법(question method)

질문과 대답에 의해서 전개되는 학습지도 방법으로서 강의법과 함께 오래 전부터 사용되어 오던 학습형태의 하나이다. 이 질문법은 교사와 학습자 사이의 상호작용을 전제로 하는 것으로 교사의 질문에 대하여 학생이 답변하고, 학생의 질문에는 교사가 답변하는 형식이다. 이로써 학습에 대한 주의를 집중시키고, 사고작용이나 비판적인 태도를 기르게 되는 것이다.

교사의 질문은 학습자를 자극함으로써 그들의 자발적인 활동을 유발하여 적극적인 학습참여의 기회를 만들고자 하는 것이므로 적어도 다음과 같은 특징을 구비해야 한다.

첫째, 질문은 학생들이 이해하기 쉽도록 간결, 명료하게 하며, 바른 언어를 사용해야 한다.

둘째, 질문은 학습목표와 결부된 뚜렷한 내용을 지닌 것이어야 하며, 단편적인 질문은 체계적인 사고활동을 방해하기 쉬우니 피해야 한다.

셋째, 질문은 학습자의 지적 활동을 계발하며, 사고작용을 자극하도록 전개되어야 한다.

넷째, 질문은 학생 각 개인의 연령, 능력 및 흥미에 맞도록 하고, 그렇지 않은 경우 학생에게 좌절감, 권태감을 주어서 학습의욕을 저하시킬 가능성도 없지 않다는 것을 고려해야 한다.

다. 토의법(discussion method)

토의법은 공동학습의 한 가지 형태로서 학생 상호간의 의견교환을 통하여 학습활동을 이끌어 나감과 동시에, 학습의 사회화를 꾀한 민주적인 학습지도법이다. 남의 이야기를 경청하며, 자기의 의사를 자유롭게 발표하고 질문하며, 토론할 권리와 그런 기회가 주어지는 민주사회에서는 이 집단토의 학습이 중요한 의미를 가진다. 민주사회의 시민은 토의를 할 수 있고 거기서 얻어진 결론이나 결정사항을 받아들여 준수해야 하기 때문에 학생은 집단활동에 참가하고 협조하는 방법을 우선 배워야 하는 것이다.

토의학습에서 얻어지는 학생의 학습성과는 대개 다음과 같은 것이다.

첫째, 각자가 자신의 사고를 높이고 자기 스스로 생각하려는 태도

둘째, 자기의 의견을 상대방에게 명확히 발표하고 전달하는 태도

셋째, 타인의 의견을 존중하고 관대하게 대하는 태도

넷째, 자기의 존엄성을 이해하고 타인의 의견을 지성적으로 비판하는 태도

다섯째, 논의에 의하여 결정된 사항은 이에 복종하고 협력하는 태도

여섯째, 회의를 민주적으로 운영해 나가는 태도

일곱째, 타인의 의견을 들음으로써 자기의 인식을 확대하고 심화하는 연구적 태도

라. 문제법(problem method)

문제법이란 현실에 직면한 제 문제를 일정한 단계, 즉 문제의 파악, 가설의 설정, 가설의 검증, 결론 등 일련의 논리적인 과정을 통해서 처리하는 방법을 말한다. 이것은 학생들이 새로운 사태에 직면하여 의혹이 생기고 곤란할 경우 과거의 경험이나 지식을 유효하게 사용하며, 적극적인 활동을 이끌어 문제해결에 도움을 주는 능력을 배양할 수 있다.

문제법 지도상의 유의점은 다음과 같다.

첫째, 학생이 문제를 명확히 파악하도록 지도한다.

둘째, 관련되는 개념을 가급적 많이 제공함으로써 사태를 정확히 분석 검토하게 하며 명확한 가설을 설정하여 여기에 적용할 수 있는 일반적인 원리원칙을 상기하게 한다.

셋째, 사고과정을 적절히 지도하여 문제해결을 위한 자료를 조직하게 한다.

마. 구안법(project method)

구안법은 문제법의 발전적인 형태인데, 원래 프로젝트라는 말은 '내 던진다', '앞으로 내 놓는다'는 뜻으로서 마음속에 생각하고 있는 바를 밖으로 내놓고, 객관화 시켜서 구체적으로 실현하려는 활동을 의미한다. 그러므로 구안법은 학습자 스스로가 어떤 목적을 가지고 자기 힘으로 계획을 세워서 실천함으로써, 자발적이고 창의적인 학습의 효과를 거두고자 하는 현대적인 학습지도의 한 방법이다.

구안법의 학습단계는 문제법의 학습과정(문제의 결정 → 문제해결의 계획 →자료의 수집 → 활동의 전개 → 결과의 검토)과 비슷하다. 즉, 목적의 단계(purposing) → 계획의 단계(planning) → 실행의 단계(executing) → 비판의 단계(judging)의 순이다. 구안법에서 예상되는 장・단점을 고려하여 지도상의 유의점을 유출해 보면 다음과 같다.

① 계획은 정확하고 정밀하게 세우는 습관을 길러 주어야 한다.

② 학생의 흥미에 따른 활동이므로 혼란이 일어나지 않도록 배려해야 한다.
③ 사용한 도구나 재료는 사전에 충분히 준비함으로써 학습활동에 지장이 없도록 해야 한다.
④ 프로젝트는 학교의 조직이나 계획과 조화가 되어야 한다.

바. 프로그램 학습(programed learning)

프로그램 학습이란 자기가 하고자 해서 행동할 때 성립되는 것이라는 원리에 근거를 두고 있으며, 학습자 개개인이 자기에게 주어진 교재를 가지고 자기 스스로의 활동에 의하여 학습을 수행해 가는 방법을 말한다. 이것은 학습이 학급을 단위로 이루어지는 한, 학생 개개인의 능력이나 경험에 호소하는 완전한 학습의 개별화가 불가능하다는 점에서 착안하게 된 것이다. 여기서는 학급집단의 성원 각자에게 개별적인 학습문제를 제시하여 각자의 능력에 따라서 개별학습을 추진하게 되는 것이 특징이다.

프로그램 학습의 기본적 생각은 아동・학생의 능력적인 개인차를 질차(質差)로서가 아니고 양차(量差)로서 취하려는 것이다. 능력차이가 있는 개인에게 질이 다른 트랙(track)을 진행시키는 것이 아니고, 동일한 트랙을 진행시켜 그 속도의 빠른 것과 늦은 것의 차이를 취하려고 하는 것과 같은 이치이다. 이 학습에서는 학생 개개인이 자기의 능력에 따라 혼자서 학습을 진행시키고 확인할 수 있도록 만들어진 교수기계나 프로그램교재(programed text book)를 작성하여 사용하는 것이 특징이다.

사. 팀 티칭(team teaching)

팀 티칭은 그 자체가 완성된 교수방법이라기보다는 아직까지 탐색적이고 실천적인 시도에 불과하기 때문에 앞으로 개발의 여지가 많다. 팀 티칭은 같은 분야에서 우수교사의 혜택을 많은 학생에게 제공할 뿐 아니라 우수교사에게는 최적의 근무조건을 마련해 줄 수도 있다. 그리고 학생들의 학습효과를 올리기 위해서 교사들이 협동하여 가르치고, 팀을 구성한 교사들은 각각 다른 수준의 책임을 맡고 학습에 임하는 지도형태이다. 그 대략적인 특징을 정리하면 다음과 같다.

① 대부분의 경우 3-7명의 교사가 팀을 이루어 크고 작은 집단의 공동지도에 임한다.

② 팀을 구성하는 교사들은 각각 다른 수준의 책임을 맡고, 상급 교사나 팀 책임자는 다른 교사들보다 높은 보수를 받을 수도 있다.

③ 팀 티칭에 있어서는 계획과 실천 및 평가의 과정에서 개별교사보다도 팀의 성취도를 더 중요시한다.

④ 학급상황에 있어서는 개별교사의 자율적이고 창의적인 행동을 존중하고 보호해 준다.

⑤ 개별교사의 학습내용에 있어서는 합동 그룹 강의 내용과 밀접한 관련을 유지한다. 팀 티칭은 학년 한계를 벗어난 학습집단 편성을 촉구해 주며 한편 무학년제 편성은 팀 티칭을 촉구해 준다.

⑥ 학습집단의 크기와 교수시간 단위는 교육목표, 내용, 방법, 학생의 필요에 따라 융통성이 있다.

⑦ 팀 티칭에 있어서는 시청각매체의 많은 활용을 원칙으로 한다.

학습과제

1. 교육과정을 구성하는 내용의 선정과 조직 원칙을 설명하시오.

2. 2007개정 교육과정과 2009 개정 교육과정의 특징을 각각 설명하시오.

3. 교육과정 결정에서 학습자와 사회는 교과와 어떻게 다른 역할을 하는지 논하시오.

4. 우리나라 교육과정의 변천과정에 대하여 설명하시오.

5. 교과중심, 경험중심, 학문중심, 인간중심교육과정의 특징 및 장/단점에 대하여 설명하시오.

학습과제란

참고문헌

오천석 (1973). 발전한국의 교육이념탐구. 서울: 배영사.

이돈희 외 (1987). 교육학용어사전. 서울: 서울대학교.

장대운 (1995). 현대교육학개론. 서울: 교육과학사.

황정규 (1995). 학교학습과 교육평가. 서울: 교육과학사.

Bloom, B. S. (1976). *Human Characteristics and School Learning.* New York: McGraw-Hill Book Co..

Bloom, B. S. (Ed.) (1956) *Taxonomy of educational objectives: Handbook I, cognitive domain.* New York: David Mckay.

Gagne, R. M. (1970). *The conditions of learning* (2nd ed.). New York: Holt, Rinehart and Winston

Harrow, A. J. (1972). *A taxonomy of the sychomotor domain.* New York: David Mckay.

Krathwohl, D. R. et al. (1964) *Taxonomy of educational objectives: Handbook II, affective domain.* New York: David Mckay.

Mager, R. F. (1962). Preparing instructional objectives. Palo Alto, Calif.: Pearson.

제7장 교육공학

제1절 교육공학의 영역
1. 교육방법
2. 교육공학
3. 교육방법과 교육공학의 관계

제2절 교수설계 이론과 모형
1. 교수설계의 개념
2. 교수설계 이론
3. 교수설계 모형

제3절 교수방법의 유형
1. 강의법
2. 토의법
3. 협동학습법
4. 문제기반학습

제4절 교수매체의 활용
1. 교수매체 활용의 정당성
2. 문제해결을 위한 정보활용기술
3. 교수매체의 활용

교육공학의 개념화와 영역에 대해 이해하고, 교육공학이 교수 · 학습을 어떻게 개선할 수 있는지를 이해한다. 본 장에서는 교육공학의 다섯 가지 영역과 교수설계 이론과 모형, 교수방법의 유형, 교수매체의 활용에 대해서 학습한다. 교수설계를 위해 필요한 배경 이론과 설계를 할 때 적용할 수 있는 절차적 모형을 익힌다. 수업운영의 틀이라고 할 수 있는 다양한 교수방법과 매체의 설계 원칙과 최근의 교수매체에 대해 학습한다.

제1절 교육공학의 영역

1. 교육방법

교육공학의 개념과 영역을 논하기 전에 교육방법에 대해서 이야기하고자 한다. 왜냐하면 대학에서 사용되는 많은 교재들이 '교육방법 및 교육공학' 이라는 제목으로 출판되기 때문이다. 이 둘의 관계를 먼저 규명하는 것이 교육공학을 이해하는데 도움이 되므로 교육방법에 대한 정의를 먼저 하고자 한다.

교육방법은 맥락에 따라서 교수방법, 수업방법, 교수기법, 교수전략 등의 다양한 용어로 사용된다(홍기칠, 2012). 교육방법은 교육의 목표를 효과적으로 달성하기 위하여 교수설계자에 의해 선택되는 것으로 교육이 일어나는 시간과 장소에서 교육을 운영하는 틀이라고 볼 수 있다. 교육방법을 보다 넓게 개념화하면 교육목표를 달성하기 위하여 선정된 교육과정을 학습자에게 효과적으로 전달하는 수단으로 볼 수 있다(이화여자대학교 교육공학과, 2001). 반면에 교육방법의 개념을 협소하게 보면 교실 수업에서 교사가 한 차시의 수업목표를 효과적으로 달성하기 위해서 강의법, 토의법, 협동학습법과 같은 수업의 틀을 규정해 놓은 방법들을 의미한다. 교사는 이러한 방법 중 적절한 것을 선택하여 수업을 운영하게 된다.

2. 교육공학

가. 교육공학의 개념

교육공학이라는 학문을 처음 듣는 경우, 교육에서도 공학이라는 전공이 있다는 사실에 낯설어 하는 사람들이 많다. 대체로 공학이라는 용어가 일반인들에게는 'engineering'의 개념을 먼저 떠올리게 하기 때문이다. 실제로 1960년대 초기까지는 교육공학 분야의 연구는 주로 라디오, 텔레비전, 영화, 슬라이드, 녹음기 등 시청각 매체의 개발과 활용에 초점이 맞추어져 있었다. 이어서 1980년대 이후 컴퓨터가 대중화되면서 컴퓨터라는 매체에 초점이 지어졌다. 그러나 이러한 하드웨어적 매체 중심의 교육공학이 교수에 대한 절차(process of instruction)와 같은 소프트웨어적인 개념으로 점차 바뀌게 되었다. 실제로 교육공학의 공학은 'technology'의 용어를 사용한다. 그리고 technology의 정의는 Galbraith(1967)가 '실제적인 과제들을 해결하기 위해 과학적인 지식이나 또는 조직화된 지식을 체계적으로 적용하는 것'이라고 한 것에 따른다. 그러므로 교육공학은 교육의 문제를 해결하기 위해서 교육과 관련된 지식이나 그 밖의 정리된 지식을 체계적으로 적용하는 것이라고 볼 수 있다.

박성익 등(2007)은 technology에 대한 Galbraith의 정의에 기반하여 공학의 세 가지 특성을 제시하였다: 첫째, 공학은 문제 해결에 초점을 맞춘다. 둘째, 공학은 과학적 지식 및 조직화된 지식에 바탕을 두고 있다. 셋째, 공학은 체계적이다. 그들은 이 세 가지의 특징을 동시에 고려할 때만이 공학의 의미를 제대로 이해할 수 있다고 하였다. 그렇다면 이 세 가지 특징을 교육에 적용해보면 교육공학의 의미를 보다 잘 이해할 수 있을 것이다.

첫째, 교육공학은 교육의 문제 해결에 초점을 맞춘다. 때문에 교육공학은 교육심리나 교육철학과 같이 현상을 설명하는 기술적(descriptive) 학문이라기보다는 문제를 해결하기 위한 방법이나 절차를 제시하는 처방적(prescriptive) 학문의 성격을 강하게 가진다.

둘째, 교육공학은 과학적 지식이나 조직화된 지식에 근거한다. 교육의 문제에 대한 해결안을 제시할 때에는 반드시 학습이나 교수에 대한 과학적 지식에 근거하여야 한다. 또한 특정분야의 해결안을 적용할 때에도 적용하는 분야 예를 들어 상담학, 경영학, 사회복지학 등의 학문적 근거를 가지고 있어야 한다.

셋째, 교육공학은 체제적 접근 방식을 가진다. 체계 또는 체제(system)란 특정 목적을 달성하기 위해 상호작용을 하는 구성요소들의 집합체이다. 교육공학은 교육의 문제를 해결하기 위해서 교육을 하나의 체제로 인식하며 교육의 문제를 하나의 현상으로 인식하지 않고 체제 속에서 문제의 원인과 주고받는 영향 등을 고려하는 체제적인 접근을 한다.

나. 교육공학의 정의

교육공학에 대한 개념 정의를 문서화한 기관으로 미국교육공학회(Association for Educational Communication and Technology, AECT)가 있다. AECT가 1994년에 내린 교육공학에 대한 정의는 '학습을 위한 과정과 자원을 설계, 개발, 활용, 관리, 평가하는 이론과 실천'이다(Seels & Richey, 1994: 1). 여기의 교육공학은 원문에서 교수공학(instructional technology)라고 표기되어 있다. 10년 후 2004년에 AECT는 다시 교육공학에 대하여 '교육공학이란 적절한 공학적 과정들과 자원들을 창출하고 활용하고 관리하는 것을 통해 학습을 촉진하고 수행을 개선하는 연구와 윤리의 실천이다.' 라고 정의하였다. 〈표 7.1〉과 같이 두 정의를 비교해보면, 매우 유사하지만 10년간 교육공학이 강조하는 목적, 내용, 영역이 달라졌다는 것을 알 수 있다.

첫째, 교육공학의 목적이 학습뿐만 아니라 수행을 개선하기 위한 것이라는 인식의 변화를 알 수 있다. 둘째, 교육공학에서 다루는 과정과 자원은 보다 공학적이어야 한다. 셋째, 교육공학의 다섯 가지의 영역이 세 가지의 포괄적인 영역으로 통합되었다. 넷째, 교육공학의 존재형태는 정적인 이론에서 동적인 연구로 변화되었고, 실천은 윤리적이어야 함을 강조하게 되었다.

〈표 7.1〉 AECT의 교육공학 정의

	1994년 정의	2004년 정의
용어	교수공학 (instructional technology)	교육공학 (educational technology)
목적	학습(learning)	학습의 촉진(facilitating learning) 수행의 개선(improving performance)
내용	과정과 자원 (processes and resources)	공학적 과정과 자원 (technological processes and resources)
영역	설계(design), 개발(development), 활용(utilization), 관리(management), 평가(evaluation)	창출(creating), 활용(using), 관리(managing)
존재 형태	이론과 실천 (theory and practice)	연구와 윤리적 실천 (study and ethical practice)

다. 교육공학의 영역

교육공학의 정의를 통해 교육공학의 다섯 가지 또는 세 가지 영역을 알 수 있었다. 여기서는 Seels와 Richey(1994: 21)에서 제시된 [그림 7.1]을 통해 교육공학의 다섯 가지 영역을 살펴보고자 한다(강이철, 2009; 박성익 외, 2007; 백영균 외, 2010; 조규락 · 김선연, 2006; 홍기칠, 2012).

1) 설계영역

교육공학에서는 설계(design)이라는 용어가 매우 빈번하게 사용된다. 교육공학에서의 설계란 학습을 위한 조건을 구체적으로 명세화하는 과정들로 교수심리학과 체제이론에 기초를 두고 있다.

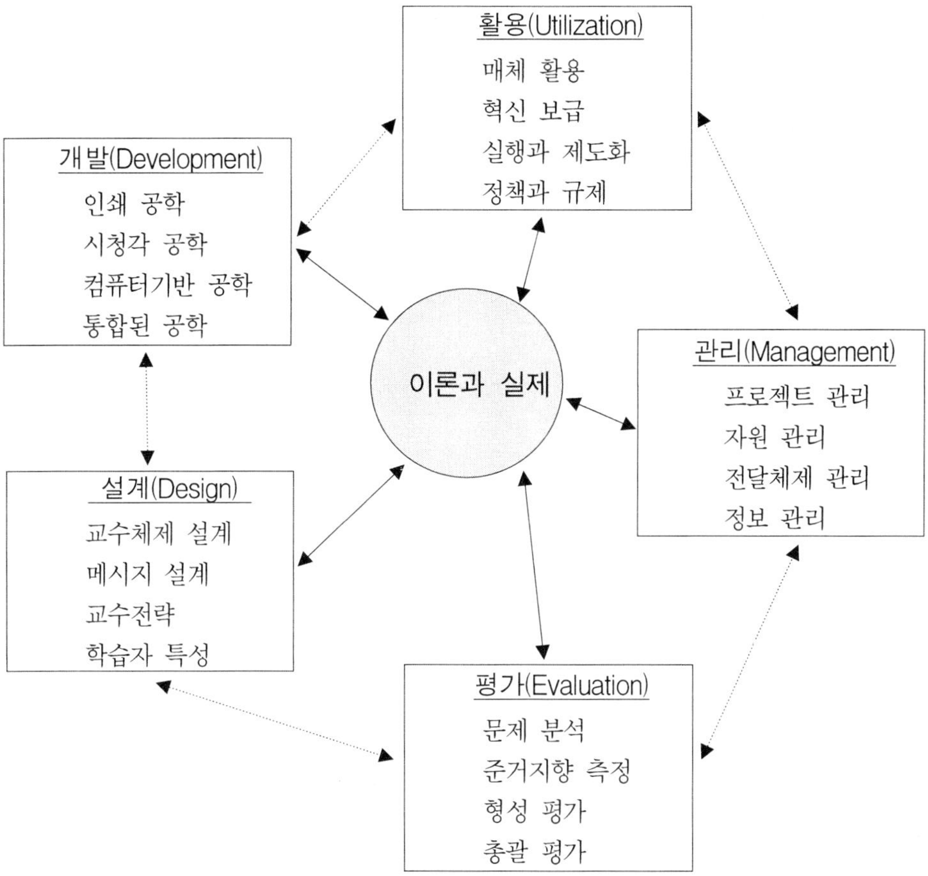

[그림 7.1] 교육공학의 다섯 가지 영역(Seels & Richey, 1994: 21)

2) 개발영역

개발이란 설계영역에서 명세화된 내용을 물리적인 형태로 옮기는 과정들을 말한다. 예를 들어 수업의 과정과 수업에 필요한 자료를 설계했다면 실제로 그 과정들을 개발하고 자료를 만들어내는 과정을 말한다.

3) 활용영역

활용이란 학습을 위한 과정과 자원을 활용하는 과정들을 말한다. 예를 들어, 개발한 수업의 과정과 수업 자료들을 실제 수업 현장에서 교수자에 의해 실행되는 것으로 수업이 진행되었다는 것을 의미한다.

4) 관리영역

관리란 기획, 조정, 감독 등을 통해 교육공학의 과정과 결과를 운영하고 조절하는 행정적 기능을 하는 과정들을 말한다. 교수자가 수업을 통해 활용한 과정과 자원들이 지속적으로 보완되기 위해서는 관리가 필요하다.

5) 평가영역

평가란 진행되어 온 교수의 적절성을 판단하는 과정들을 말한다. 단지 교수목표 달성의 결과만을 평가하는 것이 아니라 교육공학의 전 과정과 그 산출물에 대하여 평가하고 그 가치를 판단하는 영역이다.

3. 교육방법과 교육공학의 관계

조규락과 김선연(2006)은 다양한 교육방법을 알고 있다고 하더라도 교육공학적 안목이 없이는 효과적인 교육목표를 달성하기 어렵다고 하였다. 이들은 교육방법과 교육공학의 관계를 바라보는 네 가지 시각으로 '교육방법 = 교육공학', '교육방법 ≠ 교육공학', '교육방법 〉 교육공학', '교육방법 〈 교육공학'을 제시하였다. 본 장에서는 마지막의 시각에 근거하여 기술하고 있다. 즉 교육방법을 교육공학의 하위영역 특히 '활용' 영역에서 실행되는 것으로 본다. 교육방법은 교수를 실행할 때 적용하는 교수활동 운영의 틀이라면, 교육공학의 영역은 교수실행 이전, 교수실행 중, 교수실행 이후의 전 과정을 모두 설계하는 것을 의미하기 때문이다.

제2절 교수설계 이론과 모형

1. 교수설계의 개념

교수설계(Instructional Design, ID)란 쉬운 말로 풀어 말하면 가르치는 것을 설계하는 것이다. 가르치기 전, 가르치는 중, 가르친 이후의 모든 과정에 대해서 체제적 접근 방식에 따라 설계하고 개발하기 때문에 '설계' 대신 '개발'이라는 용어를 사용하기도 하며 체제적 접근을 하기 때문에 '교수체제개발(Instructional Systems Development, ISD)' 이라고 하기도 한다. Seels와 Richey(1994)는 교수체제설계를 '교수를 분석하기, 설계하기, 개발하기, 실행하기, 평가하기의 단계들로 구성된 절차(an organized procedure that includes the steps of analyzing, designing, developing, implementing, and evaluating instruction)'라고 정의하였다(Seels & Richey, 1994: 30-31). 교수설계는 교실 수업과 같이 이미 가르칠 내용과 학습자들이 결정되어 있는 상태에서 차시 단위의 미시적 설계를 하는 경우와 교수 요구 분석에 따라 무엇을 가르치며 누구를 가르칠 것인지 부터 결정해야 하는 거시적 설계를 하는 경우로 구분하여 생각할 수 있다(Seels & Richey, 1994).

2. 교수설계 이론

가. Merrill의 내용요소제시 이론

1) 학습의 범주 분류

Merrill의 내용요소제시 이론(Component Display Theory, CDT)은 주로 인지

적 영역의 교수 상황에서 단일 아이디어를 가르치는 미시적 수준의 설계에 초점을 둔 이론이다. Merrill은 인지적 영역의 학습결과를 [그림 7.2]와 같이 내용과 수행의 두 차원으로 구분하여 분류하였다.

수행수준				
발견		개념 × 발견	절차 × 발견	원리 × 발견
활용		개념 × 활용	절차 × 활용	원리 × 활용
기억	사실 × 기억	개념 × 기억	절차 × 기억	원리 × 기억
	사실	개념	절차	원리
	내용 유형			

[그림 7.2] 내용×수행 행렬표

2) 제시형

제시형(presentation form)이란 교수 상황에서 교수 내용이 교수자에 의해서 학습자에게 제시되는 형식을 말한다. Merrill(1983)은 교사가 수업 내용에 대해 취하는 두 가지 방식, 즉, 학생들에게 내용을 제시하는 형식과 학생들에게 그 내용을 기억하게 하거나 적용하도록 요구하는 형식이 있다고 하였다. 그리고 내용은 그 자체로 일반성을 띠는 것과 구체적인 사례를 포함하는 것으로 구분된다. 이러한 생각에 기반하여 Merrill은 설명식 일반화, 설명식 사례, 탐구식 일반화, 탐구식 사례라는 네 가지의 일차적제시형(Primary Presentation Forms, PPFs)을 제안하였다. 교사는 수업목표를 달성하기 위해서는 일차제시형의 네 가지 중 어느 한 가지 형태의 제시형을 취할 수밖에 없다.

Merrill은 또한 일차적제시형에 추가하여 학습을 지원해주는 이차적제시형(Secondary Presentation Forms, SPFs)으로 선수학습 정보, 맥락 정보, 기억술, 주의력 집중시키기, 대안적 표상, 피드백을 제시하였다. 이차적제시형은 필수적인 것은 아니지만 학습자의 정보처리과정을 촉진시키거나, 흥미요소를 제공해주거나 동기를 유발시켜 학습이 용이하게 이루어지도록 도울 수 있다(홍기칠, 2012).

나. Reigeluth의 정교화 이론

Reigeluth의 정교화 이론은 Merrill의 이론과는 달리 교수설계에 대한 거시적 접근을 취하는 이론이다. 정교화 이론은 교수 내용의 계열화와 조직전략에 주로 초점을 두고 있다. 그는 교수 내용을 조직할 때 가장 먼저 내용에 대한 대표성이 높은 정수(epitome)를 먼저 가르친 후, 세분화되고 구체적인 내용을 가르쳐 학습자들에게 의미적 정교화가 일어나게 하여야 한다고 하였다. 그는 정교화 이론을 카메라 줌렌즈에 비유하여 설명하였다(Reigeluth, 1999). 카메라 줌렌즈가 먼저 전체 전경을 잡기 위해 줌 아웃을 한 후, 특정 대상을 확대하여 보기 위해 줌인을 한다. 그 후 확대해서 본 대상이 전체 전경의 어느 부분에서 어떤 의미적 관계를 형성하고 있는지 파악하도록 다시 줌아웃을 한다. 그리고 다른 대상을 관찰하기 위해 다시 줌인을 하게 된다. 교수내용도 카메라가 줌아웃, 줌인을 하듯이 조직되고 계열화되어야 한다.

Reigeluth는 이러한 조직과 계열화 방식을 돕기 위한 정교화된 계열, 선수학습의 계열화, 요약자, 종합자, 비유, 인지전략 활성자, 학습자 통제의 일곱 가지 교수전략을 제시하였다(Reigeluth, 1987).

다. Keller의 학습동기설계 이론

Keller(1983, 1984, 1987)는 학생의 학습동기를 유발하고 지속시킬 수 있는 학습 환경의 설계 원리로 ARCS 모델을 개발하였다. ARCS는 학습동기의 요소를 대표하는 네 가지 카테고리인 주의집중, 관련성, 자신감, 만족감을 말하며, 이 네 가지는 학습 자료를 개발하거나 학습단원의 내용을 조직하거나 수업의 처음, 중간, 마지막 등에 적용하여 학생의 학습동기를 유지할 수 있다. 〈표 7.2〉는 ARCS의 네 가지 카테고리의 하위 요소들을 나타내고 있다.

〈표 7.2〉 Keller의 ARCS 카테고리

주의집중 Attention	관련성 Relevance	자신감 Confidence	만족감 Satisfaction
A1. 지각적 각성	R1. 목적지향성	C1. 학습에 필요한 요건	S1. 내재적 강화
A2. 탐구적 각성	R2. 모티브 일치	C2. 성공할 기회	S2. 외재적 보상
A3. 변화성	R3. 친밀성	C3. 개인적 통제	S3. 공정성

각 카테고리별로 한 가지씩 예를 들면 다음과 같다. A1. 지각적 각성은 학습자의 주의집중을 획득하기 위해서는 학습자에게 종을 치거나 박수를 치는 등의 감각적 자극을 제공하여 각성을 시킬 수 있으며 이를 통해 학습자가 주의를 집중하게 되면 학습동기가 유발될 수 있다. R1. 목적지향성은 학습자가 해당 수업을 듣는 목적을 파악하여 수업의 요소들이 그 목적을 지향하도록 설계하면 학습자는 수업이 자신과 관련이 높다고 판단하게 되며 이것은 학습동기 유발에 도움이 된다. C1. 학습에 필요한 요건은 학습자가 수업목표를 성공적으로 달성할 수 있도록 각 개인에게 필요한 학습 준비 요건을 같이 제공해 준다. 그리하면 학습자는 수업에 대한 자신감을 가지게 되고 이는 학습동기에 긍정적 영향을 주게 된다. S1. 내재적 강화는 학습에 대해서 학습자들이 내적 즐거움을 느낄 수 있도록 수업을 설계한다. 내적 즐거움이란 수업 내용 그 자체에 대한 의미를 느끼는 것으로 이를 통해 학습자는 만족감을 느끼며 이는 학습동기에도 영향을 주게 된다.

3. 교수설계 모형

교수설계모형이란 특정 수업이나 코스를 개발할 때 필요한 과정이나 단계를 명세화해 둔 절차적 모형이다. 교수설계 모형을 적용하여 코스를 개발해야하는 이유는 코스의 개별 수업들이 초기에 설정된 목적에 맞게 체제적으로 설계되어야하기 때문이다. 여기서는 교수설계의 가장 기본적인 모형인 ADDIE모형과 체제적 접근이 강조된 Dick과 Carey의 모형, 교수매체의 활용에 주안점을 둔 ASSURE 모형에 대해 살펴보고자 한다.

가. ADDIE 모형

ADDIE 모형은 가장 일반적인 교수설계 모형으로 특정 학자가 개발한 것이 아니라 오랜 시간에 걸쳐 정교화 되면서 개발된 모형이다(한정선, 2004). ADDIE 모형은 [그림 7.3]과 같이 도식화될 수 있다.

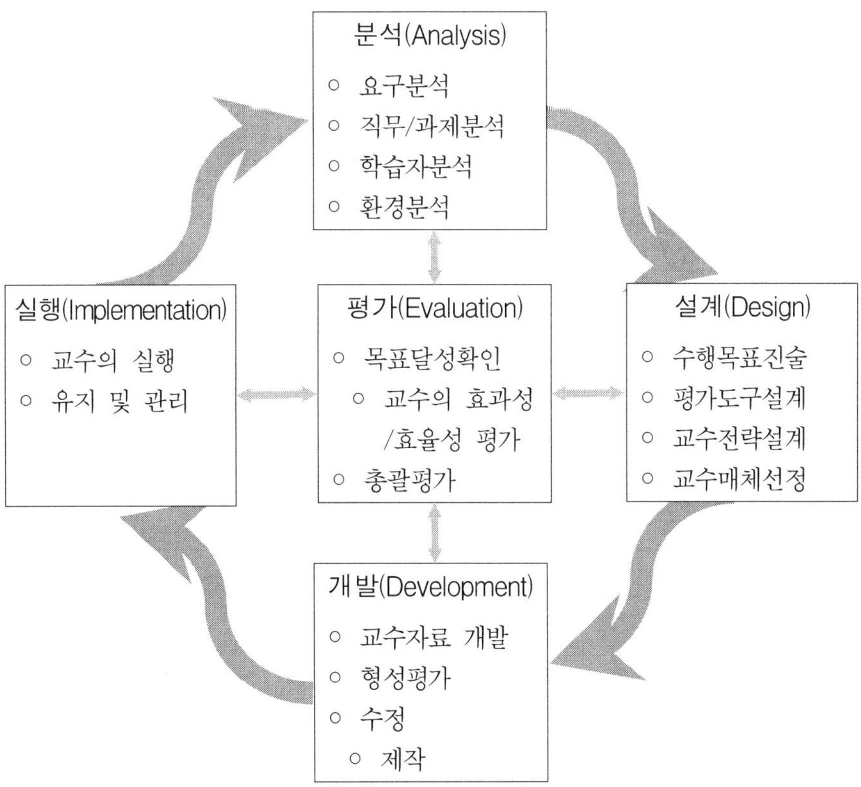

[그림 7.3] ADDIE 모형

1) 분석

분석(Analysis)단계에서는 현재 상태와 달성하고자 하는 목표와의 차이를 탐색한다. 프로그램에 대한 어떠한 요구가 있는지, 프로그램에 포함될 학습과제, 대상 학습자들의 특성을 분석한다. 또한 프로그램이 실행될 환경에 대한 분석이 실시된다.

2) 설계

설계(Design)단계에서는 분석단계에서 밝혀낸 그 차이 즉 수행할 목표를 효과적으로 달성하도록 프로그램을 설계한다. 수행목표를 구체적으로 진술하고, 목표달성여부를 확인할 수 있는 평가도구를 설계한다. 프로그램이 효과적으로 운영될 수 있는 전략을 설계하고 매체를 선정한다.

3) 개발

개발(Development)단계에서는 분석과 설계단계에서 수집되고 작성된 자료를 바탕으로 실제로 프로그램에서 활용될 자료들을 물리적으로 개발한다.

4) 실행

실행(Implementation)단계에서는 개발된 프로그램을 대상 학습자들에게 전달하는 단계이다.

5) 평가

평가(Evaluation)단계에서는 최초로 의도했던 목표달성여부를 확인하고 교수의 효과성과 효율성을 평가하는 단계이다. 평가의 결과는 다시 분석, 설계, 개발, 실행의 단계에 피드백 정보를 생산하여 프로그램이 다시 정교하게 수정될 수 있도록 한다.

나. Dick과 Carey의 모형

이 모형은 교수설계에 대한 체제적 접근을 강조한 모형으로 거시적 설계에 적용하기에 적합하다. (Dick, Carey, & Carey, 2005)

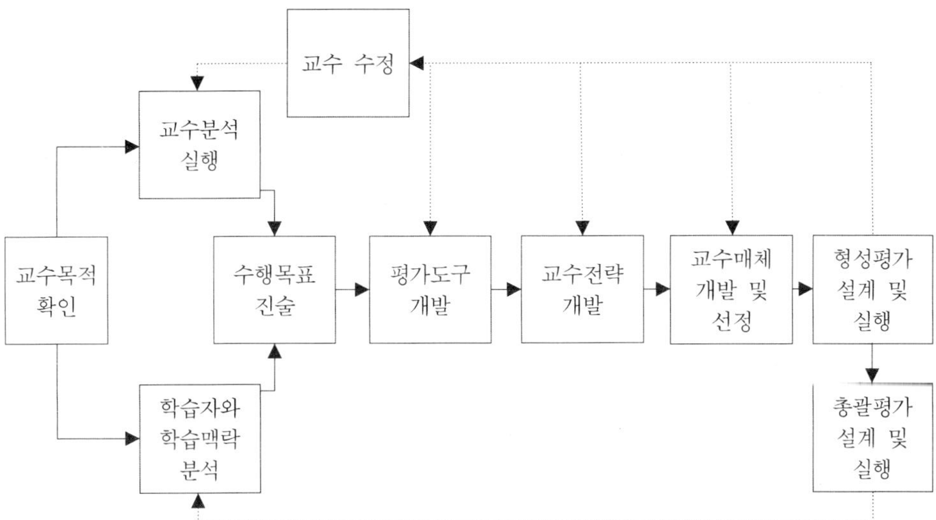

[그림 7.4] Dick, Carey, & Carey의 체제적 교수설계 모형

1) 교수목적 확인

학습자들이 이 교수 프로그램을 이수한 이 후 무엇을 할 수 있는 능력을 가지게 될 것인지를 확인하는 단계이다. 요구사정, 수행분석 등으로부터 학습자들이 어떤 것들을 할 수 있을지에 대한 리스트가 나오며 이 리스트로부터 교수목적이 도출될 수 있다.

2) 교수분석 실행

교수목적이 확인되면 그 목적을 달성하기 위해서 학습자들이 단계별로 무엇을 해야 하는지를 밝혀야 한다. 또한 학습자들이 이 교수 프로그램을 이수하기 위해서 어떤 기술, 지식, 태도를 출발점 행동으로 갖추어야 하는지를 결정한다.

3) 학습자와 학습맥락 분석

교수분석과 동시에 실시하며, 학습자들의 현재 갖추고 있는 능력, 선호하는 것들, 태도 등 그들의 특성을 분석하며, 어떤 교수 상황에서 프로그램이 실행될 것인지를 분석한다. 여기서 분석된 내용은 이후에 교수전략을 개발하는데 정보를 제공해줄 수 있다.

4) 수행목표 진술

교수분석 결과에 근거하여 구체적인 수행목표를 진술한다. 수행목표는 행동적 용어로 기술되어야 하며 어느 정도를 성취한 것으로 볼 것인지에 대한 기준을 명확하게 표시하여야 한다.

5) 평가도구 개발

수행목표 진술에 근거하여 학습자들의 수행능력을 평가할 수 있는 평가도구를 개발한다.

6) 교수전략 개발

1)~5)의 단계에 근거하여 수행목표를 성취하기 위한 교수전략을 개발한다. 교수전략은 교수 전 활동, 교수내용의 표현 방식, 학습자 참여, 평가 등을 어떻게 할 것인지를 결정한다.

7) 교수매체 개발 및 선정

개발된 교수전략을 적용하여 교수매체를 물리적으로 생산해낸다. 기존에 있는 매체를 선택하여 활용하거나 새롭게 개발한다.

8) 형성평가 개발 및 실행

일차적으로 완성된(draft) 교수 프로그램을 시범적으로 운영하여 수정할 부분을 찾아낸다. 형성평가는 일대일 평가, 소그룹 평가, 현장시범 평가 등으로 운영할 수 있다.

9) 교수 수정

형성평가 결과로 교수 프로그램에 수정되어야 할 부분을 발견한 것을 이전 단계로 회귀하여 보완한다. 이 과정을 여러 번 거칠수록 교수 프로그램은 본래의 목적에 맞는 프로그램이 될 수 있다.

10) 총괄평가 개발 및 실행

보완된 교수 프로그램을 실제 학습 대상자들에게 투입한 후 그 결과에 대해서 평가를 실행하는 단계이다. 이 단계는 교수설계자가 관여하지는 않지만 독립된 평가자로서 참여할 수는 있다

다. ASSURE 모형

Heinich, Molenda, Russell, 그리고 Smaldino (1999)가 개발한 ASSURE모형은 교수매체의 체계적 선정을 위한 절차적 모형이다. ASSURE 모형은 [그림 7.5]와 같이 여섯 단계의 앞 글자를 따서 만든 이름이다.

A	Analyze learner characteristics (학습자 특성 분석)
	⇩
S	State objectives (목표 진술)
	⇩
S	Select method, media, and materials (교수방법, 매체, 자료 선정)
	⇩
U	Utilize media and materials (교수매체와 자료 활용)
	⇩
R	Require learner's participation (학습자 참여 유도)
	⇩
E	Evaluation and revise (평가와 수정)

[그림 7.5] ASSURE 모형의 절차

ASSURE 모형의 각 단계를 간단히 요약하면 다음과 같다(백영균 외, 2010: 279).

1) 학습자 특성 분석

학습자의 일반적인 특성, 인지적 출발점 행동, 학습양식 등을 표준화 검사지나 면담 등을 통하여 파악하고 분석한다.

2) 목표 진술

학습목표를 구체적으로 제시하고 그 목표의 성취에 가장 적절한 교육내용과 교수매체를 선정한다.

3) 교수방법, 매체, 자료 선정

분석된 학습자의 특성과 진술된 목표를 달성하기 위한 수업방법, 교수매체, 그리고 자료를 선정한다. 학습자의 특성과 학습목표에 따라서 기존의 자료를 선정, 수정, 보완 또는 새롭게 제작한다.

4) 교수매체와 자료 활용

선정 또는 제작된 매체를 수업에 사용하기 전에 먼저 내용과 순서, 환경을 확인하고 시험적으로 사용해 본다.

5) 학습자 참여 유도

효과적인 학습이 되도록 하기 위해서는 학습자의 적극적인 참여가 필요하다. 피드백을 통해서 지식이 잘 수용되도록 하는 활동을 계획한다.

6) 평가와 수정

학습목표와 관련하여 학습자의 성취도를 측정하고 매체와 방법, 교수·학습 과정에 대해 평가한 후 필요하면 수정한다.

제3절 교수방법의 유형

교수방법이란 교수목표를 달성하기 위한 교수운영의 전체적인 틀이다. 교사는 목표와 내용, 학습자 특성을 고려하여 가장 효과적인 방법을 선택할 수 있어야 한다. 이를 위해 다양한 교수방법의 유형별 특성과 장단점을 이해하고 있어야 한다.

1. 강의법

강의법은 교수자 중심이 되는 방법으로 교수자가 교수내용 선정, 교수자료 개발, 평가 등을 모두 주도한다. 주로 강의 내용을 학습자에게 언어로 설명하거나 자료를 제시하여 전달한다. 많은 양의 내용을 짧은 시간에 전달하는 데에는 효율적인 방법이나 학습자의 수준을 고려하기 어렵고 학습자가 학습에 수동적으로 참여할 가능성이 크다는 단점이 있다.

2. 토의법

토의법은 학습자들이 학습내용에 대한 자신의 생각을 교환하여 학습목표를 성취하게 하는 교수방법이다. 토의는 주제와 참여 방식에 따라 다음과 같은 유형이 있다.

가. 공개토의

공개토의는 포럼(forum)이라고도 불리며, 특정 주제에 대해서 전문가의 발표를 듣고 청중들이 그 내용에 대해서 질의응답을 하면서 진행하는 토의 방법이다. 비교적 그 형식이 자유롭고 주제 또한 대중적인 경우가 많다.

나. 배심토론

배심토론(panel discussion)은 특정 주제에 대한 찬반 의견을 가진 패널들이 서로 자신들의 의견을 주장하고 상대편의 의견을 반박하는 형태의 토의법이다. TV의 토론 프로그램들이 배심토의 형태를 기본으로 하는 경우가 많다.

다. 심포지엄

심포지엄(symposium)은 사회자, 발표자, 청중이 해당 주제에 대해 모두 전문성을 가지고 진행되는 토의법으로 형식이 매우 강조된다. 한 주제에 대한 전문적인 견해를 얻을 수 있다는 장점이 있으나 교실수업에 적용하기에는 부적합하다.

라. 원탁토의

원탁토의(round table discussion)는 소집단 토론의 하나로 원탁이 가지는 상징적 의미가 강조되어 참가자 전원이 상호대등한 관계 속에서 자유롭게 의견을 교환할 수 있는 토의법이다.

마. 버즈토의

버즈토의(buzz discussion)은 자유롭게 토론하는 소리가 벌떼가 윙윙거리는 소리처럼 들린다고 하여 지어진 이름이다. 특별한 형식이 없이 학습자들이 주제에 대한 의견을 활발하게 주고받을 수 있다.

3. 협동학습법

협동학습법은 학습자들의 단순히 소그룹 활동을 하는데 그치는 것이 아니라 그룹 내 구성원들 상호간에 긍정적인 의존성의 관계를 가져야 하며 개별 책무에 대한 명확한 규정이 있어야 한다. 이러한 관계와 규정이 모호하면 무임승차하는 학습자가 발생하기도 한다.

협동학습은 과제의 분담방식과 협동학습 결과의 보상 체제에 따라 다양한 유형으로 나뉜다. 예를 들면, 협동과제를 분담하는 방식에 따라 직소우, 그룹탐구로, 협동학습 결과의 보상 체제에 따라 팀성취분배보상법, 팀게임토너먼트법로 구분할 수 있다.

가. 직소우

직소우(Jigsaw) 방법은 한 가지 주제를 소주제 n개로 나눈 후, n명을 구성원으로 하여 모집단을 조직한다. 모집단 구성원들을 소주제 한 개씩을 분담한 후 각 모집단에서 동일한 소주제를 담당한 학습자들끼리 전문가 그룹을 구성하여 해당 소주제에 대한 심도있는 학습을 한다. 전문가 그룹에서 학습을 마치면 다시 자신의 모집단으로 회귀하여 각각 학습한 주제에 대해 타 구성원들을 교수하여 모든 구성원이 n개의 소주제를 모두 학습할 수 있도록 한다.

나. 그룹탐구

그룹탐구(Group Investigation, GI)는 협동학습 중에서 민주적인 성격이 강한 모형 중 하나이다. 교사가 탐구할 주제를 제시한 후 학생들과 질의응답을 하면서 보다 구체적인 주제들로 소분한다. 소분된 주제를 중심으로 학생들의 그룹이 형성되고 그룹 내에서 학생들 스스로가 민주적으로 학습과제, 역할 등을 조정하고 주제에 대한 조사와 탐구가 진행된다. 탐구를 마치면 전체 학급을 대상으로 발표할 수 있는 자료들을 준비하여 보고하며, 이에 대한 개인별 평가와 집단 평가가 이루어진다(정문성, 2008).

다. 팀성취분배보상법

팀성취분배보상법(Student Team Achievement Divisions, STAD)은 모둠학습 후 개인별 평가를 실시하여 개인별 평가 점수를 합산하여 모둠의 성적이 결정되는 구조를 가지고 있다. 개인별 점수는 원점수를 이용하기 보다는 향상점수를 이용하여 학습자의 성취도가 낮더라도 모둠에 기여할 수 있는 기회를 균등하게 가지도록 해야 한다.

라. 팀게임토너먼트법

팀게임토너먼트법(Team Games Tournaments, TGT)은 모둠간의 토너먼트 형태의 경쟁구조를 갖추어두어 자신이 속한 모둠이 경쟁에서 이기기 위해서 서로 협동할 수 있도록 한 모형이다. 때문에 팀간 경쟁학습모형이라고도 한다. 팀의 성적에 근거하여 개인의 성적이 주어진다.

4. 문제기반학습

문제기반학습(Problem-Based Learning. PBL)이란 현실세계에 있을법한 실제적인 문제를 해결하기 위해서 학습자들이 자기주도학습과 협동학습을 병행하면서 이루어지는 구성주의적 교수·학습방법이다. 여기에서 제시되는 문제는 다양한 해결안이 나올 수 있는 비구조화된 문제이다. 문제기반학습은 의과대학 수업을 위해 개발된 것으로(Barrows, 1985) 실제적인 문제해결능력이 필요한 교과에서 활발하게 적용되고 있는 방법이다.

문제기반학습은 문제설계 → 문제제시 → 문제재정의 → 문제해결의 단계를 거치면서 진행된다. 문제설계의 단계에서는 교사가 실제적(authentic)이면서 비구조적인(ill-structured) 문제를 개발한다. 문제제시 단계에서는 교사가 학생들을 문제 상황에 들어가도록 한다. 즉 문제만 제시하는 것이 아니라 보다 적극적인 문제해결자가 되도록 하기 위해 실제로 그 문제 상황에 봉착했다는 느낌을 가질 수 있도록 하는 것이 중요하다. 문제재정의 단계에서는 모둠원들이 문제에 대해서 서로 의견을 주고받으면서 교사가 제시한 문제를 다시 자신들의 언어와 지식으로 재정의하게 된다. 이를 통해 이미 알고 있는 것(facts)와 알아야할 것(learning issues)를 파악하게 된다. 문제해결 단계에서는 모둠원들이 자기주도적 학습과 협동학습을 통해 문제해결안을 만들게 된다.

제4절 교수매체의 활용

교수매체를 연구하는 사람들은 수업을 교사와 학생의 의사소통과정(communication process)으로 인식하고 그 의사소통의 효율성과 효과성을 위해 매체를 활용하고자 한다. 즉 매체(media)라는 용어의 본래의 의미가 '~과 ~사이'라는 의미를 가지고 있기 때문에 교수매체에서는 교사와 학생의 사이를 매개하면서 의사소통을 도울 수 있다. 교사는 다양한 교수매체의 특성을 이해하고 이를 효과적으로 활용하여 학습자들의 학습을 지원할 수 있어야 한다.

1. 교수매체 활용의 정당성

가. 이중부호화이론

Paivio(1971)는 인간이 정보를 기억할 때 언어적인 정보와 비언어적인 정보를 구분하여 각각 독립적으로 처리하고 기억시킨다는 이중부호화(dual coding)이론을 주장하였다. 언어적인 정보는 계열화된 형태로 기억되며 비언어적인 정보는 공간적인 형태로 기억되기 때문이 이 두 가지가 합쳐져서 처리될 수 없다고 하였다. 특히 비언어적인 정보는 언어적 정보보다 더 오래 기억되는 경향이 있다고 하였다. 이에 근거하면 교사는 교수매체를 개발할 때 언어적 형태의 정보만을 사용할 것이 아니라 비언어적 형태의 정보를 같이 제공하여 서로 참조적 정보를 제공하면 기억에 도움을 줄 수 있다고 볼 수 있다. Paivio의 이중부호화이론은 매체를 수업에 활용하는데 정당성을 제공하는 이론으로 볼 수 있다.

나. 경험의 양식

Bruner(1966)는 학습자의 경험의 양식을 행동직 단계(enactive stage), 영상직 단계(iconic stage), 상징적 단계(symbolic stage)의 세 가지로 구분하였다. 그리고 교사는 학습자들이 이 세 가지 단계 중 어느 단계에 있는지를 파악하여 그 단계에 맞는 경험의 양식으로 지식을 표상(representation)하여야 한다고 하였다. 행동적 단계의 학습자에게는 지식이 주로 조작적이고 운동적인 반응을 하는 형태로 표상되어야 한다. 영상적 단계의 학습자에서는 지식이 그림, 그래프, 다이어그램과 같은 시각적인 이미지로 표상되어야 한다. 상징적 단계의 학습자들에게는 지식이 주로 추상적인 언어, 수학적인 기호와 같은 형태로 표상되어야 한다.

Bruner는 학습자가 사용하는 자료의 순서는 과제를 숙달하는데 직접적인 영향을 미치게 된다고 하였다. 직접적인 경험이 없는 학습자는 추상적인 개념을 이해하는데 어려움을 겪게 되므로, 학습자로 하여금 직접적인 경험을 충분하게 하도록 유도하는 것이 매우 중요하다(박성익 외, 2007에서 재인용). 그러므로 교수매체를 학습자의 경험의 양식에 맞도록 개발하여 활용하는 것은 학습에 긍정적인 영향을 미칠 수 있다.

2. 문제해결을 위한 정보활용기술

매체는 교사만이 활용하는 것이 아니다. 학습자들도 그들의 문제해결과정에서 다양한 정보와 매체를 활용하게 된다. Eisenberg와 Berkowitz(1990)는 학습자들이 문제해결의 과정에서 요구되는 정보활용기술을 인간의 인지단계에 따라 〈표 7.3〉과 같이 제시하고, 이 여섯 단계를 Big 6 모형이라고 하였다.

〈표 7.3〉 Big 6 모형

인지	단계	능력
인식	1. 과제 정의(Task Definition)	1.1 해결할 과제의 요점 파악 1.2 과제해결에 필요한 정보의 유형 파악
이해	2. 정보탐색 전략 (Information Seeking Strategies)	2.1 사용가능한 정보원 파악 2.2 최적의 정보원 선택
적용	3. 소재파악과 접근 (Location and Access)	3.1 정보원의 소재 파악 3.2 정보원에서 정보 찾기
분석	4. 정보 활용(Use of Information)	4.1 찾아낸 정보를 읽고, 보고, 듣기 4.2 적합한 정보 가려내기
통합	5. 통합 정리(Synthesis)	5.1 가려낸 정보들의 체계적 정리 5.2 최종 결과물 만들기
평가	6. 평가(Evaluation)	6.1 결과의 유효성 평가 6.2 과정의 효율성 평가

많은 학생들이 보고서를 작성한다든지 과제물을 해결할 때 도서관, 인터넷, 현

장 자료 수집 등의 절차를 거치게 된다. 그러나 대부분의 경우 어떠한 절차적 단계 없이 시작하여 중복된 작업을 하거나 중요한 것을 놓치는 경우가 많다. 특히 많은 학생들이 과제를 정의하고, 정보 탐색 전략 수립 등의 과정을 거치지 않고 문서의 작성을 먼저 하는 경우가 많다. 이 때 Big 6의 여섯 단계를 거치는 훈련이 필요하다. 이 모형은 학습자들이 필요한 자원을 파악하고 이를 활용하는 능력(technology literacy)을 개발하기 위한 교육과정 및 평가의 준거가 되고 있다.

3. 교수매체의 활용

교사는 교실에서 파워포인트 슬라이드와 같은 시각매체를 가장 빈번하게 작성하며, 컴퓨터를 활용한 매체를 자주 활용한다. 때문에 여기에서는 시각자료의 설계원리와 컴퓨터를 활용한 매체의 활용을 살펴보고자 한다.

가. 시각매체 설계

시각매체를 설계할 때 다양한 요소를 고려해야 하지만 여기에서는 정렬, 배열, 근접성의 원리, 통일과 변화를 살펴보고자 한다.

1) 정렬

교실에서 가장 빈번하게 활용되는 파워포인트 슬라이드나 게시판과 같은 시각자료를 제작할 때 슬라이드 안의 각 요소들의 가장자리가 수직선과 수평선에 맞도록 정렬하는 것이 시각적 이해에 도움이 된다. 격자(grid)를 이용하면 정렬하는 것이 용이하다.

2) 배치

시각자료를 인식할 때 대부분의 사람들이 Z 패턴을 가지고 훑어보게 된다.

즉 자료의 좌측 상단을 먼저 본 후 우측으로 시선을 이동시키고 다시 좌측 하단을 본 후 우측으로 이동시킨다. 때문에 시각자료를 설계할 때 가장 중요하거나 먼저 인식되어야 할 것과 나중에 인식되어야 할 것을 판단하여 이 패턴에 맞게 배치하는 것이 효과적이다.

3) 근접성

형태주의 심리학자인 Wertheimer는 사람들이 대상을 지각할 때 근접하게 있는 요소들이 서로 의미적 관련성을 가지고 있다고 인식한다고 하였다. 때문에 시각자료를 설계할 때 의미적 관련이 높은 것은 서로 가깝게 배치하고 관련이 없는 것은 서로 멀리 배치하여야 한다.

4) 문자

글자체는 2~3가지가 적당하며 글자색은 배경색에 따라 가독성이 높도록 정하는 것이 좋다.

5) 통일과 변화

시각매체를 설계할 때 설계의 모든 요소 등에 통일성이 적용되어야 한다. 예를 들어 파워포인트 슬라이드의 배경 디자인, 글자체, 글자색, 글자크기 등이 모든 슬라이드 마다 제각각이라면 학생에게 혼란을 줄 것이다. 때문에 시각자료의 요소들에 일관성을 가지게 하는 것이 중요하다. 그러나 강조해야할 요소나 내용의 전환 등이 이루어지는 경우에는 통일성을 깨는 변화를 주어 학생들의 주의를 획득하기도 한다.

나. 컴퓨터기반 매체의 활용

1) 보조적 활용

교사가 주도하여 컴퓨터를 수업의 일부를 보조하는 도구로 활용하는 형태이다. 판서 대신 파워포인트 슬라이드를 활용하거나, 수업의 동기유발을 위해 흥미로운 동영상을 제시하거나, 질의응답을 위해 인터넷 게시판을 활용하는 형태이다.

2) 교수적 활용

컴퓨터가 교수자를 대신하여 학습의 전 과정을 진행하는 형태를 교수적 활용이라고 한다. 교수적 활용에는 이러닝이 대표적이다. 이러닝은 교수 내용을 인터넷의 웹사이트에 코스웨어 형태로 게시하여 학습자가 이를 이수하는 형태로 운영된다. 이때 교수자는 학습자가 이러닝 코스를 순조롭게 이수할 수 있도록 돕는 보조자, 튜터의 역할을 하게 된다.

3) 학습적 활용

학습적 활용은 학생이 현재 처한 상황과 맥락에 맞는 정보를 즉시 제공해 줄 수 있는 형태의 활용이다. 유러닝은 스마트폰, 태블릿 PC와 같이 무선기기를 활용하여 학습하는 것으로 이러닝과 달리 학습내용이 코스 형태로 개발되어 제시되는 폐쇄적 형태라기보다는 학습자가 처한 오프라인의 정보들을 수집하여 학습자에게 적합한 지식과 정보를 즉시 제공하고 학습자도 실제 맥락에 바탕하여 학습내용을 이해할 수 있게 된다. 증강현실과 같은 기술은 컴퓨터의 이러한 활용을 더욱 발전시키고 있다.

다. 이러닝

1) 이러닝의 개념

Rosenberg(2001)는 이러닝이란 '지식과 수행 향상을 위한 다양한 문제해결 방안을 전달하기 위하여 인터넷 기술을 활용하는 것이다.' 라고 정의하였다. 최근 성인교육 및 기업교육 분야에서 이러닝이 활발하게 적용되고 있다. 시간과 공간의 제약이 거의 없기 때문에 직장에 다니는 성인들의 교육에 매우 유용한 형태이기 때문이다. 학교교육에서도 Edunet과 각 시도교육청에서 자체적으로 운영하는 이러닝 시스템이 있어 교실수업을 보완하고 있는 형태로 운영되고 있다.

[그림 7.6] 한국교육학술정보원의 Edunet 고등학생 화면

2) 이러닝의 유형

이러닝을 유형화하는 기준으로 <표 7.4>와 같이 교수방법, 면대면 활동의 유무, 활용되는 기술, 콘텐츠의 유형, 실시간 여부 등이 있다(백영균 외, 2010).

〈표 7.4〉 이러닝의 유형 분류

기준	유형
교수방법	반복연습형 / 개인교수형 / 게임형 / 시뮬레이션형 / 문제해결형 / 자료제시형
면대면 활동의 유무	온라인 학습 / 혼합 학습
활용되는 기술	가상현실기반 학습 / 증강현실기반 학습
콘텐츠의 유형	동영상 강의 기반 학습 / 화상시스템 기반 학습 / 애니메이션 기반 학습
실시간 여부	실시간 학습 / 비실시간 학습

첫째, 이러닝을 교수방법에 의해 분류할 수 있다. 영어와 같이 반복학습이 필요한 경우, 수학과 같이 개인별 수준에 맞추어 진행되는 개인교수형 등이 있다. 둘째, 면대면 활동의 유무에 따라 학습의 전 과정이 온라인에서만 진행되는 온라인 학습과 온라인 학습과 오프라인 학습을 모두 포함하는 혼합 학습(blended learning)이 있다. 셋째, 활용되는 기술에 따라 가상현실과 증강현실로 분류할 수 있다.

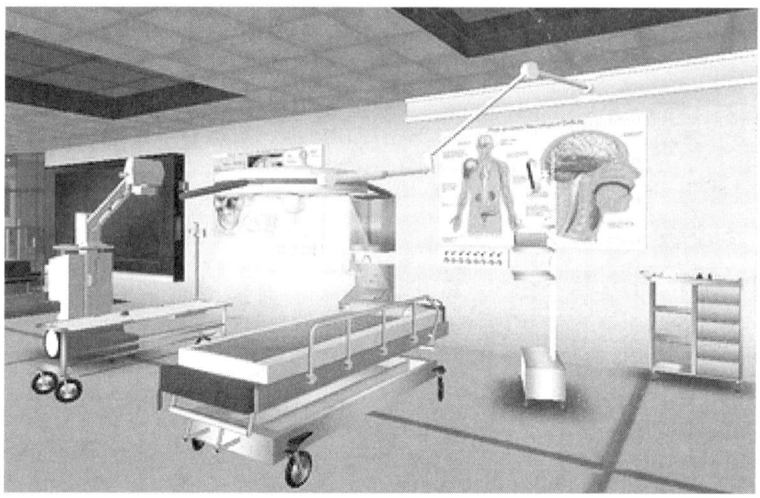

[그림 7.7] Second Life를 활용한 의료분야 학습[1)]

가상현실(virtual reality)이란 컴퓨터 기술을 이용하여 만들어낸 가공의 상황이나 환경을 사람의 감각기관을 통해 느끼게 하여 사용자가 가상이지만 실제와 같은 현실에 있다고 느끼면서 상호작용하게 하는 기술을 말한다. 대표적으로 Second Life가 있다.

반면에 증강현실(augmented reality)은 가상현실의 한 분야로 컴퓨팅 기술을 물리적인 실제 사물에 삽입(embedded)하여 본래의 현실을 더욱 풍부하게 경험할 수 있다는 개념이다. 현실세계의 기반위에 가상의 사물을 합성하여 현실세계만으로는 얻기 어려운 부가적인 정보들을 보강해 제공할 수 있다. 특히, 스마트 기기를 활용한 유비쿼터스 기술로 인해 증강현실이 점차 보편화되어가고 있다.

1) 출처: http://blogs.usask.ca/medical_education

[그림 7.8] 태블릿 PC를 이용한 증강현실[2)]

셋째, 콘텐츠의 유형에 따라 교실에서의 교사중심의 강의식 수업을 동영상으로 촬영하여 이를 서비스하는 동영상 강의 기반 학습이 있다. 다른 유형으로 교수자와 학습자가 실시간으로 서로의 얼굴을 보면 수업을 진행하는 화상시스템 기반 학습이 있다. 넷째, 실시간 여부에 따라 실시간 이러닝과 비실시간 이러닝이 있다.

2) 출처: http://proto-knowledge.blogspot.kr

학습과제

1. AECT에서 정의한 교육공학의 정의 중 1994년 정의와 2004년 정의를 비교하여 설명하시오.

2. 교육공학의 다섯 가지 영역에 대해서 설명하시오.

3. 교수설계이론 중 거시적 설계 이론과 미시적 설계 이론을 대표하는 이론을 한 가지씩 설명하시오.

4. 협동학습의 유형을 성취의 분배와 과제의 분담 유형에 따라 분류하시오.

5. 이러닝의 유형을 분류하는 기준을 제시하시오.

학 습 과 제 란

참고문헌

박성익 · 임철일 · 이재경 · 최정임 (2007). 교육방법의 교육공학적 이해(제3판). 경기: 교육과학사.

백영균, 박주성, 한승록, 김정겸, 최명숙, 변호승, 박정환, 강신천, 김보경 (2010). 유비쿼터스 시대의 교육방법 및 교육공학. 서울: 학지사.

이화여자대학교 교육공학과 (2001). 21세기 교육방법 및 교육공학. 경기: 교육과학사.

정문성 (2008). 협동학습의 이해와 실천. 경기: 교육과학사.

조규락 외 (2006). 교육방법 및 교육공학: 교육공학의 3차원적 이해. 서울: 학지사.

한정선 (2004). 교육공학: 인포맵을 통해 찾아 본 뿌리와 줄기. 경기: 교육과학사.

홍기칠 (2012). 교육방법 및 교육공학. 경기: 공동체.

Barrows, H. S. (1985). *How to design a problem-based curriculum for the preclinical years*. New York: Springer Publishing Co.

Barrows, H. S. (1989). *The Tutorial Process*. Springfield Illinois: Southern Illinois University School of Medicine.

Bruner, J. S. (1966). *Toward a theory of instruction*. Cambridge Mass: Harvard. University Press.

Dick, W., Carey, L., & Carey, J. O. (2005). *The systematic design of instruction* (6th ed.). New York: Allyn and Bacon.

Eisenberg, M. B., & Berkowitz, R. E. (1990). *Information Problem-solving: The Big Six Skills Approach to Library and Information Skills Instruction*. Norwood, NJ: Ablex Publishing.

Galbraith, J. K. (1967). *The new industrial state*. Boston: Houghton Mifflin.

Heinich, R., Molenda, M., Russell, J., & Smaldino, S. (1999). *Instructional media and technologies for learning*. (6th ed.) Upper Saddle River, NJ: Prince Hall.

Keller, J. M. (1983). Motivational design of instruction. In C. M. Reigeluth (Ed.), *Instructional-design theories and models: An overview of their current status*. Hillsdale, NJ: Lawrence Erlbaum Associates.

Keller, J. M. (1984). The use of the ARCS model of motivation in teacher training. In K. Shaw & A. J. Trott (Eds.), *Aspects of Educational Technology Volume XVII: staff Development and Career Updating*. London: Kogan Page.

Keller, J. M. (1987). Development and use of the ARCS model of motivational design.

Journal of Instructional Development, 10(3), 2 – 10.

Merrill, D. (1983). Component Display Theory. In C. M. Reigeluth (Ed.), *Instructional Design Theories and Models: An Overview of their Current States.* Hillsdale, NJ: Lawrence Erlaum.

Paivio, A. (1971). Imagery and verbal process. N.Y.: Holt, Rinehart and Winston.

Reigeluth, C. M. (1999). The elaboration theory: Guidance for Scope and Sequences Decisions. In C. M. Reigeluthi (Ed.), *Instructional-design theories and models: An new paradigm of instructional theory*, Volume II, 425-454. Mahwah, NJ: Lawrence Erlbaum Associate.

Rosenberg, M. J. (2001). *e-Learning : Strategies for delivering knowledge in the digital age.* N.Y.: McGraw Hill.

Seels, B. B. & Richey, R. C. (1994). *Instructional Technology: The definition and domains of the field.* Washington, D. C.: Association for Educational Communications and Technology.

제8장 교육평가

교육학개론에서 교육평가 및 교육학의 각 분야를 학습하면서 유의해야 할 일은 우리가 어떤 인간관, 교육관을 가지고 교육의 제 분야를 학습할 것인가에 대한 고민이나 문제의식이 선행되어야 한다는 것이다(황정규, 1998). 따라서 이 장에서는 교육을 정의하는 입장에 대해 간략히 살펴보고, 교육평가에 대한 의의, 그리고 교육관에 따라 교육평가를 보는 시각의 차이를 알아보고, 교육의 과정에 따른 평가의 역할 및 성취평가제에 대해 논의해 보겠다.

제1절 교육평가의 의의

교육을 정의하는 입장이 여러 가지 있을 수 있지만, 기능적 입장에서는 사회문화의 계승 및 발전의 수단 혹은 국가발전을 위한 수단으로 정의하고, 규범적 입장에서는 민주시민이 갖추어야 할 자질 함양 혹은 영원한 진리나 가치로의 접근 과정이라고 정의한다. 조작적 입장에서는 교육을 바람직한 행동의 계획적 변화라고 정의한다(정범모, 1968). 이러한 세 가지 정의 중 교육평가와 가장 관련있는 교육의 정의는 조작적 정의라고 할 수 있다. 교육평가는 교육이라는 현상, 즉 눈에 보이지 않는 학업성취, 심리적 특성 등을 측정하여 가치판단을 내리는 것이라고 할 수 있다. 따라서 교육을 정의하거나 교육을 바라볼 때, 측정가능성을 염두에 두어야 한다. 교육평가에서는 교육이라는 현상에 대해 측정가능성을 염두에 두어야 하지만, 기본적으로는 교육을 어떻게 보느냐에 따라 평가의 기능이나 목적, 유형이 달라질 수 있으므로 교육관에 따른 교육평가에 대한 시각을 알아보는 일이 선행되어야 한다. 먼저 측정 및 총평과 평가의 관계를 정리해보겠다.

1. 측정, 평가, 총평의 차이점

측정, 총평과의 관계에서 평가라는 개념의 특징을 살펴보면, 측정은 교육에서 눈에 보이지 않는 학업성취, 성격 등의 심리적 특성에 수를 부여하는 행위를 말한다. 측정은 학생들의 심리적 특성에 대해 객관성 있게 수량화하는 기능을 가지고 있다. 평가는 주로 측정에 의해 수집된 자료나 정보에 대해 가치판단을 하는 과정이다. 이에 반해 총평은 측정 및 평가에 의해 수집된 정보, 그 밖에 면담, 관찰, 문서 등에 의해 얻어진 모든 정보를 가지고 전인적, 종합적으로 판단하는 과정을 말한다.

2. 교육관과 교육평가

가. 선발적 교육관

교육의 목적은 능력있는 소수를 선별하는데 있고, 교육평가는 능력있는 소수를 선발하는데 그 의의가 있다. 따라서 교육실패에 대한 책임은 학습자의 능력에 귀인되므로 학습자 책임이며, 학습자의 지능과 같은 학습자의 개별특성이 주요 평가대상이 된다. 여기서 강조되는 평가에 대한 시각은 측정관이다. 사물의 특성에 수를 부여하는 과정을 측정이라고 하는데, 측정관은 모든 사물이 양(量)으로 존재하며 안정성이 있다고 가정한다. 어떻게 하면 정확하게 측정하느냐가 이 교육관에서는 주요 관심사이다. 선발적 교육관은 소수의 우수자를 선발하는데 관심이 있기 때문에 규준참조평가(상대평가)의 목적과 맥을 같이한다. 우리나라의 대학수학능력시험은 선발적 교육관, 규준참조평가에 근거하고 있다고 할 수 있다.

나. 발달적 교육관

누구나 교육을 받을 능력을 가지고 있다는 믿음을 기초로 하고 있으며, 교육평가는 교사나 교사의 교육방법이 학생들을 잘 지도하는데 적합한지에 대해 평가하는 것을 주요 기능으로 한다. 따라서 교육실패에 대한 책임은 학교나 교사에 있으며, 교사의 교육방법이 주요 평가 대상이 된다. 여기서 강조되는 검사관은 평가관이다. 즉 어떻게 측정 등에 의해 수가 부여된 대상에 대해 가치판단을 할 것인지가 주요 관심사이다. 발달적 교육관은 누구나 교육을 받을 권리가 있고, 잘 학습할 수 있으며, 학습자가 학습목표에 도달했는지에 대해 확인하는데 관심이 있기 때문에 준거참조평가(절대평가)의 목적과 궤를 같이 한다. 현행 국가수준학업성취도평가는 학생의 국가수준의 교육과정 학습정도에 대한 공교육의 책무성을 담보하기 위하여 발달적 교육관, 준거참조평가에 기반하고 있다고 할 수 있다.

다. 인본주의 교육관

인본주의 교육관은 기본적으로 교육을 인간의 자아실현에 기여하는 것으로 보고, 누구나 교육을 받을 능력을 가지고 있다고 본다. 또한 교육에 대한 책임은 학습자나 교사 어느 한쪽이 일방적으로 지는 것이 아니라, 교사와 학습자의 상호작용을 교육에 있어서 중요하게 여기므로 학습자 및 교사의 상호책임이라고 생각한다. 평가대상도 학습자의 지능과 같은 개별특성이나, 교사의 교육방법보다는 학생의 전인적 특성에 관심이 있다. 학생이 전인적으로 얼마나 발달했는지에 대해 관심이 있으므로, 강조되는 검사관은 총평관이다. 인본주의 교육관에서는 규준참조평가보다는 준거참조평가와 궤를 같이 하지만, 준거참조평가는 학습자를 점수화하는데 관심이 있으므로 평가에 대해 부정적인 시각을 취할 수 밖에 없다. 평가 및 검사 무용론이 나올 가능성이 크다.

〈표 8.1〉 교육관과 교육평가의 관계

	선발적 교육관	발달적 교육관	인본주의 교육관
기본가정	특정소수만 교육을 받을 능력을 가지고 있다	누구나 교육을 받을 능력을 가지고 있다	누구나 교육을 받을 능력을 가지고 있다
교육에 대한 책임	학습자	교사	학습자 및 교사
강조되는 평가대상	학습자의 개별특성	교육방법	전인적 특성
관련된 검사관	측정관	평가관	총평관
관련된 평가유형	규준참조평가	준거참조평가	준거참조평가 (절대평가/평가무용론)

* 박도순(2007) 참조

제2절 규준참조평가와 준거참조평가

1. 의의

황정규(1998)에 따르면, 교육측정 혹은 교육평가의 개념에 대한 선구자는 Edward L. Thorndike이며, Thorndike는 그의 1918년 '교육성과 측정의 본질, 목적, 일반적 방법'이라는 논문에서 준거참조평가와 규준참조평가라는 두 개의 시각을 다음과 같이 제시하고 있다고 하였다.

첫째의 규준참조평가의 시각은,

"존재하는 것은 무엇이든지 양으로 존재한다. 만약 양으로 존재한다면 그것은 측정할 수 있다. 그것을 안다는 것은 그 질과 양을 다 함께 안다는 것을 의미한다"

두 번째의 준거참조평가의 시각은 (Thorndike, 1913, 황정규 1998 재인용),

"개인에게 부여하는 학교성적의 자세한 성질이나 보고는 낡은 제도의 탓이 아니다. 잘못은 그 성적의 상대성과 비한정성에 있다. 즉, 주어진 점수가 어떤 한정된 지식, 힘, 기능을 달성했다는 것을 의미하지 않고 상대적 성적 측정을 사용한다는 데 있다. 학생자신의 과거성취 혹은 공인된 표준과의 경쟁은 전적으로 가능하다. 만약 우리가 사람이 달릴 때의 속도나 뜀뛸 때의 높이와 같은 절대적 척도를 갖는다면 그런 척도를 만들어야 한다."

현재까지 대부분의 우리나라 평가는 규준참조평가에 기반하고 있다고 해도 과언이 아니다. 규준참조평가와 준거참조평가의 의의 및 특징을 살펴보겠다.

2. 규준참조평가(상대평가)

규준참조평가에서 먼저 우리가 알아야 할 것은 규준이란 개념이다. 학생들이 시험을 치면, 몇 개를 맞고 몇 개를 틀렸는지에 따라 점수를 부여받는다. 여기서 원점수란 각 시험이나 검사에서 학생이 받은 점수를 말하는데, 원점수는 의미부여나 해석이 쉽지 않다. 원점수를 의미있게 해석하기 위해서는 비교집단(규준집단)에 기초한 자와 같은 점수척도가 필요한데, 여기서 자와 같은 점수 척도가 규준이다. 즉, 교사가 가르치는 학생이 중학교 3학년 학급이면, 비교집단은 우리나라 중학교 3학년 전체 학생이 될 수 있고, 이 모집단에 비추어 볼 때 개별학생이 받은 원점수가 어느 정도 위치에 속하는지, 즉 평균보다 위에 있는지 아래에 있는지 판단하기 위해서 규준이 필요하고, 규준에 의해 부여되는 점수를 규준점수라고 한다. 규준점수에는 크게 백분위와 표준점수가 있다.

백분위 점수는 개인의 원점수가 아래서부터 누적된 서열이 몇 백분위에 속하는가를 표시하는 규준이다. 백분위 점수가 70이라면, 이 학생은 상위 30%에 속한다고 할 수 있다. 표준점수에는 Z점수, T점수, 스테나인 점수가 있다.

3. 준거참조평가(절대평가, 목표지향평가)

규준참조평가는 규준에 의한 학생의 상대적 위치나 서열에 관심이 있는 반면, 준거참조평가는 교육목표와 같은 준거의 달성여부에 관심이 있다. 교육목표의 달성여부를 판단하거나, 자격 부여를 위한 기본적인 지식이나 기능 습득 여부를 판단하는데 주로 사용된다. 준거란 어떤 표준이나 기준이 될 만한 것으로, 교육평가에서는 교육목표의 성취수준을 말한다. 준거점수에는 정답한 문항의 수나 총점과 같은 정답률이나 숙달점수, 분할점수가 있다.

4. 규준참조평가와 준거참조평가의 비교

김석우(2009)는 규준참조평가와 준거참조평가를 다음과 같은 여덟 가지로 비교하고 있다.

첫째, 교육목적에 있어서 규준참조평가에서는 상대적인 위치의 차이나 우열의 판정을 목적으로 하는 반면, 준거참조평가에서는 교육목표의 달성도 및 자격부여에 필요한 지식 및 기능의 습득 정도에 대한 판단을 목적으로 한다.

둘째, 교육관에서도 규준참조평가는 특정한 소수만이 교육을 받을 능력을 가지고 있다는 믿음에 기초한 선발적 교육관과 궤를 같이 하는 반면, 준거참조평가는 누구나 적절한 교육방법을 통한다면 교육을 받을 능력을 가지고 있다는 발달적 교육관에 기초하고, 따라서 규준참조평가보다는 더 교육적이라고 할 수 있다.

셋째, 규준참조평가에서 평가의 기능은 주로 대상 학생들을 분류, 상대적 위치를 비교하는데 있는 반면, 준거참조평가에서 평가의 기능은 대상 학생의 학습정도를 교육목표와 비교하여, 그 달성정도를 진단하는데 있다.

넷째, 평가기준은 규준참조평가에서는 규준집단에서의 상대적 위치가 평가기준이며, 준거참조평가에서는 준거 즉, 교육목표의 달성정도가 평가기준이 된다.

다섯째, 규준참조평가는 심리측정의 영향을 받아 정규분포를 가정하고, 준거참조평가에서는 모든 학생에게 적절한 교육방법을 통해 학습목표를 달성할 수 있다는 가정 하에 부적편포를 기대한다.

여섯째, 규준참조평가에서는 평가대상을 얼마나 정확히 측정하고, 우수한 소수를 일관성있고 정확하게 분류하기 위해 신뢰도를 강조하는 반면, 준거참조평가에서는 교육목표에 비추어 달성정도를 얼마나 타당하게 평가하고 있는지를 강조한다.

일곱째, 규준참조평가에서는 우수한 소수와 열등한 다수를 구별하기 위한 변별도를 강조하는 반면, 준거참조평가에서는 검사문항의 난이도나 변별도보다는 교과내용의 필수개념과 원리가 검사문항에 포함되었는지를 강조한다.

여덟째, 규준참조평가에서는 우수한 소수를 구별해 내기 위해 반응속도를 강조하므로 검사시간을 엄격히 통제하는 반면, 준거참조평가에서는 아는지 모르는지가 중요하므로 충분한 검사기간을 제공한다.

〈표 8.2〉 규준참조평가와 준거참조평가의 비교

구분	규준참조평가	준거참조평가
목적	우열의 판정	교육목표의 달성도
교육관	선발적 교육관	발달적 교육관
기능	종합적 비교	구체적 진단
기준	평균에서의 이탈정도에 관심	교육목표
득점분포	정규분포 가정	부적편포 기대
신뢰도 및 타당도	신뢰도 강조	타당도 강조
검사문항	개인차 변별을 위한 변별도 강조	난이도와 변별도 강조 안함
검사시간	검사시간 엄격하게 통제	충분한 검사기간 제공

* 김석우(2009)참조

제3절 교수·학습과정과 교육평가

교육평가는 여러 가지 기능과 목적이 있지만, 교수 · 학습의 진행과정과 매우 밀접한 관계를 가지고 있다. 교수 · 학습의 전개과정에서 교육평가가 갖는 기능과 특징을 살펴보는 일은 교수 · 학습과정과 교육평가를 이해하는데 있어서 매우 중요한 일이다.

1. 의의

이종승(2009)에 따르면, 일반적인 교수 · 학습과정은 크게 4개 부분으로 나누어 볼 수 있다. 첫째, 수업의 목표를 구체적으로 설정하여 무엇을 가르칠 것인가를 명백히 하는 것이다. 둘째, 수업의 목표를 달성하기 위한 학생의 출발전 행동을 진단하는 일이다. 셋째, 출발점 행동 진단을 토대로 학습지도를 어디서부터 시작할 것인지를 결정하고 실제 수업을 실시한다. 넷째, 교수 · 학습과정을 마친 후 학습성과가 교육목표를 달성했는지 평가한다. 여기서 중요한 것은 이 네 단계 혹은 과정이 독립적인 것이 아니라 유기적으로 상호 관련성을 맺고 있다는데 있다.

2. 진단평가

가. 의의

진단평가(diagnostic evaluation)는 학습이 시작되기 전에 학생이 소유하고 있는 특성을 체계적으로 관찰, 측정하여 진단하는 평가로서 사전 학습 정도, 적성, 흥미, 동기, 지능을 분석하는 것이다. 진단평가는 주로 수업이 시작되기 직전에 실시하는 것이 보통이지만, 필요한 경우에는 수업이 진행되는 도중에 학생들이 계속적으로 학습결손을 보일 때 신체적·심리적·환경적 원인을 밝히기 위해 진단평가를 실시 할 수 있다.

나. 목적

진단평가의 목적은 수업이 시작되기 '전'에 실시되는 예진(豫診)적 활동과 학습실패의 교육외적 원인을 알아보는 활동이다. 또한 진단평가는 주로 학생 개개인의 특성과 수준을 진단하기 위해 실시되지만 교수 전략이 극대화될 수 있도록 학생들을 특성에 따라 집단으로 분류하고 그들에게 적합한 교육 프로그램을 제공하기 위해 실시되기도 한다.

다. 기능

첫째, 학습의 예진적 활동에서는 학생들의 기본적인 학습능력, 학습동기, 선수학습의 정도를 확인한다. 교사가 효율적으로 학생들을 가르치기 위해서는 출발선상에서 학생의 특성을 파악하고 수업활동을 학생들의 지적, 정의적 특성들과 잘 관련지울 수 있어야 한다.

둘째, 학습장애의 요인을 파악하고, 적절한 교수법이나 교육적 대안을 제공하기 위한 것이다. 학생에 대한 사전정보를 통해 수업계획을 세우고, 학생과의 상호작용방식 등을 결정하는데 활용한다.

라. 진단평가 자료 및 방법

매 학기 수업이 시작되기 전 교사는 가르치게 될 학생에 대한 정보를 통해 학생들의 학업수준 등에 대해 파악하게 된다. 이러한 진단평가를 위한 자료 혹은 정보원으로는 학교생활기록부, 표준화 검사 결과, 정보카드, 사전검사 결과

등을 이용하게 된다(김성훈 외 2010).

첫째, 학교생활기록부: 학교생활기록부에는 교과학습발달상황, 창의적 재량활동 상황 등이 〈표 8.3〉과 같이 누적적으로 기록되어 있어서 학생에 대한 포괄적 정보를 수집할 수 있다.

〈표 8.3〉 학교생활기록부 구성

항목		내용
1. 인적사항		학생의 인적사항
2. 학적사항		학적 변동사항 기록
3. 출결상황		결석, 지각, 조퇴, 결과 사항 등 기록
4. 수상경력		수상경력은 교내상과 교외상으로 구분하여 기록
5. 자격증 및 인증 취득사항		국가기술자격증, 국가자격증, 민간자격증에 한하여 기록 인증은 고등학교 교육과정 중 정보소양인증 해당 교과목을 정규수업시간에 2단위 이상 이수하였을 시 기록
6. 진로지도상황		특기 또는 흥미, 학생과 학부모의 진로희망, 그리고 특기사항 기록
7. 창의적 재량활동상황		재량활동의 편성·운영 및 영역·내용·평가 등은 학교장이 교육과정의 기준과 학교의 실정에 따라 계획을 수립하여 실시
8.	특별활동상황	자치활동, 적응활동, 계발활동, 봉사활동, 행사활동에 대한 기록
	봉사활동실적	봉사활동에 대한 시간, 장소, 내용을 기록
9. 교외 체험학습 상황		학교장이 수업으로 인정한 기관이나 단체 행사에 참여한 체험활동이나 개인적으로 실시한 교외체험학습 내용을 기록
10. 교과학습 발달상황		학년별 교과목에 대한 단위 수, 원점 /과목평균(표준편차), 석차등급 등 교과성적과련 자료 기록, 교과관련 세부능력 및 특기사항 기록
11. 독서활동상황		독서분야, 독서에 대한 흥미, 이해수준 등을 종합 서술형으로 기록
12. 행동특성 및 종합의견		학생을 총체적으로 이해할 수 있도록 기록

둘째, 표준화 검사 결과: 국가수준학업성취도 평가나 진단평가와 같은 학업성취도 검사결과뿐만 아니라 성격검사, 적성검사 등의 결과를 학생들을 파악하기

위한 자료로 사용할 수 있다. 표준화검사결과를 통해 파악한 정보를 학생지도 및 수업계획에 반영할 수 있다.

셋째, 정보카드: 정보카드란 교사가 자신이 가르친 학생에 대한 이해를 돕기 위해 학생의 학습과 관련된 특이사항을 기록할 수 있도록 고안된 카드다. 이전 담임교사가 작성한 학생에 대한 정보가 새로 가르치게 된 교사에게 전달된다면 학생지도 및 수업계획에 큰 도움이 된다.

넷째, 사전검사: 교사는 새롭게 가르치게 된 학생들을 파악하기 위해 사전검사를 실시한다. 사전검사는 학업성취정도를 알아보는 검사, 학습동기 및 태도와 같은 정의적 영역에 대한 검사를 실시할 수 있다. 이러한 사전검사 결과는 수업 계획 및 운영에 직접적인 영향을 미치게 된다.

3. 형성평가

가. 의의

형성평가(formative evaluation)란 교수 · 학습이 진행되고 있는 도중에 학생에게 송환효과(feedback)를 주고 교육과정 및 수업방법을 개선시키기 위한 평가를 말한다. 교수 · 학습 과정 중에 가르치고 배우는 내용을 학습자가 얼마나 잘 이해하고 있는지를 수시로 점검하고, 학습자의 수업능력, 태도, 학습방법 등을 확인함으로써 교육과정을 개선하고 교재의 적절성을 확인할 수 있다. 1967년 Scriven이 최초로 형성평가를 소개한 이후 Bloom 등 (Bloom, Hasting, & Madaus, 1971)에 의해 형성평가의 다양한 형태와 형성평가를 위한 검사개발의 절차와 방법, 활용방법 등이 제시되면서 학교현장에도 도입되어 활용되어 왔다.

나. 목적

형성평가는 수업과 학습의 진전상황에 관한 정보를 수집·분석하여 그 수업 및 학습의 개선에 이바지하려는 데 그 목적이 있다.

다. 기능

첫째, 형성평가는 학생들의 학습 속도를 조절한다.
둘째, 형성평가는 학생의 학습에 대한 강화 역할을 한다.
셋째, 형성평가는 학습곤란을 밝히는 데 큰 도움을 준다
넷째, 형성평가는 교사의 학습지도 방법의 개선에 큰 도움을 준다

라. 절차

형성평가의 일반적 절차는 다음과 같다(성태제, 2009).

① 학습단위를 세분화하여 분석한다.
② 학습난위별로 교육목표를 진술하고, 목표 진술은 최저 성취수준을 설정하여 제시한다.
③ 학습단위의 교육을 세분화하고 행위동사로 표현한다.
④ 평가도구를 제작한다.

마. 형성평가 실천전략

형성평가는 교사의 관찰, 질문과 토론, 피드백과 같은 비형식적 평가 활동과 시험과 퀴즈, 과제부여 등과 같은 형식적 평가활동 그리고 동료평가와 자기평가 활동 등을 통해 이루어진다.

4. 총괄평가

가. 의의

총괄평가(summative assessment)란 교수 · 학습의 효과와 관련해서 학습이 끝난 다음에 교육목표의 달성 여부를 종합적으로 판정하는 평가를 말한다.

나. 목적

학기말 또는 학년말 고사와 같은 총괄평가에서는 일정한 기간 동안 수업이 종결되었을 때, 학생들의 학습성취도를 총괄적으로 평가하여 수업활동의 효율성에 대한 판단을 내린다.

다. 기능

첫째, 총괄평가는 학생들의 성적을 매겨주는 일을 한다.
둘째, 총괄평가의 결과는 학생들의 장래 성적을 예측하는 데 도움이 된다.
셋째, 총괄평가는 집단성과를 비교할 수 있는 정보를 제공해 준다.
넷째, 총괄평가는 학습지도의 장기적 질 관리를 하는 데 도움을 줄 수 있다.

라. 절차

총괄평가를 제작할 때 먼저 평가목적이 상대적 서열을 강조하는 규준참조평가를 시행할 것인지 교육목표 달성여부만을 판단하는 준거참조평가를 시행할 것인지를 결정해야 한다. 총괄평가도구를 제작하는 절차는 다음과 같다(성태제, 2009).

① 교육목표를 재확인, 진술한다.
② 교수 · 학습의 전반적인 내용을 포함한다.
③ 다양한 정신능력을 측정하기 위하여 다양한 문항 형태를 이용한다.
④ 규준참조평가: 다양한 난이도의 문항을 제작한다.
준거참조평가: 최저 준거에 부합하는 난이도의 문항을 제작한다.
⑤ 규준참조평가: 규준을 만들고 서열을 부여한다.
준거참조평가: 준거에 따라 통과와 미통과를 판정한다.

5. 진단평가, 형성평가, 총괄평가의 비교

성태제(2009)는 진단평가, 형성평가, 총괄평가를 다음의 여섯 가지 기준에 의하여 비교하고 있다.

첫째, 시기에 따라 진단평가는 교수 · 학습 시작 전에 실시되고, 형성평가는 교수 · 학습 진행 도중에 실시한다. 총괄평가는 교수 · 학습이 완료된 후에 실시되는 평가이다.

둘째, 평가목적은 진단평가는 출발점 행동을 진단함으로써 적절한 교수 투입을 목적으로 하고, 형성평가는 수업진행상황을 체크함으로써 교수방법 개선을 위해서 실시하며, 총괄평가는 교육목표 달성정도에 대한 의사결정을 위해 실시한다.

셋째, 평가방법 측면에서는 진단평가는 비형식적평가와 함께 표준화 검사와 같은 형식적 평가가 함께 사용될 수 있으며, 형성평가는 주로 수시평가 및 비형식 평가, 즉 교사작성검사가 사용되며, 총합평가는 표준화 검사 등과 같은 형식적 평가가 주로 사용된다.

넷째, 평가주체는 진단평가는 교사와 교과내용 전문가가 주요 평가주체이며, 형성평가는 실제 수업을 진행하는 교사가 실시하는 평가이고, 총괄평가는 교과내용 전문가 혹은 교육평가 전문가가 실시하는 평가이다.

다섯째, 평가기준에 있어서 진단평가는 교육목표와 관련된 출발점 행동을 진단하는 준거참조평가의 성격을 띠며, 형성평가는 수업목표 진행정도를 평가하는 준거참조평가, 총괄평가는 교육목표의 최종 달성정도를 결정하는 준거참조 평가적 성격과 집단간 상대적 위치를 파악하는 규준참조 평가의 성격을 동시에 갖는다.

여섯째, 평가문항은 진단평가는 교육목표 관련 출발점 행동을 진단하는 준거부합 문항을 필요로 하고, 형성평가는 수업목표 진행 상황을 파악하는 준거부합 문항을 필요로 하는 반면, 총괄평가는 교육목표달성도의 종합적 의사결정을 위해서는 준거부합 문항이 필요한 반면, 집단간 비교를 위해서는 다양한 난이도를 통해 변별력을 가진 문항을 필요로 한다.

〈표 8.4〉 진단평가, 형성평가, 총괄평가의 비교

구 분	진단평가	형성평가	총괄평가
시 기	교수·학습 시작전	교수·학습 진행도중	교수·학습 완료후
목 적	적절한 교수투입	교수법 개선	교육목표달성
평가방법	비형식적/형식적평가	수시평가/비형식·형식평가	형식적 평가
평가주체	교사/교과내용전문가	교사	교과내용/교육평가 전문가
평가기준	준거참조	준거참조	규준/준거 참조
평가문항	준거부합 문항	준거부합 문항	규준참조: 다양한 난이도 준거참조: 준거부합문항

* 성태제(2009) 참조

제4절 성취평가제

글로벌 지식기반 사회는 창의력과 인성을 갖춘 인재를 요구하고 있으며, 정부는 국가 경쟁력 제고를 위해 창의·인성 교육에 박차를 가하고 있다. 최근 정부는 학생의 적성과 소질 개발에 중점을 둔 교육과정의 취지와 부합되면서 동시에 학생들의 인성 교육에 도움을 줄 수 있는 방향으로 평가제도가 개선되어야 한다는 사회적 요구를 반영하여 성취평가제 도입을 골자로 한 중등학교 학사관리 선진화 방안을 발표하였다.

성취평가제는 '학생이 무엇을 어느 정도 성취하였는가'라는 평가의 본래적 의미를 강조하는 평가제도이다. 이러한 평가를 실천하기 위해서는 준거를 강조하고, 실제 평가 장면에서의 준거는 교육과정에 근거하여 개발된 교과별 성취기준을 의미한다. 또한 학생들이 성취기준을 바탕으로 학습하여 도달한 성취 정도를 성취수준이라고 표현하고, 학교에서는 다양한 교수학습 활동을 통해 성취기준을 가르치고 배우며, 이에 부합하는 평가를 실시함으로써 학생의 목표 도달 정도를 확인하게 된다.

고등학교 보통교과에서는 한국사를 제외한 고교 교육과정을 선택 교육과정으로 편성하고, 보통교과를 수준・영역에 따라 "기본–일반–심화" 과목으로 정비하였다. 집중이수제, 블록타임제 등 학생 중심 수준별・맞춤형 교육과정 운영을 위해 2014년까지 교과교실제를 확대하여 교과교실제 도입 과목에 창의・인성 수업모델(사례중심학습, 팀프로젝트, 토론・실습 등)을 적용하고, 수업과 연계한 수행평가・서술형 평가를 도입할 예정이다.

또한, 다양한 교육과정 운영 실현을 제약하는 현행 평가제도를 개선할 필요가 있다. 현행 상대평가 제도는 수강자 수와 비교 집단에 따라 성적이 달라지므로 학생의 적성과 소질, 진로에 따른 다양한 교육과정을 선택하고 운영하는 데 제약이 있다.

상대적 서열에 의한 평가제도에서는 학생의 학업 성취수준에 대한 정확한 파악이 어렵다. 학생이 무엇을 얼마만큼 알고 있는지에 대한 정확한 정보가 부족하여 교수・학습으로의 피드백, 학생의 잠재력과 소질을 최대한 발현시키기에 근본적인 한계가 있다.

1. 성취평가제의 의의 및 특징

성취평가제는 국가 수준의 교육과정에 근거하여 개발된 교과목별 성취기준에 대한 학생의 도달 정도에 비추어 학생의 성취수준을 평가하고, 교육과정, 교수・학습과의 긴밀한 연계 속에서 이루어지는 평가이다.

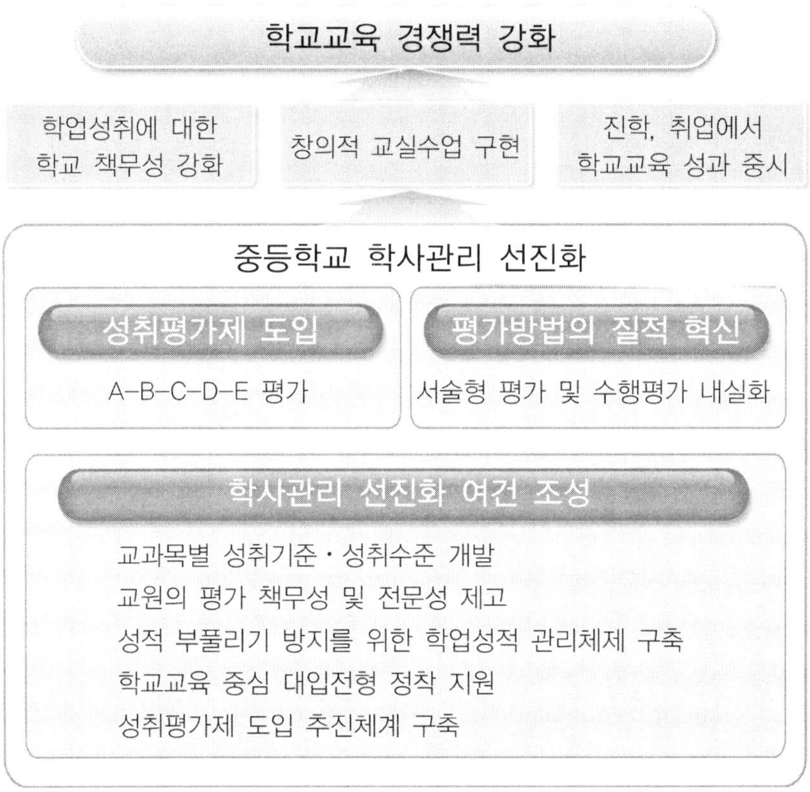

2. 상대평가와 성취평가의 비교

성취평가와 상대평가는 다음과 같이 비교할 수 있다.

상대평가와 비교

	성취평가 (준거참조평가)	상대평가 (규준참조평가)
평가 방식	• 사전에 잘 정의된 준거에 비추어 특정 영역의 성취 여부나 정도에 따라 평가	• 개인이 얻은 점수를 비교집단의 규준에 맞추어 상대적인 서열에 의해 판단하는 평가
목적	• 학생이 무엇을 알고 무엇을 할 수 있는지에 대한 정보 제공	• 개인차 변별 및 상대적인 위치 파악
비교 대상	• 준거와 수행	• 개인과 개인
점수 기록	• A-B-C-D-E 등	• 석차 9등급, 과목별 석차
장점 및 단점	• 내용과 과정에 대한 심층적 분석으로 교수·학습 개선용이 • 협동학습 분위기 조성 • 탐구정신의 발휘와 지적 성취 유발 통한 창의·인성 위한 수업 방식 활성화 • 경쟁을 통한 외적 동기 유발 부족	• 상호경쟁으로 발전 유도 • 학습 결과 중심으로 평가함에 따라 학습 촉진 곤란 및 교수·학습 이론 부적절 • 집단 내 지나친 배타적 경쟁 유발하여 인성교육에 부적절 • 학생들 간의 협동학습 통한 나눔과 배려 학습 경험 저해 • 교육의 질적 수준 분석이 어려움

3. 고등학교 보고방식

가. 일반교과 보고방식

〈개정 전〉

과목	1학기		
	단위수	원점수/과목평균(표준편차)	석차등급(수강자수)
상업경제	3	92/86.3(12.7)	1(241)

〈개정 후〉

과목	1학기		
	단위수	원점수/과목평균(표준편차)	석차등급*(수강자수)
상업경제	3	92/86.3(12.7)	A(241)

* '석차등급'란의 'A, B, C, D, E'는 성취도를 나타냄.

현 행	변 경	적 용 대 상	
		교과 영역	과 목
이수	P	· 교양교과 (논리학 등)	· 일반과목
		· 기초교과 (영 · 수)	· 기본과목
우수, 보통, 미흡	A, B, C	· 체육 · 예술교과	· 일반과목
-	A, B, C, D, E	· 기초교과 (국 · 영 · 수)	· 일반과목, 심화과목
		· 탐구교과 (사과)	· 일반과목, 심화과목
		· 생활교과(기술 · 가정/제2외국어/한문)	· 일반과목, 심화과목
		· 체육 · 예술교과	· 심화과목

나. 소인수 학급보고방식

보통교과 중 소인수(13명 이하) 과목에 대해서는 '석차등급' 또는 '·' 표기 중 한 가지 방법으로 입력이 가능하다.(단, 동일 학교 내에서는 표기 방법을 한 가지로 통일하여 사용하여야 한다). 2012학년도부터 고교교육력 제고 시범학교(120개교)뿐 아니라 소인수 교과를 개설하는 일반학교에서도 성적표기를 학교의 자율로 '석차등급' 또는 '·'을 선택하여 표기할 수 있도록 개선하였다.

〈개정 전〉

과목	1학기		
	단위수	원점수/과목평균(표준편차)	석차등급(수강자수)
아랍어	5	95/73.4(10.2)	3(10)

〈개정 후〉

과목	1학기		
	단위수	원점수/과목평균(표준편차)	**석차등급(수강자수)**
아랍어	5	95/73.4(10.2)	(10)

학 습 과 제

1. 세 가지 교육관(선발적 교육관, 발달적 교육관, 인본주의 교육관)과 교육평가의 관계를 논하시오.

2. 규준참조평가와 준거참조평가를 비교하시오.

3. 진단평가, 형성평가, 총괄평가를 비교하시오.

4. 교사의 평가전문성의 중요성에 대하여 논하시오.

5. 우리나라 교육평가의 문제점 및 개선방안에 대하여 논하시오.

학습과제란

참고문헌

김성훈 · 김신영 · 김재철 · 반재천 · 백순근 · 서민원(2010). 예비교사를 위한 교육평가. 서울: 학지사

황정규(1998). 학교학습과 교육평가(개정판). 경기: 교육과학사

이종승(2009). 현대교육평가. 경기: 교육과학사

성태제(2009). 교육평가의 기초. 서울: 학지사

김석우(2009). 교육평가의 이해. 서울: 학지사

박도순(2007). 교육평가: 이해와 적용. 경기: 교육과학사

정범모(1968). 교육과 교육학. 서울: 배영사

제9장 생활지도와 상담

오늘날 현대 사회에서 학생 개개인은 자신의 능력만으로 당면 문제를 해결하는데 많은 어려움을 겪게 된다. 사회가 점차 다변화됨에 따라 학생 개개인의 일상생활에서 당면하는 문제나 자기 장래의 진로를 결정하는데 있어서 주위 사람들의 도움을 필요로 한다. 따라서 현대 사회에 있어서 생활지도와 상담은 학생들에게 매우 필요한 영역이다. 이 장에서는 생활지도의 개념, 생활지도의 영역과 기능, 상담에 대해 기술하였다.

제1절 생활지도의 개념

생활지도(guidance)란 '안내한다', '이끈다', '지도한다', '교도한다', '방향을 가리키다' 등의 뜻을 지니며, 젊은이들의 성장과 발달을 바람직한 방향으로 안내하고, 지도하며 도와준다는 뜻을 포함하고 있다. 학교에서 생활지도는 학생 개개인이 학교와 가정과 사회에서 최대한의 적응과 발전을 이룩할 수 있도록 자기 이해(self-understanding)와 자기 결정 내지, 자기 지도(self-direction)의 능력을 극대화할 수 있도록 조력하는 조직적이고 의도적인 교육 활동이라고 할 수 있다. 따라서 생활지도는 교육목적을 달성하기 위한 방법으로 학생들이 가지고 있는 흥미, 적성, 능력, 인격 등 인성적 특성과 잠재력을 발견하고 이해하게 하여 자기지도 및 자아 실현을 돕기 위한 활동 과정인 것이다.

생활지도는 학생이 지니는 특성과 잠재적인 능력을 돕는 과정이므로 무엇보다도 인간에 대한 이해가 선행되어야 한다. 따라서 생활지도에 있어서는 다음과 같은 기본적인 원리가 지켜져야 할 것이다.

첫째, 생활지도는 모든 학생을 대상으로 한다. 생활지도는 그 대상에 있어서 비행 학생, 학습 부진아, 신체 장애아, 사회적 고립아를 대상으로 하는 지도로 파악되기 쉽다. 그러나 생활지도는 이들 뿐만 아니라 정상적인 모든 사람이 그 대상이 될 수 있다. 왜냐하면 생활지도의 궁극적인 목적은 학생 개개인이 지니고 있는 잠재적인 능력을 최대한으로 신장시켜 주는데 있기 때문이다. 생활지도는 종래의 문제 학생만을 위한 지도에서 벗어나 모든 학생들의 필요와 요구를 수용하고 충족시킬 수 있는 방향으로 전환해야 할 것이다.

앞으로의 생활지도는 일부 문제아 중심의 지도에서 탈피하여 모든 학생의 필요와 욕구를 충족시킬 수 있는 지도 방향으로 변화되어야 한다. 이는 생활지도의 기본원리로서 뿐만이 아니라 현실적인 요청이다.

둘째, 생활지도는 계속적으로 이루어져야 한다. 생활지도는 어느 시기에만 국한된 것이 아니라 인생 전체를 통해 이루어져야 한다. 생활지도는 단순히 현재의 문제를 해결하는 소극적인 지도가 아니라 장래의 생활을 계획하고 실천할 수 있는 적극적이고 장기적인 지도가 되어야 한다.

셋째, 생활지도는 치료보다 예방에 중점을 두어야 한다. 생활지도는 발생한 문제에 대한 치료보다는 예방에 치중해야 한다. 과거의 생활지도는 예방보다는 치료를 위한 지도였다. 문제가 발생한 후 치료를 통해 원래의 상태로 도달하는데는 많은 시간과 노력을 요구하지만 예방적인 지도는 손쉽게 이루어질 수 있다. 따라서 치료보다는 예방에 주력해야 한다. 많은 학생들의 개별지도가 불가능한 현실을 감안할 때 예방지도를 통해 문제사항을 사전에 제거하는 것이 바람직하다.

넷째, 생활지도는 처벌보다는 지도가 선행되어야 한다. 전통적인 생활지도는 처벌 위주의 지도였으나 미래의 생활지도는 학생을 이해하는 지도로 전환되어야 한다. 처벌은 학생들의 잘못된 행동을 일시적으로 지도하는데는 도움이 될지 모르나 장기적인 안목에서는 부적합하다. 따라서 생활지도는 억압보다는 이해를, 처벌보다는 선행지도의 방향을 찾아야 한다. 교사는 학생들의 행동에서 나타나는 문제점을 처벌하기보다는 근본 원인을 해결할 수 있는 방안을 강구해야 비로소 바람직한 생활지도가 이루어질 수 있다.

다섯째, 생활지도는 정확한 자료와 과학적인 근거를 바탕으로 이루어져야 한다. 생활지도는 학생의 올바른 이해와 행동에 대한 객관적인 자료에 기초하여 과학적으로 이루어져야 한다. 생활지도의 과정 속에서 문제를 찾아내고, 그 문제의 원인을 규명하고 문제해결을 위한 일련의 조치를 취하기 위해서는 적성검사, 흥미검사, 지능검사, 자아 개념검사, 진로성숙검사, 학력검사 등을 통한 객관적인 자료를 바탕으로 이루어져야 한다. 그러나 과학적인 방법과 수단을 지나치게 절대시해서는 안 된다. 따라서 이것은 어디까지나 어떤 판단과 해석을 내리는 과정에 작용하는 자료에 불과한 것이며 그것이 그대로 결과와 판단이 될 수는 없는 것이다.

여섯째, 생활지도는 자율성을 기본원리로 한다. 민주사회에서 요청되는 시민적 자질의 하나로서 무엇보다 중요한 것이 자율성이다. 모든 사람이 스스로 다스리고 규율을 지킬 때에 진정한 민주사회로의 발전이 이루어진다는 것은 너무나 분명하다. 그러므로 생활지도는 타율보다는 자율에 기초하여 이루어져야 한다.

제2절 생활지도의 영역

생활지도는 직업지도에서 시작되었으나, 점차적으로 활동 영역이 확대되어 오늘날과 같이 교육의 전 영역에 걸쳐 광범위하게 활동 영역이 확대되었을 뿐만 아니라 그 방법도 다양화되었다. 여기서는 생활지도의 영역을 교육지도, 직업지도, 사회성 지도, 성격지도, 여가선용 지도, 건강지도 등으로 구분하여 다룬다.

- 교육지도(educational guidance)는 학업에 관한 지도로서 학생들의 개성, 흥미, 능력 등에 따라 교육을 실시함으로써 자신의 잠재 가능성을 최대한 발전시키기 위한 지도이다. 교육지도의 구체적인 내용으로는 신입생을 위한 오리엔테이션, 교육 정보의 제공, 학습부진아 지도, 학습습관지도 등 교육과 관련된 다양한 지도가 요구된다.
- 직업지도(vocational guidance)는 학생들에게 직업에 대한 적극적인 이해와 관심을 가지고 스스로 자신에게 알맞은 직업을 탐색하고 선택할 수 있도록 도움을 줌으로써 복잡한 현대 사회에서의 직업생활에 대한 올바른 생각을

갖도록 하는 것이다. 즉, 학생들의 잠재적인 능력을 계발할 수 있도록 도와주고 사회에 필요한 정보를 제공함으로써 장래 직업과 관련하여 직업 준비교육, 진로지도, 직업정보 제공, 직업의 선택과 취업 알선 등 직업과 관련된 지도를 말한다.

- 사회성지도(sociability guidance)는 학생 개인이 세련된 교양, 도덕적인 윤리관, 인간존중의 습관, 의사전달의 합리적인 방법, 교우관계와 이성교제 등에 있어서 원만한 인간관계를 유지하며, 협동과 봉사의 정신으로 사회생활을 할 수 있도록 하는데 있다. 또 민주시민으로서 갖추어야 할 권리와 의무, 권한과 책임을 이해하고, 민주적인 태도와 습관을 형성하도록 도와주는 것이다. 인간은 사회적인 동물이다. 따라서 사회성 지도는 바람직한 인간으로 성장할 수 있도록 하는데 있어서 매우 필요하다.
- 성격지도(personality guidance)는 학생 개인이 하나의 완성된 인간으로서 조화된 발달을 이룩하고 개인이 민주사회 시민으로서 보람과 행복감을 가지고 생을 영위할 수 있도록 지도하는 것이다. 따라서 개인의 심리적인 문제와 관련된 것으로서 정서적 불안, 욕구불만, 정신건강 등 모든 영역을 포함한다. 성격지도는 학생들이 건전한 성격의 형성, 유지, 발달과 관련된 지도뿐만 아니라, 성격치료 또는 심리치료까지도 포함되는 지도활동을 의미한다.
- 여가선용 지도(guidance for leisure time)는 오락 활동지도, 교양활동지도, 신체적, 사회적 활동지도 등 여가시간의 선용에 관하여 지도하는 과정이다. 여가란 생계를 유지하기 위한 직업 활동이나 신체적 능률의 유지나 생명의 유지에 필요한 시간외에 개인의 자유로운 시간을 말하는 것으로 학생 개인의 가치있는 여가 시간을 보내기 위한 지도가 필요하다. 오늘날 많은 청소년들이 가정적으로나 사회적으로 가지는 문제는 그들의 여가시간을 좀 더 가치로운 방향으로 유도하여 고상한 생활을 영위할 수 있게 함으로써 해결할 수 있을 것이다.
- 건강지도(health guidance)는 학생 개인에 대한 건강의 지식, 예방, 치료,

공중위생 지도, 보건지도 등 신체적 제 활동에 있어서의 지도를 말한다. 신체적, 정신적 건강은 개인 행복의 기초가 되는 것이며, 국가와 사회의 인적 자원으로서의 번영을 위한 기초가 되는 것이다. 따라서 개개 학생의 신체적 제 조건을 조사·관찰하여 그에 맞는 건강지도가 필요하다.

제3절 생활지도의 기능

생활지도는 학교 생활을 통해 필요한 것으로 일정한 계획 아래 조직적으로 이루어져야 한다. 일반적으로 생활지도는 학생 이해, 정보 수집 및 제공, 상담, 정치, 추수 기능 등으로 구분된다.

가. 학생 이해

학생이해는 학생평가 활동 또는 학생조사 활동과 같이 사용되는데, 학생에 관한 제반 현상과 실태 파악을 위한 기능이다. 생활지도는 계획이나 실천을 위하여 보다 과학적이고 정확한 학생들의 실태를 파악하거나 학생들의 자기이해를 돕기 위한 활동이다. 학생이해 활동의 주요 내용으로가정배경, 학력과 학급 활동에 대한 기록, 지적 능력이나 학업성적, 다양한 분야의 학업 성취와 성장, 건강, 학교외의 경험들, 교육 및 직업적 흥미, 특수적성, 성격, 장래 계획 등으로 파악하였다. 이밖에도 학생 개인을 이해하는데 필요한 내용들은 수시로 첨가할 수 있다.

학생이해를 위해 관찰법, 질문지법, 면접법, 사회측정법, 심리검사, 사례연구, 일화기록법, 자서전법 등 다양한 방법으로 파악할 수 있다. 이러한 내용을 통해 학생 이해를 위한 구체적인 목표를 진술할 수 있다.

- 학생으로 하여금 자신의 능력, 적성 및 흥미를 확인할 수 있게 한다.
- 학생으로 하여금 자신의 잠재적 가능성과 관련시켜 자신의 성취를 이해할 수 있도록 돕는다.
- 장래 직업적 계획과 관련시켜서 자신의 취미, 사회적 능력, 직업적 흥미 등을 확인할 수 있도록 돕는다.
- 졸업 후의 진로에 적절한 교육 프로그램을 계획할 수 있도록 돕는다.
- 학생으로 하여금 자신의 최적의 학업 성취를 방해하는 문제들을 확인함으로써 문제 해결 방안을 모색할 수 있을 것이다.

나. 정보 수집 및 제공

학생들에게 그들이 바라고 필요로 하는 각종 정보 및 자료를 제공하여 학생들의 개인적 성장과 사회적 적응을 돕기 위한 활동이다. 이는 학생들로 하여금 자신의 문제를 해결하는데 필요한 기초적인 지식을 갖게 하고, 자기 자신의 문제를 자율적으로 처리할 책임감을 기르며, 나아가 자기 발전을 위하여 그 장애 요인을 탐색하고 인식할 수 있도록 돕기 위한 것이다. 학생들에게 제공되는 정보로는 교육정보, 직업정보, 개인 및 사회에 관한 정보를 들 수 있다.

교육정보란 학생의 현재와 미래의 교육기회에 관한 모든 유형의 정보자료를 의미한다. 직업정보는 모든 직업적 기회에 관한 정보, 즉 직업을 위해 준비하고 선택하고 취업할 수 있으며, 또한 성공하는데 필요한 제반 자료들을 의미한다. 직업정보 내용으로는 직업의 의미, 직업의 종류, 직업에 따른 자격, 취업의 경향, 노동법규, 취직과 승진 등을 말한다.

개인 및 사회적 정보란 개인의 성격적 적응과 사회적 적응을 돕는데 필요할 뿐만 아니라, 자신과 타인을 이해하고 인간관계의 역할을 이해하는데 도움을 주는 정보를 말한다. 사회적 정보는 대인관계에 영향을 주는 인적 물적 환경에 관한 타당하고도 유용한 정보를 말하며, 개인적 정보는 학생으로 하여금 자기 자신을 보다 잘 이해하고, 다른 사람과의 관계를 개선하는데 도움이 되는 정보이다.

다. 상담활동

상담활동(counseling service)은 생활지도 활동의 중핵적인 활동으로 학생이해 활동과 정보수집 및 제공 활동을 통하여 획득한 종합적인 자료와 정보를 근거로 하여 상담자와 내담자간의 관계에서 상담면접의 기술을 통하여 학생들의 자율능력과 문제해결력을 기르는 동시에 학생들의 적절한 감정처리를 위하여 조력함으로써 정신건강을 향상시키고 적응을 돕는 활동이다.

라. 정치활동

정치활동(placement service)이란 상담 결과를 통해 학생들을 적재적소에 배치하는 활동으로 직업지도, 취업지도 등에 있어서 자신의 적성과 진로방향을 정확하게 이해하여 자기 자신의 진로를 현명하게 선택하도록 도와주는 활동이다. 이와 같은 정치활동은 학교, 학과, 과목 선택이나 특별활동반의 선택, 학급활동이나 써클활동의 부서 선택과 같은 교육적 정치(educational placement)와 직장의 알선이나 직업선택과 진로선택, 부직알선과 같은 직업적 정치(vocational placement)활동으로 구분된다. 이와 같은 정치활동은 교사뿐만 아니라 지역사회 자원 인사와 협력하여 보다 조직적이고 종합적인 계획을 수립하여 실천하는 것이 효과적이다.

마. 추수활동

추수활동(follow up service)이란 재학생, 졸업생, 그리고 중간 탈락자들을 대상으로 시행하는 생활지도 활동의 효과에 대한 정보수집 및 계속지도 활동을 말한다. 추수활동의 목적은 정치활동의 결과에 따라 학생들이 적재적소에 잘 적응하는가를 보며 부적응에 대한 조력과 보다 나은 적응활동을 위해 재배치하는 조직적인 봉사활동이다. 그러나 오늘날의 현실은 대부분 정치활동에서 끝내버리고, 사후 점검을 하지 못하는 경우가 대부분이다.

제4절 상담의 이해

1. 상담의 의미

생활지도는 학교교육에서 상담보다 훨씬 더 넓은 개념이다. 위에서 살펴보았듯이 생활지도 활동은 모든 학생들을 대상으로 모든 교사가 학교생활 전반에 걸쳐 수행하는 것으로, 학생의 행동 및 인성발달, 사회성 발달, 학업발달, 진로발달 등 넓은 범위를 차지하고 있다. 이 과정에서 상담은 생활지도의 하나의 방법에 속하는 것으로 생활지도 방법 중 가장 핵심적 영역 혹은 방법이다.

상담(counseling)이란 말은 라틴어에서 유래된 말로 '심사', '숙고', '문의', '조언' 등의 뜻을 말한다. 일반적으로 상담이란 상담자(counselor)와 내담자(counselee)간에 이루어지는 일종의 인간관계를 말한다. 이런 점에서 상담은 전문적인 훈련을 받은 사람이 도움을 필요로 하는 사람의 일상생활 과제의 해결과 사고, 감정, 행동 측면에서 인간적인 성장, 발달을 도와주는 학습 과정이다.

상담의 성공 여부는 상담자와 피상담자 사이에 형성된 인간관계의 질에 해당하는 상담관계의 성립과 밀접하게 관련되어 있다. 상담자와 피상담자 사이에 상담관계가 수립되기 위해서는 먼저 상호간에 인간적인 신뢰감이 형성되어야 한다. 다시 말해서 상담자는 피상담자의 자기지도 능력을 믿어야 하며, 피상담자는 상담자의 전문적 능력과 인격에 대해 신뢰감과 존경심을 가지고 있어야 한다. 상담자와 피상담자는 래포(rapport)가 형성되어야만 피상담자는 자신의 문제를 솔직하게 있는 그대로 터놓고 말할 수 있으며, 상담자는 피상담자의 자율적인 문제해결 능력을 침해하지 않게 되기 때문이다. 상담관계에서 필수적인 래포를 형성하기 위해서는 다음과 같은 점에 특히 유의해야 한다(구광현, 1994).

첫째, 상담이 시작되면 우선 피상담자가 긴장을 풀 수 있도록 우호적인 분위기를 만드는 것이 좋다. 가벼운 유머나 일상적인 화제 등을 먼저 꺼내거나 상담에 임하기까지의 망설임에 대해 격려해 준다.

둘째, 상담자는 수용적이고 허용적인 태도로 피상담자의 이야기를 들어준다. 피상담자의 이야기를 비판하거나 거부, 비난하는 것이 아니라 피상담자의 인간적인 특성과 가치를 인정해 주는 것이 필요하다. 피상담자의 행동에서 긍정적인 측면과 부정적인 측면을 동시에 수용할 수 있는 허용적이고 격려적인 분위기를 형성해야 한다.

셋째, 상담자와 피상담자는 서로 상대를 공감적으로 이해할 수 있어야 한다. 특히 상담자는 피상담자의 문제에 포함된 감정이나 동기 및 갈등을 공감적으로 이해할 수 있어야 한다. 사회의 일반적인 윤리나 도덕과 같은 외적 준거에 근거해서 피상담자의 문제를 인식하고 이해하는 것이 아니라 피상담자가 생각하고 느끼는 것처럼 생각하고 느낄 수 있도록 노력해야 한다.

넷째, 상담이 진행되는 과정에서 상담자와 피상담자는 내적인 경험과 외적인 경험이 모순을 이루거나 대립되지 않도록 상호 의사소통을 보다 분명하고 진지하게 수행해야 한다. 상담과정에서 논쟁이나 의견대립이 초래되어서는 안되며, 피상담자의 내면적 경험에 해당하는 심리적 세계와 외적경험에 해당하는 인식과정이 서로 모순을 이루지 않도록 대화를 이끌어야 한다. 이러한 의사소통 과정에서 피상담자는 자신의 내・외적 경험을 통합시킬 수 있게 되어 문제해결의 실마리를 찾게 된다.

다섯째, 래포는 상담의 초기단계에 형성하는 것이 좋으며, 형성된 래포가 계속 유지될 수 있도록 주의를 기울여야 한다.

2. 상담의 유형

상담은 상담자와 피상담자가 개별적이냐, 혹은 집단적이냐에 따라 개별상담과 집단상담으로 구분할 수 있다. 개별상담이라 함은 상담자와 피상담자 두 사람 사이의 역동적 관계에서 이루어지는 상담으로서, 이들에게는 해결해야 할 목표가 있으며 해결방법은 직접, 간접의 도움활동이다.

상담의 결과는 피상담자의 변화에 있으며 전문적인 상담교사에 의해서 행해지는 것이 바람직하다. 경우에 따라서는 담임교사가 상담을 할 수도 있으나 담임교사와 상담교사가 공동으로 상담에 임하면 더욱 효과적일 수도 있다. 상담이 성공적으로 이루어지기 위해서는 첫째, 상담교사는 학생으로부터 친근감 및 신뢰감을 얻어야 한다. 둘째, 교사는 항상 동정적이고 친절한 태도를 취해야 한다. 셋째, 항상 피상담자 편에 서서 이해하는 입장을 취해야 한다. 넷째, 건설적이고 구체적인 해결방안을 제시해야 한다. 다섯째, 한 가지 방법만을 최선의 방법으로 제시하지 말아야 한다. 상담의 유형은 상담자와 피상담자간의 관계에 따라 개별적 상담과 집단적 상담으로 구분되며, 상담의 형태에는 지시적 상담, 비지시적 상담, 그리고 절충적 상담으로 구분된다.

가. 지시적 상담

지시적 상담은 Williamson(1939)이 주장한 것으로 상담자는 피상담자가 당면하고 있는 문제에 대해서 정보를 제공하여 조언이나 충고를 하는 방법이다. 지시적 상담은 개인이 학교과제, 시민적 특성, 사회적이고 개인적인 가치와 습관, 그리고 정상적으로 적응하기 위하여 습관, 기술, 태도, 신념을 학습할 수 있도록 돕는 인격화되고 개별화된 과정이다. 그러므로 지시적 상담은 내담자의 문제를 해결하는데 있어서 주로 논리적이고 지적인 도구를 사용함으로써 문제 해결력을 기르는데 조력한다. 지식적 상담은 다음과 같은 6단계의 절차를 가진다.

① **분석**(analysis): 학생을 효과적으로 상담하기 위한 내담자의 모든 정보와 자료들의 분석 활동을 말한다. 상담자는 내담자의 적성, 흥미, 동기, 신체적 건강, 정서적 상태 등 제반 조건을 진단하기 위하여 신뢰할 수 있고 타당성이 있는 적정한 정보와 자료들을 수집함으로써 분석한다.

② **종합**(synthesis): 분석한 자료들을 배열하고 조직하는 절차로서 내담자의 자질과 경향성, 적응과 부적응 등을 통해 진단 단계에서 분석 자료들을 유용하게 활용할 수 있도록 정리한 단계이다.

③ **진단**(diagnosis): 광범위한 분석적 자료를 수집한 후에 상담자와 내담자는 이들 자료들의 일관성의 패턴을 찾는다. 이와 같은 패턴이 진단이며 이것은 내담자의 특징들을 기술하고 설명하는 일종의 일반화이다. 진단을 통해 문제의 간결한 요약과 그 원인 및 내담자의 기타 특징들과 함께 적응 또는 부적응의 잠재적 가능성까지 기술한다.

④ **예진**(prognosis): 예진은 진단 결과를 바탕으로 미래에 대한 예언을 의미한다. 예진단계에서 상담자는 진단한 후에 생각할 충분한 시간을 가질 수 있으며, 관련 자료들을 참고하여 예언 하는 것이 필요하다.

⑤ **상담**(counseling): 상담은 내담자가 가능한 한 최적한 적응을 할 수 있도록 돕는 학생지도이다. 상담자는 내담자로 하여금 동조를 요구하기, 환경을 변화시키기, 적절한 환경을 선택하기, 필요한 기술을 학습하기, 태도 바꾸기 등의 기법을 통해 바람직한 상담이 이루어질 수 있도록 하여야 한다.

⑥ **추수활동**(follow up service): 추수활동은 상담종료 후 내담자에게 문제가 다시 발생했을 경우나 상담의 효과를 확인하고자 하는 경우에 실시한다.

나. 비지시적 상담

비지시적 상담은 Rogers(1942)에 의해 체계화된 것으로 인간중심 상담이라고 한다. Rogers는 상담의 진행과정을 내담자를 중심으로 하고, 상담자는 다만 피상담자가 자신의 문제를 해결할 수 있도록 보조하고, 촉진하는 역할을 할 것을 주장하였다. 따라서 비지시적 상담에 있어서는 상담자가 내담자의 모든 감정을 수용하고 피상담자로 하여금 자기통찰과 자기수용의 기회를 제공해 줌으로써 문제를 해결할 수 있다고 본다.

비지시적 상담에서는 상담자가 내담자의 모든 감정을 수용하고 내담자에게 자기통찰과 자아수용의 기회를 줌으로써 문제를 해결할 수 있다고 본다. 비지시적 상담은 비위협적이고, 수용적이며, 자유스러운 분위기를 조성하여 내담자가 자신을 돌아볼 수 있는 기회를 제공하는 것이다. 지시적 상담과 비지시적 상담과의 근본적인 차이는 개인이 자신의 문제를 스스로 해결할 능력이 있느냐, 없느냐에 대한 것이다. 지시적 상담과 비지시적 상담과의 차이점을 표로 나타내면 다음과 같다.

〈표 9.1〉 지시적 상담과 비지시적 상담의 비교

구분	지시적 상담	비지시적 상담
주도자	상담자	피상담자
대 상	피상담자의 문제행동	피상담자의 인성문제
강조점	지적인 적응문제, 과거 상황	정서적인 적응 문제
목 표	문제의 원인 규명, 치료	문제해결 암시, 역량 부여
면 접	변화의 준비 과정	면접 자체가 치료적 과정
결 과	문제해결	자기이해와 자기통찰
기초이론	특성이론	자아이론

다. 절충적 상담

상담과정에서 피상담자가 가지고 있는 문제를 분석하고 치료할 때 지시적 방법이나 비지시적 방법만으로는 문제해결을 할 수 없는 경우가 있다. 즉 피상담자의 과거 행동과 동기를 깊이 이해하고자 할 때는 피상담자가 감정을 자유롭게 표현할 수 있는 비지시적 방법이 적용되고, 부적응 상태를 치료하고자 할 경우에는 지시적인 방법을 적용하여 치료 대책을 세우고 실천하는 방법이 훨씬 유리할 것이다. 따라서 절충적 상담은 내담자의 문제 상황에 따라서 알맞은 상담 방법을 사용하는 것이다.

내담자는 다양한 문제를 지니고 있기 때문에 효과적인 상담을 위해서는 지시적인 방법과 비지시적 방법의 장점을 살려서 절충해야 한다는 입장으로 Jones에 의해 주장되었다. 절충적 상담은 학습이론과 정신분석학 이론 등이 절충되어 사용되는데 절충적 상담을 이용할 때 다음과 같은 점에 유의해야 한다.

- 지능이 높고 적극적인 학생에겐 비지시적 상담이 유리하다.
- 고학년일수록 비지시적 상담이 효과적이다.
- 피상담자의 태도가 부정적이거나 비협조적일 때는 비지시적 상담이 어렵다.
- 비지시적 상담은 지시적 상담보다 오랜 시간이 요구된다.
- 지시적인 상담일수록 상담자의 더 높은 기술과 경험이 요구된다.

라. 기타 상담 이론

이 밖에도 무의식의 세계가 의식의 세계를 지배한다고 보는 문제를 일으키는 무의식적 세계를 의식화하여 치료하는 방법을 Freud가 체계화한 정신분석학적 상담이 있다. 또한, S-R 이론에 근거하여 모든 부적응 행동은 후천적으로 학습된 것으로 이를 제거하기 위하여 원인에 대한 강화와 소멸 등의 원리를 제공하는 행동주의적 상담이 있다. 마지막으로, 인간 불안의 존재를 본질인 시각적 제안과 죽음에 대한 불안에서 찾으며 문제해결 방법을 인간의 존재 의미에서 찾는 실존주의적 상담활동 등이 있다.

한편, 집단상담이란 비슷한 환경에서 비슷한 문제를 지닌 학생들을 집단적으로 상담하여 문제를 해결하기 위한 정보와 자료를 얻거나, 또는 그 문제해결을 위한 토의의 기회를 부여하는 상담방법이다. 이 방법은 일시에 많은 학생들을 상대로 할 수 있기 때문에 시간적 · 경제적으로 유리한 결과를 가져올 수 있다.

집단상담은 학생의 공통문제를 발견할 수 있고 적응상의 문제를 해결하는 데 필요한 자료를 제공받을 수 있으며, 피상담자가 타인과 자신을 비교함으로써 자기의 이해를 촉진할 수 있는 기회를 마련할 수 있다. 집단지도는 목적에 따라 오리엔테이션, 집단교육지도, 집단직업지도, 집단적 인성, 사회성지도의 형태로 나눌 수 있다. 집단지도를 통해서 얻을 수 있는 효과는 안정감과 자신감의 부여, 객관적 사고의 배양, 문제해결 방법의 습득, 대인관계 기술 습득, 자기 의견의 발표 기회 제공, 민주적 가치관의 발달 등을 들 수 있다.

3. 개인상담의 기법

가. 적극적인 경청

상담의 기본은 경청이다. 상대방의 말에 진심으로 관심을 기울이고 능동적으로 듣는 것을 적극적인 경청이라고 한다. 적극적인 경청을 위해서는 언어적 메시지뿐만 아니라 신체적 몸동작과 같은 비언어적 메시지에도 주의해야 한다. 적극적인 경청을 위해 관심기울이기 기술의 하나인 SOLER를 소개하고자 한다(제석봉 등, 1999).

- S : 상대를 바로(squarely) 바라본다. 상대방에게 관여하고 있다는 자세를 취하는 것으로 '나는 당신과 함께 있다. 당신과 함께 나누고 싶다'라는 뜻을 전달한다.
- O : 개방적인 자세(open)를 취한다. 상대방과 상대방의 말에 마음을 열고 있다는 증거로써 내가 지금 취하고 있는 자세는 내가 개방적이고 만나고 싶다는 태도를 갖추고 있다는 사실을 상대방에게 얼마나 잘 전달하고 있는가를 자문해 볼 필요가 있다.
- L : 이따금 상대방 쪽으로 몸을 기울인다(lean). 상대방 쪽으로 몸을 기울이는 것은 의사소통을 촉진하는 일종의 신체적 유연성 또는 반응성을 가리킨다.
- E : 좋은 시선의 접촉(eye contact)을 유지한다. 상대방과의 좋은 시선 접촉은 '당신과 함께 있다. 당신에게 관심을 가지고 있다. 당신이 하는 말을 듣고 싶다'는 뜻을 전달해 준다.
- R : 편안하고(relaxed) 자연스러운 자세를 취한다. 편안한 자세는 두 가지를 뜻한다. 첫째, 조바심하거나 주위를 흩뜨리는 표정을 짓지 않는 것이다. 둘째, 개인적인 접촉과 표현의 도구인 몸짓을 편안하고 자연스럽게 하는 것이다.

반대로, Gordon(1974)은 적극적 경청을 방해하는 장애요소들을 제시하였는데, 이 중에서 상담가로서 교사가 피해야 할 3가지는 먼저, 명령하기, 주문하기, 지시하기 등이다. 이는 교사가 학생들에게 명령하거나 지지하는 태도를 보이는 것은 오히려 의사소통에 방해가 되기 때문이다. 둘째, 조언하기, 해결책이나 방안 제공하기 등 역시 방해가 된다. 상담가로서 교사와 학생은 협력적으로 문제를 해결하는 관계이므로 조언이나 해결책의 제공과 같은 지시적인 방법은 의사소통의 방해가 될 여지가 있다. 조언은 학생이 원하는 경우에 제시하는 것인 효과적이다. 마지막으로, 내담자로서 학생은 자신을 비난하는 사람과는 대화를 하고 싶어 하지 않는다. 그러므로 교사는 학생이나 학부모에게 문제가 있다는 식의 낙인을 찍는 등과 같은 대화는 피해야 한다.

나. 공감하기

공감은 상대방의 입장에서 그의 감정, 느낌을 이해하는 것을 말한다. 진정한 공감은 학생이 이야기하는 수준만큼만 이해하는 것이 아니라 더 깊은 수준의 내면의 상태를 이끌어야 한다. 학생이나 학부모를 공감적으로 이해하고 있음이 전달되면, 교사를 더 신뢰하게 될 것이며, 촉진적인 상담이 될 수 있다.

공감은 5가지 수준이 있다(이장호, 금명자, 2006). (1) 상대방의 언어 및 행동 표현의 내용으로부터 벗어나는 반응을 하는 것, (2) 상대방이 표현한 감정에 반응은 하지만, 피상적인 수준에 머무는 것, (3) 상대방이 표현한 것과 본질적으로 같은 정서와 의미를 표현하고, 상호교류적인 의사소통을 하는 것, (4) 상대방이 스스로 표현할 수 있는 것보다 더 내면적인 감정을 이해하여 의사소통을 하는 것, 마지막으로 (5) 상대방이 표현할 수 있었던 내면적인 의미를 정화하게 표현하고, 더 의미를 첨가하여 상대방의 적극적인 성장 동기까지 이해하고 표현하는 것 등이다.

다. 재진술

내담자가 한 말 중에서 일부를 상담자가 반복해 주는 기법이다. 재진술은 대화의 흐름을 조절해서 내담자가 상담내용의 초점을 유지하도록 도와주고 상담자와 내담자 간의 의사소통을 명료하게 해 주는 기능을 한다. 즉 상담자가 재진술해 준 내용에 상담의 초점이 맞추어지기 때문에 상담 대화는 효율성을 유지할 수가 있다.

라. 감정 반영

반영(reflecting)은 거울에 비치듯이 내담자의 감정상태를 되돌려 주는 기법이다. 상담자는 적극적 경청에 의해서 파악한 내담자의 강정상태를 공감할 뿐만 아니라 그 공감 내용을 내담자에게 되비쳐 준다. 반영하는 구체적 기술은 언어뿐만 아니라 표정이나 목소리 등의 비언어적 요소까지 기술적으로 활용되어야 한다.

마. 효과적인 질문하기

상담 상황에서 상대방의 의견을 묻고 정보를 얻을 수 있다. 질문의 목적은 정보와 자료를 수집하기 위해서, 상대방의 의견을 듣고, 태도를 감지하기 위해서이다. 질문을 많이 한다고 해서 좋은 것은 아니다. 너무 많은 질문은 상대방을 혼란시키고 위축시키므로 어떤 질문을 하느냐가 중요하다. 질문의 종류와 유의사항은 다음과 같다(이장호, 금명자, 2006).

- **개방적인 질문:** 개방적 질문은 상대방의 관점, 의도, 사고, 감정을 이끌어 낼 수 있다. 그러나 폐쇄적인 질문은 오직 명백한 사실에 대한 확인만을 요구한다. 예컨대, 개방적 질문은 "수업이 끝나면 기분이 어떤가요?" 식이

라면, 폐쇄적 질문은 "수업 시간이 끝나면 홀가분한가요?" 이다.

- **간접 질문**: 의뢰인에게 넌지시 물어보는 것으로 위압감을 주지 않는 장점이 있다. 간접질문은 대부분 끝에 물음표가 없는 서술형이지만, 분명한 질문에 해당이 된다. 직접 질문은 물음표가 있는 질문이다. 예를 들어, "부모님은 그 상황에 대해 어떻게 생각하는지 궁금하군요."는 간접질문이고, "부모님은 그 상황에 대해 어떻게 생각하십니까?"는 직접질문이다.
- **구체적인 질문**: 구체적 질문이 추상적이고 애매한 질문보다 상담과정에서 효과적이다. 구체적 질문의 예는 "그 상황에서 학생이 친구에게 그런 말을 했을 때, 그 친구는 분노감을 느꼈나요?" 라면, 추상적 질문은 "친구는 분노감을 느끼나요?" 등이다.
- **"왜" 라는 질문**: 왜라는 질문은 정보를 구하거나 사건이나 행동의 원인이나 이유를 탐색할 때에 적절하게 사용한다. 경우에 따라서 왜라는 질문은 상대방이 비난이나 질책의 의미로 이해할 수 있음을 유의해야 한다.

학습과제

1. 학교교육에서 생활지도와 상담의 관계를 설명하시오.

2. 지시적 상담과 비지시적 상담의 목표와 강조점 등의 차이를 논하시오.

3. 절충적 상담을 설명하고, 절충적 상담시 유의해야할 점을 제시하시오.

4. 개인 상담에서 상담가가 주로 사용하게 될 적극적 경청, 공감하기, 반영하기 등의 기술들을 일상적인 대인 관계에서 적용해 보시오.

5. 상담에서 상담가가 피상담자에게 필요한 의견이나 정보를 얻기 위한 질문들을 효과적으로 하기 위한 구체적 방안들에 대해 생각해 보시오.

학습과제란

참고문헌

강봉규 (1999). 상담이론과 실제. 서울: 교육과학사.

공석영 (1998). 생활지도와 상담. 서울: 동문사.

구광현 외 (1994). 교육학 개론. 서울: 양서원.

김계현 외 (2000). 학교상담과 생활지도. 서울: 학지사.

김계현 (1995). 상담심리학. 서울: 학지사.

김충기 (1994). 생활지도와 상담. 서울: 교육과학사.

이시용 · 정환금 · 허승희 · 홍종관 (2000). 아동 생활지도와 상담. 서울: 교육과학사.

이재창 (1988). 생활지도. 서울: 문음사.

Rogers (1942).

Traxler, A. B. (1957). *Techniques of guidance.* New York: Harper & Brothers.

Williamson, E. G. (1939). *How to counsel students.* New York: McGraw-Hill Book Company.

Williamson, E. G. (1939). *How to counsel students: A manual of techniques for clinical counselors.* New York: McGraw-Hill.

제10장 교육행정 및 재정

제1절 교육행정의 기초

1. 교육행정의 의의

교육행정을 간단히 말하면 "교육에 관한 행정" 또는 "교육을 위한 행정"이라고 할 수 있다. "교육에 관한 행정"이라고 보는 입장은 교육행정을 일반 행정활동의 한 부문으로 국한하여 봄으로써 행정의 통합성을 강조한다. 반면, "교육을 위한 행정"이라고 보는 입장은 교육활동을 강조하면서 그것이 잘 이루어질 수 있도록 행정적으로 지원한다는 의미를 가지고 있다. 그러기에 교육의 자주성 내지는 교육행정의 특수성과 전문성을 중시하려는 입장이라고 볼 수 있다. 교육행정의 개념에 대한 이 두 가지 입장은 모두 의의가 있으며, 중요한 것은 교육행정가가 교육과 행정에 대해 어떤 견해를 취하고 있느냐에 따라 교육행정에 대한 개념이 달라진다 할 수 있다.

정태범(1998)은 교육행정의 개념을 공권설, 기능설, 경영설 등으로 구분하여 설명하고 있으며, 김윤태(1986)는 교육행정영역 구분론, 기능주의론, 행정과정론, 공권적 작용론, 협동행위론 등 구분하고 있으며, 윤정일 등(2002)은 조건정비론, 행정과정론, 사회과정론, 협동행위론, 분류체계론 등으로 구분하고 있다. 여기에서는 윤정일 등이 제시한 다섯 가지 정의를 중심으로 그 개념을 간단히 살펴보고자 한다.

먼저, 조건정비론에서는 교육행정을 교육목표를 효율적으로 달성하기 위하여 필요한 인적·물적 제 조건을 정비·확립하는 수단적·봉사적 활동이라고 본다. 이러한 견해를 가진 대표적인 학자는 Moehlman, Campbell, Reader, 그리고 김종철 등이다.

행정과정론에서는 교육행정 활동이 수행되는 절차, 순서, 경로, 그리고 과정 등에 근거하여 교육행정의 개념을 규정하려는 입장이다. 즉, 교육행정가가 자기가 수행해야 할 수많은 과업 및 업무에서 필수적으로 거쳐야 하는 과정을 교육행정의 본질로 보는 관점이다. 여기에서 1916년 Fayol이 일반행정 과정론을 주장한 이래 Gulick과 Urwick, Newman 등이 일반행정 과정론을 주창하였고, 교육행정의 과정은 Sears에 의해 1950년에 처음으로 제시되었다. 그는 교육행정을 기획-조직-지시-조정-통제의 과정이라고 규정하였다(Jesse, 1950).

사회과정론에서는 교육행정을 하나의 사회적 과정으로 보고 교육행정이 이루어지는 배경을 사회체제로 보고 있다. 교육행정가의 행위(B)는 그 행정가의 역할(R)과 인성(P)의 상호작용에 의해 발생한다고 본다. 여기에서 중요한 요인은 그 행정가의 조직내 역할이며, 그 역할은 그를 둘러싸고 있는 환경(E)에 의해 결정된다는 주장이다.

협동행위론에서는 교육행정을 조직목적을 효율적으로 달성하기 위하여 다른 사람과 협동하는 과정으로 보는 것이다. Waldo는 행정이란 고도의 합리성을 가진 집단적 협동행위로 규정하고 협동행위란 혼자서는 움직일 수 없는 돌을 두 사람이 굴리는 행위를 말하며 합리성이란 최소한도의 비용으로 최대한도의 목적을 잘 성취하는 것이라고 하였다(신중식 외, 1982).

마지막으로 분류체계론에서는 국가의 통치작용을 입법, 사법, 행정으로 나누고, 그 중 행정에서 교육행정을 일반행정의 한 부분으로 보고 "교육에 관한 행정"으로 보는 견해이다. 이 정의는 행정개념을 국가의 통치권 작용이라고 보는 법학적 개념에 근거하고 있기 때문에 법규해석적 정의 또는 교육행정영역 구분론이라고도 한다.

이상과 같이 교육행정(Educational Administration)의 개념을 살펴보았으나 혹자는 교육행정을 교육경영(Educational Management)과 혼동하여 사용하는 경우도 있다. 먼저 행정과 경영의 개념을 구분해 보면, 행정은 비교적 객관적 강제성을 띠고 있으며, 주로 공공기관에 적용되고 상위의 철학적·가치적인 측면을 다루는 반면에 경영은 비교적 주관적 융통성을 내포하며, 주로 기업체에서 적용되고 하위의 구체적, 사실적, 기술적인 측면을 강조한다. 이렇게 볼 때, 교육행정은 고도의 확실성과 구조화되고 기획화된 결정을 달성하기 위한 하나의 경영

관리의 과정이며, 교육경영은 고도로 불확실하고 구조화되어 있지 않으며, 기획도 되어 있지 않은 하나의 결론을 매듭지어 나가는 경영관리의 과정이라고 할 수 있다(윤정일, 1987).

2. 교육행정의 원리

교육행정의 원리란 교육행정활동을 수행하는데 있어 교육행정가가 준수해야 할 이념적 규범 혹은 지침이라고 할 수 있다. 교육행정이 일반행정과 유사한 성격을 지니고 있기 때문에 교육행정의 원리를 설정하는 데 있어서도 일반행정의 기본 원리와 유사한 성격을 발견하게 된다.

교육행정학자들이 주장하는 교육행정의 기본원리를 살펴보면, 김종철은 법규면에서 본 기본원리와 운영면에서 본 기본원리로 구분하여 법규면에서는 (1) 법치행정의 원리, (2) 기회균등의 원리, (3) 적도집권의 원리 (4) 자주성 존중의 원리를 들고 있으며, 운영면에서는 (1) 타당성의 원리, (2) 민주성의 원리, (3) 능률성의 원리, (4) 적응성의 원리, (5) 안정성의 원리, (6) 균형성의 원리를 들고 있다(김종철, 1991). 한편 신철순(1995)은 교육행정의 원리로 민주성의 원리, 능률성의 원리, 타당성의 원리, 적응성의 원리, 그리고 안정성의 원리 등 다섯 가지로 제시하고 있다.

김창걸(1994)은 교육행정을 하나의 종합적인 개념으로 보고, 거기에 관계된 제반 이념・규범・원리 등을 제시하고 이들이 상황에 따라 어떤 것이 더 강조되면서도 종합적・유기적으로 작용해야 된다고 보고 있다. 그는 종합적인 입장에서 (1) 민주성의 원리, (2) 효율성의 원리, (3) 합법성의 원리, (4) 합목적성의 원리, (5) 적응성의 원리, (6) 안정성의 원리를 교육행정의 이념과 원리로 제시하고 있다.

여기에서는 이상의 여러 학자들의 주장을 종합하여 교육행정의 기본원리로 민주성의 원리, 효율성의 원리, 합법성의 원리, 합목적성의 원리, 적응성의 원리, 그리고 안정성의 원리를 제시하고자 한다. 이러한 원리들은 그 시대와 장소에 따라 더 강조되는 바가 달라, 어느 때는 민주성의 원리가 특히 강조되고, 또 다른 때는 능률성의 원리가 다른 원리보다 강조되기도 한다. 또한 이러한 원리들은 서로 상호보완적인 관계를 지니고 있다.

가. 민주성의 원리

교육행정의 민주성(democracy)이란 민주적인 교육행정을 말하며, 여러 시대에 강조되었던 행정의 이념이다. 민주적인 교육행정이 되기 위해서는 정치의 민주화가 필수적이며, 전체 국민의 복리를 위하여 국민의 의사를 충실히 교육행정에 반영하고 국민의 참여를 높이며, 책임행정과 봉사행정이 이룩되어야 하는 것이다.

따라서 이 민주성은 국민을 위하고 국민의 뜻에 따르는 행정을 한다는 의미에서 합법성보다는 훨씬 적극적인 개념이며, 여기에는 행정에의 시민참여, 행정의 공개성, 행정과정의 민주화, 행정의 공익성, 공평한 대우 등이 포함된다(백완기, 1991).

각종 교육기관 또는 교육행정기관의 장이 그 기관의 운영에 관하여 궁극적인 책임을 가지고 있음에도 불구하고 여러 가지 위원회나 심의회와 같은 것을 두어 시책의 결정과정에 있어서 중지를 모으는 것이나, 교직원회·협의회·연구회 등을 통하여 의사소통의 길을 열고 일방적인 명령이나 지시보다는 협조와 이해를 기초로 하여 사무를 집행해 나가는 것은 곧 민주성의 원리에 의거하는 것이다(김종철, 1994).

나. 효율성의 원리

효율성이란 효과성(effectiveness)과 능률성(efficiency)을 동시에 표현하는 말로서 가장 능률적인 방법으로 최대의 목표를 달성하는 것을 말한다. 일반적으로 효과성은 질(質)과 관련된 합목적적인 개념이며, 능률성은 양(量)과 관련된 방법과 수단에 관한 개념이라고 할 수 있다(윤정일 외, 1987).

우선 능률성은 비용과 효과의 비교에서 추구되는 개념이다. 즉, 적은 비용으로 최대의 효과를 거두려고 하는 것이 능률이다. 본래 능률성은 행정학의 시작에서부터 강조되어 20세기 초엽 과학적 관리법이 행정학에 도입되면서부터는 행정학 하면 능률을 연구하는 것으로 인식되었다. 따라서 이 무렵에 능률은 일종의 복음(gospel)으로 간주되었고 이것의 결핍은 거의 죄악(a crime)으로 간주되었다(Marshall E. Dimock, 1951). 1930년대 와서는 소위 사회적 능률성이 강조되고, 1960년대의 능률성의 개념은 환경에 적응・생존・유지하려는 조직의 목표달성을 위해 경제적 투입과 사회적 투입을 적절하게 유지해야 한다는 것을 말하고 있다(안해균, 1984). 따라서 능률성은 수단을 목적으로부터 절단한 상태 하에서 제한된 자원과 중립적인 수단을 사용하여 산출의 극대화를 기하는 것을 의미하는 정태적・기계적・경제학적 개념이다.

효과성은 투입과 산출의 비율을 따지지 않고 목표의 달성요인을 따진다는 점에서 능률성과 다르다. 이때의 목표는 단순한 일상 행정상의 목표가 아니라 변화나 발전을 추구하는 사업성(programatic)을 띤 목표를 말한다(박동서, 1984). 따라서 효과성은 목적과 수단을 연결한 상태 하에서 현실적인 산출이 당초의 목적을 어느 정도 충족시켰는가 하는 목적의 달성도를 의미하는 동태적・기능적・사회학적인 개념이다. 즉, 능률성은 수단적인 개념인 반면에 효과성은 목적적인 개념이라 할 수 있다.

교육조직을 둘러싸고 있는 여러 가지 상황의 변화는 효율성의 문제에 보다 많은 관심을 두도록 요구하고 있다. 그 하나는 교육의 책무성에 대한 일반 사회인의 인식이 높아가고 있다는 점이며, 다른 하나는 교육규모가 비대해지고 그 기능이 점차 복잡・다양해지고 있다는 점이다. 효율성의 원리는 최소의 노력과 경비로 최대의 효과를 내도록 하는 경제성의 원리라고도 할 수 있으나, 교육조직의 경우 이 원칙을 지나치게 강조할 때 교육의 본질이 손상될 수 있다. 왜냐하면, 교육의 성과는 그 성격상 장기적이며, 또 측정이 불가능한 무형의 산출이 보다 더 중요하기 때문이다(노종희, 1986).

다. 합법성의 원리

합법성(legality)의 원리란 가장 오래된 개념으로서 행정과정이 법률적합성을 지녀야 하고 합법적이어야 한다는 것을 의미한다. 따라서 이 원리는 교육행정의 모든 활동이 합법적으로 제정된 법령·규칙·조례 등에 따라야 하는 법률적 합성을 가져야 한다는 것을 말한다. 교육에 관한 법률은 헌법 제31조의 조항에서 비롯하여 교육기본법, 초·중등교육법, 고등교육법, 지방교육자치에 관한 법률, 교육공무원법, 사립학교법 등의 제 법률과 그것을 기초로 하는 각종 대통령령·교육인적자원부령 및 훈령 등에 의하여 행해지고 있다.

합법성에 의하여 국민의 교육권이 보장되고, 국가예산이 효율적으로 집행되며, 공무원의 부당한 직무수행과 행정재량권의 남용이 방지되며, 공무원이 소신있게 일할 수 있도록 신분이 보장된다. 그러나 합법성을 지나치게 강조하면, 행정의 합목적성·전문성·기술성 등이 경시되고, 법규 만능으로 인하여 형식적이며 경직화된 행정이 초래되기 쉽고, 사회적으로 능률을 저하시킬 가능성도 높다(김윤태, 1986).

라. 합목적성의 원리

합목적성의 원리란 바람직한 교육행정이 목표를 세우고 이것을 달성하기 위한 교육행정활동이 설정된 행정목표에 타당한 것이어야 한다는 것이다. 즉, 교육행정은 그 자체가 목적이 아니며 교육활동에 대한 지원적, 봉사적, 수단적 활동이기 때문에 목적과 수단사이에 괴리가 없어야 한다는 것을 의미한다. 교육행정은 항상 올바른 교육목표를 세우고 그 목표달성에 필요하고 충분한 조건을 정비·확립해야 한다는 것이 합목적성의 원리이다(김종철, 1985).

바람직한 교육목표가 설정되면 이를 수행하기 위한 교육정책이 수립되고 또한 이를 달성하기 위한 교육계획이 작성되는 등의 과정이 연속된다. 즉, 목표-수단의 연쇄화 및 목표의 계층화에서 하위목표가 상위목표에 대한 수단이 되는 등 목표·수단의 연쇄화 과정이 계속된다. 이러한 과정에서 원래의 목표는 망각되고 목표달성을 위한 수단이 목표자체의 위치에 격상되는 현상이 일어나는 경우가 있다. 이와 같은 것을 목표의 전환(goal displacement)이라 한다. 이러한 것은 법규가 목표보다 더 중요시되는 현상, 수단으로서의 권한위임이 전체목표보다 중요시되는 경우, 상위목표보다 하위목표가 조직행동의 사실상의 기준이 될 경우 등도 목표의 전환현상이 일어날 수 있다(김창걸, 1994). 이러한 합목적성의 원리는 타당성(validity)의 원리라고도 한다.

마. 적응성의 원리

적응성(adaptability)의 원리는 새로운 사태를 충족시킬 수 있게 변화하는 유기체의 능력을 말한다. 가치 있는 사회변화에 순응할 뿐 아니라 사회변화를 질서 있게 통합·조절하기 위해서는 교육행정에서 적응성의 원리가 커다란 역할을 수행해야 한다. 또한 이 적응성의 원리를 통해 교육행정가는 시대적 변화에 적응하는 것 뿐 아니라 공간적 변화에도 잘 적응하여야 한다. 더욱 중요한 것은 교육행정이 변화에 적응하는 것으로 만족하는 것이 아니라 변화를 선도적으로 이끌어 가는 역할을 담당해야 하는 것이다. 그러나 지나치게 변화에의 적응을 강조하다 보면 교육내부에서 안정적으로 추구해야 본질적인 것을 소홀히 취급할 우려가 있음도 인식하여야 한다. 이러한 적응성의 원리를 융통성의 원리라고도 한다.

바. 안정성의 원리

안정성(stability)의 원리란 교육행정이 일관성과 지속성을 유지해야 한다는 원리로서 적응성의 원리와 상충되는 개념이다. 이 원리는 일단 국민적 합의과정을 거쳐 수립·시행되는 교육정책이나 프로그램은 장기적인 안목에서 계속성과 일관성을 유지해야 한다는 것이다. 빈번한 개편이나 개혁은 행정의 낭비를 초래하고 효율성을 저하시키는 요인이 된다. 교육의 문제는 그 본질상 수십 년을 내다보는 장기적인 성격을 내포하고 있기 때문에 국가의 교육정책적 안정 기조와 일관성 있는 집행과정을 지속적으로 유지·보장할 필요가 있다(윤정일, 1987).

교육활동에 대하여 지속성과 안정성을 주기 위해서는 의미 있고 가치 있는 전통 문화 유산을 보존·유지하고, 계승·발전시켜 나갈 필요가 있다. 특히 교육활동은 모든 국민의 지대한 관심사이기 때문에 한 가지 정책의 변화는 그 파급효과가 대단히 크다. 따라서 교육행정은 안전성을 추구하면서 변화의 속도를 조절하는 중요한 역할을 수행해야 한다.

3. 교육행정의 영역

교육행정의 영역이라 함은 교육행정에서 무엇을 다루며 어디까지 다룰 것인가에 대한 범위를 한정하는 것으로, 그것은 교육행정이 수행하여야 할 업무의 내용과 한계를 말해 주는 것이다. 교육행정의 영역을 통해 교육행정의 업무활동, 대상, 방법 등의 한계가 정해진다고 볼 수 있다. 교육행정 영역에 대해 연구한 몇몇 학자들의 견해를 살펴보면 다음과 같다.

Campbell 등(1996)은 교육행정의 영역을 교육행정과업(administrative tasks)이라 하여 ① 학교와 지역사회와의 관계(school-community relationship), ② 교육과정과 교수(curriculum and instruction), ③ 학생 인사(pupil personnel), ④ 교직원 인사(staff personnel), ⑤ 시설(physical facilities), ⑥ 재정 및 사무관리(finance and business management)의 6개 영역으로 분류하고 있다.

Gorton(1976)은 교육행정의 과업 영역으로 ① 교직원 인사(staff personnel), ② 학생 인사(pupil personnel), ③ 지역사회와 학교와의 관계(comm- unity-school relationship), ④ 교수와 교육과정개발(instruction and curriculum development), ⑤ 학교재정 및 사무관리(school finance and business management), ⑥ 학교시설(school plant), ⑦ 일반과업(general task)의 7개 영역으로 구분하여 각 영역에 따라 행정가가 수행해야 할 구체적인 행동을 제시하고 있다.

강길수(1975)는 학교를 중심으로 한 행정에서 이루어져야 할 과업내용을 ①

장학의 일, ② 학교경영의 조직과 운영, ③ 인사의 관리, ④ 시설의 관리, ⑤ 재정의 일, ⑥ 사무의 관리, ⑦ 지역사회관계의 일, ⑧ 학교장의 역할로 분류하여 설명하고 있는 바, 학교경영의 조직과 운영의 과업내용이 추가된 것을 제외하고는 전술한 두 명의 미국학자의 분류와 큰 차이가 없다.

김종철(1985)은 교육행정의 영역을 법규상으로 보는 것과 업무내용상으로 보는 것으로 구분하여 설명하고 있다. 이를 간단히 살펴보면, 법규면으로 볼 때 교육행정의 영역은 우리나라 중앙정부의 행정관청 중 교육인적자원부장관의 관할 밑에 있는 행정활동영역을 말하며, 업무내용 면에서는 교육행정의 영역을 기획행정, 조직행정, 교육내용의 행정, 장학행정, 학생행정, 교직원 인사행정, 재무행정, 시설행정, 사무관리행정과 연구평가 및 홍보에 관한 행정 등으로 구분하여 설명하고 있다. 그는 교육행정의 영역을 논함에 있어서 유의할 점은 교육행정 단계의 중앙, 지방 및 학교 단위에 따라 그 활동영역이 달라진다는 사실이라고 하였다.

한편, 조광제(2002)는 교육행정학이 연구영역모형을 통해 5개 주요영역을 제시하는 있는바 그것을 살펴보면, ① 교육행정대상 영역, ② 교육행정 구성원 영역, ③ 교육행정조직 영역, ④ 교육행정과정 및 작용 영역, ⑤ 교육행정규범 영역으로 나누어 설명하고 있다.

이와 같이 교육행정의 업무내용은 광범위하고 복잡할 뿐만 아니라 교육부, 교육청 및 단위학교조직의 업무가 서로 다르기 때문에 이를 포괄적으로 다루기는 쉬운 일이 아니다. 여기서는 주로 학교조직에서 수행되는 업무 내용을 중심으로 교육행정의 영역을 구분하고 설명하고자 한다(신철순, 1995).

① **교육과정 및 교수행정**: 학교조직의 궁극적 목적은 효과적인 교수·학습활동에 있기 때문에 교육과정 및 교수행정은 교육행정의 가장 중심이 되는 영역이라고 할 수 있다. 교육과정 및 교수행정이란 교육목적의 수립, 교육내용의 선정과 조직, 학습지도 및 평가의 전 교육활동과정을 지도하고 지원하는 일련의 행정활동을 말한다.

② **인사행정**: 학교조직에서의 인사행정은 교육주체인 교원뿐만 아니라 교육활동에 대한 지원업무를 담당하는 교육전문직원과 일반직원을 포함하는 교

직원을 확보하고 관리하는 제반 행정활동을 말한다. 즉, 인사행정은 교직원의 모집, 선발, 임용, 근무, 승진, 징계, 신분보장, 능력발전 등 광범위한 활동을 포함한다.

③ **학생행정:** 학교는 학생의 입학에서부터 졸업에 이르기까지 그의 신분에 관한 사항을 관장하며 학생들이 건전하고 바람직한 학교생활을 영위하도록 각종 행정업무를 수행하여야 한다. 학생행정은 이러한 활동을 말하는 것으로 구체적으로는 학생의 입학, 진급, 졸업, 전학, 휴학 등의 학생신분, 상담 및 생활지도와 같은 학생지도, 그리고 장학 복지에 관한 사항을 포함한다.

④ **재무행정:** 교육활동이 이루어지기 위해서는 필요한 재원을 마련하여야 하며, 그것을 합리적으로 배분하고 사용할 것이 요구되고 있다. 이와 같이 돈과 관계되는 업무 활동을 재무행정이라 하며, 예산의 편성, 심의, 집행, 결산, 감사 등을 포함한다.

⑤ **시설행정:** 교육시설이라 함은 교육활동에 필요한 건물, 공작물, 설비, 교지 등을 말하며, 이러한 시설은 교육활동에 알맞게 갖추어져야 하고 또 그렇게 운영되지 않으면 안된다. 시설행정은 시설의 설치, 유지, 관리, 운영을 포함하는 개념이다.

⑥ **사무관리:** 사무관리는 문서의 작성, 활용 및 보전과 같은 문서업무, 사무분장, 사무실 관리, 사무업무의 합리화를 포함하는 활동이다. 사무관리는 사무를 교직원의 역할이나 활동과 연결시켜 줄 뿐만 아니라 필요한 정보의 생산과 배포의 기능을 수행하기 때문에 이에 대한 관리의 중요성이 인식되고 있다.

⑦ **지역사회 관계 행정:** 학교는 지역사회에 존재하며 지역사회와 서로 영향을 주고받는 관계에 있기 때문에 학교가 지역사회와 관계를 잘 유지하는 일은 교육행정의 중요한 과업 영역으로 새롭게 인식되고 있다. 지역사회 관계 행정은 지역사회의 인사, 학부모 및 다른 기관과의 상호 이해와 협동관계 형성, 지역사회의 교육적 필요 인식과 충족, 지역사회 개선을 위한 봉사활동이나 프로그램 제공, 지역사회에 대한 홍보를 통하여 학교에 대해 좋은 태도를 갖도록 하는 일과 같은 행정활동을 포함한다.

제2절 교육행정 이론의 발달

조직이론은 조직을 연구대상으로 하는 이론으로서 조직현상과 그에 연관된 요인의 상호관계에 관하여 기술, 설명, 처방하는 이론이다. 조직이론에는 기술적-설명적 이론, 규범적 이론, 전제적 이론, 그리고 수단적 이론이 포함된다. 조직이론에 대한 시대적 구분은 학자에 따라 여러 가지로 분류하고 있기에 이론의 계보를 정확히 제시하는 것은 어려운 일이다. 여기에서는 고전적 조직이론, 인간관계론, 행동과학적 이론, 그리고 체제이론 등으로 분류하여 살펴보고자 한다.

1. 고전적 조직이론

기계모형(machine model)으로서 알려져 있는 고전적 조직이론은 1900년경부터 싹트기 시작하여 과학적 관리법의 이론과 운동의 영향 아래 성립・발전되어 1930년대에 이론유형으로서 완성되었다. 이 이론은 조직을 폐쇄체제로 보고 공식적・합리적 조직을 강조하고 있다. 이러한 고전적 조직이론의 범주에 들어가는 제 이론은 대체로 세 가지로 구분해 볼 수 있다. 첫째는 Taylor가 개척한 과학적 관리학파(Scientific Management School)이고, 둘째는 Gulick, Urwick 등이 주도한 행정관리학파(Administrative Management School)이며, 셋째는 Weber의 관료제이론(Theory of Bureaucracy)이다.

가. 과학적 관리론

18세기 이후 급격한 산업혁명의 진행과 더불어 보다 많은 기계의 활용, 생산활동의 집중화, 생산자와 소비자의 구분, 소유와 경영의 분리가 요구되었으며 격화된 경쟁으로 독점기업이 형성되고 공황에 의한 공장폐쇄, 조업단축, 임금 인하 등의 사태가 속출되었으며 도처에서 파업과 노동운동이 전개되었다. 이러한 사회적 배경 아래 종래의 생산과 관리방식에 대한 비판이 제기되고 그 개선의 필요성이 고조되었다.

과학적 관리운동의 창시자인 Taylor는 종래의 비능률적인 생산과 관리방식을 비판하면서 작업과정을 분석하여 과학화하면 능률과 생산성을 극대화할 수 있다고 생각하고, 시간연구(time study)와 동작연구(motion study)에 의하여 작업을 표준화함으로써 하루의 공정한 작업량, 즉 과업을 부과하고 과업을 기준으로 하는 과학적 관리의 원리를 체계화하였다.

그리고 과업의 달성도에 따른 성과임금을 지불할 것을 제안한다. 그렇게 함으로써 조직의 생산성과 능률성을 확보하고, 조직의 구성원에게는 정당한 보상이 주어진다고 보는 것이다. 이 이론에서 가정하는 조직 속의 인간은 일종의 '합리적 경제인'으로서 간주되며, 객관적인 물질적 보상 등에 의해서 일에 대한 동기가 부여될 수 있다고 가정한다(김재기, 2001).

한편, 과학적 관리론에 대한 평가와 비판을 살펴보면, 과학적 관리론은 동작 및 시간연구를 통해서 인간의 생산 활동을 정확히 측정하고 분석하여 그에 입각한 과학적 관리가 가능하다는 사실을 보여주었으며, 조직과 인간 관리의 과학화를 주창함으로써 능률을 극대화하는 데 크게 기여하였다고 평가한다. 특히 생산공정에서 인간의 활용을 극대화하는 기술과 지식을 체계화하는 기초를 확립함으로써 큰 반향을 일으키기도 하였다. 그러나 그것은 근본적으로 기계적 원리에 따라 조직구성원을 관리한다는 한계로부터 다음과 같은 비판을 받고 있다.

첫째, 인간을 마치 기계처럼 인식하는 인간기계론의 입장에서 인간의 개성이나 잠재력을 고려하지 않고 단지 기계적・합리적・비인간적인 도구로 취급하고 관리함으로써 오히려 자발적인 생산성을 저하시켰다는 비판을 받고 있다. 이와 같은 비판을 통해 노동자의 개성이나 사회관계도 생산과정에 있어서 중요한 영향을 미친다는 인간관계론의 성립을 촉진시켜 주었다.

둘째, 능률의 원리를 행정에 적용하는데 있어 나타나는 한계점을 지적할 수 있다. 전통적 행정관이론에서는 행정을 가치판단의 세계와는 엄격히 분리시켜 단순히 기술적 수단으로서 인식하였다. 그러나 과학적 관리법을 행정에 도입함으로써 행정관리에서 이윤추구를 극대화하는 기업 관리와 본질적으로 동일시하는 경향이 발생하였다.

'학교의 경영을 능률적으로 해야 한다.' 라는 주장이 발생하면서 교육영역에도 과학적 관리론을 도입하게 되었다. 이러한 주장의 대표적 인물은 Spaulding과 Bobbitt이다. 특히 Spaulding은 1910년 미국 교육학 교수협의회 연차대회에서 "공교육행정에서 대학교육과정의 목적, 범위, 그리고 방법"(Spaulding et al., 1910)이라는 주제 발표를 통해 교육의 가장 큰 취약점은 교육행정의 비능률이기 때문에 교육행정에도 기업경영의 원리를 적용해야 한다고 주장하면서, 그 핵심적 원리로 학교행정에 대한 주민 통제의 원리와 능률의 원리를 제시하였다. 또 1913년에는 미국 교육연합회에서 "과학적 관리를 통한 학교체제의 개선"(Frank E. Spaulding, 1913)이라는 강연을 통해 교육행정에 과학적 관리의 원리를 시급히 도입할 것을 강조하였다.

한편 Bobbitt는 1913년에 "도시 학교체제의 문제에 적용되어야 할 일반적 관리 원리라는 논문을 미국 교육학회 연보에 게재하여 학교관리는 물론 장학에도 과학적 관리를 적용할 것을 주장하였다. 그는 학교에서의 의사결정, 과업관리, 급여 결정, 교수방법 결정, 교사 선발 및 훈련, 시설 선정 등에 있어서도 과학적 관리의 원리가 적용되어야 한다고 강조하였다.

나. 행정관리론

과학적 관리론이 생산 및 운영적 수준에서 최적의 관리를 위해 공학적·분석적 방법을 채택하고 있으며, Weber의 관료제론은 조직 전체의 구조적 특성에 대하여 포괄적인 관심을 가진 반면, 행정관리론은 조직의 상층부에 초점을 맞추고 하향적 방식에 의한 조직의 합리화를 추구하였다.

이러한 범주에 속하는 학자들로 경영학 분야에서는 Henry Fayol, James D. Mooney, W. N. Newman 등이 있고, 행정학 분야에서는 Luther Gulick, Lyndall Urwick, M. E. Dimock, J. M. Pfiffner 등이 있다.

Taylor와 비슷한 시기에 프랑스에서는 Fayol이 『산업 및 일반관리』라는 저서를 통해 행정이란 몇 사람의 권위의식이나 책임의식에 의해 이루어지는 것이 아니라 조직 구성원의 협력과 협조에 의해 이루어진다고 강조하였다. 그는 관리적 기능의 다섯 가지 주요 요소를 다음과 같이 설명하고 있다.

- **기획**: 미래에 대한 탐색과 활동계획의 수립
- **조직**: 인적·물적 자원의 조직과 체계화
- **명령**: 구성원에 대한 지휘 기능
- **통제**: 이미 정해진 규정, 기준, 명령에 따르도록 감시
- **조정**: 모든 활동과 노력의 결합·통일·조화

그는 이러한 관리기능이 합리적으로 수행되기 위해서는 일정한 원칙이 있어야 한다고 하면서 ① 분업의 원칙, ② 책임과 권한의 원칙, ③ 규율의 원칙, ④ 명령일원화의 원칙, ⑤ 지휘일원화의 원칙, ⑥ 전반적 이익에 대한 개인적 이익 종속의 원칙, ⑦ 공정한 보수의 원칙, ⑧ 권한집중화의 원칙, ⑨ 계층조직의 원칙, ⑩ 질서의 원칙, ⑪ 공평의 원칙, ⑫ 종업원의 지위안정의 원칙, ⑬ 창의성의 원리, ⑭ 종업원 단결의 원칙 등 14가지 관리 원칙을 제시하였다.

한편, Gulick은 Fayol의 5개 기본 관리 기능을 더욱 확장·발전시켰다. 그는 미국 루즈벨트(Franklin D. Roosevelt)정부 행정위원회에서 봉직하는 동안 대통령의 일반적 직무를 기능적으로 분석하여 기획(planning), 조직(organizing), 인사(staffing), 지휘(directing), 조정(coordinating), 보고(reporting), 예산편성(budgeting) 등 7가지 관리 기능을 확인하고 그 머리글자를 연결하여 POSDCoRB라는 새 용어를 만들어 냈다(L. Gulick and L. Urwick, 1937).

① **기획(planning)**: 해야 할 일의 윤곽과 그 일을 성취하는 방법을 개발하는 것을 말하며, 장래 활동과 조직의 방향을 예측하는 일을 포함한다.

② **조직(organizing)**: 계획을 실천하기 위하여 작업을 배분하고 규정하며 조정하는 공식적 권한구조를 수립하는 일이다.

③ **인사(staffing)**: 직원을 선발하고 훈련하며 발전시키고, 유리한 근무조건을

유지하는 인사기능 전체를 포함한다.

④ **지휘**(directing): 지도력과 밀접하게 관련된 것으로, 의사결정을 하고, 그 결정을 전달하고 실천하며, 부하를 적절히 평가하는 등의 계속적인 과업을 포함한다.

⑤ **조정**(coordinating): 공동 목적을 달성하기 위하여 조직을 결합하는 데 필요한 모든 활동과 노력을 포함한다.

⑥ **보고**(reporting): 기록, 조사 및 감독을 통해 진도를 확인하고, 일이 계획대로 되고 있음을 보증하며, 필요할 경우에는 교정조치를 취하고, 최고 행정가가 책임지는 사람들에게 상황을 알려주는 일이다.

⑦ **예산편성**(budgeting): 조직의 목표 달성에 소요되는 제반 예산을 편성하고 회계, 재정통제, 결산 등을 하는 일이다.

한편, 행정관리론을 처음으로 교육행정에 도입한 사람은 Sears이다. 그는 1950년 『행정과정의 본질』이라는 저서에서 Fayol의 다섯 가지 행정관리 기능을 그대로 교육행정에 도입하였으며, 1955년 미국교육행정가협회(American Association of School Administrators, AASA)에서는 행정이란 본질적으로 어떠한 사업목적을 성취하기 위해서 사람들과 더불어 일하는 한 과정이라고 전제하고 이와 관련된 주요 기능으로 ① 계획(planning), ② 배치(allocating), ③ 자극(stimulating), ④ 조정(coordinating), ⑤ 평가(evaluating) 등 다섯 가지를 제시하였다(AASA, 1955). 그리고 Campbell 등은 『교육행정학 원론』에서 ① 의사결정(decision-making), ② 프로그래밍(programming), ③ 자극(stimulating), ④ 조정(coordinating), ⑤ 평가(appraising) 등 다섯개의 행정과정을 제시하였다. 그러나 이러한 여러 학자들의 행정과정의 요소 분석은 행정가의 과업을 체계적으로 분류하는 데는 유용하게 이용할 수 있으나 그것이 하나의 이론으로 성립되기에는 무리가 있어 행정의 이론으로는 큰 발전을 이루지 못하였다.

다. 관료제론

관료제(bureaucracy)라는 의미는 여러 학문분야에서 널리 쓰이고 있으나 그것이 의미하는 바는 조금씩 다르게 해석하고 있다. 관료제가 쓰이는 의미는 대략 다음과 같은 네 가지로 나누어 설명할 수 있다(Fritz Morstein Marx, 1957). 첫째, 특정한 형태의 조직을 관료제라 하는 경우이다(조직구조로서의 관료제). 둘째, 특정한 조직형태에 수반되는 병폐를 지적하기 위해 관료제라는 말을 쓸 때가 있다(조직의 병폐로서의 관료제). 셋째, 관료제라는 말이 거대한 정부(big government)라는 뜻으로 쓰일 때가 있다(현대 정부의 성격으로서의 관료제). 넷째, 국민의 자유와 권리를 침해하는 해독으로 관료제를 이해하는 경우가 있다(고발대상으로서의 현대정부).

이중에서 우리는 일반적으로 첫 번째 의미의 관료제를 사용한다. 즉, 일정한 특성을 가진 조직을 관료제라고 부른다. 이러한 관료제의 의미를 구조화한 사람은 Weber이다. 그의 관료제 이론은 지배유형에 관한 이론에 근거를 두고 있다. 지배(Herrschaft)란 일정한 인간집단이 특정(혹은 모든)의 명령에 복종할 가능성을 말하며 이러한 지배는 그 정당성의 신념에 기초를 둔다. 이념형의 입장에서 권위의 정당성을 기준으로 하여 Weber는 지배유형을 다음의 세 가지로 나누고 있다.

① **전통적 지배(traditionale Herrschaft)**: 지배의 정당성의 근거가 고래로부터 존속되어 온 전통이나 지배자의 권력의 신성성에 대한 신념에 입각하고 있는 지배유형을 의미하며 이러한 전통적 지배가 전형적으로 이루어지고 있는 것이 가산관료제라 할 수 있다. 우리나라의 조선조관료제는 가산관료제의 성격을 농후하게 띠고 있다.

② **카리스마적 지배(charismatische Herrschaft)**: 일상적인 것을 초월한 지도자의 비범한 자질이나 능력에 대한 외경심이 피치자의 복종근거가 되어 있는 지배유형이다.

③ **합법적 지배(legale Herrschaft)**: 지배의 정당성이 법규화된 질서 혹은 명

령권의 합법성에의 신념에 입각하고 있는 지배유형을 말하며 합리적 지배라고 한다. 합법적 지배의 순수한 유형이 관료제적 지배이다. Max Weber는 관료제를 지배의 정당성의 근거에 따라 i) 가산관료제, ii) 카리스마적 관료제, iii) 합법적·합리적 관료제로 분류하고 있다. 합법적·합리적 관료제는 근대 관료제이며 유럽의 근대국가에서 주로 보게 된다. 근대 관료제가 본래의 관료제에 해당된다.

Hoy와 Miskel은 고도의 기술적 합리성을 가진 조직인 관료제의 순기능과 역기능을 다음과 같은 제시하고 있다.

〈표 10.1〉 관료제의 순기능과 역기능

특 징	순기능	역기능
· 분업과 전문화	· 전문성 향상	· 권태감의 누적
· 몰인정성	· 합리성 증진	· 사기 저하
· 권위의 위계	· 순응과 원활한 조정	· 의사소통 장애
· 규정과 규칙	· 계속성과 통일성 확보	· 경직과 목표전도
· 경력지향성	· 동기유발	· 실적주의 연공서열간의 갈등

학교조직의 대부분이 Weber의 원리를 나타내고 있다고 제시한 최초의 교육행정학자는 Abbott이다. 그 학교조직이 관료제적 특성을 지니고 있음을 다음과 같이 설명하였다(Max G. Abbott, 1969).

첫째, 학교조직은 전문화의 필요성과 과업의 세분화에 의해 분명히 영향을 받는다. 초·중등 단위로 학교의 분리, 학교 내에 과학, 수학, 음악, 기타 학과의 설치, 생활지도 프로그램과 심리학적 서비스의 도입, 행정기능과 수업기능의 분리 등 모든 것들은 전문화 필요에 따른 것이다.

둘째, 학교조직은 명백하게 규정된, 엄격한 권위의 계층을 개발한다. '계층'이란 용어는 교육행정가의 어휘로 드물게 사용되지만 실제 그 말은 일반적으로 널리 유행하고 있다.

셋째, 학교조직은 구성원의 행동을 통제하고 과업수행의 합리적 통일성을 보장하는 기준을 발전시키기 위하여 일반적인 규칙 사용에 크게 의존한다.

넷째, 학교조직은 단합과 민주를 자주 내세우지만 합리적 배려에 근거하여 Weber의 비인격성의 원리를 폭넓게 적용한다.

다섯째, 교육조직의 고용은 전문적 능력에 기초해서 이루어지며 대부분의 구성원의 경우 전문적 경력으로 이어진다. 승진은 연공서열과 업적에 의해 결정되고, 정년(종신 재직권)이 보장되며, 고정된 보수와 연금 혜택이 보장된다.

그리고 Bidwell은 학교는 순수형의 관료제는 아니지만, 노동의 기능적 분업, 직원 역할의 규정, 직무의 계층적 배열, 절차의 규칙에 따른 일정한 방식으로 업무수행 등 적어도 기본적 형식에 있어서는 관료제적 특성을 지니고 있다고 하였다(Charles E. Bidwell, 1965).

한편, Abbott와 Corwin은 학교조직에서 나타나는 관료제의 부정적인 측면을 제기하였다. Abbott는 관료적 조직이 어떻게 변화과정을 제지하고 혁신을 방해하는지를 지적하였으며, 관료제는 무엇보다도 전문적 발전과 창의성을 억누르고 조직의 의사소통을 방해한다고 비난하였다. 그리고 Corwin은 관료적이고 전문적인 규범이 뚜렷하게 다른 경우와 행정가들이 어떤 과업에 있어서 자신보다 기술적으로 더 유능한 부하를 평가하는 책임을 가지게 될 경우, 관료제는 반드시 어려움에 봉착하게 된다고 주장하였다(R. F. Campbell, 1985).

2. 인간관계론

1920년대를 전후해서 인간을 기계시하고, 오직 능률향상을 위주로 한 테일러의 과학적 관리에 대한 반성이 전혀 없었던 것은 아니다. 우선 테일러 시스템의 계승자인 포드도 노동자의 인간성을 중시해서 기업의 목적이 이윤추구만을 위한 것이 아니라 노동자 복지를 포함한 사회봉사에 있다고 하였다. Commons는 「Industrial Goodwill」이라는 저서에서 노사간 대립・항쟁의 해소를 위한 상호의존의 협력관계를 강조하였다. 그에 의하면 호의(goodwill)는 노사 간에서 생성되는 호혜주의적 정신이며, 집단 간의 질서나 통제는 이 호혜정신이 없이는 지켜질 수 없는 것이라 하였다. 사회심리학에 관한 연구도 인간관계에 큰 영향을 미쳤다. 이 학파의 한 사람인 Cooley는 거울에 비치는 자아인 면경자아(looking-glass self)의 중요성을 주장하였다. 그는 사회적 자아란 다른 사람의 의견에 대한 자신의 여러 가지 반사적 행동의 결정체로서의 사회 속의 집단경험을 통해 형성된다고 보았다. 또한 Mead는 인간의 상호작용의 상황 속에서 사회의 중요성을 인식하게 되며, 이처럼 여러 인간과의 만남을 통해 자아는 항상 그 모습이 바뀌게 된다고 보았다.

위와 같은 사회적 분위기 하에서 기업에서의 새로운 인간관계에 초점을 두어 과학적인 실험을 한 것이 바로 호손실험(Hawthorne experiments)이며, 이 연구를 기초로 인간관계론(human relations)이 전개되었다.

가. 인간관계론의 확립

호손실험이란 록펠러 재단의 지원 하에 하버드 대학의 엘튼 Mayo교수가 중심이 되어 Roethlisberger 등이 협력한 시카고 교외의 웨스턴 전기회사(Western Electric Co.)의 호손공장에서 1924년부터 약 10년간에 걸쳐 실시된 일련의 실험을 말한다. 이 실험은 인간관계론의 급속한 발전을 추구하는 계기가 되었다는 점에서 그 의의가 크다. 이 실험의 주요한 내용은 다음과 같다.

① **조명실험** (1924. 11~1927. 4): 이 실험은 조명의 질과 양이 노동자의 능률에 미치는 관계를 알아보려고 하였는데, 결과는 예상과 반대로 조명의 길이와 양이 작업능률에 별다른 영향을 미치지 않는 것으로 나타났다.

② **릴레이 조립실험** (1927. 4~1929. 6): 6명의 여공을 대상으로 종래의 작업능률 향상에 도움이 된다고 생각되는 조건들(예를 들면, 작업시간의 단축,

휴식시간의 합리적 배정, 간식의 제공, 임금제도, 작업환경의 개선 등)에 대하여 실험해 보았으나 결과는 조명실험과 마찬가지로 이들 조건과 생산성 향상과는 관계가 없었다.

③ **면접실험** (1928. 9~1930. 5): 종업원들의 불만에 대한 면접조사를 실시한 결과, 물리적 조건이 근로자의 생산성에 영향을 미친다는 종래의 학설과는 달리 작업장의 사회적 조건과 근로자의 심리적 조건이 근로자의 태도와 생산성에 영향을 미친다는 결론을 얻었다.

④ **배선작업관찰실험** (1931. 11~1932. 5): 비공식적인 집단행동에 대한 연구를 실시한 결과, 회사가 정한 공식조직과는 별도로 자연발생적으로 형성된 비공식조직의 존재를 인식하게 되었다.

결국 이러한 장기적인 실험에서 인간은 경제적 조건뿐만 아니라 심리・사회적 조건에 의해서도 영향을 받는 다면적 존재(多面的 存在)라는 사고방식이 정립되었다. 인간은 그들의 기대수준이 충족되면 만족을 느끼며 생산성 향상에 이바지하게 된다. 이러한 상태를 '높은 사기(high morale)'라 하며 이들 욕구를 충족시킨다는 것이 바로 일을 하게 하는 동기부여와 직결되며 또한 이것이 곧 인간관계론의 핵심이라 할 수 있다.

이 실험에 의하여 종래의 과학적 관리법의 주요바탕이 되는 가설, 즉 공식조직의 구조・작업조건・금전적 유인 등이 조직목적의 달성 내지 생산성의 향상과 근로자의 만족감을 가져온다는 것을 수정하고, 그러한 결과를 초래하기 위해서는 조직구성원의 감정・태도・가치관・비공식조직 등이 주요한 매개변수로 작용한다는 사실을 확인하게 되었다.

나. 인간관계론의 원리

인간관계론은 호손실험이 있은 후에 널리 전파된 학술적 개념의 하나이다. 이 개념들 속에 내포된 뜻은 과거의 과학적 관리론에서 가정하는 인간의 비인간적 합리성과 기계적 도구관에 대한 반발과 인간관리의 민주화를 실현하려는 것이다. 따라서 "인간관계는 종업원으로 하여금 집단의 한 구성원으로서 상호생산적이고 협동적으로 잘 어울려 지낼 수 있도록 그들의 사회적·심리적 욕구를 만족시켜 주면서 그들을 직장의 전체적 상황 속에 통합시키는 작용"이라고 말하고 있다. 이것은 생산성 향상을 위하여 종래의 물리적 시설의 합리화에 중점을 두던 입장으로부터 인간적 요인에 역점을 두는 관리기술 또는 관리방법을 의미한다고 볼 수 있다.

호손 실험을 통해 얻은 중요한 발견을 요약하면 다음과 같다.

첫째, 비공식집단을 발견했다. 조직 구성원들은 직장 내에서 순수하게 개인적으로 행동하는 것이 아니다. 그들은 공생을 위한 자생적인 비공식조직을 형성한다.

둘째, 생산성은 종업원의 태도나 감정, 즉 인간적 반응에 크게 의존하고 있다는 사실이다. 다시 말하면 작업의 난이도, 물리적 조건, 시간이나 환경, 어떤 경우에는 임금이나 복지보다 종업원이 자기의 작업, 동료, 상사 및 회사 전제에 대해 갖는 태도나 감정이 생산능률에 큰 영향을 미친다는 사실이다.

셋째, 이 같은 태도와 감정은 그들이 소속하고 있는 직장 내 분위기와 밀접한 관련이 있다는 사실이다. 특히 그들이 소속하고 있는 집단의 행동양식이나 사고방식과 깊은 관계가 있으며 상급자의 감독 및 지도방침이나 행동에 의해 그들의 태도, 감정 및 신념이 크게 변화한다.

넷째, 생산성은 집단의 팀웍(teamwork)과 협동의 정도에 직접적으로 관련되며, 이들의 수준은 다시 집단에 대한 감독자의 관심 등에 관련된다. 따라서 테일러가 조직을 기술적·경제적 시스템으로 본 반면 이들은 사회적 시스템(social system)으로 보았다.

다섯째, '인간은 왜 일하는가?'라는 기본적인 물음에 대해 종래의 산업심리학은 '경제인'의 인간관에 입각하였으나 일련의 실험결과는 인간을 단지 경제인이 아니라 심리적·사회적 존재라는 인식과 가치를 부여함으로써 '사회인(social man)'의 인간관에 입각하고 있다는 것이다.

다. 인간관계론의 공헌과 한계

종업원의 태도, 감정, 행동을 개념적으로가 아니라 현실적으로 이해하는 새로운 입장을 개척했으며 그 중요성을 많은 사람들에게 널리 인식시키는 계기가 되었다는 점에서 호손 연구의 역사적 의의를 찾을 수 있는데 이를 요약하면 다음과 같다.

① 호손연구는 모든 사회과학연구의 중요한 것 중의 하나이며 의심의 여지없이 경영학, 특히 조직행동론에서 가장 중요한 기반을 제공했다는 공헌을 인정받고 있다.

② 호손연구는 종업원이 단순한 기계의 연장이 아니라는 사실을 말해줌으로써 경영학 연구와 경영사상의 발전에 있어 하나의 커다란 전환점(turning point)이 되었다.

③ 호손연구는 경영관리자와 경영연구가들로 하여금 고전론자들의 기술적·구조적인 관심에서 벗어나 사회적·인간적 관심이 생산성 향상의 핵심이라고 지향성을 바꾸도록 도와주었다.

④ 호손연구는 고전론자들의 단순한 인간관계의 관점을 부정하고 오히려 복잡한 사회적 측면이 생산성과 집단 구성원간의 관계에 미치는 영향력을 강조함으로써 경영학 영역의 초점을 바꾸었다.

그러나 효과적인 인간관계를 창조하는 사회적·심리적 요인을 체계적으로 발견하려는 인간관계운동의 최초의 계기를 이룬 호손연구는 위에서 살펴본 바와 같은 역사적인 공헌에도 불구하고 다음과 같은 문제점과 한계 사항이 지적되고 있다.

① 조사 연구가 비과학적이며, 내리는 결론이 자료에 의해 충분히 뒷받침되지 못하고 있다.

② 연구 논자들이 자신들의 연구결과를 지나치게 일반화하는 경향이 있다.

③ 환경적인 요인들을 충분히 고려하지 못했다.

④ 인간관에 있어서 특정한 일면을 너무 강조하고 있다. 즉 '경제인'의 인간관에 대한 부정이 지나치다.

⑤ 비공식조직을 지나치게 강조한 나머지 공식조직에 대한 관심이 희박하고,

이를 지나치게 경시했다.

⑥ 인간관계의 접근을 조직과 환경과의 조화 및 변화 관계로 다루지 않고 조직 및 조직구성원의 내재적인 면을 연구에서 접근하였다.

⑦ 인간관계에서 구성원간의 협동이나 원활한 관계만을 강조함으로써 갈등의 건설적이고 긍정적인 측면을 무시하고 있다.

⑧ 조직과 집단 구성원을 자기발전과 자아성취를 위한 선의의 경쟁관계로 보는 것이 아니라 서로를 견제하고 능률을 올리지 못하게 하는 상대적 입장으로 파악하였다.

라. 인간관계론과 교육행정학

인간관계론은 교육행정에 민주적인 원리를 제시해 주는 등 교육행정의 민주화와 발전에 크게 공헌하였다. 특히 1930년대 이후에는 진보주의 교육운동과 결합되면서 개성존중, 사기 앙양, 학생과 교원의 상호 신뢰감 등을 강조하고 민주적인 교육행정, 인간주의적 장학을 위한 방법적 원리로서 크게 부각되었다. 민주적 교육행정에서는 ① 교육행정가는 교직원의 사기와 인화를 촉진하는 사람이며, ② 교육행정은 봉사활동이고, ③ 의사결정은 광범한 참여를 통해 이루어져야 하고, ④ 행정적 권위는 집단에 의하여 주어져야 한다(신중식 외, 1982).

인간관계론적 관점을 통해 교육행정학 발전에 기여한 대표적인 학자로는 Dewey, Koopman, Yauch, Moehlman, Griffiths 등을 들 수 있다.

민주적 교육행정을 가장 일찍이 제창한 대표적 인물로는 Dewey를 들 수 있다. 그는 『민주주의와 교육』(Democracy and Education)이라는 저서를 통해 당시 학교지도자들 사이에서 인기가 있었던 과학적 관리법에 대해 심하게 비난하고, 학교경영자들이 모든 의사결정에 조직의 구성원인 교사들에게 동의를 얻어야 함을 강조하였다. 그는 교사에게 참여기회를 확대하여 준다면, 학교조직의 성격과 교사와 행정가간의 관계의 질과 종류가 변할 것이라고 주장하였다. 행정가는 그의 과업의 교육적 면과 그가 반드시 생각해야 하는 인간적·사회적 관계와의 통합을 이루는 정도에 따라 학교자체를 협동적 공동체로서 다루게 될 것이라고 하였다. 교육지도자로서는, 학교경영에 대한 협동적 접근은 그의 지도성이 교육목적과 방법을 초연한 상태에서 공식적으로 강요하는 전제적인 방식의 것이 아니라, 다른 사람과 서로 주고받음으로써 지적으로 격려하고 지시하는 것이 될 것임을 또한 의미하는 것이었다(John Dewey, 1946).

우선 Koopman 등은 1943년에 『학교행정의 민주화』라는 저서를 통해 학교장은 인간관계론을 적용하여 학교행정을 민주화해야 한다고 주장하면서 그 과제로서, ① 교육에 대한 사회적 책임 규명, ② 민주적 지도성의 개념 발전, ③ 조직형태의 민주화 확립, ④ 모든 사람의 적극적 참여 유도, ⑤ 교원의 역할 규명 등 다섯 가지 영역을 들었다.

또 Yauch는 『학교행정에서의 인간관계 개선』이라는 연구를 통해 교육행정에서 인간관계의 중요성을 강조하면서 장학, 예산 배정, 교육과정 등 행정의 모든 영역에 교사의 적극적인 참여가 보장되어야 한다는 점을 강조하였다. 특히 학교장은 교사와 원만한 관계를 유지하도록 노력해야 하며, 교사들은 민주적 활동의 중심단위이므로 교사들이 최대의 만족을 누릴 수 있도록 학교를 운영해야 한다는 것을 골자로 하는 교육행정의 원리를 제시하였다. 학교장이 아직도 학교의 대표자이며 최고 행정가로서 역할을 수행하지 않을 수 없다는 것은 여치는 인정했을지라도 그게 의하면 교장이 일차적 책임은 집단 정책의 해석자 또는 집행자로서, 또한 교사활동의 조정자로서 활동하는 것이었다(Wilbur A. Yauch, 1949).

Moehlman은 『학교행정』이라는 방대한 저서를 통해 학교의 조직 구성과 운영의 원리를 제시하고 그를 바탕으로 민주적인 교육행정의 관점을 체계화한, 인간관계론 시기에 가장 눈부신 학술활동을 전개했던 사람이다. 그는 교육행정이 교수의 필요에 의해 발생하는 것이므로 그것은 교수의 목표들을 효과적으로 실현하기 위한 봉사활동임을 강조하였다. 이는 행정작용에 있어서 전제적 · 권력적 · 강압적 요소를 배제하고 민주적 · 기술적 · 봉사적 요소를 중시한 것으로 볼 수 있다.

Griffiths는 『교육행정에서의 인간관계』라는 저서를 통해 교육행정에서의 인간관계에 관한 여러 연구를 종합하여 교육행정에서의 인간관계론을 크게 발전시켰다. 그는 학교장이 상호 작용하는 교사들은 인간적 욕구에 민감한 사회적 인간이라고 주장하고 좋은 인간관계는 상호 존중, 호의, 인간의 권위와 가치에 대한 군은 신념을 바탕으로 성립되는 것이라고 주장하였다. 그러한 인간관계를 발전시키기 위해서는 동기유발, 상황 인식, 의사소통, 권력구조, 권위, 사기, 집단역학, 의사결정, 지도성 등 9가지 측면에 관심을 기울여야 한다고 주장하였다(Daniel E., 1956). 그리피스의 연구가 기존 학교 경영에 관한 연구와 특히 다른 점은 1918~1939년까지 교육행정 학계에 통용되던 것과는 달리 훨씬 덜 처방적인 성격을 띠고 있는 점이었다. 즉, 그의 연구 저서는 여러 상황에 폭넓게 적용될 수 있는 인간관계 규칙과 기법의 틀들을 포함한 요리책과 같은 것이 아니라, 다른 전문적 연구 분야로부터 도출된 연구 및 사회과학 연구를 사용하는 학교경영 연구의 지적 기초를 제공하려는 것이었다. 이와 같이 그것은 인간관계 연구의 실제 적용으로부터 사회과학의 이론적 근거가 있는 인간행동의 이해에 대한 관심으로 교육적 관심이 변화하기 시작하였음을 신호로 알리는 것이었다. 이 변화로 후에 교육자들은 행정을 활동의 영역으로서보다는 연구의 영역으로서 생각하기 시작하게 되었다(Campbell, 1985).

이상의 논의를 중심으로 인간관계론적 입장에서 현행 교육체제 내에서 개선되어야 할 몇 가지 문제점을 살펴보면 다음과 같다.

첫째, 학교조직의 궁극적인 목적이 인간교육이라는 차원에서 교사와 학생 간에 자유로운 감정의 교류가 요구되고 개성을 파악할 수 있어야 한다.

둘째, 전인교육의 입장에서 제도와 규범의 지나친 획일화가 되어서는 안되며, 교육내용과 방법이 보다 융통성 있고 창의적이어야 한다.

셋째, 학교조직 내에서의 직무분담과 역할수행 및 권력의 구조는 세분화되면서도 통합되고 의사결정을 위해서는 보다 많은 관련자들이 참여해야 한다.

넷째, 학업성취의 향상을 위해서는 심리적인 만족, 정신적 만족감을 중시해야 하며, 구성원들로 하여금 높은 소속감・자긍심을 가지도록 해야 한다.

다섯째, 최근의 교육개혁들은 종래의 인간중심의 의미를 지나치게 포스트모더니티의 입장에서 해석함으로써, 교육의 틀이 깨지고 가치가 깨지며, 결국 질서를 파괴하는 양태를 취한다는 비판이 일고 있다. 물론 근본적인 입장은 개개인의 개성과 창의성을 살리는 방향이지만 조직과 체제는 변하는 단계가 있다는 사실을 고려하여 더욱 신중을 기할 필요가 있다.

3. 행동과학적 이론

고전적 조직이론의 합리적·경제적 관점은 사회적 관계를 무시하고 있으며, 인간관계론의 사회심리적 관점은 공식적 구조의 영향을 무시하였다. 또한 고전적 조직이론과 인간관계론은 조직 내 인간의 행동을 설명하는 데 치우친 견해를 가지고 있으며, 인간을 그 자체의 목적보다는 수단으로 취급한다는 비판을 받고 있다. 이에 행동과학자들은 고전적 조직이론과 인간관계론의 장점을 살리고 조직과 개인을 조화시키고자 노력하였다. 이러한 노력으로 인해 조직 내의 인간행동을 연구하는데 심리학, 사회학, 경영학, 정치학, 그리고 인류학 같은 학문에서 도출된 개념, 원리, 연구방법, 모형 등을 원용하여 학제 간 연구방법이 성행하게 되었다.

즉, 행동과학적 이론은 고전적 조직이론과 인간관계론을 통합하고자 하는 것이며 이론의 공통점은 조직을 전체로서 혹은 체제로서 파악하려고 한다.

가. Barnard와 Simon의 행동과학적 이론

1) C. I. Barnard

행정을 행동과학과 관련시킨 최초의 학자는 Barnard라고 할 수 있다. 벨(Bell) 전화회사 사장이며 록펠러(Rockfeller)재단 이사장이었던 그는 1938년 『경영자의 역할』(The Functions of the Executive)라는 저서를 통해 종업원과 감독자간의 협력을 증진시키기 위한 종업원 훈련, 집단과정, 그리고 통합관리 등을 주장하였다(Chester, I. Barnard, 1938).

또한 그는 이 책을 통해 종래의 인간관계론과 고전적 조직이론을 하나의 틀로 통합한 협동체제의 아이디어를 제안하였다. 그는 공식적 조직과 비공식적 조직에 대해 처음으로 정의를 내렸으며, 두 조직의 불가피한 상호작용을 입증하였다. 그는 조직 관리를 구조적 개념과 동태적 개념으로 구분하여 설명하면서 (Chester, I. Barnard, 1940) 구조적 개념에는 개인, 협동체제, 공식조직, 복합적 공식조직 그리고 비공식 조직 등이 포함되며, 동태적 개념에는 자유의지, 협동, 의사소통, 권위, 의사결정, 그리고 동태적 균형 등이 포함된다고 하였다.

이와 같은 Barnard의 공헌을 Wolf는 다음과 같이 요약하고 있다(William B. Wolf, 1995).

① 조직의 전체성(holistic nature)을 최초로 강조하면서 조직 체제개념을 관련시켰다.
② 조직 속에서 비공식적인 측면의 역할에 최초로 주의를 집중하였다.
③ 공식조직에 대해서 일반적이고도 보편적인 정의를 명백하게 내렸다.
④ 권한의 본질에 대한 전통적인 생각을 뒤바꾸었다.
⑤ 조직과 관리의 중요한 측면으로서 의사결정 과정을 최초로 강조하였다.
⑥ 의사결정의 무논리적(nonlogical)인 사고과정에 주목하였다.
⑦ 의사소통 체제로서 집행조직(executive organization)에 관심을 기울였다.

고전적인 조직이론이 인간성을 무시한 조직우선의 이론이며, 인간관계론이 공식조직의 문제를 경시한 인간우선의 이론인데 비해 Barnard의 이론은 양자를 종합하고 있다는 점에서 그 의의를 찾을 수 있다.

2) H. A. Simon

Simon은 은 1945년 그의 저서 『행정적 행위』(Administrative Behavior)에서 행정의 과정은 결국 의사결정의 과정에 지나지 않다고 하였으며, 조직에 있어서 구성원의 의사결정과 이에 따른 조직의 반응을 분석함으로써 조직의 특성을 규명할 수 있다고 하였다(H. A. Simon, 1945).

의사결정을 위한 정보에는 자연히 여러 제약이 따르기 마련이데, 이러한 제한적 정보를 분석하고 이해하는 데도 한계가 있다. 이를 근거로 Simon은 '합리적 경제인'가설 대신에 '관리인(administrative man) 가설을 바탕으로 하여 인간 행동을 분석하였다. 즉, 경제학에서 이야기하고 있는 초합리적 경제인을 비현실적이라 하여 이를 배제하고 그 대신 정보수집능력의 한계와 계산능력의 한계 하에서 주관적·합리적으로 선택하게 되는 제약된 합리성을 강조하였다.

또한 Simon은 조직이란 조직구성원의 공헌을 노동이나 금전의 형태로서 받아들이고 이러한 공헌의 대가로서 각종 보상을 제공하는 균형적인 시스템으로 규정하였다. 그리고 조직균형을 유지해야 할 사람은 조직구성원의 상호관계를 설정할 수 있는 권한을 가진 지배집단, 즉 경영자집단이라 하였다.

Simon은 행정의 심리적·사회적 측면을 Follett, Mayo 및 Roethlisberger 등보다 더 깊이 있게 분석하였으며, Barnard의 기본 개념인 균형론, 의사결정, 의사소통, 권력과 권위 등의 개념을 더욱 확대·발전시켰다. 그의 행정에 대한 접근은 선행학자들에 비해 정치학, 경제학, 심리학, 사회학 등을 통합한 학문간 협동적인 연구방법을 사용하였기 때문에, 행정을 종합적으로 다루었다는 점에서 의의를 찾을 수 있다. 그리고 그의 또 다른 공헌은 행정적 현상에 대한 개념의 정의와 그 개념들 간의 규칙적인 관계 즉, 유법칙적인 관계의 성립에 주목함으로써 체계적인 행정이론을 발전시켰다는 점에서 두드러진다(Bertram M. Gross, 1964:).

4. 체제 이론

체제개념은 원래 생물학에서 제시되었는데, 이것을 사회과학에 적용하여 일반체제이론으로 발전된 것이다.

가. 체제의 개념

오늘날 우리는 일상생활에서 체제(system), 즉 시스템이라는 용어를 많이 사용하고 있다. 전자시스템, 운영시스템, 유통시스템, 난방시스템 등 여러 용어들이 자주 사용되고 있다. 이 체제라는 용어는 희랍어의 'systema'에서 유래되었는데 이는 '여러 개의 부분으로 구성된 전체', 즉 '하나의 전체를 구성하는 부분들의 복잡한 기능체'를 의미하는 개념이다(W. A. Shorde, 1674).

생물학에서 생물이라는 하나의 체제는 다수의 기관으로 구성되어 있고 그 기관은 다시 여러 개의 조직으로 구성되고, 또 그 조직은 다시 많은 세포로 구성된 것으로 본다. 살아있는 유기체가 하나의 커다란 체제라면 기관은 그의 하위체제(sub-system)이고 조직은 그 기관보다 더 하위의 체제(sub-sub-system)이 되는 것이다.

이러한 체제라는 용어는 학자들에 따라 다양하게 정의되고 있는 바, 몇 몇 학자들의 정의를 살펴보면 다음과 같다.

- 체제란 두 개 이상의 상호의존적인 부분, 구성요소 또는 하위체제의 조직화되고 단일화된 전체이며 환경이라는 보다 큰 상위체제로부터 구분될 수 있는 환경에 의해 윤곽이 나타난다(F. E. Kast & J. E. Rosenzweig, 1985).
- 체제란 단일화된 전체를 얻기 위한 방법으로 배열된 일련의 상호관련적이고 상호의존적인 부분들이다(S. P. Robbins, 1983).
- 체제란 전체로부터 무엇을 받고 전체에 공헌하며 그리고 보다 큰 환경에 독립적인 각개의 상호의존적인 부분들로 형성된 전체이다(E. F. Huse & T. G. Cummings, 1985).
- 체제란 각 부분이 다른 모든 부분과 상호의존의 관계를 가질 뿐만 아니라 하나의 전체로 구성된 유기체이다(F. J. Roethlisberger & W. J. Dickson, 1939).
- 체제란 조직화된 전체이다. 다시 말하면, 단일화된 전체로 기능을 다하는 것들의 결합이다(B. J. Hodge & W. P. Anthony, 1984).

이상의 학자들이 제시한 체제의 개념에서 알 수 있는 것은 체제는 1) 일련의 상호의존적이고 상호작용적인 요소이며, 2) 어떤 체제가 있으면 그 체제의 상위체제 (super-system)와 하위체제(sub-system)가 존재하며, 3) 언제든지 체제를 둘러싸고 있는 환경이 존재한다는 특징을 가지고 있다. 이상의 정의들과 특징들을 토대로 볼 때, “체제는 전체 조직의 공동 목적을 달성하기 위하여 독립적이면서 상호의존적으로 관계를 맺고 있는 부분들의 집합”이라고 정의할 수 있다.

일반적으로 체제가 가지고 있는 속성은 다음과 같다.

- **소멸하려는 경향**: 모든 체제는 그 성질, 크기, 형태에 관계없이 무질서하고, 무력하게 되어 궁극에 가서는 소멸하려는 경향이 있다.
- **경계 영역**: 모든 체제는 그 안과 밖을 구분하는 경계인 한계영역을 가지고 있고, 그 경계영역은 매우 임의적일 수도 있다.
- **환경**: 모든 체제는 환경을 가지고 있으며, 체제의 환경은 체제영역 밖의 모든 것을 의미한다.
- **변인과 매개변수**: 모든 체제는 체제의 구조와 기능에 영향을 주는 요소를 가지고 있는데, 체제 내의 요소를 변인이라고 하고, 체제 외의 환경에 속하는 요소를 매개변수라 한다.
- **하위체제**: 모든 체제는 하위체제를 가지고 있다.
- **상위체제**: 체제보다 더 크고 복잡한 체제를 상위체제라 하며, 모든 체제는 상위체제를 가지고 있다.

여기에서 어떤 체제가 환경과 계속적으로 각종 정보와 물질을 자유롭게 교환하고 있다면 그 체제는 개방체제(open system)이고, 그렇지 못하다면 그것은 폐쇄체제(closed system)가 된다. 개방체제에 대해 좀 더 살펴보면 다음과 같다.

나. 개방체제

개방체제는 환경과 상호작용하면서 서로 영향을 주고받는 가운데 균형을 유지하려는 특성을 지니고 있다. 오늘날 사회과학이론 및 조직이론에서는 조직을 환경과 상호작용하는 개방체제로 파악한다. 그것은 생물학자인 L. Von Bertalanfly가 생체(living organism)를 개방체제로 파악한 것을 계기로 하여 자연과학에서 발달한 체제개념을 사회과학에 도입한 것이다(D. Katz and R. L. Kahn, 1966). 그러므로 학교는 그 학교가 속해 있는 국가, 지역, 문화 등과 밀접한 관련을 가지면서 상호작용이 지속적으로 이루어지고 있기 때문에 개방체제라고 볼 수 있다. 학교가 주변의 환경과 상호작용하지 않거나 변화를 거부하는 활동을 계속하는 경우 그 학교는 폐쇄체제가 되어 문제가 발생하게 된다. Griffiths는 개방체제가 갖는 특징을 다음과 같이 설명하고 있다(Daniel. E. Griffiths, 1956).

- 체제환경과 상호작용한다. 즉, 투입과 산출이 있다.
- 균형상태를 스스로 유지하려는 경향이 있다.
- 자기통제력을 가지고 있다. 즉, 자기에게 영향을 미치는 모든 힘을 조절하고 통제할 수 있다.
- 최종 결과를 동일하게 하려는 경향(equifinality)을 가지고 있다. 즉, 상이한 조건 하에서도 다른 과정을 밟아 동일한 결과를 달성하는 능력을 가지고 있다.
- 하위체제 간의 역동적인 기능적 상호 작용을 통해 자신을 유지한다.
- 재투입과정을 통해 과정과 산출을 효율화한다.
- 규모가 확장되면 새로운 기능적 하위체제들을 계층적으로 만들어 나간다. 이를 발전적 분화(progressive segregation)라고 한다.
- 체제는 스스로를 효율화하기 위해 그 과정과 절차들을 단순화하기도 한다. 이를 발전적 단순화(progressive mechanization)라고 한다.

체제가 존속하고 발전하기 위해서는 외부의 환경으로부터 인력, 물자, 정보 등의 자원을 충분히 조달하고 또한 체제가 생산한 산출물을 외부에서 충분히 이용되지 않으면 안된다.

개방체제의 기본 모형을 보면, 생물체가 i) 투입(input) 작용으로서 환경으로부터 물자, 정보 에너지 등을 흡수하여, ii) 전환(throughput) 작용을 거쳐 체내에서 출력으로 전환시키고, iii) 산출(output) 작용으로서 이 출력을 환경에 내보내면, iv) 환류(feedback) 작용으로서 그 출력이 자기생존 내지 성장목적에 합치되도록 그 목적에서 이탈되는 것을 방지하는 일련의 과정을 하게 된다. 이를 그림으로 살펴보면, [그림 10.1]과 같다.

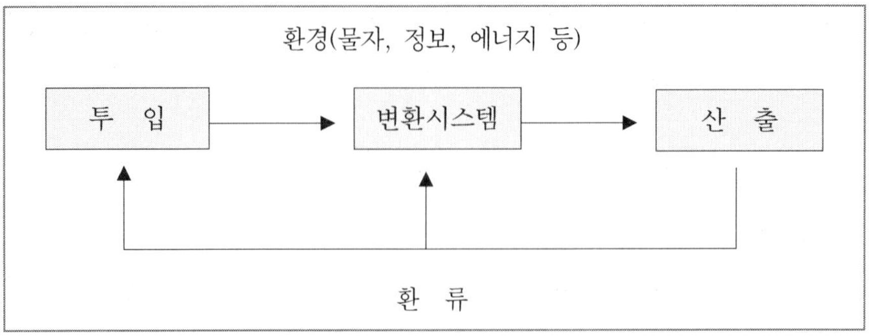

[그림 10.1] 개방체제의 기본모형

다. 체제이론과 교육행정학

조직을 살아있는 체제로 보고 환경과의 지속적인 정보교환을 강조하는 조직이론가의 등장으로 교육조직에 대한 접근과 교육행정에 대한 접근도 개방체제론적으로 이루어져야 한다고 주장하는 학자들이 등장하게 되었다.

대표적인 학자로는 Lawrence & Lorsch, Cohen, March, & Olsen, Weick 등을 들 수 있다.

Lawrence와 Lorsch는 조직 구조와 외적 환경과의 관계를 실증적으로 연구하였다. 그들은 조직을 개방체제로 보고 조직은 외부 환경이 요구하는 바에 따라 독특한 속성(인지적·정의적 지향성)을 발달시키는 하위체제로 분화(differentiation)되고 각 하위체제는 직접 관련된 환경에 적응한다고 논하였다. 또한 조직은 환경의 요청으로 조직 전체의 통일된 노력이 필요할 때 하위체제들이 통합되어 협조하게 된다고 말하였다(김윤태, 1986). 그는 조직은 분화될수록 통합을 이룩하기가 더욱 어렵고, 이 문제를 극복하기 위한 효과적 조직은 환경의 다양성과 일치하는 통합 장치를 갖는다고 하였다. 환경이 더 다양하고 조직이 더 분화될수록 통합하는 장치는 더 정교해진다는 것이다(P. R. Lawrence & J. W. Lorsch, 1967). 학교조직도 이러한 주장에 따라 주어진 환경이 모두 다를 것이고 따라서 학교를 운영하는 방식도 학교마다 모두 다르게 적용해야 한다는 것이다.

Cohen 등은 교육조직을 '조직화된 무질서'(organized anarchy)상태라고 설명하고 그 조직의 특징을 세 가지로 제시하였다. 1) 그 조직의 목표가 구체적이지 않고 명료하지도 않다. 2) 교육조직의 기술이 분명하지도 않다. 3) 교육조직에의 참여가 유동적이다. 그들은 조직화된 무질서 상태에서 발견된 의사결의 과정을 이해하는데 상당히 많은 노력을 기울였다. 그들은 조직의 의사결정이 합리적이고 체계적으로 이루어진다고 생각하는 것이 일반적이지만 어떤 조직은 일관된 구조보다는 느슨하게 수집된 아이디어들로 더 잘 설명된다고 하여 조직 선택에 있어서의 쓰레기통 모형을 제시하였다.

Weick(1976: 6-9)는 교육조직을 '느슨하게 결합된 체제'(loosely coupled systems)라고 설명하고 느슨한 결합의 잠재적 기능과 역기능을 다음과 열거하고 있다. ① 느슨한 결합은 조직의 어떤 부분을 존속시킨다. ② 느슨한 결합은 예민한 감지기제를 제공한다. ③ 느슨한 결합은 지역적인 적응을 위해 좋은 체제가 된다. ④ 느슨한 결합체제는 견고한 결합체제보다 더욱 많은 변화와 참신한 해결책을 간직할 수 있다. ⑤ 느슨한 결합체제에서 조직의 한 부분의 붕괴는 그것으로 끝나고 다른 부분에 영향을 주지 않는다. ⑥ 교육조직의 가장 중요한 요소는 교사, 교실, 교장 등이기 때문에 느슨한 결합체제에는 필연적으로 행위자가 자기결정을 하는데 이용할 수 있는 여지가 많이 있게 된다. ⑦ 느슨한 결합체제에서는 부분간의 조정을 위하여 비교적 소액의 경비가 요구된다.

제3절 교육경제와 재정

1. 교육의 경제적 측면

교육에 대한 경제적인 측면에 관심이 커짐에 따라 지난 수십년 동안 교육과 경제성장, 교육투자의 이익, 교육인력의 역할 등을 과학적이고 계량적으로 분석하려는 새로운 학문영역이 대두되었다. 그게 바로 교육경제학(economic of education)

으로 1950년대부터 발생하여 1960년대 이후 급속히 발달해 왔다. 1950년대 말과 60년대 초에 미국과 영국에서 발전된 인간자본론(human capital theory)의 형성이 교육과 경제와의 관계에 새로운 관심을 일으키는 계기가 되었다(M. Woodhall, 1987). 교육경제학이라는 학문이 태동하게 된 배경을 살펴보면, 첫째로 오늘날 교육받기를 원하는 사람들 중 중산층 또는 그 이하의 사람들은 교육을 문화적 장식으로써가 아니라 생활의 수단으로써 받기를 원하고 있다는 사실이다. 둘째, 개인이나 사회는 교육을 통하여 그들의 부가 증가된다. 셋째, 개인이나 국가가 부담하는 교육비의 비중이 너무 무거워 최소의 부담으로 최대의 성과를 올릴 수 있는 경제적인 방법을 생각하지 않을 수 없게 되었다. 넷째, 교육에 대한 무조건적인 교육자원의 투입은 낭비를 초래할 가능성이 많기 때문에 적정수준의 투입량을 산출할 필요가 있다. 다섯째, 학교교육이 노동시장의 인력을 제공하는 역할을 실제로 담당하고 있다(배종근, 1992).

여기서 교육경제학을 학문적으로 정의하면 “교육의 생산적인 목적을 달성하기 위하여 교육자원의 활용과 배분의 선택을 체계화하는 하나의 과학”(한국교육행정학회, 1977)이라고 할 수 있다. 교육의 생산적 목적이란 궁극적으로 개인과 사회의 부를 증식시키고, 개인의 행복과 사회의 복지를 증진시키는 것을 말한다. 전자는 경제적인 측면이고 후자는 정신적이고 비경제적인 측면에 해당된다. 이처럼 경제적인 것뿐만 아니라 비경제적인 측면도 교육경제학의 영역에 포함된다. 그러나 비경제적인 측면은 그것을 분석할 수 있는 마땅한 측정도구가 마련되어 있지 않기 때문에 대부분의 연구는 교육의 경제적인 가치를 척도로 잴 수 있는 것에 한정하여 진행되고 있다. 즉, 교육경제학의 의미는 교육현상이나 교육문제를 경제적 가치라는 척도를 통하여 분석하고 그것을 교육적인 측면에서 해석하는 것이라고 할 수 있다.

가. 교육의 투입과 산출 요소

투입과 산출 요소는 일반 경제학에서는 비교적 간단하게 파악할 수 있다. 즉, 자본노동(노동시간)과 자원이라는 투입과 생산물(품)이라는 산출로 명확히 구분되고 그것은 금전적 가치로 나타낼 수 있다. 그러나 교육에 있어서 투입과 산출 요소들은 금전적인 가치로 분명히 나타낼 수 없는 것들이 많고, 그 요소들도 종류가 매우 다양하다.

1) 교육의 투입요소

교육에 투입되는 생산 요소는 크게 두 가지로 나누어 생각할 수 있다. 그 하나는 국가적・사회적 측면에서의 투입이고, 다른 하나는 개인적・가정적 측면에서의 투입이다.

교육에 대한 국가적・사회적 투입은 경제적인 요소와 비경제적인 요소로 구분된다. 경제적인 투입 요소는 교육을 행하는데 필요한 재산 취득비, 경상운영비, 그리고 시설비 등이 대부분을 차지한다. 예를 들어, 토지구입비, 교실・실험실・운동장・강당・도서실・기숙사・관사 등의 설치비가 여기에 포함되는 요소들이다.

비경제적인 요소로는 학교의 주변 환경 정화를 위한 법적규제, 학생들의 교통안전을 위한 대책, 학생들의 병역혜택, 학생들을 위한 건전한 사회 문화적 풍토조성, 학생들의 생활지도를 위한 국가적 관심 등을 들 수 있다.

교육에 대한 개인적・가정적 투입도 경제적인 요소와 비경제적인 요소로 구분하여 생각할 수 있다. 먼저 경제적인 투입 요소에는 학생자신과 학부모가 부담하는 수업료, 기성회비, 입학금, 실험실습비, 보충수업비, 학생회비와 같은 공교육비와 도서 구입비, 피복비(교복, 체육복, 실습복), 교통비, 과외학습비, 하숙비, 학습용구 구입비 등을 포함하는 재정적 투입이다. 또한 학부모가 자녀를 위해 교육보험에 가입하는 것, 일정기간 적금을 넣어 미래의 교육비에 충당하는 일 등과 같은 후생적인 투입이 있다. 그리고 비경제적인 투입에는 학습장소의 환경을 좋게 하는 일, 부모의 교육에 대한 열의와 관심, 가정에서 좋은 교육적 분위기를 형성하는 일 등이 있다.

2) 교육의 산출 요소

교육의 산출 요소도 투입 요소와 같이 국가적·사회적 산출과 개인적·가정적 산출로 구분하여 경제적인 측면과 비경제적인 측면으로 생각할 수 있다.

교육의 국가적·사회적 산출에서 경제적인 측면을 살펴보면, 첫째로 한 개인이 교육을 많이 받으면 받을수록 그 개인의 소득이 향상되어 국가에 납부하는 직접세가 많아진다. 또한 소득이 많기 때문에 생활수준이 높아져 간접적으로 국가에 내는 세금도 많아진다. 이처럼 교육을 받은 결과 국가·사회적으로 더 많은 이득이 초래된다. 둘째, 교육인력이 증가하면 할수록 산업이 발달하여 산업구조가 제3차 산업 및 정보화 사회로 변화되어 생산성이 향상된다. 셋째, 교육받은 사람이 많아질수록 소득의 재분배가 잘 이루어져 국가사회가 안정되어 간다고 할 수 있다. 그리고 비경제적인 측면으로는 첫째, 국가의 산업발전에 필요한 지식과 기술의 축적을 들 수 있다. 이것은 지식과 기술을 계발하고 축적하기 위해 정부나 기업에서 많은 연구비를 투입한 결과이다. 둘째, 능력 있고 올바른 지도자를 길러내고 그런 사람을 선거과정을 통해 선출할 수 있는 민주시민을 육성한다. 그리고 객관적이고 합리적인 판단력을 길러주어 건전한 국가의식을 확립하도록 해준다. 셋째, 교육을 더 받을수록 사회질서를 준수하고 준법정신이 강한 인간이 되어 사회의 민주화가 실현된다. 즉, 개인을 시민정신이 투철한 사회구성원으로 형성시켜 주고, 자유와 정의를 위해 헌신하도록 해준다. 넷째, 도·농간의 문화적 동질성이 확립되어 국가적 통합에 기여한다.

교육의 개인적·가정적 산출 역시 경제적인 측면과 비경제적인 측면으로 나누어 살펴보기로 하자. 경제적인 측면을 보면, 첫째, 한 개인이 한 단계의 교육을 더 받게 되면 그만큼 소득이 높아져 그 개인의 평생 소득이 향상된다. 둘째, 교육을 많이 받으면 받을수록 직업의 안전을 찾을 수 있고 승진의 기회가 넓혀진다. 비경제적인 측면은 심리적인 보상과 관련된 것으로 지적 호기심의 충족, 성취감, 자아실현, 창조적인 생활 등을 들 수 있다.

2. 교육재정의 의의

가. 교육재정의 개념

교육재정이 교육의 목적을 달성하는데 중요한 영역이라는 사실은 최근 들어 널리 인식되어 왔다. 그러나 교육재정이 교육계획을 수립하는 차원에서 실질적으로 적용될 수 있는 이론적인 바탕을 마련하는 연구는 미진한 상태에 있다고 할 수 있다.

한 학문의 연구 분야가 독립된 학문으로 정립되기 위해서는 그 분야에서만 발견되는 독특한 요소나 이론의 정립이 필요하다. 그런데 오래 전부터 교육재정을 하나의 학문 영역으로 보기 보다는 일반 행정가들이나 국가 정책 수립자들이 교육예산을 수립·집행하는 교육활동의 단순한 요소로만 취급하는 경향이 있었다. 그러나 점차 교육의 효율적인 운영에 대한 논의가 활발해지면서 교육재정에 포함되어 있는 교육재정 영역을 구체적이고 독자적으로 연구하기 시작하였다.

대부분의 학문, 특히 응용과학 분야의 학문들은 그들과 관련된 순수 학문의 지식과 기술체계와 밀접한 관련을 가지고 있다(신동로, 1993). 응용사회과학 중의 하나인 교육학도 그것과 인접에 있는 순수 사회과학들의 제 이론, 원리, 그리고 연구방법 등을 많이 원용해 왔다고 할 수 있다. 따라서 교육재정의 개념을 이해하기 위해서는 재정과 재정학(public finance)의 개념을 살펴보지 않을 수 없다. 재정이란 일반적으로 국가 및 공공단체가 공공 욕구를 충족하기 위하여 필요한 수단을 조달하고 관리·사용하는 경제활동 또는 간단히 정부의 경제라고 정의할 수 있다(차병권, 1987). 그리고 재정학이란 정부의 조세정책이나 지출정책과 같은 정부의 각종 정책들이 경제에 어떠한 영향을 끼치고 나아가 사회구성원들의 후생에 어떠한 변화를 가져다주는가를 연구하는 학문이다(김동건, 1992).

그러면 교육재정이란 무엇인가? 김윤태(1986)는 "국가나 지방 공공단체가 교육에 필요한 재화(財貨)를 공권력에 의해 조달하고 그것을 합목적적으로 관리·지출하는 경제행위"로 정의하고 있다. 윤정일 외(2002)는 교육재정이란 "국가 사회의 공익사업인 교육활동을 지원하기 위하여 국가나 공공단체가 필요한 재원을 확보·배분·지출·평가하는 일련의 경제활동"이라고 정의한다. 김종철(1994)은 교육재정이란 "국가나 지방공공단체가 교육활동의 운영을 지원하기 위하여 경비를 조달하고 그것을 관리 사용하는 것"으로 보고 있다.

이상의 내용을 종합해 볼 때, 교육재정이란 교육활동을 지원하기 위하여 국가 및 공공단체가 필요한 경비를 조달·배분·지출·평가하는 경제활동이라고 정의할 수 있다. 좀 더 구체적으로 언급하면, 교육재정은 교육에 대한 개정이 어떻게 조달되어야 하고, 정부, 기업, 그리고 개인들 간에 재정적인 부담은 어떻게 이루어지고, 재원의 공적 부담과 가적 부담간의 균형이 어떻게 이루어져야 하는지를 연구대상으로 삼는다.

나. 교육재정의 성격

교육재정도 일반 공공재정이 가지고 있는 일반적인 성격과 특성이 있지만 교육 사업이라는 특수한 목적에 경비가 지출된다는 점에서 일반재정에서 볼 수 없는 특수한 성격을 지니고 있다. 이를 살펴보면 다음과 같다.

첫째, 교육재정은 개인의 이익만을 위한 것이 아니라 국가 전체의 이익을 위한 활동이기 때문에 공공성을 지니고 있다. 시장경제의 목적은 개인의 사적 효용이나 편익을 극대화하는데 있지만 국가 경제의 목적은 국민전체의 효용이나 편익을 극대화하는데 있다. 여러 국가 활동 중에서 교육활동은 여타의 공공사업 보다 혜택의 범위가 광범위하고 높은 공공성을 가지고 있다. 교육은 교육받은 한 개인이 얻는 것보다 가족, 이웃, 그리고 사회 전체에 더 많은 편익을 주기 때문이다.

둘째, 교육재정은 장기투자라는 면에서 비생산성과 비긴급성의 성격을 가지고 있다. 교육에 투자된 재정은 민간경제에서의 투자와 같이 곧 바로 요구된 상품이 나오거나 시급을 요하는 재정으로 인식하지 않는다. 왜냐하면 교육의 결과는 교육받은 즉시 나오는 경우보다 교육을 받은 사람의 전 생애에 걸쳐 나타나고, 국가안보나 국민의 생계에 직결되지 않기 때문이다. 그러나 장기적인 안목에서 볼 때 교육을 통해 국가 사회 발전과 직결되는 인적자본(human capital)이 형성되기 때문에 교육투자는 비생산적인 소비가 아니고 생산적인 투자이며 정부 정책들의 우선순위에서 반드시 선행되어야 할 것이다.

셋째, 교육재정은 비가시적이기 때문에 결과를 측정하기 어렵다. 오늘날의 모든 재정투자는 실적을 중시하기 때문에 계수적으로 측정·평가될 수 있는 객관적이고 가시적인 결과를 요구한다. 그러나 교육활동은 수량화할 수 없는 질적인 측면이 많기 때문에 그 실적을 측정하기가 어렵다는 특성이 있다.

이외에도 교육재정은 교육활동의 범위를 결정하고, 교육경비가 반복적·계속적으로 투자되는 성격을 가지고 있다.

다. 교육재정의 조달과 배분

1) 교육재정의 조달

교육의 역할과 기능을 보다 효율적으로 수행하도록 돕기 위해서는 논리적이고 과학적인 연구를 수행하고, 보다 적은 투자로 커다란 효과를 거두기 위한 이론적 바탕을 마련하는 일이 중요하다. 아무리 훌륭한 교육계획이 수립되었다 할지라도 그 계획을 수행할 수 있는 재원이 마련되지 못하면 그것은 탁상공론으로 끝나게 된다. 즉, 교육재원의 확보가 교육의 성패에 커다란 영향을 준다는 사실을 알 수 있다.

교육재원이란 교육의 목적을 달성하는데 필요한 모든 물질적·화폐적 자원을 말한다. 다시 말해, 교육재원은 교육에 드는 비용의 조달원으로서, 교육경비의 수입과 지출 중에서 수입을 규정하는 것이다. 일반적으로 교육재원은 공비 수입원만을 의미하나 각종 사비 수입원도 포함하는 경우가 많다.

교육비의 수입원은 그 기준에 따라 다양하게 분류된다. 수입의 규칙성을 기준으로 하여, 매년 규칙적으로 반복하여 유입되는 경상수입과 불규칙적이고 임시적으로 유입되는 입시수입이 있다. 경상수입에는 조세, 관업(官業)수입, 사용료, 수수료, 기성회비 등이 있으며, 임시수입에는 공채, 물품매각 대금, 기부금

등이 있다. 그리고 지출의 특정 목적성 여부를 기준으로 볼 때, 교육세와 같은 목적수입이 있고, 일반 조세와 같은 일반수입으로 구분된다. 국가의 강제성 여부를 기준으로 볼 때, 공채와 기부금과 같은 임의적인 수입이 있고, 조세와 수업료와 같은 강제적인 수입이 있다. 또한 수입의 고정성 여부를 기준으로 하여 확정수입과 불확정수입으로 구분된다. 여기에서 확정수입은 지방교육재정교부금이고 불확정수입은 일반회계로부터 나오는 전입금을 말한다.

우리나라의 교육예산은 대부분이 일반회계에 계상되어 있으며 조세수입, 전매이익금 등을 주종으로 하는 일반재정 수입을 재원으로 하고 있다. 따라서 일반회계에서 계상되는 교육부 예산은 모두 국고에서 충당하고 있다. 물론 국립의 각급 학교 사용료, 수수료, 등의 수입을 자체수입이라고 볼 수 있으나 이는 국고에 유입되어 다시 세출예산으로 계상됨으로 국고부담이라고 할 수 있다. 한편, 교육예산 중에 특별회계는 국립대학 부속병원 특별회계가 있다. 이 특별회계의 세입은 병원운영에서 생기는 모든 수입과 일반회계로부터 충당하는 전입금으로 구성된다.

현재 우리나라의 지방교육재정의 주요재원은 교육비의 부담주체별로 살펴볼 때 중앙정부 부담, 지방정부 부담, 자체 부담 등으로 구분된다. 중앙정부 재원의 조달에는 지방교육재정교부금, 지방교육 양여금, 교육환경개선 특별회계, 국고보조금 등이 포함되며, 지방정부 재원의 조달에는 의무교육기관의 교원을 제외한 공립 각급 학교 교원 봉급액, 담배소비세 전입금, 기타 전입금 등이 있다. 지방교육비 특별회계 재원 중에서 중앙정부 부담 재원, 지방정부 부담 재원을 제외한 나머지 재원이 자체부담이라고 할 수 있다.

2) 교육재원의 배분

여러 가지 국가사회의 필수적인 공공사업 중의 하나가 교육활동이다. 이러한 교육활동을 수행하기 위하여 전술한 바와 같이 재원을 조달하고 그 확보된 재원을 효율적으로 배분(allocation)하는 일이 교육재정의 중요한 과제 중의 하나이다. 그러나 이러한 교육재원의 확보와 배분의 의미는 엄밀히 구분하기가 곤란하다. 왜냐하면 교육재원의 활용기관을 중심으로 볼 때 중앙의 교육행정기관을 중심으로 한 모든 교육행정기관과 학교단위가 모두 재원의 활용기관이라는 의미이고 따라서 재원의 확보기관은 조세를 포함한 각종 재원을 확보하는 여타의 기관이 될 것이다. 따라서 사립학교는 직접 교육재정을 확보하는 기관인 동시에 활용기관이 된다(김남순, 1992). 그러나 교육재정의 성격이 독자적인 조세활동을 포함한 재원활동을 수행하는 기관이 아니기 때문에 실질적으로 중요한 내용은 확보된 교육재원을 배분해 주는 기능과 역할이 될 것이다.

교육재원이 교육활동에 도움을 주기 위해서는 확보된 재원을 다양한 방법과 기준으로 배분해야 한다. 자원배분의 기준으로 특히 강조되고 있는 몇 가지 사항을 구체적으로 살펴보면 다음과 같다.

평등성(equality)이란 모든 인간은 차별 없이 평등하게 대우를 받아야 한다는 것을 말한다. 국가나 지방공공단체는 개인이 갖는 수교육권을 재정상으로 보장하는 책임을 가지고 있다. 즉, 지역, 성별, 인종, 사회·경제적 지위, 출신 성분, 그 밖의 개인이 갖는 특성에 따라 교육재원이 차등적으로 운영되어서는 안 된다는 것이다. 이러한 생각은 근대국가의 성립과 더불어 형성 발전되었으며, 프랑스혁명의회는 교육은 모든 국민에 대한 사회적 책임을 선언하고 교육이 전 단계에 대한 무상지원을 주장하기도 하였다(배종근, 1992).

교육자원의 평등성이 중요시되는 이유는 첫째, 국민의 교육에 대한 수요가 커지면서 국가의 교육에 대한 부담이 과중되고 따라서 어떤 지역이나 사회·경제적 계층 또는 성별에 따라 차를 두어 교육자원의 배분이 행해지고 있기 때문이며, 둘째, 교육자원이 더욱 부족해짐에 따라 국민의 기본 권리인 교육받을 권리를 보장하는 최저 수준의 자원이 보장되지 않는 상태가 계속되기 때문이다.

공평성(equity)은 어떠한 기준에 의하여 교육재원의 규모나 교육자원 배분의 차이가 생기는 것을 정당화하는 것이다. 즉, 공평성은 교육환경, 교육정책목표, 교육 프로그램의 종류, 학교설립형태, 학교 급별 등에 따라 교육자원 배분에 차이를 두는 것이 정당하다는 것이다. 교육재원의 배분과정에서 모든 재정 수요를 충족시킬 수 있을 만큼 충분한 재정이 주어지지 않기 때문에 투자의 우선순위에 따라 자원이 배분될 수밖에 없다. 이러한 공평성은 정치, 경제, 사회, 문화 그리고 교육 등 복합적인 원인에 의하여 영향을 받고, 평등성의 우선순위를 결정해주는 기준이 되기도 한다.

공평성은 크게 수평적 공평성과 수직적 공평성으로 구분된다. 수평적 공평성이란 균등한 것을 균등하게 취급하도록 요구하는 것을 말한다. 즉, 교육재원의 분배에 있어서 모든 교육대상에게 균등한 보장을 하는 것이다. 그리고 수직적 공평성이란 불균등한 것을 불균등하게 취급하는 것을 말한다. 이것은 학습자 개개인이 가지는 차이를 균등화시키기 위해 차별적인 대우나 분배가 이루어져야 한다는 것이다. 수직적 공평성은 사회정의를 실현하고, 모든 이에게 인간다운 삶은 영위할 수 있는 동등한 권리를 부여하는 것과 관련이 있다고 하겠다.

효율성(efficiency)이라는 용어는 어떤 한 과정의 투입과 산출 간의 관계를 말하고, 일반 경제학자들이 어떤 생산과정에서 투입과 산출 간의 관계를 분석하는 것과 같이 교육에도 똑같이 적용될 수 있다. 공장이나 산업현장에서 효율성을 분석하는 것과 교육에 있어서 효율성을 분석하는 것과의 차이는 교육의 산출이나 결과를 정의하고 측정하기가 더 어렵다는 점에 있다(M. Woodhall, 1997).

교육자원배분에서 효율성의 원칙은 공평성의 원리와 대립되는 개념이다. 지나치게 공평성을 추구하다 보면 효율성이 떨어지는 결과를 초래하고, 반대로 효율성을 강조하다 보면 공평한 자원의 배분이 어렵게 된다. 따라서 이 양자는 상호보완적인 차원으로 생각하여 경제적인 투자효과 뿐만 아니라 사회 전체의 효율성을 높이는 방향으로 기여하여야 한다.

여기에서 효율성이란 최소의 투입으로 최대의 결과 및 효과를 가져오는 것을 말한다. 그런데 교육자원의 배분기준으로 효율성을 적용하는 것은 적절하지 못하다는 주장이 있다. 그 이유는 교육에 있어서 효율성의 측정이 극히 한정된 범위에서만 가능하고 측정 불가능한 요소가 많기 때문이라고 한다. 그러나 효율성과 배분의 문제를 경비효과의 측면에서만 논의하는 것은 그것을 다만 통계적인 차원에서만 생각하는 것이다. 효율성 문제의 핵심은 학습과정에 새로운 기술과 방법을 도입하거나 낭비요소를 줄여 주어진 자원을 보다 합리적으로 사용하는데 있다.

학 습 과 제

1. 교육행정의 원리에서 가장 중요하다고 생각되는 두 가지 원리를 설명해보자.

2. 학교조직에서 나타나는 관료제의 특징을 설명해보자.

3. Weick가 제시한 교육조직에서의 느슨한 결합의 잠재적 기능과 역기능을 제시해보자.

4. 교육재정이 가지는 특수한 성격이 무엇인지 설명해보자.

5. 교육재정의 배분에서 공평성의 기준을 설명해보자.

학습과제란

참고문헌

강길수 외 (1975). 교육행정. 서울: 서울대학교 출판부.

김남순 (1992). 교육재정과 교육비 연구. 서울: 교육과학사.

김동건 (1992). 현대 재정학. 서울: 박영사.

김윤태 (1986). 교육행정・경영신론. 서울: 배영사.

김재기 (2001). 행정학. 서울: 법문사.

김종철 (1991). 교육행정의 이론과 실제. 서울: 교육과학사.

김창걸 (1994). 교육행정학신론. 서울: 형설출판사.

노종희 (1986). 교육행정의 원리와 기술. 배종근・정태범 (편), 교육행정・교육경영. 서울: 정민사.

박동서 (1984). 한국행정론. 서울: 법문사.

배종근 (1992). 교육경제학: 개념과 배경. 한국교육재정 경제의 과제 (pp.73-74). 서울: 지암교육 논선집 간행위원회.

배종근, 정태범 (1986). 교육행정・교육경영. 서울: 정민사.

백완기 (1991). 행정학. 서울: 박영사.

신동로 (1993). 교육과정과 교육평가. 서울: 형설출판사.

신중식 외 (1982). 신간 현대교육행정학. 서울: 교육출판사.

신철순 (1995). 교육행정 및 경영. 서울: 교육과학사.

안해균 (1984). 현대행정학: 행정학의 기본 개념과 원리. 서울: 다산출판사.

오석홍 (2002). 조직이론. 서울: 박영사.

윤정일 외 (2002). 교육행정학원론. 서울: 학지사.

윤정일 (1987). 지방교육재정의 확충 및 효율적 운영. 지방교육자치제 구현 방안 (pp.21-35). 서울: 대한교육연합회.

윤정일, 송기창, 조동섭, 김병주 (2002). 교육행정학원론. 서울: 학지사.

이형행 (1995). 교육행정. 서울: 문음사.

정태범 (1998). 학교교육의 구조적 개혁. 서울: 양서원.

조광제 (2002). 교육행정학. 서울: 원미사.

차병권 (1987). 재정학 개론. 서울: 박영사.

한국교육행정학회 (편) (1977). 현대 교육행정이론. 서울: 형설출판사.

Abbott M. G. (1969). Hierarchical impediments to innovation in educational organizations. In F. D. Carver and T. J. Sergiovanni (eds.), *Organizations and human behavior.* N.Y.: McGraw-Hill.

American Association of School Administrators (1955). *Staff relations in school administration.* Washington: AASA. ch.1.

Barnard C. I. (1938). *The functions of the executive.* Cambridge, MA: Harvard University Press.

Barnard C. I. (1940). Comments on the job of the executive. *Harvard Business Review. 18.* p.398.

Bidwell C. E. (1965). The school as a formal organization. In J. G. March (ed.), *Handbook of organizations.* Chicago: Rand McNally.

Bobbitt J. F. (1913). Some general principles of management applied to the problems of city-school systems. In S. Chester Parker (ed.), *The supervision of city schools. The 12th Yearbook of the National Society for the Study of Education, part I* (pp.7-96). Chicago: University of Chicago Press.

Campbell R. F., Corbally J. E., & Ramseyer J. A. (1966). *Introduction to educational administration (3rd ed.).* Boston: Allyn and Bacon, Inc..

Campbell, R. F. et al. (1985). *The organization and control of american schools (5th ed.).* Columbus, Ohio: Merrill Publishing Co..

Cohen M. D., March J. G., & Olsen J. P. (1972). A garbage can model of organizational choice. *Administrative Science Quarterly, 17.* 1-25.

Dewey J. (1946). *Problems of men.* New York: Philosophical Library.

Dimock M. E. (1951). *Free enterprise and the administrative state.* University of Alabama Press.

Gorton R. A. (1976). *School administration: Challenge and opportunity for leadership.* Dubugue, Iowa: WMC Brown Company Publishers.

Griffiths D. E. (1956). *Human relations in school administration.* N.Y.: Appleton-Century-Crofts.

Gross B. M. (1964). The scientific approach to administration. In Daniel E. Griffiths(ed.), *Behavioral science and educational administration. The Sixty-third Yearbook of the NSSE, Part II.* Chicago: The Univ. of Chicago Press.

Gulick L. (1937). Notes on the theory of organization. In Luther Gulick and L. Urwick (eds), *Papers on the science of administration.* New York: Institute of Public Administration.

Hodge B. J. & Anthony W. P. (1984). *Organization theory.* Englewood Cliffs, N.J.:

Prentice-Hall.

Huse E. F. & Cummings T. G. (1985). *Organization development and change.* West Pub..

Jesse, B. S. (1950). *The nature of the administrative process.* New York: McGraw-Hill Book Company.

Kast F. E. & Rosenzweig J. E. (1985). *Organization and management.* McGraw-Hill.

Katz D. & Kahn R. L. (1978). *The social psychology of organizations (2nd. ed,)* N.Y.: John Wiley & Sons Inc..

Lawrence P. R. & Lorsch J. W. (1967). *Organization and environment.* Homewood, III.: Richard D. Irwin.

Morstein, M. F. (1957). *The administrative state.* University of Chicago Press.

Robbins S. P. (1983). *Organization theory: The structure and design of organization.* N.Y.: Prentice-Hall.

Roethlisberger F. J. & Dickson W. J. (1939). *Management and the worker.* Boston: Harvard Business School.

Sears J. B. (1950). *The nature of the administrative process.* New York: McGraw-Hill.

Shorde W. A. (1974). *Organization and management.* Irwin.

Simon H. A. (1974). *Administrative behavior.* New York: Macmillan Co..

Spaulding F. E. et al. (1910). *The aims, scope and method of a university course in public school administration.* Iowa: The National Society of College Teachers of Education.

Spaulding F. E. (1913). *Improving school systems through scientific management.* Washington, D.C.: National Education Association.

Weick K. E. (1976). Educational organizations as loosely coupled systems. *Administrative Science Quarterly, 21, March,* 1-19.

Wolf W. B. (1974). *The basic barnard: An introduction to chester I. Barnard and his theories of organization and management.* Ithaca, N.Y.: New York State School of Industrial and Labor Relations, Cornell University.

Woodhall M. (1987). Economics of education: A review. In Psacharopoulos G. (ed.), *Economics of education: Research and studies.* New York: Pergamon Press.

Yauch W. A. (1949). *Improving human relations in school administration.* N.Y.: Harper & Row.

제11장 교직과 교직윤리

교직이 다른 직업과 비교하여 차별적으로 가지고 있는 특징을 이해하고 교직을 수행하는데 지켜야 할 윤리적 덕목을 알고 실천한다. 본 장은 교직의 특징과 교원의 윤리에 대해서 학습한다. 교직을 바라보는 다양한 교직관과 교사의 역할과 교사에게 필요한 자질에 대해서 학습한다. 또한 교직을 수행할 때 지킬 윤리적 덕목과 교원이 국가로부터 보장받는 권리 등에 대해서 학습한다.

제1절 교직의 성격

우리가 살고 있는 사회에는 수없이 많은 직업이 있다. 회사원, 공무원, 사업가, 연구원 등 직업의 종류는 매우 다양하다. 그 중에서 교직(teaching profession)은 학생을 가르치고 지도하는 일을 담당하는 직업이다. 본 절에서는 교직의 성격을 알아보기 위해 교직이 갖는 특성과 우리 사회에서 차지하고 있는 교직의 중요성을 고찰하고자 한다.

1. 교직의 특성

직업이란 무엇인가? 직업이란 일생동안 수행하게 되는 일 중에서 특정 시점에 수행하는 주된 일의 역할을 의미한다. 따라서 직업은 시기적으로나 내용적으로나 일 중에서 가장 중요한 부분이라 할 수 있다. 일반적으로 직업이란 개인이 계속적으로 수행하는 경제 및 사회 활동의 종류를 말한다(한국진로교육학회, 2000). 직업을 통해 우리 인간은 생계를 유지할 뿐만 아니라 개성을 발휘하고 자아를 실현하며, 나아가 국가 사회발전에 이바지하게 된다. 직업은 개인적・사회적인 측면에서 모두 매우 중요한 의미를 갖는다. 따라서 여기서는 교직의 특성을 알아보기 전에 일반적인 직업이 갖는 의의를 개인과 사회의 두 가지 측면에서 살펴보고자 한다.

첫째, 직업이 개인에게 주는 의미와 가치는 다음과 같다: ① 직업은 생계유지의 수단이 된다. ② 직업은 개인에게 소속감을 준다. ③ 직업은 개인의 가치를 실현시켜주고 그것을 높여준다. ④ 직업은 개성 발휘 및 자아실현을 가능하게 한다. ⑤ 직업은 개인의 인간관계 형성에 영향을 준다.

둘째, 직업이 사회에서 갖는 의의는 다음과 같다: ① 직업은 사회적 역할을 분담한다. ② 직업은 사회의 유지 및 발전에 도움이 되어야 한다. ③ 직업은 사회 활동과 봉사의 기회를 제공해 준다.

이와 같이 직업은 개인에게 뿐만 아니라 그 개인이 속해 있는 국가사회에도 중요한 의미를 가지게 된다.

직업으로서의 교직은 일반직의 성격을 대부분 가지고 있다. 교직 역시 개인적 차원에서는 생계유지의 수단이며, 개성을 발휘하고 자아실현의 과정이다. 그리고 사회적 차원에서는 사회의 성원으로서 가져야 할 책임을 다하고, 국가발전에 이바지해야 한다는 의미를 가지고 있다. 또한 다른 직업과 마찬가지로 교직도 일정한 기간 동안 지속적으로 이루어지는 활동이며, 정신적 · 육체적 노동을 수반하는 활동이다. 이처럼 교직은 일반적인 직업이 가지고 있는 특성을 거의 공통적으로 가지고 있다. 그러나 일반 직업과는 구분되는 교직만의 특성도 몇 가지 있다(정일환 · 권상혁, 1996).

첫째, 교직은 인간을 대상으로 하는 직업이다. 기술자나 목공은 기계나 나무를 대상으로 하고 농부는 땅과 더불어 곡식을 가꾸지만 교사는 어디까지나 인간을 대상으로 하는 직업이다. 물론 인간을 대상으로 하는 직업에는 의사나 법률가도 있지만 그들의 대상은 인간 그 자체를 주 대상으로 한다기보다는 법률이나 신체적인 혹은 정신적인 어떠한 기능의 일부만 대상으로 취급한다는 것이다. 이와는 달리 교사가 대상으로 하는 인간은 인간의 어느 부분적인 기능을 말하는 것이 아니며, 전인으로서의 인간 즉 지적, 정신적, 신체적, 정서적, 사회적, 문화적, 정치적 특징을 지닌 인간 그 자체를 대상으로 한 것이다. 이것이 바로 교직만이 갖고 있는 특징이며, 다른 직업과의 차이라고 하겠다. 그러므로 교사는 지식을 가르치는 것도 중요하지만 전인적인 인간 즉 인간다운 인간을 길러내는 것이 더 중요하다.

둘째, 교직은 주로 인간의 정신생활을 대상으로 하는 직업이다. 의사나 법률가도 사람을 상대로 하는 직업이지만 그의 주된 대상은 인간의 정신적인 측면이 아니라 육체나 법률에 있다. 물론 정신과 의사의 경우 인간의 정신을 다루지만 그것은 병적 증상에 한정된 정신적 기능의 일부분에 지나지 않으며, 의사에게 있어 관심의 초점은 어디까지나 인간의 신체에 있다고 할 수 있다. 물론 교사도 피교육자의 신체적 건강상태에 관심을 가져야 하지만 그 주된 관심사는 역시 어린이의 정신적인 면이다.

셋째, 교직은 미성숙자를 대상으로 하는 직업이다. 법률가라는 직업은 사람을 대상으로 하는 것이기는 하지만 그것은 주로 성인의 주변에서 일어나는 일을 다룬다. 그런데 교사는 아직 장성하지 않은 어린이, 아직 성숙하지 않은 사람을 대상으로 다룬다. 어린이의 시기는 가역성(plasticity)이 큰 시기이므로 교육여하에 따라서 개인의 삶이 얼마든지 바뀔 수 있다. 따라서 교사는 현재의 미성숙한 어린이를 덜된 인간으로 간주하기보다는 무한한 가능성을 가진 한 인간으로 인정하고 성숙한 인격을 가진 이상적인 인간으로 성장 발달할 수 있도록 도와주어야 한다. 달리 말한다면, 교사는 미성숙한 인간을 성숙한 인간이 되도록 하는 직업인인 것이다.

넷째, 교직은 봉사직이다. 물론 교직도 일반 직업처럼 경제적 보수를 목적으로 하는 것은 분명하지만 여타 직업에 비하여 봉사가 더욱 요구되는 것은 분명하다. 그러므로 교직은 여러 종류의 전문직에 비하여 봉사직으로서의 사명을 더욱 필요로 하는 전문직이다. 이것은 교사가 생활인으로서 의・식・주의 해결 즉 경제적인 측면보다는 봉사와 소명의식을 더 중시해야 한다는 것이다. 이런 면에서 교직은 인류와 사회에 대한 봉사직이며, 희생을 감수해야 할 직업이라고 하여 흔히 천직 또는 성직이라고 한다.

다섯째, 교직은 국가와 민족에 대하여 지대한 영향을 주는 공공기업이다. 교직은 피교육자인 어린이에게 관심을 가져야 하는 동시에 그들이 구성원이 될 사회를 고려하지 않으면 안된다. 교육은 개인으로 볼 때에는 피교육자인 어린이와 가장 친근한 사적인 관계를 맺는 동시에 사회적 입장에서 보면 국가나 민족의 장래에 대하여 지대한 영향을 미치는 공공사업인 것이다. 물론 다른 직업도 직접적 또는 간접적으로 국가사회나 민족의 운명과 밀접한 관계를 갖는 것이라고 할 수 있으나 교직은 이와는 차원을 달리하여 국가나 민족의 정신적 교화의 주역이 되며, 나아가서는 국가나 민족이 당면한 문제를 가장 효과적으로 해결해 나갈 수 있는 근본 동력을 가지고 있다는 점에서 국가나 민족의 운명과 직결되는 것이다. 오늘날 나라마다 국민교육을 공공사업으로 보고 막대한 경비를 투자하며 의무교육 제도를 강화하고 있으며, 사학에 대해서도 국가에서 적극적으로 지원하고 있다. 이것은 교육이 곧 국가와 민족의 흥망성쇠와 직결되는 중차대한 문제이기 때문이다.

끝으로, 교직은 사회발전에 중대한 역할을 맡아야 하는 직업이다. 교육의 중요한 기능은 인류가 쌓아온 문화유산을 보존하고 계승하여 새로운 문화를 창출하는 것이라고 할 수 있다. 따라서 교육을 담당하는 교사는 인류가 축적해온 문화유산을 다음 세대에 전달하는 동시에 현재를 출발점으로 하여 보다 나은 문화를 창조하고 희망찬 미래를 건설하는 일에 주역이 되어야 한다. 그러기에 교사는 현상유지에 급급하고 무사안일하게 행하는 보수적이고 소극적인 자세가 아니라 보다 나은 내일을 위해 적극적이고 진취적인 자세로 행동해야 하는 미래지향적인 직업인 것이다.

이상에서 제시한 교직의 특성을 요약하면, 미성숙자인 아동을 대상으로 하여 이상적인 전인적 인간 인간으로서의 성장 발달을 도모하고, 나아가 아동으로 하여금 훌륭한 사회인이 될 수 있도록 교육함으로써 사회와 국가발전에 기여할 수 있는 전문적이고 봉사적인 직업이라고 할 수 있다(한국교원단체총연합회, 1997).

2. 교직관의 유형

교직관이란 교직이라는 직업의 본질을 어떻게 이해하느냐의 문제이며, 교직 또는 교원 직무의 기본 성격을 어떻게 파악하느냐에 관련되어 있는 개념이다.

즉 교육의 본질과 성격에 대한 기본 관점을 교육관이라고 하듯이, 교직관이란 교직의 본질과 성격을 어떻게 인식하고 이해하느냐에 관한 기본 관점을 의미한다. 이것은 지적인 측면, 정서적인 측면, 신체적인 측면 등 교직에 대한 다양한 견해가 종합적으로 관련되어 있는 개념이다(안창선 외, 1999).

교직관의 중요성은 교직관에 관한 기본적인 시각과 관점의 차이에 따라 교사의 교직관과 교원단체에 대한 가치관과 태도에 차이가 생기고 그것은 교육이라는 직무를 수행하는데 중대한 영향을 미친다. 교사가 어떠한 교직관을 가지고 교직에 임하느냐하는 것은 교사 자신뿐만 아니라 학생, 학부모, 지역사회, 그리고 국가사회에까지 많은 영향을 미친다. 다음은 교직에 관한 성직관, 노동직관, 그리고 전문직관을 구체적으로 설명하고 있다(안창선 외, 1999).

가. 성직관

성직관은 교직을 특별한 소명의식을 가진 직분으로 보는 입장이다. 즉, 목사나 신부 또는 승려 등과 같이 교사 역시 인간의 정신적인 측면을 다루는 성스러운 사람이므로 세속적인 직업과는 다른 자세와 태도로 교직에 임해야 한다는 점을 강조한다. 이러한 관점은 전통적으로 교사들이 종교적 교화를 담당한 성직자들과 동일한 직무를 수행했던 서양 중세사회로부터 기원하였다. 교직은 성직이기 때문에 교사는 오직 고상하고 이상적인 정신세계만을 지향해야 하며 한없는 사랑과 봉사의 정신으로 학생의 교육에 임해야 한다. 이러한 시각에서 교직을 이해하고 있기 때문에 교사의 성직자다운 자세와 자질을 기대하며, 보다 높은 도덕적, 윤리적 행동규범을 요구하는 경향이 다른 어떠한 입장보다 더 강하다.

성직관에서는 성인군자와 같은 교사를 이상적인 교사로 간주한다. 따라서 이 교직관에서 교사의 전문적인 교육기술은 크게 중요시되지 않는다. 왜냐하면 가르치는 내용 또는 교과에 대해 기본적인 지식과 교양만을 갖고 있으면 누구든지 교사가 될 수 있다고 믿기 때문이다. 중요한 것은 교사로서 얼마나 고매한 인격을 소유하고 있느냐이다. 즉 전문성보다는 윤리성과 인격을 교사의 조건으로 더 중시하는 것이다. 이러한 입장에서 볼 때 전문성을 강조하는 오늘날의 교사는 단순히 지식과 기술을 전달하는 지식기술자에 불과할 뿐, 진정으로 인간적인 그리고 인격적인 감동과 감화를 주는 훌륭한 교사라고 할 수 없다.

또 이 입장은 교사에게 있어 윤리성을 가장 높은 덕목으로 간주하기 때문에 비록 사회·경제적 지위가 낮다고 하더라도 그것을 숙명적인 것으로 기꺼이 감내해야 한다고 주장한다. 사회·경제적 지위란 훌륭한 인격체를 성장시키고 있다는 정신적 만족감과 보상으로 충분히 상쇄할 수 있으며, 또한 마땅히 그래야 한다고 믿기 때문에, 교사는 현실사회의 정치적, 경제적 문제에 관심을 보이거나 물질적인 이해를 추구해서는 안된다고 생각한다. 따라서 교사가 개인적인 권리와 물질적 보상, 물질적인 처우개선, 승진, 보다 높은 자리로의 전보 등과 같은 세속적인 이익에 집착하는 것은 곧 교사로서의 타락이며 교육자의 권위를 실추시키는 행위라고 믿는다. 동시에 성직관에서는 교사의 정치성을 완강히 부인하기 때문에, 교사들은 헌법에 명시된 기본적인 참정권, 즉 선거 시에 투표에 참여하는 것을 제외하고 그 어떠한 형태의 정치활동도 허용되어서는 안된다고 믿는다. 따라서 교사가 정당에 가입하거나 어떤 단체를 결성하여 국가 또는 기타 정치 단위의 정책 입안 과정에 관여하는 것은 있어서는 안될 일이다. 왜냐하면 정치적 활동이란 결국 세속적인 일이기 때문이라는 것이다.

이와 같은 성직관은 교사의 높은 윤리성과 인격성을 강조하는 점에서는 긍정적인 평가를 받을만하다. 특히 한창 성장기에 있는 학생들에게 있어 교사는 주요한 동일시 대상이기 때문에 교사가 윤리적, 도덕적으로 모범적인 생활을 보여주고 높은 인격으로 학생들을 감화시켜 주는 일은 충분히 강조되어야 할 것이다.

그러나 성직관은 현대 산업사회에 적합한 관점이라고 볼 수 없다. 교사가 봉건적 사회질서를 유지하는 가치관과 세계관을 학생들에게 강제로 주입시켰던 중세사회에서는 어느 정도 타당성이 있는 교직관이라고 볼 수도 있다. 그러나 현대는 다원적인 가치와 민주적인 생활양식이 중시되는 사회이다. 따라서 획일적인 가치체계에 의해 존속되던 전통사회에 적합한 교직관을 그대로 유지할 수는 없다. 과거 사회에 적합한 윤리적 규범과 이념을 내면화한 교사를 현대 사회에서조차 인격자라고 인정하기에는 그 논리적 근거가 너무 희박하다. 교사의 인격성과 윤리성을 강조한다고 하더라도, 그것은 인간이 정치, 경제, 사회, 문화 등 제반 환경과 부단히 그리고 밀접하게 상호작용할 수밖에 없는 현대 사회에 보다 적합한 새로운 차원의 인격성과 윤리성이어야 한다.

특히, 교직을 성직시하는 것은 교사의 인내와 희생과 봉사를 일방적으로 요구함으로써 결과적으로 교사들의 제반 권리와 권한을 유보하고 제한하게 된다면 더욱 큰 문제라 아니할 수 없다. 과거의 성직관은 교사로 하여금 자기희생을 강요하고 인간으로서의 기본적인 욕구도 억제해야 하며 보수가 적어도 이를 기꺼이 감내하면서 교사의 직무를 충실하게 수행할 것을 요구하였다. 따라서 이러한 교직관에서는 전문가로서의 직업적 자율성을 보장받을 수 없었으며, 사회구성원으로서의 시민적 권리도 인정받지 못하였다. 그리하여 지식인 집단인 교사들은 결과적으로 일부 정치세력과 권력의 지배이념을 전파하는 도구로 전락하고 말았다. 따라서 오늘날과 같은 민주사회에서 교사에게 성직관을 요구하는 것은 국가와 학교경영자의 요구에 순응하는 복종적인 교사가 될 것을 강요하는 것과 다름이 없다.

나. 노동직관

노동직관은 마르크스주의적 계급관에 근거하여 교사를 노동자 계급의 일원으로 보는 교직관이다. 즉, 자본주의 사회에서 교사의 직무와 지위는 노동자의 그것과 동일하다는 현실적 인식에 근거하고 있다.

교직에 대한 노동직관을 견지하는 사람들은 이러한 노동관의 입장에서 볼 때, 교사 역시 일반 노동자와 같이 노동을 생활수단으로 삼고 있는 노동자라고 생각한다. 교사가 아무리 인간형성이라는 중요한 직무를 수행한다고 하더라도 교사 역시 학교라는 직장에서 일정한 근무조건에 따라 보수를 받고 일하고 있기 때문에 노동자의 근무구조를 가지고 있다는 것이다. 교사는 고용 주체인 국가나 학교법인에 대하여 사용자와 노동자의 관계를 맺는다. 다시 말하면 교사는 사용자에 의하여 고용되고 사용자의 이익에 봉사하는 임금노동에 종사한다는 것이다.

이 입장에서는 교사가 생산직 노동자와 다른 점은 노동과정에서 그 전문성을 지니고 있다는 데 있다고 생각한다. 다시 말하면 교사는 연구직 노동자처럼 전문직 노동자라는 것이다. 이들은 생산노동의 대상이 물질이며 그 산물이 상품이라면, 교육노동의 대상은 학습자인 인간이며 그 생산물은 학습자의 전면적 발달이라고 본다. 이들은 또한 자본주의 사회에서는 사용자들이 교사의 노동과정을 직·간접적으로 통제하고 간섭함으로써 교육노동의 전문성을 침해하고 있다고 믿는다. 그리고 사용자인 국가나 학교재단이 교사에게 비판적인 태도를 허용하지 않으며 일방적으로 정한 교육내용을 가르치고 획일적이고 규격화된 학습방법을 적용하도록 요구하고 있다고 비판한다. 더욱이 국가는 교육을 통하여 지배권력의 이데올로기를 효과적으로 전수하기 위한 방법을 강구하고 있으면서도 마치 교육은 가장 가치중립적이며 비정치적인 전문활동인 것처럼 왜곡한다고 생각한다.

노동직관에서는 바람직한 교육이 이루어지기 위해 교사에게 노동 3권을 보장해야 한다고 주장한다. 왜냐하면 노동 3권은 교사 자신의 교육권은 물론, 학습자와 학부모의 학습권을 보호하기 위한 최소한의 요건이라고 믿기 때문이다. 즉 교사의 사회·경제적 지위로 보거나 교사가 종사하는 노동의 성격으로 보아 교사는 엄연한 노동자이며, 따라서 노동자로서의 정당한 권리를 누려야 한다. 그리고 국가와 사학재단의 교육통제권 행사로 말미암아 학습자의 전면적 발달이 침해받게 되는 상황에서 이것을 보호할 수 있는 유일한 제도적 장치는 교육전문직 노동자가 갖는 노동 3권이라고 역설한다(이혜영 외, 1992).

이러한 노동직관은 교사의 지위향상도 오직 노동자로서의 권리행사를 통하여 이룩될 수 있다고 믿는다. 교사의 의무도 노동조건에 계약과 합의를 통하여 체결되었다고 보며, 이러한 교사의 의무는 충실히 이행해야 한다고 믿으면서도 경우에 따라서는 교육의 기권을 의미하는 동맹파업도 정당화 될 수 있다고 생각하여 때로는 그것을 무기화 하여 사용하기도 한다(한국교원단체총연합회, 1997).

이러한 노동직관은 교육과 교사의 사회·정치적 성격을 어느 정도 사실적으로 포착하고 있다는 점에서 장점을 갖는다. 즉 교육과 교직의 문제를 이상적이고 당위적인 차원에서가 아니라 실제적이고 사실적인 차원에서 접근함으로써 자본주의 사회에서 교육 또는 교직에 관련된 부정적인 문제를 파헤치는 데 어느 정도 기여하고 있다고 평가할 수 있다. 또한 노동직관은 교사들의 사회·경제적 지위를 향상시키고 교육에 대한 외부의 부당한 침해를 차단하려는 노력에 있어서도 긍정적인 평가를 내릴만하다.

그러나 비판적인 입장에서 본다면, 이들이 주장하는 노동자의 개념은 사실 애매모호한 점이 있다. 예를 들어 일정한 노동을 제공하고 보수를 받는 자를 노동자라고 한다면 판사나 의사의 경우도 노동자이다. 이렇게 보면 결국 누군가에게 고용되어 보수를 받는 직업에 종사하는 사람들은 모두 노동자인 셈이다.

또한 노동직관에서 주장하는 노동 3권의 완전한 보장 역시 신중하게 접근해야 할 문제이다. 설사 단결권과 단체교섭권은 인정한다고 하더라도, 단체행동권은 그 교육적 파장이 적지 않기 때문이다. 예를 들어 교사의 단체행동권을 인정하여 교사의 태업 또는 파업, 즉 수업거부를 합법적인 노동쟁의로 인정하게 될 경우 학생들에게 그 직접적인 피해가 돌아 갈 수 있다. 그러나 어떤 경우에도 교사가 교육행위 자체를 거부하는 일은 정당화될 수 없다. 현 정부가 전국교직원노동조합을 합법화하면서도 단체행동권을 인정하지 않은 것도 바로 이러한 문제가 발생할 가능성이 있기 때문일 것이다.

마지막으로 교직을 노동직으로 보는 견해는 많은 국민의 정서와 상당히 동떨어져 있다. 교육이 교사와 학생, 학부모, 더 나아가 국민 전체의 암묵적인 합의와 사회적 상규(常規)에 기초할 때 그 효과를 거둘 수 있다는 점을 상기한다면, 국민 정서에 부응하지 못하는 주장을 하는 것은 보다 신중을 기해야 할 일이다.

다. 전문직관

교직을 성직이나 노동직으로 보는 관점과는 달리 전문직으로 규정하려는 견해는 오늘날 가장 널리 받아들여지고 있는 입장이다. 전문직관은 앞에서 설명한 성직관과 노동직관의 장점을 통합하려고 하는 입장이라고 할 수 있다. 전문직관은 교직을 지적·정신적 활동을 위주로 하는 직업으로 보며, 이기적인 활동이 아닌 이타적 봉사활동으로 규정하고 있다. 즉 고도의 자율성과 윤리성을 존중하며 바람직한 인격형성을 추구하는 측면에서 볼 때 성직관과 유사하다.

또한 전문직관은 교원의 자질향상과 교권확립, 경제적·사회적 지위의 향상을 위하여 교직단체를 조직하여 보다 적극적으로 그리고 진취적으로 교원의 권익 신장과 지위향상을 쟁취해야 한다는 측면에서 보면, 노동직관과 흡사하다. 그러나 대부분의 경우에 있어 단체행동권이나 동맹파업권에 대해서는 인정하지 않거나 유보하는 것을 전제로 하고 교직단체가 조직되고 있다는 점에서 노동직관과는 그 입장이 다르다고 할 수 있다.

교직을 전문직으로 인정한 대표적인 경우로 ILO, UNESCO가 발표한 〈교사의 지위에 대한 권고〉를 들 수 있다. "교직은 전문직으로 인정한다. 교직은 엄격하고 끊임없는 연구에 의해 획득되고 유지되는 전문적인 지식 및 기능을 교사에게 요구하는 공공적 직무이며, 또 교사가 담당하는 학생의 교육과 복지에 대해서 개인 및 공동의 책임감을 요구하는 업무이다(대한교육연합회, 1971).

〈교사의 지위에 대한 권고〉에 잘 나타나 있듯이, 교직은 엄격하고도 계속적인 교육과 연구를 통하여 습득, 유지되는 전문적 지식과 전문화된 기술을 필요로 하는 공공적 업무의 한 형태이다. 또한 교직은 교사들에 대하여 그들이 담당하고 있는 학생들의 교육과 복지를 위하여 개인적, 집단적 책임감을 요구한다.

그리고 하나의 직업이 전문직으로 인정을 받기 위해서는 전문직의 특성을 충족시켜야 하는데, 교직은 전문직의 특성에 거의 대부분 부합된다. 즉 교직의 직무를 수행하자면 전문적인 교육이론, 방법, 기술 등이 필요하고, 교사의 교수행위는 지적, 정신적 기초 위에서 이루어진다. 또한 교사가 되기 위해서는 장기간의 전문적인 훈련과 엄격한 자격요건을 갖추어야 하며, 교직은 교육이 갖고 있는 본질적인 성격으로 보아 업무수행 상 자율성이 보장되어야 한다. 뿐만 아니라 교직은 다른 어떤 직업보다도 교육을 통한 사회적 책임과 사회적 봉사를 강조한다. 아울러 교직은 전문 단체를 통하여 표준의 신장에 힘쓰며, 권익옹호와 교권의 확립이 주장되고, 교원의 윤리가 전 사회적으로 강조된다(한국교원단체총연합회, 1997).

이상과 같은 전문직관의 특징은 크게 네 가지로 제시할 수 있다(안창선 외, 1999). 그 하나는 교직의 전문적 자율성에 대한 요구이다. 교육이란 인간의 의식 또는 정신에 밀접하게 관련되어 있기 때문에 교사가 고도의 전문적인 자율성을 갖지 않고서는 그 직무를 원활하게 수행할 수 없다. 인간은 매우 다양하고 복잡한 존재이기 때문에 동일한 상황에서도 각자의 성장배경과 흥미와 가치에 따라 각기 다른 반응을 보일 수 있다. 이러한 상황에서 교사가 자신의 전문적 지식과 높은 윤리성을 바탕으로 자율적으로 판단하고 처리하지 못하면 엄격하게 말하여 교육 그 자체가 성립하지 못한다.

둘째, 전문직관에서는 교사의 높은 수준의 전문적 지식과 이론적 무장을 요구한다는 점에서 특징적이다. 교사는 교육목적을 달성하기 위하여 자신이 담당하고 있는 학생들에게 적합한 교육내용을 선정할 줄 알아야 하고, 그 교육내용을 가장 효과적인 교수방법으로 전달할 수 있어야 한다.

셋째, 전문직관에서는 교사가 정치적으로 중립적일 것을 요구한다. 왜냐하면 교사가 지나치게 정치적인 성향을 보이게 될 경우 자칫 학생들에게 부당한 영향을 줄 수 있다고 우려하기 때문이다. 이러한 점은 종교, 인종, 성, 지역 등에 대해서도 마찬가지이다. 즉 교사는 종교나 인종, 성별, 지역 등에 관계없이 모든 학생들을 중립적인 입장에서, 다시 말하면 공평무사하게 대해야 한다는 것이다.

넷째, 전문직관에서는 보다 바람직한 교육을 위하여 교사의 사회·경제적 지위를 보다 향상시켜야 할 필요가 있음을 역설한다. 이는 노동직관과 동일한 주장이라고 할 수 있는데, 교사가 사회적으로 보다 높은 지위를 갖게 되고 경제적으로 보다 많은 보상을 받게 될 때 보다 우수한 인력이 교직으로 흡수될 수 있으며, 그 결과 교직의 전문적인 수준이 향상되고 교육의 질이 고양될 수 있다는 것이다. 그리하여 이들은 전문적인 교원단체를 조직하여 교사의 사회·경제적 지위의 향상을 위해 노력한다.

이러한 전문직관은 교사의 자율성과 전문성을 강조하고 교원의 사회·경제적 지위의 향상을 위해 노력한다는 점에서 긍정적으로 평가할 수 있다. 그러나 다음과 같은 몇 가지 점에서 교직은 전문직으로서의 타당성이 결여되어 있음을 인정하지 않을 수 없다.

첫째, 교직이 전문직으로 인정받자면 적어도 다음과 같은 전문직의 속성을 충족시켜야 한다. 즉, 직전 교육연한, 현직교육, 사회적 우대, 직업의 생애성, 직업윤리, 자율성, 전문직 단체의 기능과 역할, 고객판단 등을 들 수 있는데 현재 우리나라의 초・중등교사가 이들 속성을 얼마나 충족시키고 있는지를 검토해보면, 직업윤리 정도는 충족시키고 있으나 그 밖의 속성은 제대로 충족시키지 못하고 있는 실정이다.

둘째, 앞의 속성을 제도와 법규적 장치, 교사 개개인과 교사 집단의 노력으로 충족시킬 때 비로소 전문직관이 현실적으로 존재하는 교직관이 될 수 있다. 그러나 우리나라의 경우에는 제도와 법규적 장치의 미비, 교사들의 노력 부족으로 인하여 전문직의 자리를 현실적으로 확보하지 못하고 있다.

셋째, 교직의 논리적 당위성의 차원에서는 전문직이라는 추론이 가능하나 교육의 범속화가 교직의 범속화를 초래하여 실제에 있어서 교직은 비전문화된 모습을 보이고 있다(한국교원단체총연합회, 1997).

넷째, 성직관이 교육의 정치・경제・사회적인 측면에 무관심하고 있다면, 전문직관은 한 차원 발전하여 정치적 중립성을 표방하고 있다. 그러나 현대 사회에서 교육은 정치적 영향을 가장 많이 받고 있는 분야 중의 하나이다. 물론 그 중에는 교육적으로 긍정적인 측면도 있겠으나 부정적인 측면도 없지 않다. 예를 들어 교육개혁이 교육관련자들의 자발적인 문제의식과 실천적 의지에 의해 주체적으로 추진되기보다는 정치적 필요에 따라, 그리고 더욱 심각할 경우에는 집권정당의 이해관계에 따라 정책이 입안되고 추진되는 경향이 강하다. 이러한 경우에 정치적 중립성이란 소극적인 대응으로 교육에 대한 정치적 영향력을 방어하기에는 역부족일 수밖에 없다. 따라서 경우에 따라서는 적극적인 정치적 대응이 학생들에 대한 정치적 악영향을 더 효율적으로 차단할 수도 있다. 이렇게 볼 때 단순히 정치적 중립성이라는 소극적인 주장만으로 일관할 것이 아니라 보다 더 적극적이고 효율적인 개념적 대안을 마련할 필요가 있다(안창선 외, 1999).

3. 교직의 전문화

교직이 법조계나 의료계와 같이 전문직으로 인정받게 된 것은 최근의 일이다. 역사적으로 보면, 교직은 지식을 가지고 있거나 열의만 있으면 교사로 임할 수 있었다. 그런 예를 고대 그리스의 대표적인 철학자인 소크라테스에서 시작하여 공자, Rousseau, Pestalozzi, Freobel 등에 이르기까지 긴 역사 속에서 수없이 많은 스승과 교사를 우리는 보게 된다. 그러나 근대에 이르러 직업이 세분화되면서부터 교사로 하여금 담당 교과에 대한 전문적 지식을 필수적으로 가지도록 하고, 현대에 이르러서는 이와 더불어 인간의 성장·발달과정에 대한 지식과 교육기술을 요구하게 되어 교직의 전문성이 형식상, 명분상으로나마 정립되기에 이르렀다.

Lieberman은 전문직의 기준으로 다음과 같은 것을 제시하고 있다(Lieberman, 1956).

① 전문직은 유일하고 독특한 종류의 사회적 봉사기능을 가지고 있다.
② 전문직은 그 직능의 수행에 있어서 고도의 지적 기술을 요구한다.
③ 전문직은 상당히 장기간의 준비교육을 요구한다.
④ 전문직은 개인적으로나 집단적으로나 광범위한 자율권을 행시한다.
⑤ 전문직은 자율의 범위 내에서 행사한 행동과 판단에 대하여 개인적 책임을 묻는다.
⑥ 전문직은 자치조직을 가지고 있다.
⑦ 전문직에 있어서 경제적 보수는 사회적 봉사보다 우선되지 않는다.
⑧ 전문직은 그 자체의 직능을 수행하는데 준수해야 할 직업윤리를 가지고 있다.

일반적으로 이러한 조건들을 충족할 때 그 직업을 전문직이라고 규정한다. 이러한 구비조건을 우리나라의 교직이 어느 정도나 갖추고 있는지를 살펴보면 다음과 같다. 첫째, 전문직은 그 직능의 수행에 있어서 고도의 지적 기술을 요구한다. 그러나 교육학이나 심리학의 발달이 괄목할 정도로 이루어졌지만 아직 교육적 과업수행에 충분할 만큼의 체계적 지식을 제공하지 못하고 있다. 교육은 본래 인간의 심성을 다루는 "인간처리 작업(human processing work)"이기 때문에 특정한 이론이나 원리를 기계적으로 적용하기는 어려우며 고도의 창의성과 윤리의식을 요하는 직업이다. 그래서 교육을 "가르치는 예술"이라고 말하는 이가 있다. 그러나 오늘날의 한국 교육은 학생지도와 교육행정이 지나치게 일상적 상식과 체험적 관례에 의존함으로써 교직이 세속화되고 있는데 많은 문제가 있다고 생각된다. 수업에 대한 학부모의 간섭, 교육행정직의 잦은 인사이동, 비전문가의 자문에 의한 정책결정 등은 교육의 전문화에 대한 장애요인들이다(이상주, 1997).

둘째, 전문직은 상당히 장기간의 준비교육을 요구한다. 즉, 전문직자의 자격을 배양하고 그것을 공적으로 보장하기 위해서는 전문적 직업교육과 자격제도를 실시한다. 그렇기 때문에 전문직은 아무나 취업할 수 없도록 어느 정도의 직업적 폐쇄성을 가진다. 이와 관련하여 제기할 수 있는 문제는 현재의 교원양성 교육이 고도의 전문적 능력과 직업윤리를 배양하는 데 어느 정도 효과적인가 하는 것이다. 다음으로 사범대학이나 교육대학 졸업자에게는 아무런 자격시험 없이 바로 교사자격증을 주는 현재의 제도로서 교원의 자격을 보장할 수 있는가 하는 문제이다(이상주, 1997).

셋째, 전문직은 개인적으로나 집단적으로나 광범위한 자율권을 행사하고, 그 자율의 범위 내에서 행사한 행동과 판단에 대하여 개인적 책임을 묻는다. 한다. 교육에 있어서 자율성이란 말은 여러 차원에서 다양한 의미로 사용된다. 교육자에 대해서는 교수의 자유, 학생에 대해서는 배움의 자유, 학교나 대학에 대해서는 학원운영의 자치, 그리고 교육체제 전체에 대해서는 정치적 중립성이 자율성의 핵심적 요소이다(황응연, 1980). 교직단체에서는 사도강령(1983)을 통해 교사가 전문직 종사자로서의 책임을 수행하고 학생, 동료교사 및 지역사회 등과의 관계에서 지켜야 할 윤리의 틀을 광범위하게 규정하고 있다. 이는 우리 교직윤리의 준거를 제시하고 있어 전문직성을 잘 나타내고 있다. 그러나 교직의 실상은 교육조직의 관료화로 인해 교사들은 학교행정가나 상급행정기관의 요구나 지시를 따를 수밖에 없어 교직의 자율성이 크게 제한을 받고 있다. 관료화된 교육조직은 교사들을 규제하고 감독하기 위해 의미 없는 규정, 서식, 관행 등을 많이 만들어 그들의 행동을 제약한다(Dreeben, 1970). 또한 교사들은 학교에서 의사결정에 참여할 기회가 적으며 침묵을 강요당하고 있으며, 비교육적 업무에 시달리고 학생들은 비인간화된 파행교육에 희생당하고 있다. 교육이 정치적 도구로 이용당함으로써 정치적 중립성을 상실하고 있는 경우도 있다.

넷째, 전문직은 유일하고 독특한 종류의 사회적 봉사기능을 가지고 있으며, 그 자체의 직능을 수행하는데 준수해야 할 직업윤리를 가지고 있다. 봉사적 전문직은 봉사를 제공하는 전문직자와 봉사를 받는 고객 사이에 해당분야에서의 지식에서 현격한 차이가 있는 것이 특징이다. 그렇기 때문에 전문직자가 인간적 애정과 도덕적 양심을 가질 것을 요구한다. 그러나 현실에 있어서 오늘날 교직자의 학생에 대한 인간애와 직업에 대한 헌신감, 그리고 직업생활의 윤리성에 대해서 회의와 실망을 자아내게 하는 사례를 종종 볼 수 있다(이상주, 1997).

다섯째, 전문직은 자치조직을 가지고 있다. 교사들도 다른 전문가들처럼 전문직의 허용, 교육적 기준, 검역과 면허, 직업개발, 윤리적 행동기준, 그리고 전문가 훈련 등과 중요하게 관련된 다수의 직업적 협회를 구성하고 있다. 교직 종사자들이 결성한 단체, 즉, 교직단체를 보면, 이것은 어느 곳에서나 결성되고 있는 것이 오늘날의 일반적 추세이다. 그러나 그것의 구체적 기능을 보면 전문직 단체로서 갖춰야 할 몇 가지 중요한 요건을 구비하지 못하고 있음을 확인할 수 있다. 먼저, 교직에 대한 자율적 통제 기능이란 교직의 직업적 수월성, 사회적 희소성과 직업지위 대중의 신뢰 등을 유지하기 위해 그와 관련된 정책에 스스로 영향력을 행사하고 회원들의 행위를 자체적으로 규율하는 기능이다. 이러한 기능은 구체적으로 교사양성 방식, 자격증 부여 조건, 교직입문 절차, 회원들의 일탈행위 제재 등에 대한 관여와 심판의 형태로 나타날 수 있다. 그러나 오늘날 교직단체가 이러한 기능을 충실히 수행하는 경우는 찾아보기 힘들다(한국교원단체총연합회, 1997).

이상에서와 같이 교직의 전문성을 전문직으로서 충족되어야 하는 조건들과 비교해 볼 때, 현실적으로 전문직으로서의 성격을 완벽하게 드러내지 못하지만, 상당 부분 그 조건들을 이미 충족했거나 지금 충족해 가는 과정에 있으므로 교직은 전문직이라고 볼 수 있다. 그러나 일부에서는 교직이 현재 전문직의 특성을 갖추어 가는 과정에 있기 때문에 반전문직(semi-profession)으로 보아야 한다고 주장한다. 특히, Etzioni는 초등학교를 전형적인 반전문적 조직이라고 규정하였다(Etzioni, 1964).

제2절 교사의 역할과 자질

교사의 역할이란 교사로서 해야 하는 또는 할 것으로 기대되는 일을 말하며, 교사의 자질이란 그 일을 수행하는 데 적절한 능력과 태도 등을 말한다. 이런 점에서 볼 때, 교사의 역할과 자질은 밀접한 관련이 있다.

1. 교사의 역할

현대사회가 요구하는 교사는 단순한 지식이나 기능만을 가르치는 것이 아니라 학생 개개인의 원만한 인격형성을 위한 제반 활동을 수행함을 의미한다. 즉, 교사의 역할은 학습지도뿐만 아니라 학생 개개인의 건전한 성장과 발달을 돕기 위한 모든 생활지도 활동까지를 포함한다. 교사가 수행하는 역할은 학급, 학교, 지역사회로 구분하여 설명할 수 있다. 먼저 학급단위에서 볼 때, 교사는 학생들의 지적, 정의적, 도덕적, 지도자로서의 역할을 수행해야 하고, 학급을 경영하는 주체로서의 역할을 담당하기도 한다. 그리고 학교 단위에서는 제반 학교경영에 참여해야 하며, 다양한 학교행사를 계획하고 실시해야 하며, 직장인으로서 수행해야 할 역할도 있다. 또한 사회에서 볼 때, 교사는 중요한 사회성원으로서 사회의 모범이 되어야 하며, 사회변화를 촉진시키는 역할을 담당해야 하며, 교사의 권리와 권위를 신장시키는 주체로서의 역할을 담당해야 한다. 그리고 끊임없이 연구하는 연구자로서의 역할을 수행해야 한다. 여기에서는 학교에서 교사가 해야 할 역할을 구체적으로 제시하고자 한다.

가. 학습조력자로서의 역할

교사가 학생을 지도하기 위해서는 먼저 교육목표를 설정・진술하고, 설정된 교육목표를 달성하기 위한 교육내용을 선정한 다음, 실제로 수업을 운영하는 역할을 하게 된다. 교사는 수업목표와 내용에 따라 수업계획을 세우고, 각종 교육매체를 고안・정비하고, 수업방법 등을 포함하여 적절한 수업형태를 결정하고, 필요에 따라 학습 집단을 조직하기도 하며, 학습자들이 자발적으로 참여할 수 있도록 학습동기를 유발하고, 학습자들 각자에게 가능한 많은 학습활동을 할 수 있도록 다양한 기회를 주면서 수업을 진행하여야 한다. 또 수업을 진행하는 과정에도 수업이 계획대로 이루어지는가를 확인하면서 상황의 변화에 따라 계획을 창의적으로 융통성 있게 수정・보완함으로써 학습자의 학습효과를 극대화시키도록 해야 한다.

교사의 가장 핵심적인 임무는 학생들로 하여금 학습활동을 하도록 도와주는 일이다. 이는 교사의 역할이 단순히 지식을 전달하는 데 그치는 것이 아니라 학생들이 가치로운 지식을 이해하고 새로운 지식을 찾아내며, 이미 습득한 지식을 적용하고 새로운 문제를 해결할 수 있도록 도와주는 것을 의미하는 것이다. 또 교사는 학생들의 발달단계와 개인차에 맞도록 전문적인 학습과정을 마련해주어 학생들이 원하는 목표에 도달할 수 있도록 조력자의 역할을 수행하여야 한다(권건일, 2000).

나. 인생안내자로서의 역할

학생들은 교사와의 인간적인 상호작용을 통하여 성장・발달하게 된다. 따라서 교사는 학생들의 인간적인 성숙을 기하기 위하여 다양한 역할을 수행하게 되는데, 이를 인생안내자로서의 역할이라 할 수 있을 것이다.

교사는 개인적 상담자로서 또는 집단적 상담자로서의 역할과 임무가 있다. 오늘날 대부분의 학교에 상담실과 상담전담교사가 배치되어 있으나 아직 전문적인 역량이 부족한 경우가 있고, 또 상담은 문제를 가지고 있는 내담자의 자발적인 태도가 문제 해결에 중요하므로 교사는 학생의 신상과 학교 내·외에서의 문제 등에 관한 충분한 자료를 수집하여 언제 어디서나 학생의 상담요구에 응할 수 있어야 한다.

교사는 학생들보다는 이미 다양한 경험을 했는데 이러한 다양한 경험은 진학지도나 취업지도, 학습지도 등과 같은 학생지도에 귀중한 자료가 될 수 있다. 또 학생들이 바람직한 인격과 지식의 습득과 학생집단의 질서를 유지하고 공공의 규칙을 지키는 태도를 기르기 위해서는 엄격한 훈육자로서의 역할도 수행해야 할 것이다.

다. 모형으로서의 역할

학생들의 사회화 과정에서 교사는 사회의 가치와 생활양식을 대표하는 입장에 서게 된다. 즉, 교사 자신이 문화적 가치를 대변하는 모형이 되고 있다. 사회화 과정에서 이른바 모형학습이 큰 비중을 차지한다는 점에서 모형으로서의 교사 역할은 대단히 중요한 것이다(유평수 외, 1997).

교사가 모형이 된다는 의미에는 또 다른 뜻이 내포되어 있다. 그것은 교사가 학생들의 동일시 대상이 된다는 의미이다. 따라서 교사의 행동과 사고방식은 학생들의 성장·발달에 커다란 영향을 미치므로 교사는 한 집단의 모델로서 바른 언행, 바른 마음가짐, 건전한 사고방식 등 일거수일투족에 항상 신경을 써야 한다.

라. 학급경영자로서의 역할

학급경영이란 효율적인 수업을 촉진하기 위한 학급상황을 조성하고 유지하는 활동이라는 점에 대해서는 별로 이의가 없을 것이다. 학교교육의 중핵인 수업이 학생의 교육목표 달성을 촉진해 주는 활동이고 경영은 수업이 일어날 상황을 조성하는 일련의 활동이라면, 학급경영이 효율적인 수업의 필수조건임은 당연한 논리이다. 아무리 수업기술이 뛰어나다고 해도 경영기술이 부족하다면 효율적인 수업을 기대할 수 없다.

이를 위하여 교사는 학급의 급훈을 비롯한 기본적인 교육목적과 활동방침을 정하고, 학급의 임원을 비롯한 인적 조직을 정비하고 관리하며, 학생들의 자리와 짝을 정해 주고, 교실환경의 정리정돈과 교구의 제작 및 확보 등 물적 자원을 관리하고, 교육계획에 관한 일과표를 작성하고 정비하며, 학급회의와 학문문집의 발간 등의 학생활동을 지도하고, 학급의 제반 장부를 정비하고, 가정방문 및 가정환경 조사와 학생 생활의 관찰기록 및 실태 파악을 비롯하여 학급에 관한 연구·조사활동을 한다. 이러한 다양한 활동들을 통해서 교사는 학급의 제반 조건을 정비해 나가면서 학급이라는 집단을 지도해 나가는 것이다.

효과적인 학급경영을 위해서는 교사는 자신의 교육철학과 분석 기준을 가지고 자신이나 동료교사가 과거에 수업을 효율적으로 유도한 상황을 분석함으로써 이상적인 학급상황을 구체화하고, 그것을 현재의 학급상황과 비교함으로써 문제점을 찾아내고, 그 문제점을 해결하기 위한 경영전략을 선정하고 실천에 옮겨야 한다. 경영과정의 마지막 단계는 경영의 효과성을 평가하는 단계로 교사는 자신의 노력이 바람직한 상황을 조성하여 유지한 정도를 평가함으로써 계속적인 개선과 발전이 가능해질 것이다.

실제로 학교교육의 성공 여부는 각 교사들의 학급경영능력과 직접적인 관련이 있다. 열성적이며 연구적인 교사가 경영하는 학급은 그렇기 못한 학급과 판이하게 다른 교육의 결과를 산출하기 때문이다. 그러나 이러한 학급경영은 사실상 수업을 보조하는 역할을 하는 것이다. 그러므로 교사는 학급경영을 위한 업무, 소위 잡무에 지나치게 빠져서 수업을 소홀히 하지 않도록 경계해야 한다(한국교원단체총연합회, 1997).

마. 학교의 구성원으로서의 역할

학교에서 거의 모든 교사는 앞에서 제시된 학생지도자로서의 교수기능과 학급경영자로서의 관리기능 외에 행정기능에 해당하는 학교경영에 관한 업무를 동시에 담당한다. 학교경영조직은 일반적으로 교육조직, 사무조직, 운영조직으로 대별된다. 학교조직은 교육목표를 보다 효율적으로 달성하기 위하여 공식적인 조직을 형성하고 있다. 또한, 각 교사별로 학급담임을 배정하고 교과별 담임 배정과 각종 사무를 분장한다. 이러한 배정은 담당자의 책임 하에 업무가 추진되어야 한다. 교과 학습지도 못지않게 담당 업무에 대한 추진이 대단히 중요하다. 또 교직에서는 교직원 상호간의 인간관계를 중히 여긴다. 상하 간, 선후배 간, 동료 간, 남녀 간의 바람직한 인간관계 형성이야말로 직장생활의 활력소가 될 수 있다.

2. 교사의 자질

교사의 자질이란 교사에게 부여된 역할을 성공적으로 수행하기 위해서 교사에게 요구되는 자질로서 어떤 인간적인 바탕을 뜻하는 것이다(권건일, 2000). 성공적인 교사란 자기에게 맡겨진 역할을 효율적으로 수행할 수 있는 교사이다. 교사의 자질은 교육관에 따른 자질, 역할에 따른 자질, 그리고 성향에 따른 자질로 구분된다. 여기에서는 역할에 따른 자질을 중심으로 살펴보자 한다.

가. 학급에서 필요한 자질

1) 학생지도자로서의 자질

교사가 학급에서 필요한 자질을 살펴보면 다음과 같다. 첫째, 교육목표의 설정 및 진술자로서의 자질이다. 교사가 교육목표를 설정하여 명확하게 진술하기 위해서는 국가의 교육이념과 각 지역사회의 교육방침, 각급 학교의 교육목적 등을 확인하고, 우리 사회의 현재의 상황과 요구를 분석할 수 있어야 하며, 이를 위하여 투철한 국가관과 공동체의식, 올바른 사회관과 미래사회에 대한 전망, 건전한 가치관과 철학적 이념을 가지고 있어야 한다.

둘째, 교육내용의 선정 및 조직자로서의 자질이다. 교육목표를 달성하기에 적합한 교육내용을 선정하기 위해서는 우선 교과에 관한 정확하고 풍부한 지적 능력이 있어야 하며, 사회와 문화에 관한 폭넓은 지식이 있어 교육내용을 통합적이고 다양하게 조직할 수 있어야 한다. 또 여러 교과서들을 분석하고 비판하여 취사선택할 수 있어야 한다.

셋째, 수업운영자로서의 자질이다. 교육활동의 핵심이 되는 수업활동으로 들어가면, 교사는 교육내용에 대한 숙지와 학생에 대한 이해를 바탕으로 교육효과를 높이기 위해서 여러 가지 기술과 태도와 성향을 갖춰야 한다. 그는 학생들에게 교육내용을 효과적으로 전달할 수 있도록 듣기 좋은 음성과 명확한 문장력・회화적 표현력, 정확하고 품위 있는 언어구사력을 가지고 있어야 하며, 건강한 심신, 호감을 주는 단정한 용모와 표정 및 몸짓이 요구된다.

넷째, 생활지도자로서의 자질이다. 생활지도는 학생의 학교 내・외에서의 다양한 문제에 관하여 개인적 혹은 집단적으로 검사 및 상담과 지도, 조언을 통해 이루어진다. 그러므로 교사는 학생들의 신상과 가정환경, 심리적 발달단계, 주요 관심사 등을 충분히 파악하여 학생들을 이해하고 있어야 하며, 지능검사와 인성검사 등의 표준화된 검사의 결과를 해석할 수 있어야 하며, 전 교과에 대한 이해력, 내외 정세에 관한 지식을 비롯하여 교육・사회・직업・가정・신체・도덕・심리・종교 등의 문제에 대한 풍부한 다면적 지식을 가지고 있어야 한다. 또 인생관과 세계관을 비롯한 가치관이 확립되어 있어야 하고, 논리성, 비판력, 명확한 판단력을 갖춰야 한다.

다섯째, 교육평가자로서의 자질이다. 올바른 평가를 위해서는 다양한 평가방법의 특성을 알아 목적에 맞는 평가도구를 개발하고 적절하게 활용하며 또 결과를 올바로 해석할 줄 있어야 한다. 그렇게 하기 위해서는 가치기준이 공정하고 명확해야 하고, 명확한 판단력과 비판적 정신이 요구된다. 또 평가의 결과를 받아들여 교육의 과정에서 발생한 문제점들을 파악하고 개선할 수 있도록 하기 위해서는 열린 마음과 반성적 태도, 탐구적 태도가 필요하다.

2) 학급경영자로서의 자질

학급의 분위기는 주로 교사에 의해 주도되게 되므로 교사는 확고한 교육철학뿐만 아니라 계획성과 책임감이 있어야 하며, 지도력과 조직력을 비롯한 경영기술을 가지고 솔선수범해야 한다. 학급의 학생들과 친밀한 관계를 유지하고 학생들을 단합시키기 위해 원만한 인격과 사회성, 공정성도 요구되며, 탐구력을 가지고 학생들을 조사・연구해야 한다. 또 교실환경을 쾌적하게 정리정돈하기 위해 미적 감각이 발달해야 하며, 교구와 학급비품에 대한 관리능력도 있어야 한다. 학급의 업무를 관장하기 위해 문서처리 등의 사무능력도 필요하다.

나. 학교에서 필요한 자질

1) 학교경영 참여자로서의 자질

교사는 학교 내의 여러 가지 행정조직에 소속되어 학교경영에 참여하게 되는데, 이를 위하여 교사는 주인의식과 책임감, 적극적 참여의식을 가져야 하며, 창의력과 행정적 사무처리 능력을 발휘해야 한다. 특히 학교경영의 효율을 높임으로써 교육의 효과를 극대화하기 위해서는 교사들 간의 정보와 기술을 공유하고 교구의 제작에 동참하는 등 적극적인 협조정신이 요구된다.

2) 수석교사로서의 자질

수석교사가 다른 교사들을 지도하기 위해서는 풍부한 교직경험, 교육에 관한 전문적인 지식 및 기술이 있어야 하며, 다른 교사들로부터 존경을 받을 수 있도록 더 높은 인품을 갖춰야 한다. 또 교육실제에 대한 지속적인 현장연구를 하기 위해서는 왕성한 탐구력, 관찰・비교・분석・종합・비판하는 능력, 논리적 사고력, 창의성 등이 있어야 한다.

3) 행사교육자로서의 자질

국가, 지역사회, 학교에서 개최하는 여러 행사에 적극 참여하거나 개최하기 위해서는 투철한 국가관과 애국애족의 정신, 애향심, 애교심이 바탕이 되어야 할 것이며, 예체능에 대한 지식과 확고한 소견 및 지도능력, 폭 넓은 지식과 교양, 관련된 정보를 탐색하고 확보하는 능력, 협동정신, 참여적 태도가 필요하다. 그리고 계획성, 행사운영능력, 지도력, 인솔력, 판단력, 융통성, 임기응변력, 적극적 추진력 등을 갖춰야 한다.

4) 직장인으로서의 자질

직장인으로서의 교사는 상사에 대한 예의바른 협력자와 보필자, 동료 사이에서의 좋은 벗, 하급자에 대한 선도자가 되어야 한다. 이것은 상하 및 횡적으로 좋은 인간관계를 맺어야 한다는 것인데, 이를 위하여 원만한 인격과 사회성, 적응력, 협동정신, 책임감, 신뢰감, 예절과 친절, 도덕성, 관용성, 동정심, 지도성, 진취적이고 적극적인 태도와 상호 존중하는 태도, 명랑함 등의 인성적 특성들이 요구된다.

다. 사회에서 필요한 자질

1) 사회 모범으로서의 자질

사회의 도덕적 모범이 되는 일은 쉬운 일이 아니다. 고상한 인격을 가지고, 사랑과 봉사를 실천하며, 청렴, 결백, 검소, 순수, 정직, 친절이 몸에 배어 있어야 하고, 단정한 용모와 복장에 예의바른 언어, 행동을 하여야 한다. 물론 완전한 인간은 없으며, 이러한 특성들을 모두 체현하고 있는 사람도 극히 드물 것이다. 그렇지만 교사는 최소한 다른 사람에 비해 비교적 우위에 서려고 노력해야 할 것이다.

2) 변화촉진자로서의 자질

교사가 국가 및 지역사회의 발전에 지도적 역할을 하기 위해서는 우선 애국심・애향심과 봉사정신이 있어야 한다. 또 현대의 시대적 요청에 대한 정확한 인식과 사회의 발전적 미래상에 대한 비전과 세계화된 넓은 안목이 있어야 하며, 사회의 역사, 문화, 산업구조, 생활양식, 자원, 문제 등에 관한 폭넓은 지식을 소유하고, 지역사회와 관련된 필요한 정보를 수집하는 능력, 탐구력, 지역사회 주민을 위한 교육 프로그램 개발 및 운영 능력이 있어야 한다. 지도력, 적극성, 창의성, 미래지향적이고 발전지향적인 태도, 확고한 가치관도 요구된다. 그 외에 성인들을 지도하기 위해서는 앞에서 제시한 학생지도자로서의 자질이 대부분 그대로 필요하다.

3) 교권신장의 주체로서의 자질

교권신장을 위해 주체적으로 노력하기 위해서는 교사로서의 긍정적 자아개념과 주체성을 가지고 있어야 하며, 교원단체에 대한 적극적 참여의식과 단결심, 협동정신, 실천력이 요구된다. 또 전문성을 인정받기 위해서 교과내용, 교육이론, 교과교육이론, 교수법 등에 대한 전문적 지식과 능력을 갖추어야 하며, 고상한 인품과 도덕성이 있어야 한다. 그리고 자기개발을 위한 의지와 끊임없는 노력도 필요하다.

4) 연수 및 연구자로서의 자질

여기에서는 자기개발을 위해 노력하는 적극성과 발전 지향적 태도, 교육 이론이나 교과에 관한 지식의 새로운 발전 동향에 대한 관심이 요구되며, 연구를 수행하기 위해서는 왕성한 호기심과 탐구력, 관찰・비교・분석・종합・비판하는 능력, 논리적인 사고력, 창의성 등이 있어야 한다.

3. 바람직한 교사상

바람직한 교사상이란 여러 가지 바람직한 교사의 자질들을 높은 수준에까지 체득하여 자기가 살고 있는 특정한 시대와 사회의 교육 현실에서 제기되는 역할들을 적절하게 수행하고 있는 교사의 모습을 말한다. 앞에서 살펴본 것처럼 교사의 역할과 자질은 고정되어 있는 것이 아니라 시대와 장소 및 관점에 따라

변하는 것이므로 바람직한 교사상도 그에 따라 달라질 수밖에 없다. 이것은 현대의 한국이라는 시·공간적으로 특수한 사회에 요구되는 바람직한 교사상이 제기될 수 있다는 것을 의미한다. 우리나라는 21세기를 맞이하여 국가의 전반적인 개혁 및 구조조정을 통하여 경제적 위기를 벗어나 제2의 도약을 실현함으로써 세계 속의 주도적인 국가로 우뚝 서는 새로운 시대를 열어가려 하고 있다. 새로운 시대에는 새로운 정신이 필요하고 따라서 모든 개혁에는 교육개혁이 선행되어야 하며, 교육개혁은 결국 교사에 의해 주도되어야 할 것이다. 그러므로 새 시대를 열어가기 위한 바람직한 교사상을 명확하게 제시할 필요가 있다.

이러한 필요성 때문에 많은 학자들이 새로운 시대에 요구되는 바람직한 교사상을 나름대로 정립하기 위해 노력하였다. 예를 들어, 김종철과 이종재(1994)는 2000년대에 기대되는 교사상으로 다음과 같은 여섯 가지를 제시하고 있다.

① 사기가 가르치는 교과에 대해 넓고 깊은 지식을 가지며, 실력이 있어야 하며, 동시에 자기가 가르치는 교과를 좋아하는 교사
② 학생을 사랑하고 학생 개개인을 바르게 이해하고 잘 알고 있는 교사
③ 자신의 품성과 자질, 능력 등을 꾸준히 발전시키고 향상시키는 데 앞장서며 만사에 솔선수범하는 교사
④ 교직에 보람과 긍지를 갖고 자기의 맡은 바 책임을 완수하는 교사
⑤ 교육혁신에 대하여 수동적, 방관적 태도를 버리고 이에 능동적으로 참여하며 스스로의 위치에서 교육의 혁신을 추진하고 실천하는 변화의 촉진자 구실을 하는 교사
⑥ 새로운 국제화 시대, 세계 속의 한국으로 크게 부각되고 있는 개방사회 지향의 시대적, 사회적 요청을 받아 들여 보다 넓은 시야와 관점에서 자라나는 세대의 젊은이들을 이끌어 나갈 수 있는 안목과 능력, 태도 등을 가진 교사 등이다.

한편, 한국교원단체총연합회(1997)에서는 미래사회의 특성과 관련하여 바람직한 교사상을 아홉 가지고 나누어 제시하고 있다.

첫째, 능동적이고 창의적으로 사고하는 능력과 습관을 가진 교사이다. 현대 한국 사회의 가장 두드러진 특징을 급격하게 변화하고 있다는 것이다. 변화는

현대가 가진 대표적인 특징들 중의 하나이지만 특히 우리나라는 개화기에서부터 일제시대와 해방, 6・25동란을 거쳐 현재에 이르기까지 격동의 세월을 거치면서 100년 남짓한 기간에 정신적 물질적인 대부분의 영역에서 급격한 변화를 경험하였다. 그리고 그러한 변화는 점점 더 가속화되어 가고 있다. 그러므로 사람들이 이러한 신속한 변화에 대처할 수 있도록 바람직한 교사는 변화의 경향에 대한 인식과 우리 사회의 미래에 대한 전망을 가지고 사회를 개성하고 올바른 길로 인도하는 선구자가 되어야 한다. 또 학생들이 지식은 그 자체가 목적이 아니라 생활의 수단임을 깨닫게 하고, 죽은 지식보다 살아있는 지식을 가지도록 지도하며, 삶에서 부딪치는 문제들을 스스로 해결해 나갈 수 있도록 사고력을 발달시켜 주어야 한다. 그렇게 하기 위해서는 교사 자신이 능동적이고 창의적으로 사고하는 능력과 습관을 가지고 있어야 한다.

둘째, 민주적 의식과 태도를 지닌 교사이다. 오늘날 우리 사회는 점차 민주화되어 가고 있다. 정치적으로 오랜 기간의 군부독재가 종식되고 중앙집권적 행정구조가 지방분권화 되어가고 있다. 소수의 특권층 위주의 사회로부터 서민의 사회, 대중의 사회로 변화하고 있는 것이다. 이러한 민주화는 생활 속에서는 다양성과 개성의 존중으로 나타난다. 그러므로 바람직한 교사는 학생 위에 군림하려 하지 말고, 학생들의 인격과 개성을 존중하고 키워주며, 민주주의를 생활화하고, 민주주의적 사회질서를 수립하는 데 교육적 노력을 해야 한다.

셋째, 개방적이고 다원적인 가치를 지닌 교사이다. 현재 우리 사회는 세계화를 추구하고 있으며, 이러한 성향은 미래로 갈수록 더욱 촉진될 것이다. 교통과 통신의 발달은 세계를 하나의 큰 사회로 묶어내고 있는데, 우리나라는 특히 북한 및 세계열강들의 틈바구니에 끼어 있는 지정학적 위치와 무역에 크게 의존하는 경제적인 구조로 인해 세계의 여러 국가들과 치열하게 경쟁을 하면서도 긴밀하게 협조해야 하는 상황에 처해 있다. 그러므로 학생들의 의식을 세계화하고, 세계와 함께 어울려 살아갈 수 있는 세계인으로 길러내기 위하여 바람직한 교사는 편협한 민족주의나 국수주의에서 벗어나 문화다원주의적 입장에서 폭넓게 세상을 바라보며, 세계의 다양한 문화자원을 교육내용으로 활용해야 한다.

넷째, 인간성 함양을 위해 노력하는 교사이다. 우리는 과학화, 정보화, 첨단

기계화를 추구하고 있다. 대한민국 건국 이후 우리나라는 과학입국을 외치면서 고도의 경제발전을 지속적으로 추진해 왔다. 그 결과 우리의 삶의 양식과 질은 크게 개선되었으나 인간성의 상실 현상이 다소 노출되고 있다. 그러므로 교사는 교육의 궁극적 목적이 지식의 전달이 아니라 인간성 함양에 있음을 깨닫고, 학생들을 사랑으로 포용하며, 성실하게 대화하고, 이해해 주어야 한다.

다섯째, 정보화능력을 갖춘 교사이다. 컴퓨터와 스마트기기의 발달과 정보망의 구축으로 이제 국내·외의 모든 정보에 점점 더 손쉽게 접근할 수 있게 되어 가고 있으므로 이제는 단순한 지식인이 아니라 정보를 수집하고 목적에 맞게 가공하여 활용하는 정보처리능력이 필요하다. 그러므로 교사 자신이 다양한 정보의 원천을 파악하고, 컴퓨터와 인터넷 등의 정보망을 활용하는 능력을 갖추며, 필요한 정보를 찾아 올바로 해석하고, 자기의 상황에 맞게 가공하고 처리하는 능력을 길러 학생들을 지도해야 한다.

여섯째, 창의력과 개방적인 태도와 능력을 길러주는 교사이다. 오늘날 경제적으로 많은 어려움을 겪고 있기는 하지만 커다란 맥락에서 볼 때, 우리나라는 OECD(경제협력개발기구)에 가입하는 등 경제적으로 선진국으로 도약하고 있으며, 이것은 문화적 선진화를 유도하고 있다. 즉, 우리 국민은 문화적 시민으로서의 자질을 길러 긍지를 가지며, 새로운 한국 문화를 창조하고 세계화로 나가야 한다. 그러므로 교사는 과거의 문화유산을 전달하고, 학생들이 나아가 새 문화를 창조할 수 있도록 창의력과 진보적 태도를 길러 주어야 한다. 특히 사고방식과 태도는 모방을 통해서 주로 길러지므로 교사 자신이 창의력과 진보적 태도를 체득하고 실천해야 한다.

일곱째, 민족의 통일에 기여하는 교사이다. 우리나라가 안고 있는 가장 커다란 민족적 과제는 남북통일을 실현하는 것이다. 다행히 한국의 발전과 금강산 관광을 비롯한 남북 간의 빈번해진 교류는 최근 남북통일의 오랜 염원의 실현을 기대할 만한 상황을 조성해 사고 있다. 그러므로 교사는 통일에 대비하여 학생들에게 민족정신과 동포애를 길러 주고, 이데올로기적으로 올바른 판단을 할 수 있도록 비판적 사고력을 길러 주어야 한다. 이러한 통일교육을 위하여 교사는 확고한 국가관과 민족관, 이데올로기, 비판적 사고력을 갖추어야 한다.

여덟째, 확고한 윤리적 가치관을 지닌 교사이다. 현대 사회는 가치관이 급속도로 혼란해지고 있다. 우리 사회의 급속한 변화는 세대 간의 가치관의 차이를 심화시키고 있으며, 민주화는 다양한 가치관의 혼재를 가능하게 한다. 또 산업화, 기계화는 비인간화를 초래하기도 한다. 그러므로 사회의 도덕적 모범으로서의 역할을 하여야 하는 교사는 다른 어느 시대보다도 확고한 가치관과 가치판단능력을 길러 사회의 여러 가치나 윤리적 사건들을 공정하게 비판하며, 학생들이 올바른 가치를 선택할 수 있도록 지도해야 한다.

아홉째, 끊임없이 연구하고 자신을 개발하는 교사이다. 현대는 평생교육의 시대이다. 앞의 여러 가지 현대 한국 사회의 특징들은 이제 우리가 평생 배우고 연구해야 만이 원만하게 적응하고 나아가서 발전할 수 있음을 말해 준다. 이러한 평생교육은 불확실한 미래에 대비하여 학생들을 지도해야 하는 교사에게는 더욱 절실히 요구된다. 앞에서 제시된 역할들을 원활하게 수행하고, 또 그것들을 위해 필요한 자질들을 지속적으로 높여 나가기 위해서도 교사는 끊임없이 자신을 개발하고 성장시켜 나가야 하는 것이다.

제3절 교원의 윤리와 교권

1. 교원 윤리의 중요성

교직의 전문성을 논함에 있어서는 반드시 윤리문제가 포함된다. 그것은 교직에서만이 아니라 모든 전문직에서 요구되는 기본 조건의 하나이다. 전문직 종사자에게는 다른 직업종사자보다 높은 직업윤리와 도덕수준을 사회로부터 요구받고 있다. 교직도 그러한 기대에서 예외일 수 없으며 오늘의 교사에 대한 사회적 비판의 대부분이 교직윤리에 관련된 문제들이다. "사도가 땅에 떨어졌다", "교사는 있어도 스승은 없다" 등의 비판이 그 좋은 예라고 할 수 있다.

교사의 사회적 지위, 경제적 지위, 지적 우월성 등은 모두 중요하고 어느 하나도 소홀히 생각할 수 없는 것이지만, 이들보다도 먼저 생각해야 할 것은 교사의 윤리 문제일 것이다. 왜냐하면 교사는 가르치는 사람이며 가르친다는 것은 지식을 가르친다는 의미만이 아니라 사회적 도덕적인 면에서 본을 보여야 한다는 의미를 포함하고 있기 때문이다.

교직이란 교육직 다시 말하면 교원의 직무를 말한다. 교원의 직무는 한마디로 교육하는 일로서 가르치는 직무를 말한다. 교육하는 일이란 사람을 가르쳐 사람을 만드는 일로서 개인적 입장에서 볼 때는 개인의 능력과 자질 그 도덕적 품성을 형성하는 일이며, 국가 사회적 입장에서 생각할 때는 시민 혹은 국민의 생산력과 도덕적 자질을 만드는 일이다. 교직은 일반 생산 노동자가 아니고 단순한 공무원도 아니다. 개인의 일생에 영향을 미치며, 국가·사회의 미래에 막중한 영향을 미치는 시민의 도덕적 성품과 자질을 형성하는 일이다. 그러므로 교직자는 다른 어떤 직종의 사람들보다도 높은 도덕관과 표순석 윤리관을 가지고 있어야 한다. 교직자의 교육 실천 행위는 누구의 간섭도 받지 않지만 사회적 요구와 기대라는 보이지 않는 윤리적 규제의 대상이 된다.

물론 교사의 행동을 규제하는 통제 메카니즘으로서 국가적으로는 성문법으로서의 법규가 있다. 법규는 헌법, 교육법 등 기본법에서부터 교육공무원법, 동법 시행령 등 각종 법률과 명령에 의한 규제를 직접 받는다. 이는 외적·공식적 측면에서 강제적으로 교사의 행동을 규제한다. 그러나 교사 행동의 적절성 또는 적부의 판정은 이와 같은 외적, 강제적, 형식적 통제만으로 족하지는 않다. 내면적, 자발적, 잠재적 규제가 뒷받침되어야 한다. 인간형성이라는 교직의 직무는 정형화되어 있는 것이 아니고 다양하며, 자유재량의 폭이 매우 크다. 그러므로 교사의 내적, 심리적, 잠재적 동기와 자발적, 능동적 규율이 중요하다. 인간의 도덕적 품성의 형성은 내적 동기와 자발적 의지에 의해 더 크게 영향을 받는 것이다. 그러므로 교사의 법규 준수 그 자체보다도 교사행동에 대한 윤리성이 중시되는 것이다.

교직에서 법규의 준수 못지않게 그 윤리의 실천을 강조하는 이유는 무엇인가?

첫째, 가르치는 직종 즉 교직이 학생의 인간형성을 하는 일이며, 국가・사회의 장래를 좌우하는 국민의 질을 결정하는 일이기 때문이다.

둘째, 교직이 전문직이기 때문이다. Lieberman은 '전문직(Profession)은 윤리강령(code of ethics)을 갖는다.' 고 하였다. 즉, 어떤 직업이 전문직이라면 윤리규정이 없어서는 안된다는 이야기이다. 의사나 변호사, 법관과 같은 전문직에 종사하는 사람들은 그것이 전문직이기 때문에 직무 수행에서 법규의 규정 외에 윤리규정도 지키도록 요구하고 있다. 따라서 의사, 변호사 등 전문직은 모두 윤리강령을 가지고 있다. 교직도 전문직이기 때문에 교사의 실천도덕 또는 행동규범으로서 윤리규정을 필요로 하는 것이다. 만일 교직의 윤리규정이 존재하지 않는다면 교직이 전문직이 되지 못한다는 이야기이다. 따라서 각국의 교직 단체에서는 윤리규정을 정하여 이를 지키도록 하고 있다. 이 윤리규정을 윤리강령이라고 하는데 우리나라에서도 1958년 9월 19일에 대한교육연합회(한국교원단체총연합회의 전신)가 교원윤리강령을 제정한 바 있었고, 1982년 5월 15일 스승의 날에는 전문과 5개항의 본문으로 이루어 진 사도헌장과 전문 및 5장으로 구성되는 사도강령을 선포하였다.

셋째, 교사로 하여금 강력한 교육력을 갖도록 하기 위해 윤리가 필요하다. 만일 교사에게 교권이 확립되지 않는다면 학생의 교육을 할 수 없을 것이다. 교권의 확립은 바로 교육력의 강화이다. 교권 확립의 방안이 교직 윤리의 확립이다. 옛말에 『군사부일체(君師父一體)』, 『칠척거이사영불답(七尺去而師影不踏)』이란 말이 있는데, 전자는 '임금과 스승과 부모는 똑같이 존엄하다'는 의미이고, 후자는 '스승은 존엄하여 그 그림자도 밟아서는 안 된다'는 것이다. 이와 같은 도덕률이 살아있는 상황에서는 교사의 권위는 부동의 것으로서 그 교육력이 영향력 있는 것이라고 할 수 있을 것이다. 유학이 중심이었던 옛날 우리나라의 교육은 제도, 시설, 방법 등 제 측면에서는 오늘날의 교육에 비해 보잘 것이 없었지만 훌륭한 교육의 성과를 거둘 수 있었다. 그 시절의 교사의 교권은 오늘날과의 그것과는 비교할 수 없을 만큼 높았다. 지도기술이 뛰어나서도 아니고, 경제적 지위가 높아서도 아니다. 그때의 스승의 윤리성이 그만큼 높았기 때문일 것이다.

넷째, 학생지도의 효과를 높이기 위하여 윤리가 강조된다. 학생의 도덕적·윤리적 품격은 학생의 사회적 환경의 질에 의해 영향을 받는 것으로 직접적으로는 학생과 부모 및 교사의 인격적 접촉과 인간적 감화를 통하여 다듬어진다. 교사나 부모의 윤리·도덕성은 학생의 도덕적 윤리적 성장·발달에 중요한 영향을 미친다. Freud는 어린이의 성장·발달에 부모의 애정의 중요성을 강조하였고, 많은 심리학자들이 어린이의 인간적 환경으로서 부모나 교사의 인간됨됨이의 중요성을 강조하고 있다. 집에서 기르는 가축이나 화분도 정성을 다하여 사랑으로 가꾸면 잘 자라고 훌륭한 꽃과 결실을 맺는데 어린이의 경우 진정한 열과 성의에 의한 따뜻한 보살핌의 효과는 더 말할 나위도 없을 것이다. 스승의 제자에 대한 사랑은 부모의 자녀에 대한 사랑과 같이 자연스러운 것이다. 교사의 학생에 대한 애정이 학생이 성장 발달하는데 중요하다는 사실은 너무나도 당연한 사실이기 때문에 이것은 교사의 윤리이며 사도의 본령이다.

다섯째, 산업화 내지는 탈산업화사회에 있어서 노덕과 윤리의 재건을 위해 윤리는 강조된다. 오늘날 물질 지향적 사회에서 도덕부재, 타락한 정신과 땅에 떨어진 도덕을 개탄하는 소리가 높다. 현대사회에서 황금만능주의, 물질주의, 과학문명은 인간의 도덕적, 정신적, 윤리적 황폐를 불러오고 있다. 오늘의 교육은 물질과 실용적 가치를 강조하여 과학적 지식과 기술을 너무 지나치게 강조하고 있는 감이 있다. 인간으로서의 삶과 물질이 아닌 정신, 삶의 의미, 사람으로서의 도리를 찾는 교육을 더욱 더 강조할 필요가 있다. 이를 위해서는 교사들의 확고한 윤리관의 확립이 필요하다.

2. 교원윤리의 확립

교원의 윤리는 교육의 질을 결정하는 데 있어 매우 중요한 역할을 한다. 그러므로 교사가 교원의 윤리를 준수하기 위해 노력해야 한다는 것은 모든 교원들이 인식하고 있는 바이다. 그러나 현실적으로 교사들은 이를 만족할 만큼 실천에 옮기고 있다고 할 수는 없다. 교사들이 교육현장에서 교원의 윤리를 제대로 실천하지 못하는 데에는 여러 가지 원인이 있을 수 있다.

먼저, 개인적인 측면으로 교사로서 지녀야 할 제반 가치관 또는 철학의 부재를 들 수 있다. 예를 들어 세계관, 인생관, 교직관이 확고하게 확립되어 있지 못할 경우 교사가 교원으로서의 윤리를 제대로 실천하기란 매우 어려운 일이다. 또한 성실성이나 책임감 또는 직무에 대한 열성 등의 부족, 지역적・계층적・성적・종교적 편견, 가정불화 등도 교원 윤리 실천에 중요한 장애 요인이 된다.

다음으로 사회적 측면에서 보면 물질만능주의, 정치적 불안정, 경제적 빈곤, 위해 환경, 부정부패 등은 교사로 하여금 윤리규범을 실천하기 어렵게 만든다. 왜냐하면 교사 역시 사회적 존재이므로 그가 생활하고 있는 사회적 환경에 의해 중대한 영향을 받을 수밖에 없기 때문이다.

또한 제도적・정책적 측면을 들 수 있다. 예를 들어 교사양성기관의 부실, 현직연수의 미흡, 교원 인사제도의 불합리, 처우나 후생 복지정책의 미흡 등은 도덕적으로 우수한 교원의 확보를 가로막을 뿐만 아니라 교원의 사기를 저하시킴으로써 결과적으로 교원 윤리의 확립을 어렵게 만드는 요인들이다.

그러나 현실적 조건이 아무리 어렵다고 하더라도 교사의 비윤리적 행위는 정당화될 수 없다. 다시 말하면 교원 윤리의 확립은 바람직한 교육을 위한 필수적인 조건이기 때문에 반드시 해결해야 할 당위적 과제인 것이다. 다음은 교원 윤리의 확립 방안을 교과 지식, 학생지도, 동료 교사, 학부모와 사회, 직무수행에 관련하여 살펴보고자 한다(안창선 외, 1999).

가. 교과 지식에 관련된 윤리 확립 방안

교직이 전문직인 이상, 교사는 교직을 수행하는 데 필요한 지식과 기술에 통달해야 한다. 다시 말하면 풍부한 지적 능력을 소유한 교사만이 전문적 활동으로서의 교직 본연의 역할을 충분히 수행해 낼 수 있는 것이다. 따라서 인류의 문화유산을 후손에게 효과적으로 전달하고 아직 미성숙한 학생들을 고도의 사고력과 창의성을 지닌 사회성원으로 길러 내기 위해서 교사는 교과에 관련된 지식을 끊임없이 탐구하고 실천해야 한다. 이는 전문가로서 교사에게 요구되는 당위적인 조건이다.

첫째, 전문직으로서의 교직을 훌륭하게 수행하기 위해서 교사는 우선적으로 주어진 교과의 체계와 내용에 대하여 완전히 숙지하고 있어야 한다. 교사는 학습지도의 책무로서 학생에게 교과를 가르쳐야 하는 사람이다. 교사는 학생의 샘솟는 지식 욕구를 충족시켜 줄 수 있을 때 학생으로부터 존경을 받는다. 또한 교사의 사고와 행동은 학생의 사표로서 모방의 대상이며 학부모의 관심과 주시의 대상이 되기 때문에, 풍부한 교양과 차원 높은 품위를 지니고 있어야 한다.

둘째, 만족할만한 교직 수행을 위하여 교사 스스로 연구자, 탐구자로서의 자세를 견지해야 한다. 실력 있는 교사가 되기 위해서는 자신이 가르치는 교과목과 그에 관련된 기타 학문에 대해 끊임없이 공부하지 않으면 안된다. 왜냐하면 학생들에게 실력을 의심받는 교사는 스스로 교권을 추락시키고 있는 것이나 다름없기 때문이다. 따라서 교사는 자기 전공교과에 대한 지식의 구조와 내용, 그 교수 및 평가 방법을 통달하고 있어야 한다. 이를 위해서 교사는 스스로 탐구하고 끊임없이 학습해야 한다. 다시 말하면 교사는 가르치는 사람임과 동시에 배우는 학습자가 되어야 한다는 것이다.

셋째, 교사는 급변하는 사회에서 새로운 지식을 수용하고 적용하기 위해 노력해야 한다. 현대 사회의 가장 두드러진 특징 중의 하나는 지식과 정보가 급속도로 증가하고 있다. 1년 반마다 지식의 양이 두 배로 늘어난다고 한다. 그리고 미래사회에서 이러한 추세는 더욱 가속화될 것으로 예측된다. 이는 곧 지식과 정보의 생명력이 그만큼 짧아지고 있다는 말이다. 이러한 상황에서 십수년 전에 배웠던 낡은 지식만을 가지고 학생들을 가르치려고 하는 것은 시대착오적이다. 따라서 교사는 일반교양과 전문지식의 영역에서 지속적으로 개발되는 새로운 지식과 기술을 예의주시하며 탐구하고 이를 교육과정에 적극적으로 수용하고 반영하려는 노력을 해야 한다.

넷째, 교사는 효율적인 교수법 또는 교육기술을 갖추기 위해 노력해야 한다. 전문적인 지식을 많이 라고 있다고 해서 훌륭한 교사가 될 수 있는 것은 아니다. 물론 교과에 대한 전문적인 지식은 훌륭한 교사에게 필수적으로 요구되는 조건이다. 그러나 알고 있는 것과 가르치는 일이 동일한 것은 아니다. 다시 말하면, 많이 안다고 해서 잘 가르칠 수 있는 것은 아니다. 따라서 교사는 교수기술에 대해 끊임없이 연구하고 개발해야 한다. 예를 들어 어떠한 화법과 태도를 취해야 할 것인가, 학습내용을 학생들에 맞게 어떻게 배분하고 조직화하고 체계화할 것인가, 수업시간을 내용에 따라 어떻게 배분하고 조직할 것인가 등에 지속적으로 연구하고 자신과 가르치는 학생들에게 보다 적합한 교수법을 개발하고 적용해야 할 필요가 있다.

나. 학생지도에 관련된 윤리 확립 방안

교육활동의 궁극적인 지향점은 결국 학생과 관련되어 있다. 다시 말하면 교육의 목표는 교사 자신의 교수행위보다는 학생의 학습활동과 그 결과로 나타나는 인지적, 정의적, 신체적 변화에 있다. 따라서 학생에 대한 교사의 이해와 관심은 교육 활동에 가장 중요하고도 기본적인 일이다.

학생을 훌륭하게 지도하기 위해서 교사는 첫째로 학생에 대한 남다른 애정을 소유하고 있어야 한다. 사실 학생에 대한 교사의 사랑은 교육의 알파(시작)요 오메가(끝)라고 해고 지나치지 않는다. 따라서 교사는 학생 하나하나에 대해 세밀한 관심과 주의를 기울여야 하며, 학생을 둘러싸고 있는 인위적, 자연적 환경에 대해서도 잘 이해하고 있어야 한다.

둘째로 민주적인 태도와 능력은 학생지도와 관련하여 교사가 지녀야 할 중요한 규범이다. 학생들의 개인차를 존중하고 배려하며, 학생의 개성을 최대한으로 발전시키는 일은 교사의 윤리적 의무인 것이다. 이는 곧 학생들 하나하나를 교사 자신과 동등한 인격체로 인정해 주어야 한다는 의미이다. 학생의 개인적 특성이나 종교, 성, 인종, 가정적 배경 등에 관계없이 평등하게 대해 주어야 하며, 그들의 개인적인 비밀을 누설해서도 안된다. 그리하여 교사는 획일적인 인간을 대량으로 양산하기보다는 개성있고 자율성있는 민주적 인간을 양성할 수 있도록 노력해야 한다. 나아가 교사는 학생들을 공평무사하게 지도해야 한다. 교사도 인간이므로 때때로 자신의 지도에 잘 따르는 학생들을 더 선호할 수 있다. 그러나 특정 학생에 대한 애정이 지나쳐 교육자적 양심에 가책이 들 정도로 편애를 해서는 안 된다.

셋째, 교사는 모범적인 자세와 태도를 견지해야 한다. 교사는 학생들의 중요한 모방 대상이다. 따라서 학생지도와 관련하여 교사는 학생들이 보고 배울 수 있는 모범적인 자세와 태도를 견지해야 한다. 직접적인 지시보다는 모범적인 모델이 되어 줌으로써 간접적으로 가르치는 것이 더 훌륭한 방법이다. 따라서 말 한마디, 행동 하나하나 학생들의 모방의 대상이 되고 그들의 장래에 중요한 영향을 미칠 수 있음을 인식하고, 교사는 모범적인 인품과 태도, 행동특성을 지니도록 노력해야 한다.

넷째, 훌륭한 교사는 체벌을 금기시해야 한다. 학생을 교육하는데 긍정적 강화의 수단으로서 격려, 칭찬, 보상 등으로 사랑을 주는 측면과 반대로 질책, 비난, 보상거부, 벌 등으로 사랑을 거부하는 측면이 있다. 부정적인 수단을 전혀 동원하지 않을 수는 없으나 교사는 가능하면 긍정적인 수단을 동원하는 것이 바람직하다.

다. 동료 교사들과의 관계에 관련된 윤리 확립 방안

바람직한 직업 활동을 위해 필수적으로 요구되는 요소는 집단 내의 타구성원들과 원활하고 조화로운 관계를 유지하는 일이다. 이는 교사들에게도 마찬가지이다. 교육이 단순히 지식을 전수에만 한정된 일이 아니라 바람직한 인격의 형성에 밀접히 관련된 일이라는 점에서 볼 때, 동료 교사들과의 조화로운 관계는 타 직업에서보다 더욱 중요하고 강조되어야 할 일이다. 따라서 교사는 학교 사회가 서로 협력하고 보호하며 격려해 주는, 진정으로 교육적인 분위기를 만들기 위해 많은 노력을 기울여야 할 것이다.

먼저 수직적인 관계에서 선배교사들을 존경하고 따르며 후배교사들을 사랑으로 아끼고 보살피는 태도와 심성은 교사가 지녀야 할 중요한 윤리규범이다. 교장과 교감은 교사들을 인격적으로 대하고, 그들의 사기를 불러 일으켜야 할 것이다. 교장·교감은 교사에게 공과 사를 엄격히 구별하고 사적 충성을 기대하지 말아야 하며, 항상 공평하게 교사들을 대해야 한다. 그리고 교사는 학교 경영에 관한 사안에 대하여 자신의 입장에서만 생각하지 않고 교장이나 교감의 입장에서 그 고충을 이해하고 협력하는 태도를 지녀야 한다. 학교조직의 교육적, 경영적 개혁과 혁신을 위해 적극적으로 건의하며, 교장 및 교감을 포함한 선배교사들에 대해서는 인생의 선배로서 인격적인 예우와 존경을 보여 주어야 한다.

나아가 동료교사들과 협력하고 화합하는 분위기가 형성되어야 한다. 특히 오늘날처럼 학교가 지나친 경쟁의 장으로 전락하고 있는 상황에서는 교사들 간의 경쟁보다는 협동과 화합이 더욱 강조되어야 할 미덕이다. 교사 상호간의 관계는 일견 매우 단순한 것처럼 보이나 사실은 매우 다양한 관계가 형성되고 있다. 남녀별 구별이 있고, 출신학교와 학과가 서로 다르며, 개인적 적성과 취미, 기호도 각각 다를 수 있다. 연령적으로도 20대부터 60대에 이르기까지 매우 다양하다. 같은 평교사라고 하더라도 학교의 선후배일수도 있으며, 심지어 사제지간일 수도 있다. 때로는 어릴 때부터 가깝게 지내 온 죽마고우일 수도 있으며, 동기동창일 수도 있다. 교사집단은 이렇게 복잡한 관계로 얽혀 있기 때문에 다른 어떤 직종보다도 서로 존중하고 협력하며 화합하는 풍토가 중요한 것이다.

다음으로 학교사회는 교사들로만 이루어진 집단이 아니다. 교수·학습활동이 원활하게 진행되도록 지원해 주기 위한 행정직원들 역시 학교의 중요한 구성원이다. 따라서 교사들은 행정직원들과 원만한 관계를 형성할 수 있도록 노력해야 한다. 학교의 업무를 처리함에 있어서 교사들은 일반적으로 교육적인 시작에서 업무를 처리하려고 하는 대신 행정직원들은 행정적인 시각에서 업무를 처리하려고 한다. 그리하여 때때로 양자 간 갈등이 초래되는 경우가 있다. 어느 집단에서든 갈등이란 있을 수밖에 없는 일이기는 하지만, 특히 학교 사회에서는 구성원들 간 갈등이 잘못 표출되면 곧바로 학생들에게 부정적인 영향을 미치는 비교육적 풍토를 조성할 수 있다.

라. 학부모 및 지역사회와 관련된 윤리 확립 방안

교원의 윤리는 단순히 학교사회 내부에서만 존재하는 것이 아니다. 즉 학부모와 학교 외부의 사회에 대한 교원의 윤리는 교원의 사회적 지위를 결정하는 중요한 요인이 될 뿐만 아니라 교사의 권위와 교육력을 유지하는 중요한 토대가 된다. 따라서 교사들은 학부모와 일반사회에 대한 윤리를 준수하기 위해 각별한 노력을 해야 한다. 학부모와 일반사회에 대한 교원의 윤리는 대략 다음과 같은 것들이 있을 수 있다.

첫째, 교사는 사회적 사표로서의 태도와 행동을 보여 주어야 할 윤리적 의무가 있다. 교사는 사회적으로 지도자적 위치에 있는 집단이다. 따라서 일반인들에게는 널리 허용되는 행동조차도 교사들의 경우에는 지탄의 대상이 될 수도 있다. 이는 교사들의 행위는 사회적 규범의 상징이며, 그만큼 높은 윤리적 기준이 요구되기 때문이다. 따라서 교사는 자신의 행위가 학생들뿐만 아니라 사회 전체의 도덕과 윤리를 선도하고 유지하는 표준이 된다는 사실을 명심하고 행동과 태도에서 각별한 주의와 노력을 기울여야 한다.

둘째, 학부모 및 일반사회와의 협력과 연대를 통해 사회의 발전을 위해 노력하는 일 또한 교사가 지니는 대사회적 윤리에 속한다. 이는 교육이 궁극적으로 사회적 사업이며 학교란 곧 사회적 기관이라는 특성에서 기인한다. 따라서 교사는 자유, 평등, 평화, 통일 등 사회적으로 합의된 이념을 실현하기 위해 노력해야 하며, 동시에 학교가 위치하고 있는 지역사회의 발전에 기여해야 한다. 이를 위하여 교사는 지역사회의 주요 구성원인 학부모들이나 제반 기관들과 적극적으로 협력함으로써 사회의 교육적 풍토를 조성하기 위해 노력해야 한다. 학교 밖의 이러한 교육적 풍토는 결국 학교 내에서의 학생지도에도 긍정적인 영향을 미치기 때문에 보다 바람직한 인간성장을 가능하게 해 줄 것이다.

마. 직무수행과 관련된 윤리 확립 방안

교직 역시 하나의 직업이라는 점에서 교사는 기본적으로 요구되는 직업윤리를 준수해야 할 의무를 지니고 있다. 예를 들어 바람직한 직무수행을 위하여 교사는 교직이 개인적으로는 학생 하나하나를 훌륭한 인격체로 성장시키는 일임과 동시에 사회적으로는 교육을 통하여 사회의 유지와 발전에 공헌하는 직업이라는 긍지와 자부심을 가져야 한다.

또한 교사는 전문직에 요구되는 전문적 자질과 능력의 배양을 위해 끊임없는 노력을 경주해야 할 의무를 갖고 있다. 전문직을 구성하는 중요한 요소 중의 하나의 엄격한 자격과 높은 수준의 능력이다. 그렇기 때문에 장기간의 훈련을 통해 자격을 부여하고 엄정한 시험을 통해 선발하는 것이다. 그러나 자격을 부여받고 선발 시험에 통과했다는 것은 최소한의 요건을 갖추었다는 의미이지 만족할만한 자격과 자질을 갖추었다는 의미는 아니다. 따라서 교사는 끊임없는 탐구를 통해 전문가로서의 소양을 높이기 위해 노력해야 한다. 이를 위하여 교사는 교직단체에 보다 적극적으로 참여해야 할 필요가 있다. 왜냐하면 대부분의 교직단체들은 교원들의 자질을 향상시키고 전문성을 확립하는 것을 그 주요 목적으로 삼고 있기 때문이다. 따라서 교사는 교직단체에의 적극적인 참여를 통해 스스로의 전문성을 향상시키고, 타 교사들과의 협동적 노력을 통해 자질을 향상시키고 제반 윤리강령을 준수하기 위해 노력해야 하는 것이다.

3. 교권

교육권이라는 말은 매우 다양한 의미로 사용된다. 국민의 기본권으로서의 교육받을 권리, 친권자인 부모가 미성년인 자녀들을 학교에 보내고 공부하게 할 수 있는 권리, 그리고 교사가 자신의 전문적 소신과 자율성에 근거하여 아동·학생을 가르칠 수 있는 권리는 모두 '교육권'이라는 이름으로 불린다. 이 중에서 교사들의 권리에 대해서는 '교권'이라는 용어도 쓰이지만, '교권'은 교육에 대한 권리로서의 의미보다는 국가나 지방자치단체 그리고 학부모 등 외부로부터의 관여에 대립하는 방어적 개념으로서의 뉘앙스가 강하다. 또한 이 단어는

'교사의 권리'라는 의미보다는 '교사의 권위나 위엄'이라는 의미로 쓰이는 경우가 많다.

그렇다면 교사의 교육권은 어디에서 유래하는 것일까? 법적으로 미성년자를 양육하고 교육시키는 권리는 일차적으로 그 친권자인 학부모에게 있다. 학부모는 자녀들에 대한 교육의 권한을 공교육의 주체인 국가에게 포괄적으로 신탁하게 되는데, 국가는 학교설립·교육행정구역 설정 등 교육기반을 확립한 다음, 실정법상의 자격증 제도와 교사채용 등의 제도를 통해 이를 다시 직접 교육활동을 수행하는 교사에게 신탁·위임하게 된다. 따라서 교사가 아동·학생을 가르치는 권리는 학부모들로부터 국가를 통해 간접적으로 위탁받은 것이다. 이러한 교사의 교육권은 구체적으로 학교교육 과정에 있어서 교재의 채택·선정권, 교육방법의 결정권, 평가의 권한, 징계권 등으로 나타나게 된다(하승수·김진, 1999).

교사가 그들에게 부여된 책임을 다하고자 할 때 가장 중요한 조건 중의 하나는 교권이 확립되어 있어야 한다는 것이다. 교사가 제대로의 권위와 권리를 인정받지 못할 때 제대로의 교육이 행해질 수 없다는 것은 너무나 자명한 것이다. 의사의 권위가 환자에게 인정받지 못할 때 병환의 치료가 가능하지 못한 것처럼 교사의 권위가 학생과 학부모에게서 인정받지 못할 때 교육의 영향이 효과를 발휘하기 어렵게 된다. 이 점은 특히 지식의 교육보다도 인간교육에서 그러하다(김종서 외, 1994).

교사가 갖고 있는 권리는 크게 두 가지로 구분할 수 있다. 첫째, 교사가 교육이라는 전문적 활동을 수행하는 데 필요한 적극적 권리로서 교육자유권, 생활보장권, 근무조건의 개선, 복지·후생의 이익추구 등을 포함하는 개념이다. 이것은 주로 물질적 내지 물리적 측면으로서 교사들이 그들의 본연 일부인 교육활동에 전념할 수 있도록 보장받아야 할 권리이다. 둘째, 교사의 전문적 활동을 수행하기 위한 소극적 권한의 측면이다. 이것은 주로 법적인 측면으로서 신분보장, 쟁소제기권, 불체포특권, 교직단체활동권 등이다. 이러한 권리들은 교육기본법, 교육공무원법, 사립학교법, 소청절차규정 등에 명문으로 규정되어 있다(안창선 외, 1999).

가. 적극적 권리

1) 교육자유권

교사가 아동・학생을 교육할 권리는 자연법상으로는 부모가 교사에게 자녀교육을 믿고 맡긴 것에 의한 것이고, 실정법상으로는 국가에 의한 교원자격증제도와 법률에 정한 방법에 의한 채용 등으로 되는 것이다. 교사의 교육권은, 교사라고 하는 법적인 지위에서 하는 기능이므로 직무상 법으로 정한 권한이며. 교사 개인의 자유권은 아니다. 학생의 교육을 담당할 때의 교육자유권은 교직의 전문직적 특성을 바탕으로 할 때 성립되며 교육의 자율성을 추구할 권리가 발생하는 것이다. 다시 말하면 교직을 전문직적 특성에 비추어 전문직이라고 규정할 경우 교사는 직업적 활동에 있어서 권위를 인정받아야 할 것이다. 이 때 권위는 교사가 교과에 대한 지식과 연령 단계에 따른 교과의 지도방법 및 평가 능력을 갖추었기 때문에 주어지는 것이다.

교원의 자율성은 헌법이나 교육기본법 등에 명문으로 규정되어 있다. 즉, 헌법(제31조 4항)에 의하면 교육의 자주성・전문성・정치적 중립성 및 대학의 자율성은 법률이 정하는 바에 의하여 보장된다. 또한 교육기본법(제5조)에서는 국가 및 지방자치단체는 교육의 자주성 및 전문성을 보장하여야 한다고 함으로써 교육의 자주성을 명문화하고 있다. 이와 같은 법 조항은 교육과정상 교육자들의 활동이 자유롭고 창조적이어야 함을 강조한 것으로 볼 수 있다.

그러나 교사의 자율성은 여러 가지 측면에서 많은 제약을 받고 있는 것이 현실이다. 우선, 헌법과 교육기본법의 하위법규나 시행령 등을 검토해 보면 교사는 창의성을 발휘하여 교육내용에 대한 판단과 선택을 할 위치에 놓여 있지 않음을 알 수 있다. 그 뿐만 아니라 학교운영위원회를 통하지 않은 학부토의 간섭이라든지, 교육행정 당국의 일방적・획일적인 지시 및 통제 등에서 자율성을 제한하는 예를 찾아 볼 수 있다.

교직은 다른 전문직과 마찬가지로 자율성을 행사할 수 있는 여지가 많아야 한다. 그 이유는 교사의 교육적 활동은 고도의 창의성이 요구되는 것으로 인류의 미래를 결정짓는 아동의 지적 성장과 깊이 관련되어 있기 때문이며 학습자에게 변화하는 가치 세계로 인도하고 스스로 깨우쳐 변화할 수 있도록 하는 일은 교사의 의무이기 때문이다.

2) 생활보장권

교사가 가르치는 일에 몰두할 수 있도록 하기 위해서는 교사에 대한 안정된 생활보장이 필수적이다. 교사의 역할이 교육활동에 있어서 핵심적 변인임을 인정은 하면서도 사실 이제까지 교사들이 확고한 교직관과 사명감을 가지고 오로지 교육에만 전념 할 수 있도록 제반 여건을 마련해 주지 못한 것이 사실이다. 생활보장은 일차적으로 보수 및 기타 물질적 급부에 주로 달려 있다. 대체로 교원에게 주어지는 것은 금전적 대가인 보수이며, 그것은 교사들이 법정의 직무를 수행한 결과 국가 및 지방 자치 단체로부터 받게 되는 금전적 보상이다.

그러나 현재 교사의 보수 수준은 다를 직종보다 상대적으로 낮다. 2011년 대기업 대졸 신입사원의 초임연봉 평균은 3,300만원, 공기업의 경우 2,597만원, 외국계기업은 2,917만원, 중소기업은 2,175만원으로 나타났다[1]. 반면에 교사의 초임 연봉은 2,400만원을 조금 넘는 것으로 나타났다(OECD, 2008). 이와 같은 격차는 지난 60년대 이후 산업화 과정을 거치면서 계속되었다. 타 직종의 봉급 인상률이나 근무조건 및 복지후생 등은 교직보다 훨씬 앞서 가고 교직은 보수체계의 문제점으로 인하여 이에 뒤따르지 못하였다. 교육공무원의 보수는 우대되어야 교육공무원법 제34조의 법 정신을 실현하지 못하고 있는 실정이며, 또한 1991년에 제정된 교원지위향상을 위한 특별법(제3조)의 교원보수에 관한 특별우대조항도 국가나 지방자치단체는 지키지 않고 있다.

교원 보수가 타 직종에 비하여 상대적으로 낮기 때문에 교직 사회에 대한 매력을 떨어뜨리게 되고 결과적으로 우수하고 유능한 교사를 유인할 수 없게 되는 것이다. 이러한 사실은 교직의 매력을 떨어뜨리고 교직의 사회적 지위를 상대적으로 하락시키는 주요한 요인의 하나가 된다. 그러므로 교사들의 생활 보장은 다른 무엇보다도 경제적 측면에서 이루어져야 할 것이다. 교원의 보수를

1) 출처: 잡코리아 www.jobkorea.co.kr

획기적으로 인상하는 것이 현실적으로 어렵다면, 단계적으로 인상하여 기업체 봉급 수준은 유지되어야 할 것이다.

3) 근무조건 개선

근무조건의 개선은 교사들이 교직에 만족스럽게 봉사할 수 있도록 하기 위한 근무조건의 정비라고 할 수 있다. 작업 환경의 변화와 생산량 증가는 반드시 비례한다고 하는 보고를 찾기는 쉽지 않지만 생산량에 정적인 효과가 있음은 부인할 수 없다. 특히, 전문직인 교직의 경우에는 교육의 효과와 능률을 높이기 위해 근무조건의 개선은 반드시 필요하다.

근무 조건의 개선은 교사 1인당 학생 수의 변화, 학급당 학생 수의 변화, 교사의 주당 수업시수의 변화, 교수-학습과 관련이 먼 잡무 등의 경감이 대상이 된다. 이 중에서 교원의 근무조건으로 가장 민감한 것은 주당 수업시수이다. 그러나 중등학교의 경우 교원정원은 학급당 인원으로 결정되기 때문에 학교에 따라 담당 수업시수가 다르게 된다. 더구나 같은 학교 내에서도 교과에 따라 담당 수업시수가 다르기도 하다.

4) 복지 · 후생제도의 확충

교원의 복지·후생제도는 교사들의 생활 안정과 함께 가족에 대한 부양책임을 덜어 줌으로써 교사가 교육 활동에 전념할 수 있도록 하는데 그 의의가 있다. 교사들에게 가르치는 일에 전념할 수 있게 하고, 교직의 유인 구조를 개선하기 위해서는 각종 부가 혜택이 주어져야 할 것이다.

그러나 현재 교사들의 복지·후생대책은 미흡한 상태에 있다고 하겠다. 교직 내에서 복지·후생을 확충하기 위한 그 동안의 노력이 적은 데 비해 교직 외의 타 직종에서 사원들에 대한 복지·후생제도를 확충한 노력과 성과는 너무나 큰 차이가 있다. 교직에서 거론되고 있는 복지·후생 관련 문제점으로는 연금체계의 불합리성, 자녀 교육비 지급 미흡, 교원의 자기 연찬 비용 부담, 무주택 교원 지원 대책, 학교 안전사고 대비 지원 등을 들 수 있다.

2. 소극적 권리

교사의 직무를 수행하기 위한 소극적 권한의 측면은 주고 법적인 측면을 말한다. 소극적 권리로는 신분보장, 쟁소제기권, 불체포특권, 교직단체활동권 등이 있다. 이러한 권리들은 교육기본법. 교육공무원법, 사립학교법, 소청절차규정 등에 명문으로 규정되고 있다.

가. 신분보장

일반적으로 공무원의 권리는 신분상의 권리와 재산상의 권리로 나누어지고, 신분상의 권리는 신분보유권, 직무집행권, 직명사용권, 그리고 쟁소제기권 등으로 구분한다.

교사들의 신분보장에 대해서는 교육기본법(제14조)에 '학교교육에서 교원의 전문성은 존중되며, 교원의 경제적·사회적 지위는 우대되고 그 신분은 보장된다'고 규정되어 있다. 그리고 교원지위향상을위한특별법(제6조)에서도 교원의 신분보장을 규정하고 있다. 이렇듯 법규상으로 보면 교원의 신분보장은 거의 완벽한 상태에 있고 외국에 비해서도 손색이 없다. 교육공무원은 국가공무원법에 의한 신분보장은 물론이고 교육공무원법에 의하여 더욱 강력한 신분보장의 권리를 갖고 있다. 예컨대 교육공무원법(43조)에서도 교육공무원의 의사에 반한 신분조치를 금지하고 직권휴직, 직권강임, 직권면직, 권고사직 등 그들에 대한 신분조치의 법적인 한계와 처분사유 설명서의 교부 및 절차를 명시하고 있다. 또한 교원지위향상을위한특별법(제4조)과 교육공무원법(제48조)에서는 불체포특권을 규정하고 있어서 일반 공무원보다 더 강력한 신분보장을 받고 있다. 교육공무원에 대한 강력한 신분보장을 법으로 규정하고 있는 데 이것은 교직의 전문성과 특수성을 인정하는 법제도의 표현이라고 볼 수 있다.

사립학교 교원의 경우 공립학교 교원과는 달리 그 임무와 특수성에 있어 교육공무원과 같은 국가와 공법상 관계에 있지 아니하고 학교법인 등과 사법상

관계에 있다. 그러나 사립학교법(제55조–제60조)에서는 사립학교 교원의 복무는 국・공립학교의 교원에 관한 규정을 준용하도록 규정하고 있으며, 신분보장에 있어서도 학급이나 학과의 개폐(改廢)에 의한 폐직(廢職)이나 과원(過員)인 경우를 제외하고는 교육공무원법과 같다. 그리고 교원의 불체포특권을 교육공무원과 마찬가지로 보장하고 있다. 이와 같이 사립학교 교원도 교육공무원과 마찬가지고 신분을 보장받고 있기 때문에 교원의 법적 지위나 신분상의 권리는 공・사립 간에 차이가 없다.

나. 쟁송제기권

쟁송제기권은 교사들이 위법 부당한 처분을 받았을 때 소청 기타 행정상 쟁소할 수 있는 권리로서 교사들의 신분과 권익을 최대로 보장하려는 데 그 의도가 있다.

소청은 징계처분에 대하여 교원징계재심위원회에 재심을 청구할 수 있는 제도로 징계처분권자가 징계위원회의 의결이 가볍다고 인정할 때 불복함으로써 재심을 요구하는 경우와 징계처분 대상자가 징계 위원회의 의결이 과중하다고 인정될 때 이를 불복하고 재심을 청구하는 두 가지 경우가 있다.

현재 교육공무원에 대한 징계는 국가공무원법(제78조–제80조)에 규정되어 있다. 징계의 사유는 법령위반, 직무상 의무위반 및 태만, 위신손상 등이 있고, 징계의 종류는 파면, 해임, 정직, 감봉, 견책 등이 있다. 징계는 본인의 의사에 반하는 타율적이고 강제적인 처분이기 때문에 처리 절차상 신중을 기해야 한다. 징계로 인한 피해자의 신분과 권익을 최대한 보장하기 위하여 징계절차를 세밀하게 규정하고 있다.

징계처분을 하고자 할 경우 교육기관 또는 교육행정기관의 장은 징계위원회에 징계사유를 들어 정식으로 징계를 요구하여야 하며 징계위원회는 징계 대상자와 징계 요구자에게 구두 또는 서면으로 해명하거나 진술할 기회를 주도록 되어 있다. 징계위원회는 대통령이 정하는 교육기관, 교육행정기관, 교육자치단체 및 교육연구기관에 두도록 되어 있다(교육공무원법 제50조). 양측의 진술 이후 징계위원회의 심의를 거쳐 징계 결의서를 작성하게 된다. 이 때 처분이 파면일 경우에는 임용제청권자의 제청으로 임용권자가 행하고 정직, 감봉, 견책의 경우에는 징계의결의 요구권자가 행하되 반드시 징계처분 사유 설명서를 본인에게 교부하도록 되어 있다. 그리고 사립학교 교원의 경우에도 이와 같은 절차가 준용되고 있다. 이 때 징계처분이나 그 의사에 반하는 불리한 처분에 대하여 교육부에 설치된 교원징계재심위원회(교원지위향상을위한특별법 제7조)에 재심을 청구할 수 있다.

징계처분이나 기타 의사에 반하는 불리한 처분에 대하여 불복이 있을 때에는 그 처분이 있은 것을 안 날로 30일 이내에 청구하여야 한다. 이 때 본인의 의사에 반하여 파면 또는 해임이나 면직처분을 하였을 때에는 그 처분에 대한 재심위원회의 최종 결정이 있을 때까지 후임자의 보충발령을 금하고 있다. 그리고 재심위원회는 재심을 청구한 날로부터 60일 이내에 이에 대한 결정을 하여야 하며 불가피할 경우 30일을 연장할 수 있다. 교원은 재심위원회가 내린 결정서를 송달 받은 날로부터 60일 이내에 행정소송법이 정하는 바에 의해 소송을 제기할 수 있다(교원지위향상을위한특별법 제9조, 제10조).

한편, 교육공무원의 인사상담이나 고충을 심사하기 위하여 교육부에 교육공무원 중앙고충심사위원회를 두고, 임용권자 및 임용 제청권자 단위로 교육공무원 보통고충심사위원회를 두고 있다(교육공무원법 제49조). 교육공무원은 누구나 인사·조직·처우 등 각종 직무 조건과 기타 신상 문제에 대하여 인사 상담이나 고충 심사를 할 수 있도록 법률로 정하고 있다.

다. 불체포 특권

교사는 불체포 특권을 가진다. 그것은 교사가 현행범인 경우를 제외하고는 소속 학교장의 동의 없이 학원 안에서 체포되지 아니한다(교육공무원법 제48조 및 사립학교법 제60조)는 것이다. 교원에게 이러한 특권을 인정하는 것은 학원의 자유를 보장하고 학교로 하여금 교육 및 연구 활동을 수행함에 권력 기관의 부당한 압력을 배제하려는 의도로 해석할 수 있다.

이러한 교원의 불체포 특권은 국회의원과 선거관리위원회의 위원 외의 다른 공무원에게는 인정되지 않는 권리이다. 다시 말하면, 수사기관이 비록 형사소송법상 교원을 체포할 수 있는 요건을 갖추었다고 학교장의 허가 없이는 교원을 체포할 수 없도록 하고 있는데 이것은 교원의 신분을 보호하고 그 직무수행을 보장하며 학원의 자유성과 불가침성을 강조하는데 특별한 의의를 갖는다. 그러나 이 불체포 특권은 현행범까지도 은폐하려는 데 그 목적이 있는 것이 아니다. 또 학교 내에서라도 학교장이 체포할 것을 허가할 경우는 적용되지 않는다. 따라서 이를 허가할 때에는 범죄혐의가 확실한 경우에만 행할 수 있는 것이다. 그리고 이러한 특권은 사립학교 교원에게도 적용된다.

라. 교직단체활동권

교직단체활동권은 교사가 교사로서의 권리를 확보하고 교사로서의 직업을 효과적으로 수행하기 위한 단체 활동을 할 수 있음을 뜻한다. 그런데, 이 단체활동권은 정치적 활동을 목적으로 하는 것은 허용되지 않으며 극단적인 쟁의 수단도 허용되지 않는다. 교사들이 단체를 조직하고 적극적 운영을 통하여 회원들 간의 상호 유대를 강화하고, 복지를 향상시키며 자질을 향상시키는 짓을 공동목표로 추구하는 것이다.

교원단체와 관련하여 정부는 1998년 12원 교원노조 결성과 활동을 위한 법안을 마련하였고 이 법안은 1999년 1월 6일 국회 본 회의를 통과하였다. 그 동안 교원들이 상호 협동하여 교육의 진흥과 문화의 창건에 진력하며 경제적・사회적 지위를 향상시키기 위해 각 지방자치단체 및 중앙에 교원단체를 조직할 수 있도록 규정한 교육기본법에 의해 조직된 한국교원단체총연합회와 교원노조법이라는 새로운 입법에 기초한 교직원노동조합과는 활동범위와 성격이 다소 차이가 있을 것으로 보인다.

학습과제

1. 교직은 인간을 대상으로 하지만 인간을 대상으로 하는 다른 직업과는 또 다른 차별성이 있다. 이를 설명하시오.

2. 교직관의 유형 중 성직자관, 노동자관, 전문직관을 비교하며 설명하시오.

3. 교사의 역할 중 학급에서의 역할을 설명하시오.

4. 교사의 권리 중 적극적 권리의 말하고 각 권리의 적용 예를 드시오.

5. 교사의 권리 중 소극적 권리의 말하고 각 권리의 적용 예를 드시오.

학습과제란

참고문헌

권건일 (2000). 교육학개론. 서울: 양서원.

정일환, 권상혁 (1996). 교사론. 서울: 교육출판사.

김종서, 이영덕, 정원식 (1993). 최신 교육학개론. 서울: 교육과학사.

김종철, 이종재 (1994). 교육행정의 이론과 실제. 서울: 교육과학사.

대한교육연합회 (1971). 교사의 지위에 대한 권고.

안창선, 남경현, 이욱범 (1999). 교사론. 서울: 교육과학사.

유평수 외 (1997). 교육학의 이해. 서울: 학이당.

이상주 (1997). 미래를 위한 한국교육. 서울: 교육과학사.

이혜영, 이종태, 정재걸, 천세영, 한만길 (1992). 교육이란 무엇인가. 서울: 한길사.

하승수 · 김진 (1999). 교사의 권리 학생의 인권. 서울: 사계절

한국진로교육학회 (2000). 진로교육의 이론과 실제. 서울: 교육과학사.

한국교원단체총연합회(편) (1997). 교사론. 서울: 교육과학사.

Dreeben, R. (1970). *The Nature of Teaching, Schools and the Work of Teachers.* Glenview: Scott, Foresman and Company.

Etzioni, A. (1964). *Modern Organization.* New Jersey: Prentice-Hall.

Lieberman, M. (1956). *Education as a Profession.* N.J. : Prentice Hall, Inc.

제12장 평생교육의 이해

오늘날 세계는 급격한 사회변동, 지식과 기술의 기하급수적 증가, 생활양식의 변화 등으로 인하여 새로운 대안 마련이 요청되고 있다. 현대사회의 가장 커다란 특성 중의 하나는 모든 것이 빨리 변화해 간다는 사실이다. 토플러(Alvin Toffler)는 미래의 충격으로 사람들은 앞날의 방향감을 상실 할 것이라고 하였다. 따라서 이러한 사회적인 요구에 부응하기 위한 대안 중의 하나가 평생교육 체제이다. 평생교육은 기존 교육에 대한 부정보다는 현대사회가 필요로 하는 교육에 대한 시대적인 요청이라 할 수 있다.

제1절 평생교육의 개념

평생교육이란 말은 1965년 UNESCO에서 랭그랑(Paul Lengrand)이 항상 교육의 필요성(education permanante)을 강조한데서 비롯되었다. 외국에서는 평생교육에 관한 의미와 그 대상, 그리고 평생교육 프로그램에 관하여 1960년대 후반부터 어느 정도 논의되어 왔었다. 평생교육이라는 용어가 우리나라에 소개된 이후, 이에 관한 연구 및 실제 활동의 활성화와 함께 그 제도적 배경으로서의 법적구조가 완성된 것은 1980년대 초반이다. 1980년의 헌법 개정 시에 평생교육 진흥조항이 삽입되고, 1982년에 사회교육법이 제정・공포됨으로써 1949년 제정된 교육법과 함께 우리나라의 평생교육 관련 법규의 골격이 형성되었다.

1982년 사회교육법이 공포와 더불어 평생교육의 중요성이 인식되었으며 마침내 1998년에 평생교육법이 제정되었고, 2003년 3월에 시행령이 공포되었다.

우리나라에서 새로 제정된 교육기본법은 교육관련 법체계를 새로 구조화하였다는데 큰 의의가 있다. 교육기본법 하에 초・중등교육법, 고등교육법, 평생교육법으로 구분함으로써 평생교육을 대등한 위치로 만들었다. 그리고 사회교육법을 패지하고 평생교육법을 새로 제정한 것이다(교육부, 2000).

평생교육의 이념이 확산되면서 최근 다양한 유형의 사회교육의 흐름이 나타나고 있다. 이들 사회교육은 대상에 있어서 뿐 아니라 교육 프로그램의 영역에 있어서도 다양한 양상을 보이며 양적, 질적인 측면에서 급속한 발전 추세를 보이고 있다. 평생교육은 크게 두 가지의 사회적 요청에서 대두된 교육의 혁신이다. 첫째로는 가속적인 사회변화에 따라 필요하다. 오늘날 과학 · 기술의 가속적인 발달로 지식이 기하급수적으로 증가되고, 그 수명이 짧아짐에 따라 학교교육만으로는 생활에 필요한 지식과 기술을 학습하기가 어려워졌다. 또 직업구조가 변화되고 사회적 이동이 촉진됨에 따라 직업 및 사회생활에 적응하기 위하여 끊임없이 재교육이 요청되고 있다. 학교를 졸업한 후에도 계속적으로 학습하고 학교 이외의 장소에서도 교육이 이루어지는 평생교육이 필요하게 되었다.

두 번째로 평생교육에 대한 요청은 민주사회의 최대 이념인 복지사회의 실현을 위한 것이다. 현계의 제도교육으로는 누구나 원하는 사람에게 균등한 교육기회를 부여하는데 한계가 있다. 따라서 어떠한 이유에서든 교육의 혜택을 충분히 받지 못한 불이익 집단 사람들에게 언제든지 그들이 원하는 시기에 교육기회를 제공해 줌으로써 개인적으로는 사회적 상승이동의 기회를 주고, 사회적으로는 사회정의가 실현되기 위하여 평생교육이 필요하였다.

평생교육의 개념을 보다 명확히 하기 위해 다음과 같이 나누어 살펴볼 수 있다(이종숙 · 강태훈 · 서재복, 2005).

첫째, 평생교육을 교육과 동의어로 보는 입장이다. 평생교육이란 태어나면서부터 죽을 때까지 평생을 두고 행하여지는 교육으로서 사실은 교육이라는 용어와 다를 것이 없다.

둘째, 평생교육 개념에는 교육의 이념이 포함되어 있다. 평생교육의 이론적 틀은 대체로 그 용어에서 표현되고 있는 것처럼 네 가지 요소로 풀이해서 생각할 수 있는데 그것은 삶(life), 평생(life long), 통합(integrated), 그리고 교육(education)이다. 이 네 가지 차원에서 평생교육의 이념과 목표를 도출해낼 수 있다. 이와 같이 평생교육에서 강조되어야 할 것은 교육의 이념이라고 보고 있다.

셋째, 평생교육의 목표는 계속적 자아실현과 사회발전 능력의 신장에 두고 있다. 평생교육의 이념을 생의 질적 향상이라고 볼 때 이 이념의 구현인 교육의 목표는 평생 동안에 걸친 자아실현과 사회발전 능력의 함양에 두어야 할 것이다.

넷째, 평생교육은 모든 교육을 포섭하는 상위개념이다. 평생교육은 개인적 및 사회적 삶의 질을 계속적으로 향상시키기 위하여 평생 동안에 걸쳐 연장 실시되는 모든 형태의 형식적, 비정규적, 비형식적 학습활동 전부를 포함한다.

다섯째, 평생교육은 교육의 통합개념으로 본다. 평생교육에서는 교육을 통합하려는 의지가 있다. 교육의 통합은 교육의 상위개념과는 그 성격이 다르다. 평생교육에서의 통합은 수평적 통합, 수직적 통합, 교과의 통합을 의미한다. 수평적 통합은 학교교육・가정교육・사회교육의 통합을 의미하며, 수직적 통합은 인간발달의 각 단계 교육의 통합을 의미하고, 교과의 통합은 교과를 크게 묶거나 교과의 선을 없애는 통합교육과정(integrated curriculum)을 의미한다. 이 밖에 통합의 개념에는 일반교육과 전문교육의 통합도 포함된다. 평생교육은 일반교육과 전문교육 모두에 역점을 두어야 하며 이 양자는 통합된 상태로 개인에게 제공되어야 한다.

여섯째, 평생교육은 새로운 교육의 통합 체제를 의미한다. 평생교육이 인간의 평생 동안에 걸친 교육권의 보장이라고 한다면 모든 국민을 포함하는 종합적인 교육체제로 그 면목을 바꾸어야 할 것이다.

일곱째, 평생교육의 강조는 교육개혁사업의 촉진으로 보아야 한다. 평생교육은 교육개념의 광역성과 통합성, 교육시기의계속성과 향상성, 교육대상의 평등성과 전체성, 교육접근방식의 다양성과 상대성 그리고 교육체제의 개방성과 탈정형성을 개념적 특성으로 하는 교육이념이다. 따라서 평생교육은 교육형태상으로는 형식, 비형식, 무형식교육을 포괄하는 총체적 이념이며, 궁극적으로는 학습자의 자율적 학습 수행과 교육적 선택의 자유를 통한 학습권이 보장되는 학습사회를 지향하는 개념이다(최운실 외, 1998).

평생교육법 제2조에는 평생교육이란 학교교육을 제외한 모든 형태의 조직적인 교육활동이라고 정의하고 있다. 평생교육은 학교교육을 제외한 모든 형태의 조직적인 교육활동으로서 개인 및 집단의 생활의 질을 향상시키기 위하여 개인적, 사회적, 그리고 전문적 발달을 도모하는 과정이라 볼 수 있다. 즉, 평생교육은 인간의 최대한의 발전을 이룩하기 위하여 행하는 조직적 교육활동이다.

제2절 평생교육의 특성

평생교육은 평생교육의 성격과 원리에 따라 다음과 같은 특성을 지니고 있다(정지웅 · 김지자, 2000).

첫째, 평생교육은 학교교육과 달리 본질적으로 탈정형성을 그 특징으로 한다. 평생교육은 교육의 시기에서부터 교육의 장소, 교육대상, 교육담당자, 교육체제, 교육프로그램 및 교육과정, 교육방법, 교수학습 자료 및 교계, 교육평가 방식 등에 거처 획일적이고 경직된, 그리고 패쇄적이며 정형적인 교육적 요소가 학교교육에 비해 극소화된다. 반면 개방적이고 다원적이며 자율적인 탈정형성적 교육의 요소가 강한 특징을 지닌다.

둘째, 평생교육은 타인의 강요나 외부의 기대에 의해 학습하는 것이 아니라 성인학습자들이 자신의 필요와 교육적 욕구에 따라 자율적으로 교육을 선택하며 자율적 의지로 교육 참여를 결정하게 된다. 미리 정해진 교육과정에 의해 교육받는 것이 아니라 교육의 전 과정에 학습자가 함께 참여하여 자율적이고 자기주도적인 학습을 행하게 되는 특성을 지닌다.

셋째, 평생교육은 상호학습, 주고받는 학습의 특성을 지닌다. 학습자상호간, 교사와 학습자간 상호교류와 피드백을 통한 학습이 중요시되는 상호학습의 특성을 지닌다.

넷째, 학교교육이 준비 교육적이고 미래지향적인 속성을 지니는 것과는 달리 평생교육은 현실 지향적이고 실용적이며 즉시적인 적용 가치를 지니는 교육이 중시되는 특성을 지닌다.

다섯째, 평생교육은 학교에서의 학생대상 교육과는 달리 교육대상, 담당자, 목표, 내용, 방법, 교육시기, 교육시간, 교육장소 등이 매우 다양하고 비획일적이며 유동적이라는 특징을 지닌다. 따라서 평생교육의 프로그램은 매우 다양하고 이질적인 교육과정의 특성을 지닌다. 여섯째, 평생교육은 학교교육에서의 성적 중심 또는 결과 중심 교육과는 달리, 교육이 이루어지는 과정이 중시되며 성과에 있어서도 외재적 성과보다는 내재적 성과, 그리고 학습결과의 외적인 객관적 평가보다는 학습자 자신의 만족감과 성취감이 훨씬 더 중시되는 특징을 지닌다.

일곱째, 평생교육에서는 계획·실행·평가 전 과정에서 모든 학습구성원이 함께 참여하는 것이 중요하다. 평생교육에서 참여와 공존의 특성을 살리기 위해서 학습자가 무엇을 배우고자 원하는지에 관한 교육적요구분석이 중요하다. 평생교육에서의 학습자는 스스로 필요에 따라 앎을 추구해 나가는 주체로서의 학습자이다. 따라서 평생교육에 있어 교수자와 학습자는 수직적이고 위계적이며 권위에 기초한 주종관계가 아니라 수평적이고 대등한 관계하에 함께 참여하고 공존하는 특성을 지닌다.

여덟째, 평생교육에서는 삶의 과정에서 축적되어 온 삶의 경험이 최대의 학습자원으로 중시되고 그 활용이 강조된다. 평생교육 프로그램은 각 개인 학습자의 경험자원을 최대한 활용하는 경험 중심적 교육내용과 방법으로 구성되는 특성을 지닌다.

끝으로, 평생교육은 자발적이고 비의무적인 참여에 의한 자율적 학습이므로 무엇보다도 학습자체가 즐거운 학습이 되어야 하며 학습자에게 학습을 통한 내적 만족과 즐거움을 줄 수 있어야 한다. 이러한 이유에서 평생교육 프로그램에는 적정의 유희적 요소가 가미되며 학습자들의 내적 만족감과 지적 욕구 충족을 통한 희열이 중시된다.

제3절 평생교육의 필요성

평생교육이란 일생 동안 교육이 실시됨을 의미한다. 정규 학교교육은 물론 유아교육으로부터 노인교육에 이르기까지의 모든 영역을 포함한다. 사람들은 교육을 어린이, 청소년들에게나 필요한 것이라고 생각하거나 학교 안에서 일어나는 형식적인 지식의 전달과정만 생각하는 경향이 있다. 그러나 교육은 인간의 생활이요, 인간성장의 전체과정이다. 몸이 자라건 마음이 자라건 사람은 항상 성장하고 있다. 어린이는 어린이대로 자라고, 어른은 어른대로 자란다. 생명의 본질, 생활의 본질은 바로 성장이기 때문이다. 인간은 태어나서 죽을 때까지 가족, 학교, 지역사회, 직장 등 여러 사회적 환경과 조건 속에서 자기 자신의 꿈과 능력을 키우고, 그리고 생활에 필요한 지식과 태도와 기술을 습득하기 마련이다. 특히 오늘날과 같이 사회가 급하게 변하고 문화가 복잡하게 발달할수록 학교 밖의 교육, 즉 가정교육과 사회교육, 또는 유아교육과 성인교육이 절실하게 요구된다. 김영우 등(1997)은 평생교육의 필요성에 대해 사회적, 개인적 그리고 제도적인 차원에서 다음과 같이 밝히고 있다.

1. 사회적 차원에서 평생교육의 필요성

인간의 현실은 사회적으로 구성된 현실이다. 즉, 중요한 것은 역사적 사건에서 일상사에 이르기 까지 인간의 모든 활동은 사회적 관계속에서 이루어지며 그 관계의 구조적 성취를 반영한다. 따라서 교육 역시 사회적 관계로 이루어지며 사회의 변화와 불가분의 관계에 있게 된다. 현대사회의 광범하고 급속한 변화가 평생교육의 필요성을 자극시키고 그 중요성을 더욱 인식케 한 주요요인이 된 것이다. 평생교육의 주창자인 랭그랑은 평생교육을 촉진시킨 현대사회의 특징으로 ① 현대의 급격한 사회구조의 변화와 인구의 증대, ② 과학적인 지식과 기술의 발달, ③ 민주화를 위한 정치적 도전, ④ 매스컴의 발달과 정보의 급증, ⑤ 경제적 수준의 향상과 여가의 증대, ⑥ 생활양식과 인간관계의 균형상실, ⑦ 이데올로기의 위기를 들고 있다. 따라서 현대사회의 다양한 도전에 적절히 대처하고 적응하기 위해서는 평생교육이 필수적으로 요청된다.

2. 개인적 측면에서 평생교육의 필요성

인간의 성장 발달은 일생동안 일정한 발달단계를 거쳐 평생 지속되며 각 발달단계에서는 반드시 학습하고 달성해야 할 과업이 주어진다. 따라서 이 과업을 달성하기 위해서는 평생 동안의 교육이 주어진다. 평생교육은 일정 연령에 시작되어 특정 연령에 끝나는 것이 아니라 연령의 제한이 없이 일생동안 계속되며, 특정장소에 국한되어 교육이 실시되는 것이 아니고 가정, 학교, 교회, 직장, 사회에서 유기적으로 통합되어 이루어져야 하며 동시에 교육과 생활과의 통합을 중시하며 교육내용이 생활과 밀접히 관련되어야 한다.

3. 교육 제도적 측면에서 평생교육의 필요성

오늘날 고도로 제도화되고 획일화된 학교교육은 갖가지 부작용과 역기능을 가져오고 있다. 평생교육은 이와 같은 오늘날 교육의 모순 속에서 파생되는 여러 가지 문제를 진단하고 해결하기 위해 대두된 것이라 할 수 있다. 교육은 그동안 너무나 오랫동안 학교를 중심으로 발전해 왔고, 또 학교를 중심으로 생각되어져 왔다. 사회와 문화가 발달함에 따라 하나의 필요한 제도로서 사회 안에 생겨난 학교는 그 동안 교육의 발전 특히 교육의 양적 팽창에 큰 역할을 해왔음은 사실이다. 그러나 현대에 와서는 학교교육에 대한 많은 문제점이 나타났다. 이에 현행 교육제도의 모순과 결함을 교육기회, 교육체제, 교육내용, 교육방법 면에서 보완하는 것이 평생교육이다. 평생교육의 필요성은 현대사회의 변화와 적응이라는 측면에서 과학 · 기술 지식의 급속한 진보, 산업구조의 변화, 현대사회의 위기, 인간수명의 연장과 교육권 보장, 그리고 현대교육의 위기 극복을 위해 필요한 교육이다.

제4절 평생교육의 목적

평생교육은 개인의 생활을 향상시키고 사회의 복지를 증진시키는 민주사회의 건설에 있다. 개인적 목적을 달성하기 위해서는 평생·사회교육은 개인이 가지고 있는 잠재적 가능성을 일생 동안 계속적으로 계발함으로써 자아실현을 달성할 수 있도록 도와주어야 한다. 개인으로 하여금 안정된 직업생활을 할 수 있도록 하기 위해 과학기술교육이나 직업교육을 실시할 뿐만 아니라 인간의 가치를 높이고 문학·예술 등 심미적 가치를 전달하는 가치교육이나 인간교육도 해야 한다. 개인으로서의 자아실현과 함께 사회의 공동목표를 달성하기 위해서는 다른 사람과 협동할 수 있으며 자기의 맡은 바 의무를 다할 수 있는 공민으로서의 자질을 함양하는 것도 평생교육의 중요한 목표이다. 이러한 내용들을 정리하면 다음과 같다(권인탁·임영희, 2011).

첫째, 평생교육은 개인적·사회적으로 인간의 삶의 질을 나선형으로 향상시키는 것을 목적으로 한다. 평생교육은 평생 동안에 걸친 계속적인 교육의 과정이며 이는 생의 질을 향상시키는 것을 목적으로 하고 있다. 삶의 질이란 인간의 잠재능력을 최대한으로 발전시키는 자아실현이고, 가족생활 및 사회생활에서의 인간관계가 보다 원숙한 상태로 맺어질 수 있는 것이며, 가정 및 직업생활에서 합리적인 경제생활이 영위되어야 하는 것이고, 끝으로 시민의 한 사람으로서의 책임을 완수하는 측면이다.

둘째, 평생교육은 한 개인의 생존기간 전체에 걸쳐서 이루어지는 교육을 수직적으로 통합한다. 교육은 요람에서 무덤까지로 보기보다는 태아에서 무덤까지로 보는 것이 타당하다. 태교의 중요성을 인정한다면 평생교육의 개념 속에서 태교를 포함시켜 모태 속에 있는 태아의 존귀함을 인정하고 이에 대한 교육적 노력이 있어야 한다. 그리고 유아교육과 노인교육 간의 교육상 공통점과 차이점의 특징을 충분히 나타내도록 수직적 통합을 이루어야 한다.

셋째, 평생교육은 가정, 사회, 학교에서 이루어지는 교육을 수평적으로 통합한다. 수평적으로 통합한다 함은 교육에 있어 각 기관의 특유한 목적달성을 위하여 교육이 이루어지되 상호 모순과 갈등이 있어서는 안 된다는 뜻이다. 학교교육에서는 협동을 교육의 중요한 목표로 삼는 데 비해 대중매체에서 철저한 경쟁적 상황을 강조하는 것과 같은 것이다. 또한 평생교육의 각 기관들이 상호 밀접하게 연결되는 제도적 장치가 형식적·비형식적 교육의 차원에서 공고히 이루어짐으로써 평생을 통하여 쉽게 교육을 받을 수 있는 기회를 마련할 수 있다.

넷째, 평생교육은 계획적인 학습과 우발적인 학습을 모두 포함한다. 인간의 지식, 기능, 태도의 대부분은 계획되고 의도된 상황에서 학습된 것보다 계획되지 않고 의도되지 않은 상황에서 배운 것이 더 많다. 언어의 학습이 그 대표적인 예이다. 흔히 계획적인 학습에는 교육의 긍정적인 목적이 포함되지만 우발적인 학습에는 교육의 긍정적 및 부정적 목적이 모두 포함된다. 따라서 인간의 삶의 질을 나선형으로 향상시키는 평생교육의 목적을 달성하기 위해서는 우발적인 학습의 중요성을 인정하지 않을 수 없다. 우발적인 학습에 의한 인간행동의 변화는 사회에서 많이 이루어지고 있으며 학교 안에서도 찾아볼 수 있다. 이러한 평생교육의 관점에서 볼 때 학교의 잠재적 교육과정의 중요성이 부각된다. 잠재적 교육과정은 학교의 물리적 조건, 제도 및 행정조직, 그리고 사회 및 심리적 상황을 통하여 학습자가 가지는 경험 등에서 학교에서 의도한바와 관련되지 않은 것을 말한다. 어떤 의미에서 학습은 거의 대부분이 우발적인 학습이라고 할 수 있다.

다섯째, 평생교육은 평생에 걸친 교육기회의 균등화 및 확대에 노력한다. 본래 교육의 기회균등이라 함은 학교교육의 기회균등만을 의미하였다. 빈부, 신분, 성별, 종교, 피부색에 관계없이 모든 국민은 학교교육을 균등하게 받아야함을 교육의 기회균등이라고 생각하였다. 그러나 평생교육은 평생 동안에 걸친 교육의 기회균등을 중요시 한다. 여기에서 교육의 기회균등이라 함은 조직적인 교육 프로그램에 의한 교육을 균등하게 받아야 함을 뜻한다. 교육의 기회균등을 교육의 양적인 면에서만 고찰을 한다면 각 개인들이 평생 동안에 받는 교육의 총 시간 수는 균등해야 함을 뜻한다. 이렇게 볼 때 학교교육을 덜 받은 사람에 대한 학교의 교육기회의 확대가 고려되어야 한다.

여섯째, 평생교육은 발달과업의 학습을 중요시한다. 발달과업이란 인생의 각 발달기간에 학습해야 할 과업으로서 이 학습에 성공하면 장래 생활의 행복 및 후기 발달과업의 성취를 기약하며 이에 실패하면 개인의 불행, 사회적 부적응, 후기 발달과업 학습에 곤란을 가져온다. 인간발달을 유아기 및 아동 중기, 청년기, 성인 초기, 중년기, 노인 후기의 6단계로 구분해서 그 발달단계에 반드시 학습해야 할 과업을 설정하고 있다.

일곱째, 평생교육은 교양교육과 전문교육의 조화와 균형을 유지한다. 교육은 일반교양교육과 전문교육으로 볼 수 있는데, 전문성의 정도가 높을수록 그것은 일반교양의 뒷받침을 받아야 한다. 또한 일반교양은 전문교육을 통하여 얻어진다. 그러므로 교양교육과 전문교육은 평생에 걸쳐서 조화와 균형을 이루어야 한다. 여덟째, 학교교육은 평생교육의 관점에서 그 뜻을 찾는다. 지식, 기술의 폭발적인 증가와 사회의 급진적 변화로 인하여 시간 및 공간적 유한성을 지닌 학교에서 교육을 전담할 수 없게 되었다. 초·중등교육은 말할 필요도 없거니와 대학교육에 있어서도 완성교육을 지향할 수 없는 현대에 있어서 교육을 학교에서만 할 수 있다고는 생각할 수 없다. 학교는 평생교육의 일환으로 평생에 걸쳐 개인의 잠재능력 신장과 사회적 발전에 참여할 수 있는 교육이 되도록 해야 한다.

제5절 평생교육 관련 용어

평생교육과 유사하게 사용되는 용어로는 사회교육, 성인교육, 비형식교육, 계속교육, 순환교육 등을 들 수 있다. 이들 여러 용어들은 지향하는 궁극적 이념에 있어서는 기존 교육체제에 대한 상보적·대안적 접근이라는 점에서 유사성을 지니지만 그 구체적인 범주와 관점, 강조성에 있어서는 차이점이 있다.

가. 사회교육

사회교육(social education)은 일본과 인도 등 동남아에서 사용되는 용어다. 원래 서구사회에서 성인들을 대상으로 하여 직업생활, 여가, 오락, 교양 등 보다 나은 인생을 살아갈 수 있도록 하기위하여 발전된 교육형태로 흔히 성인교육으로 지칭되기도 한다. 우리나라의 사회교육법에 의하면, 사회교육이란 학교교육을 제외하고국민의 평생교육을 위한 모든 형태의 조직적인 교육활동을 말한다. 사회교육은 학교교육 이외의 의도적 · 조직적 · 계획적인 교육으로서 평생교육의 중요한 역할의 한 부분이다.

나. 계속교육

계속교육(continuing education)이란 일정한 단계의 학교교육을 마친 자가 식업이나 가정 · 사회생활을 영위하다가 사회생활이나 직업생활과 학업을 병행하기 위해 다시 교육의 장으로 돌아오는 것을 의미하며, 주로 성인의 학교를 통한 2차적 교육기회를 말한다. 따라서 교육의 대상이 주로 성인이며, 교육의 방식은 학교교육이 주가 된다는 점에서 성인교육 또는 비형식교육과 차이가 있다.

다. 성인교육

성인교육(adult education)은 대상을 분류 준거로 한 용어로서 성인을 대상으로 하는 모든 형태의 교육활동을 총칭한다. 따라서, 교육의 대상은 성인이며, 교육방식은 형식 · 비형식교육의 모두를 포함할 수 있다. 성인교육은 미국을 비롯한 구미 여러 나라에서 많이 사용되고 있다.

성인교육이란 일상적인 생활업무(business)에 참여하는 사람들에 의해 수행되는 교육목적을 위한 모든 활동이라고 정의하였다(Bryson, 1936). 또한 성인교육이란 성인들의 지식, 태도, 가치, 또는 기술에서 변화를 가져오기 위하여 체계적이고 지속적인 학습활동이라고 한다. 성인교육의 과정에 초점을 둔 정의로서,

성인교육이란 집단 또는 제도 내에서 성인들이 그들 자신이나 그들의 사회를 개선하는 개인이나 기관에 의한 계획을 포함하는 과정이다. 기술적 의미로는 성인교육이란특정 교육목표의 달성을 위한 광범하고 다양한 제도에 의해 수행되는 일단의 조직화된 활동을 말한다.

라. 비형식교육

비형식교육(nonformal education)은 교육의 양태 또는 교육의 방식에 따른 구분으로서, 교육의 대상에 대한 규정은 내포되어 있지 않다. 비형식교육은 전일제 정규학교교육으로 구분되는 형식교육과 우연적 학습 또는 부수적·부차적 학습으로 규정되는 무형식교육을 제외한 여타의 교육양태를 의미하며, 이는 과거의 사회교육과가장 유사한 개념이다. 비형식교육은 형식적 교육(formal education), 무형식적 교육(informal education)과 함께 분류한 것 중 하나이다. 형식적 교육은 모든 수준의 공·사립학교를 포함한 교육제도를 말한다. 무형식교육은 개인의 일상생활과정 즉, 친구들과의 우연한 대화를 통해서, TV시청을 통해서 그리고 잡지를 봄으로써 그리고 기타 여러 방법을 통해서 일어나는 무계획적 경험에 기초하고 우연히 일어나는 학습이다. 따라서 비형식적 교육을 형식적인 체제 바깥에서 일어나는 어떤 조직화된 교육활동을 말한다.

마. 생애교육

생애교육(career education)은 평생교육과 거의 동일한 의미로 받아들여지는 개념이다. 생애교육은 미국에서 시작하여 최근에 발달한 교육의 한 개념으로 주로 직업교육의 영역에서 많이 사용된다. 생애교육이란 개인이 생활의 일부로 혹은 생활수단으로서 일을 배우고 일에 종사하기 위하여 준비할 수 있는 경험의 총체 또는 개개인 모두가 일을 중심으로 한 사회의 가치관에 익숙해지고 이러한 가치관이 인격체제에 통합되어, 일이 개인에게 보람 있고 만족될 수 있도록 생활화하는데 도움을 주는 학교와 지역사회간의 노력의 총체로 정의 된다.

Marland 등은 미국에서 학업을 중단한 학생들의 비율이 높은데 아주 많은 관심을 가졌다. 그들은 이렇게 된 주요 이유 중의 하나는 미래의 성인으로서 기능을 수행하는데 적절한 지식과 기술을 학교가 학생들에게 제공하지 못했기 때문이라고 생각했다. 따라서 생애교육의 특징은 교실을 교사와 학생 모두를 위한 작업장으로서 강조하는 것이다.

바. 순환교육

순환교육(recurrent education)은 OECD 등에 의하여 구상된 혁신적인 교육프로그램으로, 한번 사회에 진출한 사람들을 다시 정규교육기관, 즉 대학이나 직업훈련 기관에 입학시켜 계학습의 기회를 주어 직업적·기술적으로 자질 향상을 기하게 하는 교육이다. 영국의 경우 정부 중·고위 간부들이 대학에 와서 일정기간 위탁교육을 받는 경우나 우리나라의 정부·기업체 간부들이 외국 유수 대학에 단기간 위탁교육을 받는 경우를 들 수 있다. 순환교육은 교육의 방식에 있어 학교교육이 주가 되고 학교교육과 직업이 순환적·주기적으로 반복되는 교육형태를 취한다는 점, 직업진로와 관련하여 교육주기를 설계한다는 점에 있어 다른 개념들과 차이를 보인다.

제6절 평생교육의 내용

평생교육은 인생의 전 기간 동안에 이루어지는 모든 학습을 의미하는 것으로 그 구체적인 내용을 한정하기는 어렵다. 그러나 일반적으로 평생교육의 내용은 개인적인 삶의 질적 추구와 사회에 대한적응을 위한 내용으로 구성된다(차갑부, 2002). 평생교육의 내용들을 살펴보면 다음과 같다.

첫째, 삶의 질적 수준을 향상시키기 위한 평생교육으로 주로 여가선용에 대한 내용으로 구성되어 진다. 삶의 질을 추구하기 위한교육의 대표적인 형태는 여가이용 학습이다. 오늘날 사회는 일하는 시간이 줄어들고 여가시간이 증대되면서 여가는 단순히 쉬는 시간의 개념이 아니다. 노동이 경제적 수단과 사회적 수단으로서, 자기실현과 보람있는 삶으로서 의미를 갖는 것처럼 여가는 노동대용으로서의 휴식과 휴양뿐만 아니라, 자기해방과 주체적 · 자주적 행동을 가능케 하는 장으로 인식하게 되었다. Lengrand이 평생교육 도입의 배경 중에 여가시간의 증대를 중요시 하는 것은 여가를 인간의 주제적인 의사에 기초한 자신의 삶의 방식 및 자기실현과 관련된 중요한 기회 · 공간으로 생각하기 때문이다.

따라서 여가에 있어서 학습과 활동은 노동과 일상생활의 간격을 배우거나 단순한 내용들이 아니다. 여가를 이용한 학습과 활동은기본적으로 개개인의 자유로운 시간을 활용한 개개인의 삶의 방식과 욕구 · 흥미 · 관심에 기초한 것이고 자유롭고 자율적인 학습을 근간으로 하는 평생교육의 기본 과제다.

둘째, 인간중심의 관점에서 대응하는 평생교육의 내용이다. 평생교육은 무엇보다 인간의 존엄성을 지키고, 한 사람 한 사람의 인권을 지킬 수 있어야 한다. 인류사회의 모든 구성원의 고귀한 존엄과 개인의 권리를 인정하는 것은 세계에 있어서 자유 · 정의 및 평화의 기초고, 인간의 기본적 인권, 인간의 존엄 · 가치 및 남녀평등을 확인한 세계인권선언의 가치를 민주주의 사회의 구성원이라면 누구도 과소평가할 수 없는 것이다. 그러나 인간으로서의 존엄과 자유를 무시당하고 있는 사람들도 있다. 타인의 인권과 자유를 침해하는 것에 대한 시비는 개인적인 사고양식에 맡겨지는 것이 아니라, 누구든지 그 잘못을 지적할 수 있고, 태도 · 행동으로 나타날 수 있어야 한다. 그를 위한 학습의 과제가 인간적 존중의 관점이다.

셋째, 사회변화에 대응하는 평생교육이다. 평생교육이 필요한 가장 큰 요인은 사회변화의 시간주기(time span)가 사람의 생활주기(life span)보다 짧다는 것이다. 그것은 과학기술과 지식뿐만 아니라 가치관 · 사고양식, 나아가서는 산업구조와 취업형태에 이르기까지 많은 것이 있지만 특정 시대에 배운 것만으로는 통용되지 않게 된 것을 의미한다. 그리고 국제화 · 고령화 · 정보화 · 기술혁신 등 사회변화는 개개인의 의지와는 관계없이 일어나고 있다. 이에 따른 과제를 어떻게 받아들여 학습하고 행동하는가는 원칙적으로는 개개인의 문제이다. 그러나 적어도 그러한 변화가 어떠한 것인가를 인식하는 일, 또는 그 변화를 자기가 소화해서 행동할 수 있도록 학습하는 일, 그를 위한 방법을 알고 배울 의욕을 기르는 일이 사회에서 현대인으로 살아남기 위해 필요한 평생교육의 과제다.

넷째, 올바른 시민생활을 위한 평생교육을 들 수 있다. 시민생활에 대응하는 과제는 각자가 나라와 지역사회의 구성원으로서 지켜야 할 권리, 수행해야 할 책임과 의무에 관한 학습과제다. 현대사회는 개인의 자유와 권리의 존중을 기반으로 한 사회다. 그러나 정신적으로나 육체적으로 누구든지 자유로운 동시에, 구성원으로서 지역사회와 국가, 또는 운명공동체의 구성원이기도 하다. 거기에서는 권리와 더불어 공동체의 구성원으로서의 책임과 의무가 존재한다. 기본적으로 이 과제는 공동생활을 영위하는 태도로부터 납세와 교육의무, 또는 풍부한 자원과 문화와 전통을 나음 세대에 전하는 책임 등에 이르기까지 시민이 문화적으로 풍부한 공동생활을 할 수 있고, 공동체가 민주적이고 평화적으로 유지・존속・발전하도록 하기 위해 각 개인에게 부과된 과제로, 구체적으로는 시민으로서의 권리, 의무, 사회참여, 정치적 참여, 향토・국가에 대한 이해, 국제이해와 평화교육 등을 들 수 있다. 사회의 변화와 더불어 평생교육 내용의 변화도 다양하게 이루어지고 있다. 대학교에서 운영하고 있는 평생교육원의 교육내용을 보면 개인적인 삶의 질적 향상과 사회에 대한 적응 차원의 평생교육으로 구분할 수 없다. 이제 평생교육은 개인과 사회를 위한 평생교육으로 운영되어야 할 것이다.

제7절 평생교육의 방향

평생교육이란 말이 우리 사회에 공식적으로 등장한 것은 1970년대다. 1982년 사회교육법이 제정・공포됨으로써 우리나라도 본격적인 평생교육의 이념을 실천하는 실질적인 출발점이 되었다고 볼 수 있다. 이를 기점으로 특히 대학에 사회교육원이 설립됨으로써 더 활성화되었다.

평생교육법은 2003년 3월 시행령이 공포됨으로써 시행에 들어갔다. 특히, 새로 제정한 교육기본법은 교육관련 법체계를 새로 구조화하였다는데 큰 의의가 있다. 이것은 법구조개혁상으로는 엄청난 개혁임에 분명하다. 이제까지는 학교교육이 교육제도를 지배해 왔으나 새 법이 제정됨으로써 학교교육과 학교외 교육을 대등한 위치에 놓게 된 것이다. 따라서 이제 평생교육은 실질적인 도약기를 맞이했다고 볼 수 있다.

교육부(2000)는 새로운 평생교육체제를 구축하기 위한 8대 과제를 다음과 같이 제시하여 실질적인 평생교육의 과제를 구체화시켰다, 즉 ① 평생학습 진흥을 위한 제도적 기반조성, ② 방송·정보통신 매체를 활용한 원격교육활성화, ③ 고령화 사회를 대비한 노인교육활성화, ④ 성인학습자를 위한 학점은행제 운영, ⑤ 자율학습자를 위한 독학 학위제 운영, ⑥ 전통문화의 계승·발전을 위한 문하생 학력 인정제 도입, ⑦ 학교시설을 이용한 평생교육기회 확대, ⑧ 학원설립·운영제도 개선 등이다. 이제 평생교육의 법적 기반은 확고해졌다고 할 수 면 앞으로 평생교육의 정착과 발전을 위하여 무엇을, 어떻게 할 것인가를 찾아야 할 것이다(안병환, 2003).

첫째, 평생교육 체제는 학교, 사회, 그리고 가정이 공동으로 교육목적을 달성할 수 있도록 그 연계성이 구축되어야 한다.

둘째, 평생교육사회에 적합한 학교교육과정의 개혁이다. 학교교육은 평생학습사회를 대비한 적응능력과 기초 지식 및 태도 함양에 초점을 두고, 나아가 여러 상황을 고려한 후 심화과정으로 나아가는 형태로 진행되어야 할 것이다. 특히, 자기주도적 학습능력과 학습자중심적 사고를 강화함으로써 자발적으로 활동하고 시대변화에 적응할 수 있는 힘을 길러 주어야 할 것이다.

셋째, 평생학습사회에 대한 인식의 변화다. 과거 평생교육이 학교교육에 부수적인 것으로 생각하는 단계에서 이제는 학교교육과대등한 차원에서 그 중요성을 인식해야 할 것이다.

넷째, 평생교육의 기회균등문제다. 최근 다양한 평생교육관련기관들이 생겨나고 있지만 실제로 여기에 참여할 수 있는 사람은 소수라 생각된다. 그 이유로 상당수의 평생교육프로그램은 경제적 뒷받침이 없이 참여하기 어려운 것도 사실이다. 따라서 여차하면 또 하나의 교육 불평등 기관이라는 비판을 받을 수도 있다.

다섯째, 교육과정 및 프로그램의 개발문제, 학습능률 향상을 위한 교육방법의 문제, 교육할 수 있는 인적자원의 보급문제, 시설 및 행정지원의 문제 등이 고려되어야 한다.

여섯째, 특히, 아동 및 청소년의 경우 효율적인 방과 후 지도방안을 마련하고, 학교교육과 연계하여 청소년수련원 등을 유용하게 활용할 수 있는 방안을 모색해야 할 것이다.

평생교육은 인간성의 조화적인 발달을 도모하며 변화하는 현재 생활에 슬기롭게 적응하고 창조적으로 개척해 나갈 수 있는 인간회복의 교육이라고 할 수 있다. 따라서 수평적・수직적, 그리고 기회균등을 실현하기 위하여 교육제도의 민주화・개방화를 이루어야 하며 교육의 인간화를 바탕으로 학교교육을 활성화하여야 할 것이다. 그리하여 학교교육은 평생교육의 체제로서 그리고 평생교육의 기초로서의 위치를 굳혀 나가야 할 것이다.

학습과제

1. 평생교육을 정의하시오.

2. 평생교육의 특성에 대해 약술하시오.

3. 평생교육의 필요성을 밝히시오.

4. 형식교육과 비형식교육에 대해 설명하시오.

5. 평생교육이 지향할 방향을 제시하시오.

학습과제란

참고문헌

교육부 (2000). 평생교육법. 평생교육법시행령. 평생교육법시행규칙.

권대봉 (2001). 평생교육의 다섯마당. 서울: 학지사.

권이종, 이상오 (2010). 평생교육개론. 서울: 교육과학사.

권인탁, 임영희 (2011). 평생교육경영론. 서울: 학지사.

김도수 (1996). 평생교육. 서울: 양서원.

김영우, 문현상, 석태종 (1997). 교육사회. 서울: 동문사.

김종서, 김신일, 한숭희, 강대중 (2009). 평생교육개론. 서울: 교육과학사.

김종서, 황종건, 김신일, 한숭희 (2000). 평생교육개론. 서울: 교육과학사.

배성의 (2009). 평생교육의 이해. 서울: 한누리미디어.

안병환 (2003). 교육사회학. 서울: 교육과학사.

양병찬 (2004). (학교 평생교육 실무교사를 위한)학교 평생교육 길라잡이. 공주: 충남 지역평생교육정보센터.

이미나, 이해주, 김진화 (2009). 평생교육방법론. 한국방송통신대학교 출판부.

이영호 (2004). 평생교육과 평생학습. 서울: 원미사.

이종숙, 강태훈, 서재복 (2005). 교육학개론. 서울: 학이당.

정지웅, 김지자 (2000). 사회교육학개론. 서울대학교출판부.

차갑부 (2002). 성인교육사회학. 서울: 양서원.

최운실, 노종희, 전희두 (1998). 평생학습 사회로 가는 길. EBS-TV.

한상길 (2009). 평생교육론. 고양: 공동체.

한숭희 (2006). 평생교육론: 평생학습사회의 교육학. 서울: 학지사.

한준상, 강인애, 장원섭, 신미식, 이기성, 최성우, 신용주, 김선희, 백은순 (1998). 앤드라고지: 현실과 가능성. 서울: 학지사.

황정규, 이돈희, 김신일 (1998). 교육학개론. 서울: 교육과학사.

황종건 (1975). 교육사회학. 서울: 형설출판사.

Bryson, L. (1936). *Adult education*. New York: American Book Co.,

저자 소개

| 유 평 수 |

전북대학교 박사 (교육행정 전공)
전주대학교 사범대학 교육학과 교수

| 서 재 복 |

충남대학교 박사 (교육철학 및 교육사 전공)
전주대학교 사범대학 교육학과 부교수

| 최 지 은 |

숙명여자대학교 박사 (교육심리 전공)
전주대학교 사범대학 교육학과 조교수

| 김 보 경 |

한국교원대학교 박사 (교육공학 전공)
전주대학교 사범대학 교육학과 조교수

| 신 인 수 |

Florida State University 박사 (교육측정 및 평가 전공)
전주대학교 사범대학 교육학과 조교수

교육학의 탐구

초판 1쇄 발행/2013년 2월 27일
초판 2쇄 발행/2015년 2월 25일

저 자 유평수 · 서재복 · 최지은 · 김보경 · 신인수
발행처 도서출판 학이당
서울특별시 송파구 송이로 12길 17
전화(02) 420-6228, 424-9035 · 팩스(02) 424-9036
발행인 한은택
e-mail book7h@hanmail.net

정가 20,000원

ISBN 978-89-8420-200-9(93370)